Bijbel in vrouwelijk perspectief

Luise Schottroff, Silvia Schroer
en Marie-Theres Wacker

BIJBEL IN
VROUWELIJK PERSPECTIEF

Ten Have

Oorspronkelijke titel: Feministische Exegese
Copyright © 1995: Wissenschaftliche Buchgesellschaft, Darmstadt
© 1998 Nederlandse editie: Uitgeverij Ten Have b.v., Baarn
Vertaling: Henrike van Riel
Ontwerp omslag: Jacqueline Heijmerink
Typografie: Peter Koch/Studio Hoonte Bosch & Keuning
Illustratie omslag: Pontormo, *Visitatie*
Verspreiding in België: Uitgeverij Westland n.v., Schoten

ISBN 90 259 4703 4

Inhoud

Deel I
Historische, hermeneutische en methodologische grondslagen
(Marie-Theres Wacker)

Deel II
Op weg naar een feministische reconstructie
van de geschiedenis van Israël
(Silvia Schroer)

Deel III
Op weg naar een feministische reconstructie van de geschiedenis
van het vroege christendom
(Louise Schottroff)

Voorwoord

'Feministische exegese' – onder dit motto worden in dit boek de hedendaagse christelijk-feministische discussies over en met de Bijbel historisch en hermeneutisch geplaatst en methodologisch toegankelijk gemaakt. Naast historische lengtedoorsneden worden ook thematische dwarsdoorsneden door beide delen van de christelijke Bijbel getrokken. Deel I concentreert zich op ontwikkelingen en huidige discussies in de Duitstalige landen, maar probeert hierbij ook zoveel mogelijk publicaties van feministisch werkende bijbelwetenschapsters uit andere Europese landen te betrekken. Vooral in Deel II en III wordt ook literatuur uit de Verenigde Staten opgenomen met het oog op een integratie van feministisch-exegetisch werk. Een goed aanknopingspunt hiervoor biedt de door Athalya Brenner uitgegeven *Feminist Companion to the Bible*, waarvan inmiddels alle tien delen zijn verschenen (Sheffield 1993-96; twee aanvullende delen verschenen in 1997; een herziene uitgave van het gehele werk is in voorbereiding).

Ongeveer tegelijk met ons hebben tien feministische exegetes van het Hedwig-Jahnow-onderzoeksproject in Marburg een bundel *Feministische Hermeneutik und erstes Testament* uitgebracht. Naast een gezamenlijk geschreven hermeneutische inleiding en een herdruk van Hedwig Jahnows artikel 'Die Frau im alten Testament' (1913/4) bevat deze ook acht feministische 'modelexegesen'(Hedwig Jahnow e.a., *Feministische Hermeneutik und Erstes Testament*. Stuttgart 1994). Graag sluiten we ons bij hun taalgebruik aan door in plaats van het 'Oude Testament' van het 'Eerste Testament' te spreken. Met deze woordkeuze willen we erop wijzen, hoe noodzakelijk het is zich kritisch te verhouden tot het anti-joodse karakter van de christelijke omgang met deze heilige geschriften van het jodendom en christendom.

Op deze plaats willen we ook vast twee bijbelcommentaren onder de aandacht brengen die onlangs in de Verenigde Staten zijn verschenen, waarvan we echter geen afzonderlijke artikelen in onze bibliografie hebben opgenomen. Het eendelige *Woman's Bible Commentary*, uitgegeven door Carol A. Newsom en Sharon Ringe, biedt voor elk bijbelboek een kort, in zichzelf gesloten feministisch commentaar (London/Louisville 1992). Elisabeth Schüssler Fiorenza heeft onder de titel

Searching the Scriptures een tweedelig commentaar gepubliceerd dat zich concentreert op het Nieuwe Testament en zijn directe culturele context. Het eerste deel (New York 1993) zet historische en hermeneutische grondbeginselen uiteen; het tweede deel (New York 1994) bevat korte commentaren op bijbelse en buiten-bijbelse geschriften. Het werk biedt een multi-contextuele uitleg van de Bijbel, die vrouwen uit verschillende wereldgodsdiensten en uiteenlopende culturele leefwerelden binnen de Verenigde Staten deelgenoot maakt. Deze poging heeft ons er eens temeer van doordrongen welke enorme inspanningen er nodig zijn, om het werk van feministische bevrijdingstheologes uit andere werelddelen en ook van joodse feministes een stem te geven binnen de Duitstalige context. Een eerste stap in deze richting is het *Kompendium feministische Bibelauslegung* (Gütersloh 1998; ed. Luise Schrottroff en Marie-Theres Wacker). Het biedt korte commentaren bij alle boeken van de christelijke Bijbel en bij een selectie van buiten-bijbelse geschriften. Bijna zestig vrouwen hebben aan dit compendium meegewerkt, niet alleen uit de (christelijk-) Duitstalige wereld, maar ook uit andere Europese landen en uit Azië en Latijns-Amerika.

De gebruikte afkortingen zijn gebaseerd op Siegfried M. Schwertner, *Internationales Abkürzungsverzeichnis für Theologie und Grenzgebiete*. Berlijn/New York 1992 en – voor de bijbelse geschriften – naar de Loccumse Richtlijnen (vgl. 'Einheitsübersetzung der Bibel').

Overige afkortingen:
WbFTh – Elisabeth Gössmann e.a. (ed.), *Wörterbuch der feministischen Theologie*. Gütersloh 1991.
RIBLA – *Revista de Interpretación Bíblica Latino-Americana*, San José (1988) vv.

Teksten uit WbFTh en *Dictionary of Feminist Theologies*, ed. Letty M. Russell/J. Shannon Clarkson, Louisville/Kentucky 1996 zijn niet systematisch in onze bibliografie opgenomen, aangezien ze gemakkelijk nagetrokken kunnen worden en deze naslagwerken als algemeen bekend kunnen worden beschouwd.

Wij zijn veel mensen dank verschuldigd: dr. Ulrike Bail, dr. Gerlinde Baumann, Corinna Clasen, Tina Hülsebos, dr. Renate Jost, dr. Christl Maier, Stefanie Schäfer-Bossert, Silke Schrom, dr. Elke Seifert en Kerstin Ulrich van het Hedwig Jahnow-onderzoeksproject en de talrijke vrouwen en mannen die ons mondeling of schriftelijk informatie hebben gegeven en literatuur hebben aangereikt: mevr. Monika

Aumüller, dr. Ulrike Bechmann, mevr. Eleonore Beck, mevr. Ursula Brambosch-Schaelen, dr. Doris Brodbeck, dr. Marga Bührig, mevr. Andrea van Dülmen, prof. dr. Hannelore Erhart, mevr. Beate Hofmann-Strauch, prof. dr. Lone Fatum, dr. Maria Häusl, dr. Dagmar Henze, dr. Claudia Janssen, dr. Else Kähler, dr. Renate Kirchhoff, prof. dr. Joachim Köhler, mevr. Regene Lamb, dr. Dagmar Mensink, mevr. Helene Möhler, dr. Annemarie Ohler, mevr. Annebelle Pithan, mevr. Veronika Prüller-Jagenteufel, mevr. Henrike Prussas, dr. Eva Salm, prof. dr. Helen Schüngel Straumann, prof. Arie Troost, dr. Kristin de Troyer, dr. Bernd Wacker; alsmede prof. dr. Laetitia Böhm van het archief van de Universiteit München, mevr. Schleicher en dr. Real van het 'Bundesarchiv' Koblenz en mevr. Gabriele Dress, mevr. Kathrin Fritz en mevr. Johanna Kootz van de 'Zentraleinrichtung zur Förderung von Frauenstudien und Frauenforschung' aan de FU Berlijn.

Onze inspirerende samenwerking tijdens de totstandkoming van dit boek werd niet alleen gevoed door een fascinatie voor en soms irritatie over de Bijbel, maar vooral ook door trots: trots op onze voormoeders en -zusters, de bijbelse vrouwen – Israëlitische, joodse, christelijke –, trots op de theologes vóór ons die sporen van de vrouwengeschiedenis traceerden, trots op de wetenschappelijke prestaties van al diegenen die in de afgelopen jaren onder vaak ongunstige (academische) omstandigheden de eros van een wetenschappelijke interesse volgden, die met ons en ons leven als vrouw is verbonden. Met dit boek hopen wij vele vrouwen met deze eros aan te steken en hen tot een andere of hernieuwde kennismaking met bijbelse teksten te verleiden.

Kassel, Bern en Limburg

Luise Schottroff, Silvia Schroer, Marie-Theres Wacker

Noot van de vertaler:
Voor de bijbelcitaten in de Nederlandse editie is gebruik gemaakt van de vertaling van het Nederlands Bijbelgenootschap.

Deel I

Historische, hermeneutische en methodologische grondslagen

DOOR MARIE-THERES WACKER

1. Honderd jaar vrouwen en Bijbel – een terugblik

De inmenging van vrouwen in de uitleg van de christelijke Bijbel kan tot ver in de vroeg-moderne tijd en zelfs tot in de tijd daarvoor worden getraceerd. De terugblik die hier geboden wordt, beperkt zich echter tot de 19e en 20e eeuw en dan hoofdzakelijk tot de academische wereld. Er wordt, met andere woorden, begonnen met een tijd waarin door de opkomst van de moderne vrouwenbeweging niet langer slechts een klein aantal vrouwen haar stem binnen maatschappij en kerk kon laten horen, maar waarin het door structurele veranderingen voor steeds meer vrouwen mogelijk werd ook in de theologische wetenschap en de kerkelijke en exegetische praxis hun plaats te vinden. De terugblik op de ruim honderd jaar durende worsteling van vrouwen met het basisdocument van het christendom levert reeds materiaal op dat als basis kan dienen voor de hermeneutische en methodologische reflecties in de volgende hoofdstukken. In de eerste plaats moet deze terugblik echter worden beschouwd als een feministisch herinneringsproces, in zoverre het namelijk de 'his-story' van een zuiver patriarchale geschiedenis ondergraaft en daarmee ook haar legitimerende functie ondermijnt. Het gaat hier om een wijze van herinneren die vrouwen laat terugkeren in de geschiedenis, en die hun daarmee ook hun geschiedenis teruggeeft, hun geschiedenis van hoop en lijden, van verzet en tekortschieten, van aanpassing, maar ook van het openen van bevrijdende bewegingsruimten voor vrouwen.

1.1 De Woman's Bible

In 1995 was het precies honderd jaar geleden dat in New York het eerste deel van de Woman's Bible verscheen, een werk dat heftige, deels woedende reacties opriep. In officiële kerkelijke kringen en van de kant van de georganiseerde vrouwenbeweging trachtte men zich nadrukkelijk van dit project te distantiëren. Sommigen zagen het als een satanisch werk, anderen als een vorm van sektarisme waardoor de emancipatie in gevaar werd gebracht. Tal van vrouwen konden zich echter ook herkennen in de Woman's Bible. Deze verwoordde niet alleen hun lijden aan de kerkelijk-gemeentelijke en politiek-staatkundige onderdrukkingsstructuren, maar ook hun nieuwe zelfbewustzijn, het bewustzijn dat zij autonoom handelende subjecten zijn.

Een toonaangevende rol bij de totstandkoming van de Woman's Bible speelde een vrouw (van al ver over de zeventig), die de strijd tegen wettelijke discriminatie tot haar levenswerk had gemaakt: Elizabeth Cady Stanton. Samen met haar man, een advocaat, zette zij zich als abolitioniste in voor de afschaffing van de slavernij. Dit bracht haar ook in aanraking met vrouwen die deze strijd, anders dan zijzelf, primair vanuit religieuze motieven voerden, zoals de zussen Angelina en Sarah Grimké, beiden lid van een Quakergemeente. Deze vrouwelijke predikanten werden zich al vroeg bewust van het verband tussen de bevrijding van slaven en de bevrijding van vrouwen. Niet in de laatste plaats doordat 'bijbelvaste' mannen het hen steeds opnieuw beletten hun openbare redevoeringen voor een gemengd publiek te houden ('Ik sta niet toe, dat een vrouw onderricht geeft' [1 Tim. 2,12]!). Sarah Grimké had al in 1837 de stelling verdedigd dat de mannelijke uitleg van de Schrift de onderwerping van vrouwen diende. Zij spoorde vrouwen ertoe aan de heilige talen te leren en de bijbeluitleg zelf ter hand te nemen. De gebeurtenis die voor Elizabeth Cady Stanton waarschijnlijk de doorslag gaf om de strijd voor de bevrijding van slaven en de bevrijding van vrouwen definitief met elkaar te verbinden, vond plaats tijdens een internationaal congres van de abolitionisten, waaraan zij in 1840 in Londen deelnam: Evenals de andere Amerikaanse vrouwen werd zij op grond van haar sekse niet als officieel gedelegeerde geaccepteerd, en kreeg zij een plaats op de publieke tribune toegewezen. Was dus de strijd van vrouwen voor de burger- en mensenrechten van zwarten, die door blanken op de zuidelijke katoenplantages werden afgebeeld, minder waard dan die van mannen? Elizabeth Cady Stanton begint zich vanaf nu in haar eigen omgeving ook in te zetten voor de gelijkberechtiging van vrouwen. Ze is een van de 'moeders' van de historisch geworden bijeenkomst van 19/20-7-1848 in de Wesleyan Methodist Church van Seneca Falls. De verklaring die hier werd aangenomen, geldt als het ideologische basisgeschrift voor de Noord-Amerikaanse vrouwenbeweging in de strijd om vrouwenkiesrecht, scholing voor vrouwen en wettelijke onafhankelijkheid van de bevoogdende heerschappij van vaders en echtgenoten. Omgekeerd zagen ook zwarte, vrijgelaten vrouwen in dat het noodzakelijk was zelf op te komen voor de rechten van vrouwen. Voortrekster was in dit opzicht Sojourner Truth, die in 1852 in haar beroemd geworden rede tijdens een conferentie over vrouwenrechten in Akron (Ohio) op intelligente wijze de uit de Bijbel afgeleide argumenten tegen de wettelijke gelijkberechtiging van vrouwen, met eveneens bijbelse argumenten, weerlegde.

Niet in de laatste plaats zullen het juist de discussies over het heersende recht geweest zijn, die Elizabeth Cady Stanton deden beseffen op welke schaal de Bijbel als goddelijke autoriteit werd ingeroepen om het voor vrouwen geldende on-recht religieus en staatkundig te legitimeren. Naar haar overtuiging was dit volledig in strijd met het geloof in een goddelijk wezen dat met verstand en wijsheid de wereld ordent en regeert, en dat niet in tegenspraak met de redelijkheid van de mensenrechten gedacht kan worden. In de lijn van dit Verlichtingsdenken, dat als een rode draad door haar leven liep, zet zij na de dood van haar man in 1887 een project op rond een 'Vrouwenbijbel', dat zij – met het verschijnen van beide delen in 1895 en 1898 – ook nog voltooit, voordat zij in 1902 op 88-jarige leeftijd sterft. Zij weet voor dit project een tiental vrouwen aan te trekken, waaronder letterkundigen, historici en vrouwen die, zoals zijzelf, het Grieks beheersen. Het lukt haar echter niet theologisch-bijbels gekwalificeerde vakvrouwen te vinden, terwijl die er volgens de ledenlijst van de Society of Biblical Literature beslist al moeten zijn geweest. Carrièredrang en angst stonden hun engagement in de weg, zoals Elizabeth Cady Stanton spottend vermoedde. Misschien hield dit kleine groepje vrouwen in de mannenexegese, net als hun Duitse vrouwelijke collega's een aantal decennia later, er ook eenvoudigweg andere idealen over vrouwenemancipatie op na, en meenden zij hun taak meer dan voldoende te vervullen als docente aan de pas opgerichte vrouwencolleges. Tenslotte zetten ook zij zich hier in voor de scholing van vrouwen. De strijdsters voor vrouwenrechten, die overigens geenszins de bedoeling hadden de wetenschappelijke theologiebeoefening van de mannelijke theologen over te nemen, ging het echter om iets veel fundamentelers. Zij stelden zich ten doel met behulp van het gevormde vrouwelijk intellect het kerkelijke en staatkundig-politieke misbruik van de Bijbel te ontmaskeren. Ze wilden zelfs nog een stap verder gaan; zij wilden laten zien dat de mogelijkheid om de Bijbel te misbruiken op onvolkomenheden van de Bijbel zelf berustte, om op die manier zijn goddelijke autoriteit te ondermijnen. Logischerwijs namen zij als basistekst de eerste volledige Engelse bijbelvertaling van een vrouw, Julia Smith.

De opbouw van de Woman's Bible richt zich naar de volgorde van de bijbelse geschriften. Niet op alle geschriften wordt echter even diep ingegaan. Ze worden of summier naverteld en geëvalueerd (bijv. het boek Ruth), of aan de hand van een selectie van hoofdstukken nader onder de loep genomen (o.a. het Matteüs-evangelie). In deze selectie worden enerzijds passages opgenomen die in de Verenigde Staten werden gebruikt om de wettelijke ongelijkheid van vrouwen te legitimeren (dit zou de onevenredig grote aandacht voor de Pentateuch kunnen verklaren). Anderzijds worden passages belicht waarin juist het tegenovergestelde naar voren komt, namelijk een geheel eigen en andere waarneming van vrouwen. Het grootste deel van de Woman's Bible is van de hand van Elizabeth Cady Stanton. Zij leverde om zo te zeggen de grondtekst en heeft de bijdragen van de andere vrouwen steeds naast of achter haar eigen commentaren geplaatst. Door deze redactie, die min of meer vergelijkbaar is met die van het oudtestamentische priestergeschrift, blijft het perspectief van waaruit zijzelf interpreteert steeds richtinggevend. Tegelijkertijd kan ze echter ook ingangen integreren die duidelijk afwijken van de hare. Dit geldt bijvoorbeeld voor de bijdragen van Lillie Devereux Blake, Ellen Batelle Dietrick en Clara Colby. Lillie Devereux Blake, een feministisch letterkundige, ziet in haar commentaren op de boeken Genesis tot en met Numeri het probleem niet zozeer in de bijbelse teksten, maar veeleer in de vertekenende interpretaties die hiervan in de loop van de geschiedenis zijn ontstaan. In de aantekeningen van Ellen Batelle Dietrick bij het Oude, maar vooral bij het Nieuwe Testament, valt een vastberaden poging te bespeuren om een 'her-story' bloot te leggen. Clara Colby ten slotte schrijft haar Genesis-commentaar vanuit een perspectief van waaruit zij – geïnspireerd door het zogenaamde 'Nieuwe Denken' van haar tijd – de Bijbel niet meer opvat als het Woord Gods in de zin van een autoriteit die 'van buitenaf' naar de mensen toekomt. Zij tracht de symbolische inhoud van deze geschriften te achterhalen, en die vervolgens in verbinding te brengen met processen van menselijke zelfbewustwording. Voor Elizabeth Cady Stanton zelf ging het er vooral om de autonome rede als wapen tegen het historisch beperkte mannenwoord van de Schrift in te zetten, om op die manier de publieke discussie over de gelijkberechtiging van de vrouw te bevorderen.

De Woman's Bible was geen lang leven beschoren. Korte tijd na zijn verschijnen schijnt hij alweer uit de publieke discussie te zijn verdwenen. Een Duits in memoriam voor Elizabeth Cady Stanton in het zojuist opgerichte tijdschrift 'Die christliche Frau' (1/4 [1902/3] 152) spreekt waardering uit voor haar werk in verband met sociale vraagstukken en de vrouwenbeweging. Het rept echter met geen woord over de 'Vrouwenbijbel'. Pas in 1974 werd het werk binnen de context van de nieuwe vrouwenbeweging door een groep vrouwen in Seattle opnieuw toegankelijk gemaakt.

1.2 De Duitstalige landen tot de Tweede Wereldoorlog

De geschiedenis van de moderne vrouwenbeweging in Duitsland is intussen vrij uitvoerig in kaart gebracht. De geschiedenis van de theologe binnen de evangelische wereld wordt tegenwoordig ten minste in een aantal proefschriften en verzamelbundels onderzocht, mede dankzij het door Hannelore Erhart (hoogleraar gereformeerde theologie) geïnitieerde Göttingse vrouwenonderzoeksproject. Naar de geschiedenis van de theologe binnen de katholieke wereld is tot nu toe, afgezien van een eerste aanzet door Leo Karrer en Iris Müller, nog nauwelijks onderzoek gedaan. De geschiedenis van theologes in Oostenrijk tot 1971 wordt onderzocht in het (ongepubliceerde) proefschrift van Lucie Teufl. Wat betreft de situatie in Zwitserland bestaat voor zover wij weten nog een grote behoefte aan onderzoek op dit gebied. In het hierna volgende overzicht kunnen daarom slechts de grote lijnen en tendensen worden aangegeven.

1.2.1 Tot 1918

Ook in Duitsland bestond er al rond 1848 een eerste vrouwenbeweging. Een breder engagement van vrouwen voor scholing en burgerrechten van vrouwen kwam echter pas op gang in het Duitsland van Keizer Willem II.

De rol van de vrouw in het bijbelse Israël respectievelijk in het vroege christendom werd in Duitsland voor de eerste keer rond de eeuwwisseling systematisch onderzocht door (mannelijke) exegeten uit de liberaal-protestantse, universitaire wereld. Nadat Adolf von Harnack reeds in 1900 in een artikel de grote betekenis van vrouwen voor de beginperiode van het christendom had benadrukt, en zelfs de hypothese waagde dat de brief aan de Hebreeën van de hand van een vrouw, namelijk van Priscilla moest zijn, schreef zijn leerling Leopold Zscharnack over de *Dienst der Frau in den ersten Jahrhunderten der christlichen Kirche* (1902) en de Breslause oudtestamenticus Max Löhr over de *Stellung des Weibes zu JHWHreligion und -kult* (1908). In de kleine monografie van Löhr draait het om een vraag die de consensus van zijn tijd doorbrak, en die voor de huidige feministische receptie van de godsdienst van het bijbelse Israël een van de centrale vragen vormt, namelijk om de vraag 'of de JHWH-godsdienst de ook in het oude Israël duidelijk aanwezige religieuze behoefte van het vrouwelijk geslacht misschien niet bevredigde?' (2). Aan de hand van een gedetailleerde inventarisatie van de bijbelse vrouwennamen tracht Löhr allereerst aan te tonen dat het onmogelijk is om staande te houden dat vrouwen tegenover de Jahwegodsdienst een 'principieel of wezenlijk ander houding hadden' (32). De volledige uitsluiting van vrouwen uit de strikte offerfuncties in de tijd na de ballingschap, waarvan vermoedelijk ook al sprake was in de Israëlitische tijd, leidde echter wel tot een algemene geringschatting van vrouwen in ethisch en geestelijk opzicht, aldus Löhr. Samenvattend kan volgens hem gezegd worden, dat 'de opvatting (...) dat het Jahweïsme wezenlijk een godsdienst van mannen is, waarin vrouwen nauwelijks een rol spelen, onjuist is met betrekking tot de Israëlitische tijd, en juist voor zover het de cultus van de joodse gemeente betreft' (54). Hoe waardevol Löhrs kleine studie voor de herwinning van vrouwengeschiedenis ook is, het grote probleem blijft dat hij uitgaat van de in zijn tijd heersende visie op de geschiedenis van Israël, namelijk dat deze geschiedenis een geschiedenis van achteruitgang laat zien in de richting van het priesterlijk-wettische jodendom. De studie van Zscharnack rekent daarentegen meteen al op de eerste pagina's af met het christelijke vooroordeel, dat het joodse huwelijk tot op de dag van vandaag niet de grote morele betekenis heeft die het christelijke huwelijk door Jezus heeft gekregen. Het gaat Zscharnack in zijn studie om een uitgebreide – ook voor het hedendaagse feministische onderzoek waardevolle – documentatie van de functies of ambten van vrouwen in het oerchristendom en de patristische tijd. Wat om te beginnen het 'leraarschap' betreft, acht hij het waarschijnlijk dat er aanvankelijk een maatschappelijke gelijkheid tussen mannen en vrouwen (Priscilla) bestond. Hierin kwam echter al spoedig verandering doordat het leraarschap van vrouwen werd beperkt tot missiewerk van vrouwen voor vrouwen (Thecla). Ten slotte mochten vrouwen alleen nog binnenshuis, in de vrouwenvertrekken onderrichten. Het einde van de christelijke profetessen, die qua aantal en betekenis nauwelijks onderschat kunnen worden, wordt volgens hem ingeluid op het moment dat 'het ambt het charisma van de mannelijke en vrouwelijke leken had verdrongen' (66). Het uitoefenen van sacerdotale functies echter, in het bijzonder dopen en het uitreiken van de communie, heeft de Kerk vrouwen nooit toegestaan, aldus Zscharnack; dit in tegenstelling tot het gnosticisme of montanisme. De hulp aan weduwen en zieken in de Oude Kerk werd gezien als een activiteit die 'de vrouwendienst legitimeerde en die bijdroeg aan de bouw van de kerk (...); 'heresie, hiërarchie en monnikenwezen waren de vijanden die het zaad verstikten' (156).

Deze exegetisch-wetenschappelijke interesse voor de vrouwelijke werkelijkheid in de bijbelse tijd ontstaat in dezelfde tijd dat vrouwen, voor het merendeel uit de hoger opgeleide kringen, voor het eerst pogingen ondernemen om (ook) in de theologische wetenschap vaste voet aan de grond te krijgen. Vóór 1900, het jaar dat de eerste Duitse universiteiten – die in Baden – vrouwen het recht van immatriculatie toekenden, konden zij zich slechts als toehoorders laten inschrijven, waarvoor een omslachtige toelatingsprocedure gevolgd moest worden. Desondanks had Lydia Stöcker (1877-1942), een minder bekende zus van de vrouwenstrijdster Helene Stöcker, al aan het begin van de eeuw de nodige exegetische vakbekwaamheid opgedaan bij Adolf von Harnack in Berlijn. In 1907 publiceerde zij een studie over *Die Frau in der alten Kirche*, die begint bij het Nieuwe Testament en soortgelijke interpretatieve lijnen volgt als de studie van Zscharnack. Eveneens kon in 1907, een jaar voordat Pruisen (als een van de laatste staten van het Duitse rijk) vrouwen het volledige immatriculatierecht verleende, in Jena de eerste vrouw tot licentiate in de bijbelwetenschap promoveren: Carola Barth (1879-1959). Haar uitgesproken (godsdienst)historische belangstelling zet haar op het spoor van het thema van haar onderzoek: de receptie van het Nieuwe Testament in de Valentiaanse gnosis. Vanuit hedendaags feministisch-theologisch oogpunt vormt het gnosis-onderzoek een zeer boeiend onderzoeksgebied, zowel gezien de literaire vrouwelijkheidsmetaforiek als de concrete vrouwenwerkelijkheid die hier ontdekt kunnen worden. In de tijd van Carola Barth leeft een dergelijke belangstelling eenvoudigweg nog niet en wordt deze blijkbaar ook niet door de geanalyseerde teksten zelf gewekt. In 1908 krijgt Carola Barth van het Duits Archeologisch Instituut als eerste vrouw een eenjarige reisbeurs, die haar in staat stelt verschillende oosterse landen te bezoeken. In de tijd dat zij in het onderwijs werkzaam was – het enige beroepsperspectief dat een evangelisch theologe in haar tijd had – zette Carola Barth zich als directrice van twee lycea met groot engagement in voor de scholing van meisjes, en ondersteunde ze vanaf eind jaren twintig de groep van 'Keulse Vicaressen' in hun strijd om een gelijkberechtigde toelating van evangelische theologes tot het ambt van predikant.

Het katholicisme van die tijd stond maatschappelijk nog sterk in het teken van de 'Kulturkampf', binnen de kerk werd de strijd met het modernisme en de 'nouvelle méthode' (het begin van de historische kritiek) van bijbeluitleg aangegaan. De veranderde maatschappelijke positie van vrouwen vond echter ook hier zijn neerslag in uiteenlopende sociale en charitatieve activiteiten en in het onderwijs. Binnen de academische wereld was vooral de oprichting van de 'Vereniging van katholieke Duitse Leraressen' in 1885 van belang. Deze nam aan het begin van de eeuw het initiatief voor de uitgave van de boekenreeks 'Charakterbilder der katholischen Frauenwelt'. Als auteur voor een eerste deel over bijbelse vrouwenfiguren werd Michael Faulhaber, hoogleraar bijbelse theologie (later bisschop van Speyer en kardinaal in München), aangetrokken. Zijn monografie plaatst zowel in het eerste als laatste hoofdstuk een 'koninklijke figuur in het middelpunt (het boek verschijnt in 1912!): de moeder van de koning uit Spr. 31 en de moeder van de Heer, Maria. De vrouwen van Israël treden op in hun godsdienstige, maatschappelijke en zedelijke rechtspositie en als 'heldinnen'. De vrouwen van de nieuwtestamentische tijd worden consequent aan Jezus gerelateerd. Zij komen immers voor in zijn stamboom, zijn toespraken, zijn 'genadesfeer'; ze zijn volgelingen van Jezus, ook in de verschillende 'diaconaten' in de apostolische gemeenten. Hoe kleurrijk en levendig het beeld hierdoor ook wordt, het Oude Verbond wordt hier al duidelijk vastgelegd op 'recht' en in oppositie met het 'evangelie' gesteld. In het verlengde hiervan worden de vrouwen van het Oude Verbond als objecten van het recht voorgesteld en die van het Nieuwe Verbond als handelende subjecten, waarbij hun rol echter strikt tot 'de dienst/het diaconaat' beperkt blijft.

In 1903 werd de 'Katholieke Duitse Vrouwenbond' (KDFB) opgericht. Een van de belangrijkste doelstellingen van deze bond was het bijeenbrengen van hoger opgeleide vrouwen uit het katholieke midden, om zo de krachten te bundelen voor maatschappijhervormingen. 'Katholiek midden' – dat betekent dat er, anders dan binnen het protestantisme met zijn onmiddellijke relatie tot de Heilige Schrift, een belangrijke betekenis wordt toegekend aan het pausdom en de sacramenten, met name de eucharistie. Dat deze vorm van sacramentele tegenwoordig-stelling van Christus gebonden is aan het hiërarchische, mannelijke priesterambt, hebben de katholieke vrouwen uit deze tijd blijkbaar zonder problemen geaccepteerd. In de 'Christliche Frau', het tijdschrift van de vrouwenbond, kan in 1903/4 een artikel van de franciscaan Severus Raue verschijnen 'Über das Verbot des öffentlichen Auftretens und der Lehrtätigkeit des Weibes in den Briefen des hl. Paulus'. Het moedigt hoger opgeleide vrouwen aan in het openbaar het woord te vragen, aangezien de restricties die de apostel aan vrouwen oplegt (vgl. 1 Kor. 14,34v.) uitsluitend voor het priesterambt zouden gelden. De katholieke vrouwen, die uitgaan van de gelijkwaardigheid maar andersheid van de seksen en daarom nauw verwant zijn met de burgerlijke vleugel van de vrouwenbeweging, benadrukken van hun kant hun uiteenlopende maatschappelijke mogelijkheden in de zin van een 'openbare moederlijkheid', en behalen kwalificaties in medische, literaire en pedagogische vakken.

Sporadisch hebben katholieke studentes het weliswaar ook aangedurfd aan bijeenkomsten op katholiek-theologische faculteiten deel te nemen, maar exactere gegevens hierover ontbreken tot nu toe. Toch bleef, over de gehele linie bezien, de omgang met de Bijbel voor katholieke vrouwen in de hele 19e eeuw en ook in de eerste decennia van de 20e eeuw beperkt tot luisteren, bidden en toekijken in de kerk en de jeugdcatechese thuis en op school. Bij hoge uitzondering gaven zij hun visionaire inzichten en verklaringen bij bijbelse teksten, zoals bijvoorbeeld de bekend geworden Dülmense kloosterlinge Anna Katharina Emmerick. Ook de visioenen van Emmerick zijn echter niet authentiek overgeleverd. Zij ondergingen vanaf hun eerste (mondelinge) beschrijvingen tot aan het moment dat ze in druk verschenen een groot aantal mannelijke 'bewerkingen', voor het eerst en het ingrijpendst uitgevoerd door hun 'schrijver', Clemens Brentano.

In Zwitserland, waar vrouwen vanaf de jaren zeventig van de 19e eeuw tot universitaire studies en examens werden toegelaten, begon de Bernse patriciërsdochter Helene von Mülinen in de jaren tachtig, aangemoedigd door de Bernse nieuwtestamenticus Adolf Schlatter, met de studie evangelische theologie. Zij volgde de colleges echter als gasttoehoorster, aangezien haar moeder (!) haar geen toestemming gaf zich als regulier studente in te schrijven. Helene von Mülinen werd een van de oprichtsters van de Zwitserse vrouwenbeweging in de strijd om het vrouwenkiesrecht. Uit haar voordrachten, gehouden tussen 1897 en 1910 en nog één keer in 1919, blijkt hoe zeer haar eis tot gelijke rechten voor vrouwen verankerd was in bijbels-exegetische reflectie. Opzien baarde ze onder meer met haar voordracht over 'Die Frau und das Evangelium', die ze in 1903 in Genève hield voor het 'Séminaire d'activité chrétienne'. Ze leverde hierin openlijk kritiek op het paulinische zwijggebod voor vrouwen, en liet zien hoe belangrijk de rol van vrouwen in de oerchristelijke gemeenten was. Dit om hier en nu de eis tot volledige handelingsbevoegdheid en (beroeps-)scholing voor vrouwen kracht bij te zetten. Vrouwenemancipatie zag zij als een proces waarin vrouwen langzaam uitgroeiden tot volledig evenbeeld van God.

1.2.2 Tussen de oorlogen

Na de oprichting van de Republiek van Weimar en de verankering van de gelijkheid tussen man en vrouw in de grondwet krijgen vrouwelijke studenten aan de evangelisch-theologische faculteiten voor het eerst de mogelijkheid om een eerste examen af te leggen. Het onderscheid met het tweede (kerkelijke) examen, waarmee de (kerkelijke) beroepsbevoegdheid werd verkregen, bleef echter strikt gehandhaafd. Veel vrouwen sluiten de studie echter nog steeds het liefst af met een promotieonderzoek. Zoals Eva Bartschat-Gillischewski, die in 1921 in Koningsberg promoveert op 'Die Wirtschaftsethik der alttestamentlichen Propheten' en Selma Hirsch, die de 'Vorstellung von einem weiblichen pneuma hagion im NT und in der ältesten christlichen Literatur' (Berlijn 1926) onderzoekt. Hirsch is vooral geïnteresseerd in de historische ontwikkeling van dogma's. Ze verdedigt de stelling dat de Heilige Geest in de oudste christelijke voorstelling als 'moedergeest' werd gezien, en laat mogelijkheden zien om deze vrouwelijk-moederlijke voorstelling van de geest in de systematische theologie te integreren.

In het midden van de jaren twintig staan aan de Duitse universiteiten tussen de vijftig en tachtig studentes evangelische theologie ingeschreven. Dit aantal stijgt tot begin jaren dertig tot boven de driehonderd, wat hoogstwaarschijnlijk samenhing met het feit dat er vanaf 1926 een wettelijke beroepsmogelijkheid voor evangelische theologes bestond. Vanaf dat jaar konden zij namelijk met kerkelijke bevoegdheid in gemeenten werkzaam zijn als 'vicares', een functie die weliswaar scherp afgebakend werd van het geestelijk ambt van de (mannelijke) dominee. De belangrijkste werkterreinen van 'vicaressen' werden de geestelijke verzorging van gevangen en zieken en het werken met vrouwen en meisjes. In het ledenblad van het 'Bond van Evangelische Theologes in Duitsland', die vanaf 1932 uitkomt, verschijnen steeds opnieuw preken van deze vrouwen, waarin ze uitvoerig ingaan op bijbelse teksten en motieven. Drie vrouwen van deze generatie, Hedwig Jahnow, Maria Weigle en Anna Paulsen, wil ik hier nader voorstellen.

Hedwig Jahnow, die in 1879 in Posen is geboren, volgt in Berlijn allereerst een opleiding tot onderwijzeres en daarna een studie aan de universiteit, om ook het examen voor hoofdonderwijzeres af te kunnen leggen. In 1907 krijgt zij een aanstelling als hoofdonderwijzeres in Marburg en zoekt ze van daaruit verder contact met de universiteit: Zo bezoekt ze onder meer colleges van Hermann Gunkel in Gießen. In 1923 publiceert zij haar monografie over *Das Leichenlied im Rahmen der Völkerdichtung*, waarop zij in 1926 tot eredoctor promoveert. Als leerlinge van Gunkel werkt ze genre-historisch. Dat wil zeggen, ze beschrijft het lijklied als een teksttype en plaatst het binnen het literaire en culturele kader van volkskundig materiaal. Daarbij komen noodzakelijkerwijs ook steeds opnieuw karakteristieke levensomstandigheden van vrouwen aan de orde: De dood van veel jonge vrouwen bij de geboorte of in het kraambed weerspiegelt zich in de liedteksten als het verdriet om hen die te vroeg zijn gestorven of in de meer algemene angst voor de dood, die ook kleine kinderen wegrukt. Het ritueel van de lijkklacht wordt op zijn beurt overal ter wereld vooral door vrouwen gedragen. Hedwig Jahnow gaat ook met grote wetenschappelijke nauwkeurigheid in op zulke vrouwspecifieke aspecten, maar besteedt hieraan geen afzonderlijke aandacht. Anderzijds heeft zij al in 1913/14 een korte serie artikelen geschreven over 'Die Frau im Alten Testament', en zet zij zich in op het gebied van godsdienstonderwijs aan meisjes. Als dochter van een tot het protestantisme bekeerde joodse vader wordt zij in 1935 met de Nürnbergse rassenwetten geconfronteerd en op 6 september 1942 naar Theresienstadt gedeporteerd; twee jaar later komt zij daar om. Ter nagedachtenis aan haar en haar werk is er in 1991 in Marburg een kring van feministisch werkende exegetes opgezet.

Maria Weigle (1893-1979), afkomstig uit een domineesfamilie uit het Bergische land, studeerde van 1919 tot 1924 evangelische theologie in Bonn, Tübingen en Berlijn, en legde zowel het examen pro facultate docendi (onderwijsbevoegdheid voor de hogere klassen van het middelbaar onderwijs) als het eerste theologische examen af. Zij gaf allereerst twee jaar les aan een stedelijke middelbare meisjesschool. Daarna was ze op het hoofdkantoor van de evangelische Vrouwenhulp in Potsdam werkzaam als redactrice van een vrouwentijdschrift en als coördinatrice van een mobiele dienst die vrijwilligsters opleidde voor bijbelcatechese in de gemeenten. In 1929 behaalde zij ook het tweede theologische examen en werkte tot 1933 parttime als vicares. Daarna organiseerde ze leergangen in bijbelcatechese, die in 1936 uitgroeiden tot een bijbelschool op rijksniveau. In verband met dit werk ontwikkelde ze een eigen onderwijsmethode voor bijbelstudie met vrouwen, die zij na de oorlog, toen ze de leiding van de theologische hogeschool in Stein bij Nürnberg op zich nam, kon integreren in de opleiding voor kerkelijk werksters. Haar belangrijkste doelstelling was vrouwen te leren zelf te kijken en zich uit te drukken. Methodologisch koos zij daarom allereerst voor zeer eenvoudige teksten uit het Nieuwe Testament die nauw aansloten bij de belevingswereld van vrouwen (aan het Eerste Testament waagde zij zich niet!). Zij legde deze teksten bovendien niet zelf uit, maar gaf structurerende vragen bij de teksten, waardoor een echte bijbeldiscussie tot stand kon komen. In de perikoop Mc. 10,13-16 over de zegening van de kinderen, bedoeld om te behandelen met vrouwen met weinig ervaring in bijbelstudie, vestigt Maria Weigle de aandacht bijvoorbeeld op 'die, die hen (de kinderen) droegen', en laat ze vrouwen zelf ontdekken dat het hier om vrouwen met hun baby's moet gaan. Daarmee worden de deelneemsters van een gesprek over de bijbel aangesproken op hun eigen ervaring als vrouw, en zijn ze bereid deze passage ook op zichzelf te betrekken: het Rijk Gods is hen zonder eigen toedoen, net als hun jonge kinderen, al geschonken.

Anna Paulsen (1893-1981), domineesdochter uit het Duits-Deense grensgebied, studeerde van 1916 tot 1921 theologie in Kiel, Tübingen en Münster en behaalde in 1923 in Kiel het licentiaat met een promotieonderzoek over dogmatische en historische bijbeluitleg. In 1926 wordt ze hoofd van de toen net opgerichte 'Bibel- und Jugendführerschule' oftewel het 'Seminar für kirchlichen Frauendienst' in het Berlijnse Burckhardthuis, waar ze tot het einde van de oorlog werkt aan de ontwikkeling en uitvoering van een tweejarige opleiding voor kerkelijk werksters. In 1951 krijgt zij een aanstelling bij het landelijk secretariaat van de Evangelische Kerk Duitsland in Hannover, waar ze onder meer verantwoordelijk wordt voor het kerkelijk vrouwenwerk. Naast haar praktijkgerichte activiteiten blijft zij in deze jaren ook zeer actief als publiciste. Thematische zwaartepunten in haar publicaties zijn met name bijbelse exegese, de zoektocht naar de eigen identiteit van de vrouwelijke theoloog in het geestelijk ambt en de verbetering van haar rechtspositie, en ten slotte de Kierkegaard-interpretatie. Boeiend voor een bijbelexegese vanuit vrouwelijk perspectief is vooral haar monografie met de onopvallende titel *Mutter und Magd. Das biblische Wort über die Frau.* Achter deze titel gaat echter een – voor het eerst door een vrouw geschreven – historisch overzicht en bijbel-theologische evaluatie schuil van al het oud- en nieuwtestamentische tekstmateriaal over het thema 'vrouw'. Van dit geschrift, dat voor de oorlog al in twee oplagen verscheen, komt in 1960 een nieuwe, herziene druk uit. Dit keer onder de titel *Geslecht und Person*, die het theologisch-bijbelse hoofdthema van het boek beter tot uitdrukking brengt. Op historisch niveau, zo stelt Anna Paulsen nuchter vast, moet er zowel voor de oud- als de nieuwtestamentische tijd van patriarchale maatschappelijke verhoudingen worden uitgegaan. Desondanks kan volgens haar op basis van de Heilige Schrift de gelijkstelling van vrouwen verdedigd worden. In de Schrift zelf tekent zich namelijk een theologische lijn af die de vrouw oproept gesprekspartner van God te worden, haar eigen persoonlijkheid te ontplooien in het geloof. De vrouw krijgt hier met andere woorden op het niveau van de ik-gij-verhouding tussen God en mens dezelfde status als de man. Anna Paulsen noemt deze lijn in de bijbelse overlevering de 'profetische', wat zij echter niet zozeer opvat als een genre-aanduiding, maar als een theologische kwalificatie, die op een bijzondere wijze van toepassing is op de imago-dei-uitspraak Gen. 1,26v. Hoewel het er in eerste instantie op lijkt dat zij de hele Bijbel vanuit een en dezelfde optiek benadert, bij nadere beschouwing wordt echter duidelijk dat zij het Eerste Testament als het ware opsplitst in een profetische lijn, die door het christendom tot voltooiing is gebracht en een wettische, die vooral in het na-exilische jodendom tot een hoogtepunt komt, en op historisch niveau samengaat met de volledige uitsluiting van vrouwen uit de cultische ambten. Ook de eerste aanzet tot een vrouwengeschiedenis van het bijbelse geloof is, zo maakt dit vroege voorbeeld reeds duidelijk, niet gevrijwaard van anti-joodse clichés; hier het stereotype van Jezus als degene die aansluit bij de profeten tegenover het in de wet volhardende jodendom. Opvallend is ook dat Anna Paulsen het jodendom steeds op die momenten als 'rabbijns' of 'farizees' betitelt, wanneer zij een verklaring moet zien te bedenken voor problematische tradities in het Nieuwe Testament, bijvoorbeeld 1 Kor. 11,3vv. of 1 Tim. 2,12v.

Het 'ontwaken van de kerk in de zielen' (R. Guardini) is in de Weimarse tijd ook onder katholieke vrouwen een thema. In deze jaren zijn aan de theologische faculteiten sporadisch vrouwen aan te treffen die, geïnspireerd door de geest van de liturgische beweging, een volledige studie theologie willen afronden, zonder zich vooralsnog al te veel zorgen te maken over hun beroepsperspectieven. De eerste vrouw die in Duitsland officieel geïmmatriculeerd wordt en de studie bovendien kan afsluiten met goedkeuring van het episcopaat en de staat is Franziska Werfer (1906-1985). In 1929 legt zij aan de katholiek-theologische faculteit van de Universiteit Tübingen haar theologische examen af. Hierna wordt zij door het Bısschoppelijk Ordinariaat ingezet als godsdienstlerares aan volkshogescholen en in de lagere klassen van een middelbare meisjesschool. Het godsdienstonderwijs in de hogere klassen en aan hogescholen blijft voorbehouden aan priesters. Volgens de officiële statistieken stond er tussen 1924 en 1932/3 naast Franziska Werfer slechts één andere vrouw aan een theologische faculteit ingeschreven. In de periode 1934-1938 studeren er echter alleen al in Tübingen tien vrouwen in de theologie af, waaronder Rosa Feifel en Magdalena Prato, die in respectievelijk 1936 en 1939 aangesteld worden bij de Katholieke Vrouwenbond Stuttgart. Deze bond had er al aan het begin van het Derde Rijk op aangedrongen een instelling voor kerkelijk volwassenenonderwijs en -catechese in het leven te roepen. Franziska Werfer wordt onder meer belast met de uitvoering van dit project. Samen met Magdalena Prato maakt ze deel uit van de zogenaamde Marcus-kring rond de Stuttgartse pastoor Breucha, die zowel met cursussen voor een breder publiek als in deze kleinere kring jarenlang bijbellessen gaf.

Ook aan de vier katholiek-theologische faculteiten van Oostenrijk (Wenen, Innsbruck, Salzburg, Graz) heeft in de jaren dertig slechts één vrouw, dr. Mr. Charlotte Leitmaier, met bijzondere aartsbisschoppelijke goedkeuring als regulier toehoorster theologie gestudeerd. In 1937 verbood de Oostenrijkse bisschoppenconferentie 'vrouwelijke toehoorders' aan de theologische faculteiten, een verbod dat zo nu en dan duidelijk werd overtreden, maar pas in 1945 weer werd opgeheven. De enige evangelisch-theologische faculteit van het land in Wenen maakte vanaf 1922 deel uit van de universiteit en laat vrouwen toe tot de studie theologie. In 1940 promoveert daar de eerste vrouw op een bijbels thema, en wel Irmgard Schmalenburg met een studie over *Auslegung und Verwertung des Alten Testamentes in den Paulinischen Briefen*. Het duurde echter tot 1971 voordat andere vrouwen haar voorbeeld volgden.

De toenadering tot de kerk als 'mystiek lichaam van Christus', die in deze jaren waarschijnlijk voor een groot aantal vrouwen – voor het merendeel uit de gegoede burgerij – het motief vormde om theologie te gaan studeren (en bijvoorbeeld de evangelische theologe en schrijfster Gertrud von le Fort ertoe bewoog zich tot het katholicisme te bekeren), werd door die katholieke vrouwen die zich eerder met de politieke vrouwenbeweging verbonden voelden met argusogen bekeken. In een geruchtmakend artikel over de 'Weibliche Seelsorger' uit 1922, dat niet in een katholiek orgaan, maar in het tijdschrift van de burgerlijke vrouwenbeweging 'Die Frau' verscheen, klaagt de gepromoveerde katholieke filosofe Margarete Adam over de toenemende sociaal-politieke desinteresse onder jonge katholieke vrouwen. Haarzelf staat een dubbele structuur van het priesterambt voor ogen: Terwijl ze het 'offerpriesterschap' aan de man wil voorbehouden, pleit zij voor de toelating van vrouwen in een priesterlijk pastoraal ambt speciaal met het oog op de specifieke problemen waarmee vrouwen te maken hadden gekregen door de industrialisatie. De bijdrage van de gepromoveerde katholieke historica Gerta Krabbel in de 'Christliche Frau' van datzelfde jaar kan gelezen worden als een gedeeltelijke instemming met deze kritische analyse van Margarete Adam. Gerta Krabbel, sinds 1926 hoofd van de KDFB, erkent weliswaar de geestelijke nood waarin juist hedendaagse vrouwen verkeren, maar wijst de eis tot een vrouwelijk priesterdom uitdrukkelijk van de hand als een 'niet bij de katholieke vrouw passende eis'. Ze vestigt daarentegen de aandacht op de bijzondere, innerlijke religieuze aanleg van de vrouw.

Dat deze diagnose echter bij lange na niet van toepassing is op 'de' katholieke vrouw, blijkt ook uit de literaire productie van katholieke vrouwen in deze jaren. Zo probeert bijvoorbeeld de arts Emanuele Meyer in haar op het 'Amboß meiner Seele' [vertaler: 'Aambeeld van mijn ziel'] gesmede (en af en toe bijna matriarchaal-feministisch klinkende) aforismen beide aspecten met elkaar te verbinden. Zij accentueert de bijzondere religieuze aanleg van de vrouw, en drijft op een welhaast satirische wijze de spot met de nog steeds heersende 'scholastische onderwaardering' (o.a. 130) van de vrouw in de kerk. Voor haar is het vanzelfsprekend dat deze onderwaardering 'noch in het Oude noch in het Nieuwe Verbond volgens Gods wil' is. Voor het Eerste Testament levert zij het bewijs hiervoor via een uitleg van het scheppingsverhaal, waarin de vrouw als kroon en voltooiing van de schepping wordt beschouwd (126v.); voor het Nieuwe Testament onder andere via Maria Magdalena als eerste getuige van de opstanding (133). Zij gelooft dat de apostel Paulus als hij nu geleefd had bijvoorbeeld zijn eerste brief aan de Korintiërs juist met betrekking tot vrouwenvraagstukken een andere vorm zou hebben gegeven (141 e.v.; 163 e.v.), en spreekt van een 'door God gewilde emancipatie' (171) van de vrouwen van haar tijd.

Het toonaangevende katholieke culturele tijdschrift 'Hochland' laat enerzijds vrij traditionele katholieke schrijfsters aan het woord komen, zoals Gertrud von le Fort en Ruth Schaumann, maar biedt daarnaast ook ruimte voor 'radicalere' stemmen. In het in 1928/9 gepubliceerde stuk 'Die Frauen von Korinth' van de katholieke schrijfster Ilse von Stach wordt Paulus bijzonder hard aangepakt. Het stuk laat een groep vrouwen op de marktplaats van deze stad in discussie gaan over de zojuist aangekomen brief van de apostel (de eerste brief aan de Korintiërs met zijn 'sluiergebod', 11,2vv. en de 'zwijgverordening', 14,34v.). In de heldin van het stuk, die de veelzeggende naam 'Elephteria' draagt, heeft Ilse von Stach onmiskenbaar haar eigen verontwaardiging gelegd over de zogenaamd door God gewilde ondergeschiktheid van de vrouw.

1.3 Van de naoorlogse tijd tot het begin van de 'nieuwe vrouwenbeweging'

Nadat de enige habilitatie van een evangelisch theologe in de nazi-tijd – die van Hanna Jursch in 1934 in Jena op het gebied van de christelijke archeologie (thema van haar proefschrift: 'Das Bild von Judas Ischariot in der alten Kirche') – geen goedkeuring kreeg van de kant van de nationaalsocialistische staat, durfde pas weer in 1952 een evangelisch theologe de habilitatie aan: Marie-Louise Henry (geb. 1911). Haar studie over de zogenaamde Jesaja-apocalyps (Jes. 24-27) werd in Rostock aangenomen. Tot op de dag van vandaag zijn slechts zeer weinig vrouwen haar voorbeeld gevolgd. In exegetische vakken habiliteerden zich bij ons weten tot nu toe in 1956 in Jena Eva Osswald (OT), in 1969 in Mainz Luise Schottroff (NT), in 1970 in Marburg Eta Linnemann (NT), in 1972 in Münster Barbara Aland (nieuwtestamentisch tekstonderzoek); in 1982 in Heidelberg Hannelis Schulte (OT); in 1983 Anneli Aejmeläus (OT/Septuaginta-onderzoek) in Göttingen; in 1985 Ingrid Riesener (OT) in Berlijn; in 1986 Brigitte Kahl (NT/oecumene) in Berlijn; in 1974/88 in Basel Ina Willi-Plein (OT); in 1991 Julia Männchen in Greifswald (NT); in 1992 Christa Schäfer-Lichtenberger in Heidelberg (OT); Jutta Hausmann in Neuendettelsau (OT) en Oda Wischmeyer in Heidelberg (jodendom in de oudheid/NT); in 1993 Beate Ego in Tübingen (OT/judaïca). Aan katholieke zijde zijn er tot op heden slechts drie gehabiliteerde exegetes: Silvia Schroer (1989 in Fribourg/Zwitserland; OT), Irmtraud Fischer (1993 in Graz/Oostenrijk; OT) en Marie-Theres Wacker (1995 in Münster/Duitsland; OT).
De jaren vijftig en zestig brachten voor evangelische theologes nogmaals heftige discussie met zich mee over het volledige predikambt

voor vrouwen, waarbij men zich overigens op zeer tegengestelde manieren op de Bijbel beriep. In deze jaren verschijnen ook de dissertaties van Else Kähler over het begrip 'onderschikking' bij Paulus, en van Ilse Bertinetti over de ambtskwestie. Ten slotte durven een aantal 'Landeskirchen' het aan om bepalingen voor de gelijkstelling van vrouwen aan te nemen, die echter naast financiële beperkingen ook nog steeds de zogenaamde 'celibaatsclausule' voor vrouwelijke predikanten bevatten. Het duurt tot het begin van de jaren negentig tot deze beperkingen geleidelijk zijn opgeheven.

Voor de katholieke bijbelexegese betekende de pauselijke encycliek 'Divino afflante spiritu' van 1943 een belangrijke stap vooruit. Hierin werd immers voor de eerste keer het historisch-kritische onderzoek, vooral de vorm- en genre-historische tak hiervan, positief gewaardeerd en toegestaan voor de opleiding theologie. Toen na de oorlog de katholiek-theologische faculteiten in Duitsland en Oostenrijk ook leken – en daarmee ook vrouwen – officieel toelieten als student, kon deze groep ook getuige zijn van de eerste stappen van de historisch-kritische bijbelexegese in de katholieke wereld.

In 1949, na de afronding van haar studie theologie, zocht Eleonore Beck in Tübingen naar mogelijkheden om te promoveren op het gebied van het Oude Testament. Zij wordt op de geldende bepaling gewezen, dat alleen degenen die tot subdiaken zijn gewijd als promovendus aangenomen kunnen worden, een bepaling die vrouwen op grond van hun sekse bij voorbaat uitsluit. Door deze mededeling laat zij zich echter niet uit het veld slaan, en begint zonder academische of kerkelijke 'wijding' met het vertalen van Franse theologische en exegetische werken in het Duits. Daarnaast wordt zij mede-uitgeefster van de reeks 'Die Welt der Bibel' (1960 e.v.) bij uitgeverij Patmos. In 1951 wordt zij redactiehoofd van het pas opgerichte 'Internationale Zeitschriftenschau für Bibelwissenschaft und Grenzgebiete' (IZBG). Tegenwoordig geniet zij bekendheid als auteur van talrijke vakwetenschappelijk-exegetische publicaties en van bijbelse monografieën en artikelen voor een breder publiek. Katharina Neulinger, die in 1941-1945 in Tübingen studeerde, vertrekt daarentegen na haar eindexamen theologie naar Wenen, waar zij in 1952 promoveert met een studie over de 'Frauengestalten des Neuen Testaments' (aan de Weense katholiek-theologische faculteit was al in 1946 de eerste vrouw gepromoveerd). Daarna was zij jarenlang werkzaam bij het 'Katholische Bibelwerk' in Stuttgart. Maria Richter (1915-1993), die reeds in de jaren dertig onder andere geschiedenis en katholieke theologie in München studeerde, maakte de overstap naar de filosofische faculteit, aangezien er geen uitzicht bestond op een promotie in de theologie. In 1946 promoveerde zij in de geschiedkunde – een van haar bijvakken was katholieke dogmatiek, een indicatie voor de ondersteuning die zij van de Münchense katholieke dogmaticus Michael Schmaus kreeg – en werd zij lerares aan verschillende (middelbare) scholen. Daarnaast verdiepte zij haar exegetische kennis, werkte ze in het volwassenenonderwijs en zette ze in een Münchense gemeente een bijbelkring op. Na haar pensionering was zij op verschillende wijzen betrokken bij het wetenschappelijke en pedagogische werk van professor Hermann Seifermann, hoogleraar oudtestamentische exegese bij de Münchense vakgroep godsdienstpedagogiek van de Katholieke Universiteit Eichstätt.

München is ook de eerste Duitse faculteit die de 'subdiaconaatsclausule' laat vallen en daarmee het theologisch doctoraat voor vrouwen mogelijk maakt. Nadat de vakgroep kerkelijk recht Gertrud Reidick in 1953 ruimte had geboden voor een promotie, kunnen Elisabeth Gössmann en Uta (Ranke-)Heinemann in 1954 doctoreren in de dogmatiek (wederom bij M. Schmaus). De eerste exegetes promoveren echter pas bijna twee decennia later; het zijn Hannelore Steichele (1971; NT) en Hildegard (Hagia) Witzenrath (1973; OT). In Freiburg is de eerste vrouwelijke doctor in de theologie de praktische theologe Johanna Kopp (1958); de exegese volgt in 1966 met Annemarie Ohler in oudtestamentische exegese, in 1968 met Hildegard Gollinger en in 1970 met Ingrid Maisch in nieuwtestamentische exegese. Münster volgt in 1962 met de eerste promotie van een vrouw (Helga Voß op een liturgisch-historisch thema); de eerste exegetes zijn Adelheid Stecker in nieuwtestamentische (1968), en Iris Müller in oudtestamentische exegese (1970). In Bonn is het Helen Schüngel-Straumann die in 1967-69 als eerste vrouw (en eerste leek) promoveert aan de Katholieke Universiteit met een studie over de decaloog.

Tübingen blijft ook in de tijd van het Tweede Vaticaans Concilie ver achter in vergelijking met steden als Würzburg en Münster. In Würzburg behaalt Elisabeth Schüssler in deze periode het licentiaat in de theologie met haar monografie over de 'Vergessene Partner' in de kerk – de 'berufliche Mitarbeit der Frau' – (waarin haar latere expliciet feministische engagement al bespeurbaar is). In Münster ondertekenen de oudtestamentica Iris Müller en de canoniste Ida Raming een conciliair verzoekschrift, waarin gevraagd wordt om de wijziging van can. 968 CIC die vrouwen uitsluit van de priesterwijding. In Tübingen echter is ook in deze jaren de poging van een vrouw om te promoveren tot mislukken gedoemd. In 1966 dient Andrea van Dülmen haar studie over de theologische plaats van de wet bij Paulus in. Zij had bij de toenmalige Münchense nieuwtestamenticus al eerder meegemaakt dat deze haar eerst als getalenteerde (ongetrouwde) promovenda een aanstelling had gegeven om haar vervolgens, nadat zij getrouwd was, te 'ontslaan'. Nu moest zij ondanks de grote inspanningen van haar promotiebegeleider, doctor Karl-Hermann Schelkle, ondervinden dat aan de Tübingse faculteit de bezwaren tegen haar als 'leek'(= niet-priester!) en eigenzinnige wetenschapster het zwaarst wogen. Ontnuchterd trok zij haar studie uiteindelijk in. Jarenlang probeerde Schelkle tevergeefs de faculteit toch nog tot andere gedachten te brengen, temeer omdat haar studie, die intussen gepubliceerd was, goede kritieken had ontvangen. Pas in 1972 kon de eerste promotie van een vrouw plaatsvinden, die van de Amerikaanse Dorothy Irwin (OT), die hiermee tegelijk de eerste gepromoveerde exegete was. De eerste nieuwtestamentica promoveert bij Schelkles opvolger Gerhard Lohfink; opnieuw is het een Amerikaanse, Linda Maloney (1989). Ook aan de katholiek-theologische faculteit van de Universiteit Würzburg promoveerde de eerste vrouw, Ruthild Geiger, echter pas in 1972 met een studie over de lucaanse verhandelingen over de eindtijd.

De nieuwtestamentica Helga Rusche, die reeds in 1943 als evangelisch theologe in Heidelberg was gepromoveerd, trad vooral vanaf de jaren vijftig in de publiciteit, na haar bekering tot het katholicisme. Haar boekwerkje *Töchter des Glaubens*, gebaseerd op een reeks artikelen in het tijdschrift 'Frau und Beruf', kan beschouwd worden als de eerste monografie over bijbelse vrouwenfiguren van de hand van een katholieke theologe. Het gaat in op vrouwenfiguren en vrouwenrollen in zowel het Oude als Nieuwe Testament. De titel alleen al verwijst naar een tweeledige thematiek. Ten eerste gaat het Helga Rusche om een panorama van vrouwen, bekende maar ook naamloze, die van hun geloof getuigen doordat zij gehoor geven aan de roep van God. Ten tweede heten deze vrouwen 'dochters van het geloof', omdat zij op één lijn worden gesteld met het geloof van Abraham, de 'vader van het geloof', wiens verhouding tot de God van Israël ook de grondslag van het christendom blijft. Het boekje biedt een voor zijn tijd ongewoon sensibele analyse van de betekenis van het 'Oude Verbond', zonder dit op christelijk-superieure manier af te doen als verouderd en achterhaald door het Nieuwe Verbond.

In de winter van 1969/70 promoveert Elisabeth Schüssler Fiorenza in Münster met een studie over de Openbaring van Johannes. Op het moment dat haar dissertatie verschijnt (1972), woont zij inmiddels in de Verenigde Staten. Daar is de discussie over feministische theologie al in volle gang. In 1969 publiceerde Mary Daly *The Church and the Second Sex*, waarin ze, teruggrijpend op Simone de Beauvoirs analyse en terminologie, het overtuigende bewijs levert van het androcentrisme van de leer en de praxis van de katholieke kerk. In 1973 verschijnt vervolgens haar definitieve afrekening met het christendom onder de titel *Beyond God the Father*. Rosemary Radford Ruether geeft in 1974 een bundel uit over 'Religion and Sexism'; de praktische theologe Letty Russell laat in datzelfde jaar een eerste feministische theologie het licht zien. Vanaf 1973 publiceert Phyllis Trible exegetisch-feministische artikelen over de Hebreeuwse Bijbel; van Rachel Conrad Wahlberg verschijnt in 1975 *Jesus According to a Woman*. In Duitsland en Zwitserland gaan in deze jaren voor het eerst ook jonge vrouwen in grote getale een (volledige) studie katholieke theologie volgen. Van kerkelijke zijde wordt hun nu immers, en samen met hen de mannelijke leken, voor het eerst een theologisch beroepsperspectief geboden buiten het onderwijs, namelijk als pastoraal werker. De enorme toename van het aantal vrouwelijke theologiestudenten is op haar beurt waarschijnlijk een noodzakelijke 'institutionele' voorwaarde geweest voor de ontwikkeling van feministische theologie en feministisch-exegetisch onderzoek in Duitsland. Pas vanaf deze tijd, waarin ook de 'nieuwe vrouwenbeweging' zich maatschappelijk begint te roeren, kan ook in de evangelische wereld van een werkelijk feministisch georiënteerde omgang met de Bijbel worden gesproken. Deze 'nieuwe vrouwenbeweging' vat de maatschappelijke ongelijkheid tussen vrouwen en mannen op als een teken van een diepere crisis, de crisis van het wereldwijde en historisch alomtegenwoordige patriarchaat, dat door een even fundamentele solidariteit van vrouwen bestreden en omvergeworpen moet worden.

1.4 Bijbeluitleg door vrouwen in een feministische context

1.4.1 De feministisch-exegetische beginfase

Vanaf het eind van de jaren zeventig verschijnen er in Duitsland steeds meer boeken over feministische theologie en feministische bijbeluitleg. In het begin gaat het echter nog voornamelijk om vertalingen uit het Amerikaans en Nederlands, zoals het door Catharina Halkes uitgegeven werk 'Wenn Frauen ans Wort kommen', waarin ook stukken over bijbelse thema's zijn opgenomen. Een belangrijke Duitstalige bijdrage was de bundel van Frank Crüsemann en Hartmut Thyen (1978), waarin een oud- en een nieuwtestamenticus hoofdlijnen van de sociale geschiedenis van vrouwen in de bijbelse tijd uitwerken. Elisabeth Moltmanns boek *Frauen um Jesus* (1980) – dat de meest bekende vrouwenfiguren uit het Nieuwe Testament centraal stelt – kan beschouwd worden als de eerste Duitstalige monografie op het gebied van feministische exegese. Het boek maakt de lezers bewust van de 'gangbare' kerkelijk(-lutheraanse) inlijving van deze vrouwenfiguren

33

door hen vast te leggen op de 'dienst', die ook nog eens volledig door mannen wordt gedefinieerd. Daarnaast worden in het boek pogingen ondernomen om alternatieve, vrouwbevrijdende toegangen tot deze vrouwenfiguren te vinden, vooral met behulp van beelddocumenten uit de christelijke kunst. In datzelfde jaar verscheen de door Willy Schottroff en Wolfgang Stegemann uitgegeven bundel *Frauen in der Bibel*, die twee belangrijke bijdragen van exegetes bevat. Ten eerste een artikel van Elisabeth Schüssler Fiorenza, waarin zij de hoofdlijnen schetst van een feministisch-kritische revisie van de geschiedenis van het oerchristendom, die zij in haar latere monografie *In memory of her* nader heeft uitgewerkt. Dit artikel zou oorspronkelijk verschijnen in een feestbundel voor de Würzburgse nieuwtestamenticus Rudolph Schnackenburg, maar werd hiervoor uiteindelijk geweigerd. Ten tweede een artikel van Luise Schottroff met de nogal pretentieloze titel 'Frauen in der Nachfolge Jesu in neutestamentlicher Zeit', waarachter echter niets minder dan een overzicht van de sociale geschiedenis schuil gaat en daarmee een levenswerk in een notendop presenteert.

Het 'vrouwspecifieke' komt in deze beginjaren hoofdzakelijk en als vanzelf tot uitdrukking in de aandacht voor vrouwenfiguren uit het Eerste en Nieuwe Testament. De herontdekking van deze vrouwenfiguren bepaalt tot op heden de feministische benaderingswijze van de Bijbel. Zo ontstond er een groot aantal door vrouwen geschreven monografieën over de vrouwen in de Bijbel (vgl. 2.1.3) en materiaal voor praktische bijbelstudie, waarvan de tweedelige bundel *feministisch gelesen* wel de bekendste is (hieraan werkten onder andere ook Zwitserse en Oostenrijkse vrouwen mee); kerkelijke academies en 'Kirchentage' begonnen zich voor de vrouwen in de Bijbel te interesseren. Op deze manier konden juist ook binnen de protestantse wereld met zijn sterke traditie van bijbelstudie die vrouwen bereikt worden die in eerste instantie afwachtend of zelfs afwijzend stonden tegenover feministische bijbelstudies, en raakte een breder publiek in deze thematiek geïnteresseerd.

1.4.2 De matriarchale uitdaging

Met het verschijnen van Christa Mulacks onderzoek naar de 'Weiblichkeit Gottes' en 'Jesus, der Gesalbte der Frauen', van 'Religion und Frau' van Elga Sorge en Gerda Weilers monografie over 'Das verborgene Matriarchat im Alten Testament' wint de feministisch-theologische discussie en daarmee ook de feministisch-kritische herlezing van de Bijbel vanaf ongeveer het midden van de jaren tachtig aan breedte en scherpte. Voor deze auteurs blijft het namelijk niet meer bij een kritische ondervraging van de overleverde vormen van bijbels geloven, maar zij stellen dit fundament als zodanig ter discussie. Ze argumenteren daarbij weliswaar niet traditioneel-exegetisch, maar formuleren hun kritiek op het christendom wel grotendeels als bijbelkritiek.

De evangelische theologe Christa Mulack wil met haar eerste monografie over de 'Weiblichkeit Gottes' laten zien, dat de conventionele theologie een patriarchale God of patriarchaal godsbeeld huldigt, maar dat in de 'schaduw' van deze God het vrouwelijk-goddelijke ontwaard en ontsluierd kan worden, wat zij illustreert aan de hand van het godsconcept van de joodse kabbala. Ze besluit haar monografie met een schets over de 'Weg des Weiblichen ans Licht des Bewußtseins Jesu', waarop ze in haar tweede boek *Jesus – der Gesalbte der Frauen* uitvoerig terugkomt: Jezus is volgens Christa Mulack een man die door nietjoodse vrouwen – in het bijzonder de Syrofenicische en de Samaritaanse – werd gestimuleerd om zijn 'zending' te onderkennen, en die door vrouwen uiteindelijk ook tot messias werd gezalfd. Vandaar dat in Jezus' verhouding tot God en in nieuwtestamentisch-christologische structuren een wijsheids-vrouwelijk karakter zichtbaar wordt. Deze door Mulack 'matriarchaal' genoemde grondtrek van het Nieuwe Testament, die het vrouwelijke in feite als superieur, zelfs als goddelijk erkent, zou door het christendom grondig zijn vervalst. Niettemin kan deze grondlijn door een dieptepsychologisch-cultuurvergelijkende, feministische benadering zichtbaar en vruchtbaar worden gemaakt voor een feministische theologie en ethiek. Een soortgelijke doelstelling heeft de evangelische theologe Elga Sorge. Zij legt het kritische accent op de patriarchale theologie van het kruis als een symbool van christelijke necrofilie, en stelt hier een feministische spiritualiteit van levens- en erosbevestigende krachten tegenover, waarvoor zij met name op het Hooglied teruggrijpt. De (godsdienst-)pedagoge Gerda Weiler voert een uitvoerige revisie van het Oude Testament door, die zij in een drietal stappen uiteenzet. Om te beginnen gaat ze ervan uit dat het huidige Oude Testament het product is van bewerkingen van oorspronkelijk cultische teksten en voorschriften die verwijzen naar een Israëlitische godsdienst van de godin, die samen met haar zoon-geliefde JHWH werd vereerd. Deze godsdienst kan volgens haar met recht 'matriarchaal' worden genoemd, aangezien ze – Gerda Weiler volgt hier de cultuurhistorische theorieën van Heide Göttner-Abendroth – de kosmische godin centraal stelt, en maatschappijvormen met zich meebrengt waarin vrouwen toonaangevend zijn. Het monotheïstisch-bijbelse geloof heeft zich ten koste van de matriarchale levensbeschouwing van Israël doorgezet en moet onomwonden als patriarchaal worden betiteld, aldus Weiler.

Door dergelijke matriarchale revisies begon de theologische aandacht, ook binnen de feministische exegese, noodgedwongen te verschuiven naar de vraag naar 'de' God van de Bijbel. Wanneer deze God een projectie van de mannelijke wil tot macht blijkt te zijn, die over de ruggen van vrouwen werd gecreëerd, is dan de exodus van vrouwen uit de kerken hiervan niet de onvermijdelijke consequentie, moet het voorbeeld van Mary Daly (Verenigde Staten) die al in 1972 ook daadwerkelijk uittrad dan niet worden gevolgd? Hiermee worden tegelijkertijd fundamentele vragen voor een feministisch-bijbelse hermeneutiek opgeworpen (vgl. 2.1-4): Wat gebeurt er wanneer een dieptepsychologische hermeneutiek de plaats inneemt van de historische bijbelverklaring, en hoe kan exacter worden vastgesteld hoe deze twee zich verhouden tot de feministische belangstelling? Hoe kritisch moeten feministische auteurs omgaan met hun wetenschappelijke 'zegsmannen', vooral in die gevallen waarvan bekend is dat deze zich nauwelijks of helemaal niet hebben gedistantieerd van het Duitse fascisme? Wat te denken van het latente of zelfs openlijke anti-judaïsme, waarvoor het feministische onderzoek naar het matriarchaat ontvankelijk blijkt te zijn (geweest)? De discussie over de genoemde matriarchale ontwerpen en hun programmatische eenzijdigheden heeft de feministische exegese (en theologie) in Duitsland langdurig beziggehouden en beïnvloed.

1.4.3 Jongste ontwikkelingen

De laatste jaren is binnen het Duitse taalgebied (zoals in geheel West-Europa) het aantal exegetisch gekwalificeerde feministische onderzoeksters aanzienlijk toegenomen. Dit vindt zijn weerslag in het feministisch-exegetische onderzoek, dat zich inmiddels in verschillende richtingen heeft ontwikkeld; een ontwikkeling die in Noord-Amerika al eerder had plaatsgevonden. Thematisch gezien beweegt dit onderzoek zich rond de twee brandpunten van de feministisch-theologische belangstelling: het onderzoek naar de hedendaagse en de historische werkelijkheid van vrouwen en de vraag naar een spreken over God dat aan de werkelijkheid van vrouwen beantwoordt, en waarin de bijbels gefundeerde metaforiek van het vrouwelijke een belangrijke plaats inneemt.

De onverminderde interesse in de bijbelse vrouwenfiguren is de laatste jaren zowel methodologisch als hermeneutisch nader gepreciseerd (vgl. ook hoofdstuk 2 en 3 van deel I van dit boek!).
    Enerzijds – en soms verbonden met godsdienst- en sociaal-historische beschouwingen – richt deze interesse zich op de literaire vormgeving van deze vrouwenfiguren (vgl. Ulrike Bechmann over Debora;

Maria Häusl over Abisag en Batseba; Christl Maier over de 'vreemde vrouw'; Ina Petermann over Ruth), op hun literair-theologische 'plaats' binnen een bijbels boek (vgl. Irmtraud Fischer over de aartsouders Gen. 12-26; Monika Fander over het Marcus-evangelie), en op de receptiegeschiedenis van bijbelse vrouwenteksten (vgl. Helen Schüngel-Straumann en Monika Leisch-Kiesl over Eva; Monika Hellmann over Judith). Daarnaast staan studies over het 'vrouwbeeld' van bijbelse auteurs, zoals bijvoorbeeld Caroline van der Stichele's analyse van 1 Kor. 11 en de studie van Marie-Theres Wacker over het boek Hosea. Verder moet ook het zogenaamde 'sporenonderzoek' naar de aanwezigheid en werkelijkheid van vrouwen genoemd worden. Bijvoorbeeld bij de Italiaanse exegete Carla Ricci, die probeert om aan de hand van Lc. 8,1-3 het (ver-)zwijgen van de bijbelse teksten hermeneutisch vruchtbaar te maken, of bij de Nederlandse Jonneke Bekkenkamp, die het Hooglied op basis van een vergelijking met Zuid-Europese liefdesliederen uit de Middeleeuwen beschrijft als een vorm van vrouwenpoëzie in een mannenwereld. In Noorwegen werkt Turid Karlsen Seim aan een op vrouwen gerichte exegese van de twee lucaanse werken.

Anderzijds – en hier meestal verbonden met eigen literaire analysen – richt de feministisch-exegetische blik zich op de levenswereld van vrouwen zoals die zich weerspiegelt in bijbelse, maar ook niet-bijbelse bronnen, waarbij vooral op de sociaal-historische aspecten gefocust wordt. Renate Jost heeft systematisch sporen verzameld van de Judese vrouwen in de tijd van de ballingschap; Hannelis Schulte concentreert zich op de vrouwen in de tijd van vóór de staat en van de vroege staat; Ivoni Richter Reimer gaat het om de vrouwen die in de Handelingen der Apostelen worden genoemd; Renate Kirchhoff brengt de levenswereld van prostituees uit de nieuwtestamentische tijd aan het licht, om op die manier de paulinische porneia-metaforiek sociaal-historisch te situeren (vgl. ook onder 3.4.1). Dergelijk sociaal-historisch onderzoek van feministes maakt in feite deel uit van het grotere project van een omvattende 'her-story'; een reconstructie van de geschiedenis van Israël respectievelijk van de nieuwtestamentische tijd, die de geschiedenis van vrouwen in het middelpunt plaatst. Het werk van Elisabeth Schüssler Fiorenza biedt, naast talloze bijdragen over afzonderlijke thema's, een belangrijke ondergrond voor de hermeneutische verduidelijking van dit project (vgl. 2.1.5). Daarnaast is het werk van Luise Schottroff, die haar sociaal-historische en bevrijdingstheologische benaderingswijze sinds het eind van de jaren tachtig steeds explicieter feministisch toespitst (vgl. 3.4.1), van grote betekenis in dit verband (vgl. deel III).

Voor de vraag naar een feministisch-bijbels gefundeerd spreken over God staat de vrouwelijke metaforiek in de Bijbel centraal. Daarbij speelt het symbool van God als moeder een belangrijke rol. Dit symbool kan immers binnen verschillende tekstverbanden in de Bijbel begrepen worden als een onbetwistbaar vrouwelijk symbool, waardoor het ook voor ervaringen van hedendaagse vrouwen een geschikt aanknopingspunt lijkt te zijn. Een these van Helen Schüngel-Straumann bracht de discussie over dit thema in Duitsland op gang. Zij stelde dat hoofdstuk 11 van het boek Hosea een zuiver vrouwelijke, preciezer nog, een moederlijke godsvoorstelling bevat, die echter door een patriarchale exegetische geschiedenis aan het zicht is onttrokken. In de discussies die volgden, werden de moederlijke trekken van de God van Israël nader onderzocht (Helen Schüngel-Straumann zelf schreef verder een studie over de voorstelling van God als schepper en een monografie over de rûach), maar kwam bijvoorbeeld ook het hermeneutische probleem van de subjectieve blik van moeder-ideologieën ter sprake (vgl. Marie-Theres Wacker over Hos. 11). In vergelijking hiermee is de figuur van de (goddelijke) wijsheid veel gedifferentieerder, en opent deze dimensies van het vrouwelijke die veel minder biologisch zijn bepaald. De aantrekkingskracht die de wijsheidsgestalte juist op christelijk-feministische exegetes lijkt uit te oefenen (Gerlinde Baumann; Silvia Schroer; Helen Schüngel-Straumann; Angelika Strotmann; in de Verenigde Staten vooral Claudia Camp), hangt enerzijds samen met de mogelijkheid om via de wijsheidsgestalte een zuiver bijbelse weg van vrouwelijke spiritualiteit te kunnen vinden, maar anderzijds waarschijnlijk ook met de hoop, dat een in het Nieuwe Testament nog tastbare wijsheidstraditie ook de christelijke theologie nieuwe wegen kan wijzen.

Nog relevanter voor een feministisch-bijbels gefundeerd spreken over God zijn waarschijnlijk de recente godsdiensthistorische inzichten in de voor-monotheïstische godsdienst van Israël. Hier moet historisch onderzocht worden op welke schaal er in het bijbelse Israël vrouwelijke godheden naast of zelfs in plaats van JHWH werden vereerd, en op welke manier vrouwen hierbij betrokken waren of misschien zelfs de belangrijkste draagsters van deze culten waren. Genuanceerde onderzoeksresultaten kunnen in feite alleen verkregen worden, wanneer er rekening wordt gehouden met de verschillende niveaus waarop de godsdienst werd uitgeoefend: het officiële niveau van de staat (hoofdstad/koning); het regionaal-landelijk niveau van de dorpen; en het niveau van de gezins- en privé-sfeer. Feministisch-theologisch gezien staat met dit perspectief de vraag ter discussie wat het betekent dat vrouwen feitelijk, in ieder geval binnen de dorpsgemeenschap, uit de 'openbare cultusvormen werden geweerd, en in de religieuze sfeer van de familie werden teruggedrongen. Daarnaast moet de vraag gesteld worden of en in hoeverre de poging om de voor-monotheïstische en daarmee voor-bijbelse godsdienst van Israël niet alleen historisch te reconstrueren, maar ook minstens voor een deel theologisch te integreren, een noodzakelijke correctie vormt op eenzijdige ontwikkelingen van de bijbelse en vervolgens ook christelijke godsdienst.

Ten slotte zal in een bijbels gefundeerd feministisch-theologisch spreken over God een kritische analyse van traditionele (theologisch-)bijbelse concepten van het samenzijn van God en mens moeten worden opgenomen, zoals de theologie van de schepping, concepten van zonde en schuld, van verlossing en (mede-)verantwoordelijkheid. Op dit punt staat de feministische exegese nog aan het begin; tot dusver kan vooral gewezen worden op de werken van Luise Schottroff (zie ook deel III,3) en aanzetten van Silvia Schroer (deel II, 3.7).

Wat betreft de huidige (ambts-)kerkelijke beoordeling van feministische exegese, moet hier voor de katholieke wereld het slotdocument van de 4e Algemene Vergadering van de Federatie van Katholieke Bijbelstichtingen in Bogotá (27-6/6-7-1990) genoemd worden. Het document wenst en eist de participatie van vrouwen op alle niveaus van het bijbelapostolaat: 'Bijbelse teksten die vrouwvijandig zijn of in een zeer seksistische of patriarchale exegetische traditie staan, zouden alleen met een kritisch commentaar verkondigd mogen worden' (21). Verder kan gewezen worden op het document van de Pauselijke Bijbelcommissie van 23 april 1993 over 'De interpretatie van de Bijbel in de Kerk', dat zich in een speciale paragraaf (I.E.2) positief uitspreekt over feministische exegese als een vorm van contextuele exegese en uitdrukkelijk stelt: 'Het is overigens wenselijk, dat het exegetisch onderwijs door mannen en vrouwen wordt verzorgd' (III. C.2). De concrete verwezenlijking van deze wens laat in ieder geval voor het Duitse taalgebied nog steeds te wensen over. De evangelische wereld (EKD), dat wil zeggen, de evangelische kerkleidingen, lijkt er veel aan gelegen te liggen de feministische theologie en exegese een vaste plaats te geven in het wetenschappelijk onderzoek, de leer en de kerkelijke praxis. Dit blijkt onder meer uit de oprichting van het centrum voor vrouwenstudies en -onderwijs in Gelnhausen in 1993/94, waar ook een feministische exegete werkzaam is. De evangelisch-theologische faculteiten in Duitsland hebben zich voor deze wens tot nu toe echter Oost-Indisch doof weten te houden...

2. Feministisch-exegetische hermeneutiek

Feministische exegese van de christelijke Bijbel van het Eerste en het Nieuwe Testament beweegt zich op het snijvlak van exegese en feminisme. 'Bijbelse exegese' betekent daarbij de historische en literatuurwetenschappelijke uitleg van de Bijbel binnen de context van de christelijke theologie. Dat wil zeggen dat ze wordt beoefend binnen het kader van een wetenschappelijk verantwoorde en op de ervaringen van het 'volk Gods' berustende rekenschap van het geloof, waarvoor de Bijbel de getuigenis van Gods (zelf-)openbaring is. Met 'feminisme' wordt bedoeld het hedendaagse losmakingsproces van vrouwen die zich niet alleen van de juridische en economische over-heer-sing door 'vaders', maar ook van de psychische en ideologische be-voogd-ing door mannen willen bevrijden (vgl. 2.2.1.): 'Feminisme is het proces waarin vrouwen zich losmaken van door anderen opgelegde en aan zichzelf te wijten onmondigheid' (Dorothee Sölle). Deze omschrijving van feminisme als een 'beweging' kan als uitgangspunt dienen voor een nadere bepaling van feministische wetenschap. Feministische wetenschap is een wetenschappelijke activiteit, die het (ethisch-pragmatische) doel van de subjectwording van alle vrouwen niet uit het oog verliest. Ze werkt in zoverre 'partijdig' dat ze binnen alle wetenschappelijke disciplines van het universum scientiarum de ongereflecteerde seksedualismen en stereotype vrouwbeelden aan het licht tracht te brengen, en wetenschappelijke benaderingen probeert te ontwikkelen die recht doen aan vrouwen.

Aangezien de christelijke theologie bij ons nog niet zo lang geleden de facto een aangelegenheid van mannen was, aangezien het priesterambt binnen de katholieke kerk de jure aan de (ongetrouwde) man is voorbehouden, en aangezien de filosofisch-theologische uitleg van het Woord Gods talloze clichés over mannelijkheid en vrouwelijkheid bevat die het mondige menszijn van vrouwen tegenwerken, kan het feminisme of de feministische wetenschap zich niet onkritisch-affirmatief verhouden tot de christelijke theologie en de kerkelijk-gemeentelijke praxis. Welke hermeneutische principes zijn dan richtinggevend voor christelijke feministische exegetes?

2.1 Typen van theologisch geïnteresseerde omgang van vrouwen met de Bijbel op basis van hun hermeneutiek

De Amerikaanse feministische exegete (en katholieke kloosterlinge) Carolyn Osiek heeft in 1985 suggesties gedaan voor een typologie van een feministische omgang met de Bijbel. Zij gaat daarbij uit van de vraag hoe vrouwen reageren op het inzicht dat de Bijbel in de geschiedenis van het christendom een centraal instrument is geweest om patriarchale macht te vestigen en te versterken. Het begrip 'feministisch' wordt daarbij door haar zeer ruim opgevat. Het omvat bewust iedere vorm van inzet voor de ondersteuning en de waardigheid van vrouwen op alle terreinen van de maatschappij. Aan de hand van deze suggesties zal hieronder de Duitstalige feministisch-exegetische literatuur geordend worden volgens haar theologisch-hermeneutische opties. In dit typologische ontwerp worden naast de karakteriseringen van Osiek ook een aantal indelingscriteria gebruikt die door Hedwig Meyer-Wilmes zijn ontwikkeld ter omschrijving van feministisch-theologische posities.

2.1.1 Hermeneutiek van de loyaliteit

Een eerste type van omgang met de bijbel, dat door Osiek wordt omschreven als 'hermeneutiek van de loyaliteit', ziet het probleem van bijbels gelegitimeerde vrouwendiscriminatie niet met de Bijbel zelf gegeven, maar alleen met de uitleg hiervan. Uitgangspunt van deze hermeneutiek is dat de Schrift, zij het in een tijdgebonden en cultureel 'aangepaste' vorm, de door God gewilde orde van de schepping en de verlossing meedeelt, waarbinnen man en vrouw ieder hun specifieke, maar geenszins ongelijkwaardige plaats hebben. Schriftpassages die voor hedendaagse vrouwen aanstootgevend zijn, zouden daarom ofwel slechts schijnbaar problematisch zijn, omdat ze niet in hun volle omvang worden begrepen, ofwel slechts een strikt beperkte geldigheid hebben. Voor het Duitse taalgebied kan hier nogmaals gewezen worden op het werk van Michael Faulhaber, *Charakterbilder der biblischen Frauenwelt* (zie 1.2.1). Dit werk was bedoeld als ruggensteun en wegwijzer voor katholieke leraressen die met vrouwelijke jeugd werkten, en kan dus in Osieks ruime zin van het woord 'feministisch' genoemd worden. De auteur benadrukt, geheel in de lijn van de traditionele christelijke omgang met het Oude Testament, de beperktheid en voorlopigheid van de mogelijkheden die de sturende 'hand Gods' in de zedenwet van Israël had, juist ook waar het de bescherming van de 'eer van vrouwen' betrof. Het is Jezus die als zoon van God deze beperkingen heeft overwonnen en vrouwen tot hun ware dienst heeft bevrijd. De betekenis van het paulinisch verbod om te onderrichten zwakt Faulhaber af. Het gaat hier volgens hem om een maatregel die tegenover een zeer bepaalde groep vrouwen genomen moest worden vanwege hun 'onrechtmatige aanspraak op een officiële, ambtelijke functie als leraar binnen de kerk' (230).

De sterke kant van deze hermeneutiek is haar blik op de gehele Schrift. Haar centrale problematiek ligt in de supranaturalistische opvatting van het werkzaam-zijn van Jezus Christus respectievelijk van de apostolische tijd, waardoor of waarin de vaste goddelijke orde van de wereld en de kerk zichtbaar werd gemaakt, en die korte tijd later waarheidsgetrouw in de Schrift werd opgetekend. Binnen dit model kan vrouwendiscriminatie of alleen maar worden weggeredeneerd, of slechts als een toevallige afwijking van een in zich goede en tijdloos geldige orde worden begrepen. Deze hermeneutiek lijkt geen ruimte te bieden voor een consistente feministische analyse van het patriarchaat die de menselijke (preciezer: mannelijke) weergave van de openbaring in de Schrift en de officiële, geïnstitutionaliseerde bijbeluitleg kritisch overdenkt. Daarom is de kwalificatie 'feministisch' voor deze hermeneutiek niet houdbaar: het uitgangspunt is weliswaar bijbels, maar eveneens paternalistisch.

2.1.2 Hermeneutiek van de afwijzing

Karakteristiek voor een tweede type van omgang met de Bijbel is, precies tegenovergesteld aan het eerstgenoemde type, een resolute 'hermeneutiek van de afwijzing', niet alleen van (gedeeltelijk) onjuiste uitleg, maar van de traditionele christelijke interpretatie in haar geheel, inclusief het geïnterpreteerde document zelf. Vanuit dit perspectief kan de Bijbel voor vrouwen geen autoriteit meer zijn, aangezien zijn receptiegeschiedenis gelezen moet worden als een door en door patriarchale geschiedenis. Het betoog over Gods openbaring dat in en door de Bijbel uiteengezet wordt, is hierdoor zelf uiteindelijk hopeloos seksistisch. De afwijzing van de gehele bijbelse geloofstraditie die daardoor onvermijdelijk wordt, vindt plaats aan de hand van verschillende religieus-theologische concepten, die tegelijk de basis voor een nieuwe religieuze oriëntatie vormen: Zo wordt onder meer teruggegrepen op het concept van een deïstisch begrepen redelijk principe, dat de tegenstellingen tussen de seksen overstijgt en het concrete politiek-verlichte handelen motiveert of rechtvaardigt – bijvoorbeeld door Elizabeth Cady Stanton (vgl. 1.1). Andere concepten waarop teruggegrepen wordt, zijn het concept van een speculatief en existentieel ervaren oergrond van al het zijn, God(in) genoemd, een weg die Mary Daly ging na haar 'afscheid van de God-Vader'; of het concept van het kosmische

Grote Vrouwelijke, waarvan de werkzame aanwezigheid in rituelen en liturgieën ervaren kan worden, en dat geen bemiddeling door een heilige schrift meer nodig heeft (Heide Göttner-Abendroth).

De kracht van deze hermeneutiek is dat ze de bijbels-christelijke traditie onverbiddelijk confronteert met de tegenstelling tussen haar aanspraak op universaliteit en haar feitelijke particulariteit, en haar daarmee tot zelfreflectie dwingt. Hier staat echter tegenover dat de genoemde alternatieven op hun beurt in aporieën verstrikt raken. Mary Daly's visioen van een gynocentrische tegenwereld in de periferie van het wereldwijde patriarchaat blijft in ideologisch en economisch opzicht toch afhankelijk van de heersende structuren. Elizabeth Cady Stantons optimistisch geloof in de rede ligt vóór de beide wereldoorlogen van deze eeuw en ook vóór de stalinistische en fascistische terreur. Na deze verschrikkingen kan er hooguit nog sprake zijn van een 'dialectiek van de Verlichting', als er al niet van 'dodelijke vooruitgang' gesproken moet worden. Het concept van het kosmisch-goddelijke bij Heide Göttner-Abendroth (vgl. ook 2.1.4) biedt een tegenconcept voor een spiritualiteit waarbinnen de rede zijn vanzelfsprekende primaat verliest en de natuur/zintuiglijkheid/vrouwelijkheid worden opgewaardeerd; een spiritualiteit die de last van de zondeval op de schouders van vrouwen moet ontmaskeren als een patriarchale mythe. Door het thealogische uitgangspunt van de versmelting van het vrouwelijk-goddelijke met de wereld moet er binnen dit concept echter opnieuw worden uitgegaan van een 'zondeval' – dit keer van het mannelijke – en bestaat er een neiging om het eigen denken en doen al te kritiekloos te bevestigen.

2.1.3 Hermeneutiek van de revisie

In vergelijking met de 'loyalistische' hermeneutiek heeft de 'revisionistische', aangezien ze historisch-kritisch werkt, veel meer oog voor het feit dat ook in het Nieuwe Testament het Woord van God in het woord van de mens, en dus in historisch bepaalde vervormingen verschijnt. De revisionistische hermeneutiek maakt echter een onderscheid tussen het feitelijke patriarchale karakter van de Bijbel als een soort 'schil' (woord van de mens) en een niet-patriarchale 'kern' van de bijbelse openbaring (Woord van God). Om de legitimiteit van dit onderscheid te bewijzen en hieraan eventuele eisen tot noodzakelijke veranderingen binnen de traditionele exegese en de kerkelijke praxis te kunnen verbinden, moet aangetoond kunnen worden dat de bijbelse wereld niet volledig patriarchaal gedetermineerd is. Dit realiseert deze feministisch-exegetische richting ten eerste door historische onderzoeken, met name het 'gender-onderzoek' (vgl. 2.2.3). Deze onderzoeken laten de veelsoortigheid van de werkelijkheid van vrouwen in de bijbelse tijd zien en tonen aan dat vrouwen wel degelijk een bepaalde mate van handelingsvrijheid en zelfbeschikking bezaten, dat ze binnen de onmiskenbaar patriarchale context een zeker aanzien hadden, en dat dus ondanks het androcentrische karakter van de levensordeningen waarin vrouwen zich bevonden, dit androcentrisme niet a priori en door en door seksistisch en vrouwvijandig was. Verdere bewijzen hiervoor worden geleverd met behulp van literair-feministische leesstrategieën, waarmee 'structuren van het vrouwelijke' in bijbelse teksten worden onderzocht, in het bijzonder wat betreft hun spreken over God. Met dergelijke leesstrategieën wordt niet alleen een nieuw methodisch receptieperspectief geopend, maar wordt ook geprobeerd vrouwbevestigende elementen in teksten zelf theologisch (als 'Woord van de Schrift') tot hun recht te laten komen. Illustratief hiervoor zijn de publicaties van de methodistische exegete Phyllis Trible, die voor het eerst de term 'niet-patriarchaal-principe' in de mond heeft genomen (vgl. onder 3.2.3). Terwijl dit principe bij haar min of meer formeel blijft, krijgt het bij andere feministes ook een inhoudelijke invulling: Letty Russell bijvoorbeeld denkt aan het bijbelse grondmotief van de 'heling van de schepping' als feministisch-bijbels principe; Rosemary Radford Ruether accentueert de machtskritiek, vooral van de profeten, als fundamentele boodschap van de (Hebreeuwse) Bijbel voor feministes. Een geheel eigen en interessante, inhoudelijke uitwerking van het concept treffen we aan bij Klara Butting (vgl. onder 3.4.1).

Het lijkt mij zinvol om binnen dit type feministisch-bijbelse hermeneutiek voor het Duitse taalgebied nog een nadere onderverdeling aan te brengen. Ten eerste omvat deze hermeneutische richting exegetes die vóór de opkomst van de feministische beweging, of min of meer los hiervan, pogingen hebben ondernomen om een revisionistische interpretatie van de Bijbel te ontwikkelen en daarbij hun theologisch-praktische interesse helder geformuleerd hebben, maar tegelijkertijd geen duidelijk onderscheid maken tussen tekstuitleg en historische reconstructie. Deze groep exegetes neigt er bovendien toe het niet-patriarchale principe op een individualiserende manier op te vatten. Dit blijkt bijvoorbeeld al bij Anna Paulsen (vgl. boven 1.2.2). Zij neemt het historisch-exegetisch onderzoek naar de Bijbel als uitgangspunt en komt langs deze weg de, door haar profetisch genoemde, rode draad van de Bijbel op het spoor: de bevestiging dat ook de vrouw evenbeeld van God is. Deze rode draad vat zij op als het niet-patriarchale principe in de hierboven omschreven zin, en aan de hand hiervan beoordeelt zij ook de voor vrouwen problematische schriftpassages. Het blijkt eveneens bij Maria Sybilla Heister, emeritus predikante, die – net als Anna Paulsen – in de Bijbel zelf, en wel in het Eerste Testament, de centrale theologisch-antropologische uitspraak vindt op basis waarvan de geschiedenis van Israël en de nieuwtestamentische tijd beoordeeld kan en de hedendaagse theologie en kerkelijke praxis beoordeeld moet worden: de mannelijke en vrouwelijke mens als evenbeeld van God (Gen. 1,26v.). Man en vrouw staan, beiden volgens hun eigen zijnswijze, in een dialogische verhouding tot God en tot elkaar. Daar waar dit dialogische principe niet werd nageleefd, was dit in het nadeel van allen. Zo worden bijvoorbeeld de vrouwen in het oude Israël, die door de cultus en het publieke recht sterk aan banden worden gelegd, niet voor niets een invalspoort voor vreemde, afgodische culten die hun meer ontplooiingsmogelijkheid geven. Terwijl Maria Sybilla Heister op deze manier historische omstandigheden onmiddellijk bijbel-theologisch duidt (ofwel het bijbelse geschiedbeeld opvat als een waarheidsgetrouwe afspiegeling van historische gebeurtenissen), benadrukt Annemarie Ohler, katholiek exegete en jarenlang docente voor pastoraal werkers in Freiburg, in haar beide monografieën *Frauen der Bibel* en *Mutterschaft* in eerste instantie en in alle nuchterheid de feitelijke patriarchale context van de bijbelse wereld. Centraal in de Schrift staat volgens haar echter niet de man, maar Gods vrije heilshandelen, dat zich keer op keer ook aan vrouwen openbaart. Beide auteurs willen laten zien dat ook vrouwen, of misschien juist vrouwen, een diepe spirituele verankering kunnen vinden in de heilshistorische tradities van de Bijbel. Een concreet kerkelijk of maatschappelijk engagement van vrouwen moet daaruit op een natuurlijke, maar ook onopvallende wijze voortvloeien; begrippen als 'christenrechten' of 'vrouwenrechten' zijn deze hermeneutische positie eerder vreemd.

In de tweede plaats werken exegetes die zichzelf expliciet feministische theologen noemen met dit model van een 'hermeneutiek van de revisie'. Dat wil zeggen, zij schrikken er niet voor terug hun exegetische bevindingen met concrete kritiek op de bestaande maatschappelijke en kerkelijke situatie te verbinden, en komen op voor de 'zaak van vrouwen'. Tegelijkertijd houden ze er echter aan vast dat er, ingebed in het androcentrische tekstperspectief, vrouw-relevante en zelfs vrouw-specifieke elementen van een wereldbeeld of levenswerkelijkheid ontdekt kunnen worden, die opgenomen kunnen worden in een hedendaagse feministisch-bijbelse theologie, zonder dat ze materieel tot één grondprincipe herleid kunnen worden. Tot deze groep exegetes behoort bijvoorbeeld de Kasselse katholieke hoogleraar bijbelse theologie Helen Schüngel-Straumann. Zij heeft enerzijds oog voor het feit dat een bijbelse tekst maar al te vaak een vrouwvijandige receptie- of interpretatiegeschiedenis heeft, maar probeert anderzijds ook heel doelgericht verdrongen en vergeten bijbelse tradities (opnieuw) tot spreken te brengen. Een goed voorbeeld van de vereniging van beide perspectieven is haar monografie *Frau am Anfang*. Haar werken over de geest als scheppende levenskracht en over *Gott als Mutter in Hos. 11* plaatsen de herinnering aan vrouwelijk bepaalde godsvoorstellingen in de Bijbel op de voorgrond. Dit met het oog op een hernieuwde receptie door de (niet alleen feministische) theologie (vgl. ook boven 1.4.3). Met een zelfde doel voor ogen, maar in een meer narratieve stijl, zijn Virginia Mollenkotts *Vergessene Gottesbilder der Bibel* en Eva Schirmers *Müttergeschichten* geschreven.

2.1.4 Hermeneutiek van het 'eeuwig vrouwelijke'

Voor een vierde hermeneutische richting, de hermeneutiek van het 'eeuwig vrouwelijke', voert de 'revisionistische' positie niet ver genoeg. De 'revisionistische hermeneutiek blijft vasthouden aan de opvatting, dat zich in de Bijbel ondanks het onmiskenbare androcentrisme en seksisme niettemin een goddelijke werkelijkheid openbaart die dergelijke feitelijk-historische deformaties overstijgt, en zowel voor vrouwen als mannen een volledig menszijn mogelijk maakt. Het vierde hermeneutische model stelt daarentegen, dat de Bijbel alleen nog maar aanspraak kan maken op algemene geldigheid wanneer hij ook naar iets goddelijks verwijst dat wezenlijk in symbolen van het Grote Vrouwelijke gevat kan worden. Dat wil zeggen dat de Bijbel alleen nog zeggingskracht heeft wanneer zich in het Woord Gods ook de Godin openbaart als de oergrond van de algemeen historische en de individueel psychische werkelijkheid, een oergrond die ook het uitgangspunt zal moeten zijn voor een thea-logie en spiritualiteit die aan de hedendaagse werkelijkheid beantwoordt. Deze 'hermeneutiek van het eeuwig vrouwelijke' (door Osiek omschreven als 'sublimationist') stelt zich ten doel in de wereld van het bijbelse Israël, van het Nieuwe Testament en ook in de geschiedenis van het christendom (en jodendom) structuren zichtbaar te maken die de these van de universele geldigheid van een 'matriarchaal' wereldbeeld bevestigen, dat wil zeggen een wereldbeeld waarin Godin en kosmos samensmelten.

Binnen het team van de 'Woman's Bible' komt Clara Colby als representante van het 'nieuwe' oftewel symbolische denken dicht bij dit type hermeneutiek in de buurt. Als hedendaagse representante kan hier Gerda Weiler genoemd worden (vgl. Christa Mulack; 1.4.2). Voor haar bezit de oorspronkelijk matriarchale godsdienst van Israël een godin-heros-structuur, die bepaald wordt door het symbool van de kosmische Godin en haar zoon-geliefde, die volgens de cyclus van de jaargetijden sterft en opnieuw geboren wordt. De oriëntatie op deze godsdienst met haar cultisch-liturgisch karakter, haar afwijzing van een ethiek van goed-en-kwaad, haar georiënteerdheid op de bescherming en bevordering van het leven en haar cyclische tijdsvoorstelling kan ons volgens Gerda Weiler, juist in deze tijd, een weg wijzen naar een spiritualiteit van vrouwen én mannen; een spiritualiteit die de vele vormen van verscheurdheid kan overwinnen.

De matriarchaal-feministische hermeneutiek lost de belofte in dat ze een consequent vrouwgecentreerd perspectief biedt, van waaruit niet alleen materiaal 'over' vrouwen wordt verzameld, maar ook op een vrouwspecifieke manier wordt geïnterpreteerd. Haar suggestieve kracht ligt in de voorstelling van een kosmisch netwerk van vrouwen uit alle tijden en werelddelen – methodisch door dieptepsychologische bijbellezing of rituele en esthetische ingangen zichtbaar gemaakt – waarmee ze de 'gapende kloof' tussen de bijbelse wereld en het heden probeert te overbruggen, en hedendaagse vrouwen het gevoel van een omvattende zusterschap wil geven. De nieuwe vaste grond in de bodemloze onderneming van (ook) de (feministische) exegetische kritiek wordt uiteindelijk gevonden in het vrouwelijk lichaam als datgene wat vrouwen als het ware maximaal gemeen hebben. Door deze focus op het lichaam heeft de hermeneutiek van het 'eeuwig vrouwelijke' een scherp oog ontwikkeld voor de drie geschiedenissen die in de geschiedenis van christelijke overlevering van de Bijbel met elkaar vervlochten zijn: de geschiedenis van beheersing en uitbuiting van de natuur, van vijandigheid tegenover lichamelijkheid en seksualiteit en van onderdrukking van vrouwen uitsluitend op grond van hun sekse. Ook al moeten er bij deze matriarchaal-feministische positie zeker een aantal kritische kanttekeningen geplaatst worden – bijvoorbeeld bij de onkritische omgang met wetenschappelijke 'autoriteiten' als Robert Ranke Graves of C.G. Jung, bij haar anti-judaïsme en de fundamentele samensmelting van kosmos en Godin – toch blijft haar perspectief voor de christelijk-feministische exegese een voortdurende kritische 'prikkel'.

2.1.5 Hermeneutiek van de bevrijding

Kenmerkend voor een vijfde model, de feministische bevrijdingstheologische benadering, is zijn sterke verankering in de moderne vrouwenbeweging. Voor deze 'hermeneutiek van de bevrijding' is een theologie die (zoals bijvoorbeeld de politieke theologie in de lijn van J.B. Metz) de subjectwording van alle mensen voor Gods aangezicht opvat als de essentie van de bijbelse openbaring, gezien de feitelijke omstandigheden, te algemeen. Ze wil, als het ware als testcase, de subjectwording van vrouwen als oriëntatiepunt nemen. Daarnaast wil zij, anders dan de 'revisionistische' hermeneutiek, exegese en bevrijdende praxis niet alleen feitelijk naast elkaar beoefenen, maar beide in één omvattend hermeneutisch concept verenigen. De theologisch-praktische keuze van een exegete om zich in te zetten voor de subjectwording van vrouwen, wijst haar de feministisch-kritische weg binnen het historisch-exegetisch onderzoek. Omgekeerd leidt deze exegetisch-wetenschappelijke weg terug naar de vrouwenbeweging. De 'feministisch-bevrijdingstheologische' positie lijkt in zoverre op het vierde model, dat ook zij wetenschap en praxis nadrukkelijk met elkaar verbindt. Eveneens wijst ze met nadruk op de perspectiviteit van alle wetenschap, waarmee de heersende – objectiviteit en universaliteit claimende – discoursen worden ontmaskerd als mangecentreerd (vgl. 2.2.2 – 2.2.3). Net als de hermeneutiek van het 'eeuwig vrouwelijke' verbindt zij hieraan de conclusie dat het hermeneutische centrum gevormd moet worden door de hedendaagse interpretatiegemeenschap van vrouwen, omdat alleen van daaruit het androcentrische perspectief van de Bijbel en zijn receptiegeschiedenis werkelijk doorbroken kunnen worden. De 'revisionistische' hermeneutiek zou daarentegen het risico lopen om androcentrische mensvriendelijkheid onkritisch te identificeren met vrouwgecentreerde idealen. In tegenstelling tot het vierde model beweegt de feministisch-bevrijdingstheologische hermeneutiek zich echter niet in de richting van een feminisme van het 'natuurlijk vrouwelijke', maar van de gerechtigheid of de strijd om gelijkheid. Dit blijkt met name uit haar conceptie van de interpretatiegemeenschap. Terwijl het feminisme van het 'eeuwig vrouwelijke' deze gemeenschap ziet in een kosmisch-natuurlijke, als het ware organische gemeenschap van vrouwen die 'wezenlijk gelijk' zijn aan de Godin, en naar een mystiek-spirituele verwerkelijking van deze gemeenschap streeft, ligt voor de hermeneutiek van de bevrijding aan deze gemeenschap een politiek engagement en een ethische keuze voor de subjectwording van allen (alle vrouwen) ten grondslag.

Elisabeth Schüssler Fiorenza heeft dit model, ook voor het Duitse taalgebied, uitvoerig uitgewerkt voor een exegese van het Nieuwe Testament. Haar reconstructie van de christelijke oorsprongen, zoals zij die in talrijke artikelen en vooral in haar monografie *Zu ihrem Gedächtnis* heeft gepresenteerd, moet bijdragen aan een feministisch-theologische fundering van een op bevrijding gericht geloven en handelen van hedendaagse christelijke vrouwen. Volgens haar hermeneutische systematiek, die zij met name in *Brot statt Steinen* ontwikkelt, moet een feministische exegese beginnen met een 'hermeneutiek van de achterdocht', niet alleen tegenover de patriarchale aanspraak op de Schrift, maar ook tegenover het androcentrische karakter van de Bijbel zelf. Teksten die op het eerste gezicht op een positieve manier over vrouwen gaan, zijn nog niet onmiddellijk feministisch recipieerbaar, maar moeten eerst onderzocht worden op hun 'systematische androcentrisme', dat de Schrift doorgaans bepaalt. Op basis van spanningen en tegenspraken in nieuwtestamentische geschriften, daar waar het gaat om de beschrijving en beoordeling van vrouwen, kan een 'hermeneutiek van de herinnering' echter concluderen dat er een oerchristelijke beweging is geweest, een 'discipleship of equals', waarvan zowel vrouwen als mannen deel uitmaakten. De essentie van deze beweging ligt in het alomvattende heel-zijn dat door Jezus geleefd en verkondigd is, door zijn volgelingen wordt nageleefd en doorgegeven, en een dusdanige economische, politieke en ethisch-theologische gestalte krijgt dat het een directe patriarchaatskritische uitwerking heeft. Centraal voor Elisabeth Schüssler Fiorenza staat de stap van de tekst naar de historische context, omdat het alleen op die manier mogelijk is via een pure cultuurkritiek op de tekst een historische en hedendaagse kritiek op heersende machtsstructuren te geven, en tot veranderingen in deze structuren aan te zetten. Alleen op die manier kan ook duidelijk worden wat het feitelijke aandeel van vrouwen in de vormgeving van het oerchristendom was, en kan de marginalisering van vrouwen in de heilige geschriften en de geschiedenis van het christendom het hoofd geboden worden. Hedendaagse vrouwen die zich bewust in de traditie van navolging van Jezus plaatsen en deze 'navolgingsgemeenschap van gelijken willen leven, vormen als 'ecclesia van vrouwen' een tegenkracht in het hart van de kerk zelf, die de bestaande patriarchale structuren, dat wil zeggen, de kerkelijke structuren die niet in overeenstemming zijn met het evangelie, van binnenuit ter discussie stelt. Tegelijk vormt deze 'ecclesia van vrouwen' de adequate hermeneutische plaats om deze Blijde Boodschap te verkondigen en zich eigen te maken. Voor een 'hermeneutiek van de verkondiging, die de 'discipleship of equals' als de kern van de Basileia-boodschap van het Nieuwe Testament opvat, zullen schriftteksten die deze gemeenschap in de weg staan daarom niet kunnen gelden als geopenbaard Woord van God: criterium van 'openbaring' is niet de plaats van een woord in de context van de Bijbel, maar zijn bevrijdende kracht, juist ook voor hedendaagse vrouwen. Binnen een 'hermeneutiek van het zich-eigen-maken' moeten bovendien wegen en stappen worden ontwikkeld om de bevrijdende kracht van het evangelie in onze tijd voelbaar te laten worden, en op praktisch-politiek niveau concreet te maken.

Kritiek op het door Elisabeth Schüssler Fiorenza ontwikkelde concept wordt onder meer geleverd door twee feministische nieuwtestamentici, Lone Fatum (Denemarken) en Carolyn Osiek (Verenigde Staten). Afgezien van enkele accentverschillen komt hun kritiek op hetzelfde neer. Beiden vrezen dat historisch onderzoek dat samengaat met een partijdig-feministische optie niet meer in staat is de historische feiten adequaat waar te nemen, en dat historisch-exegetische reconstructie gemakkelijk verward kan worden met het systematisch-theologisch legitimeren van eisen van hedendaagse feministische theologes. Dergelijke kritiek kan gedeeltelijk worden geweten aan enkele onduidelijke formuleringen van Elisabeth Schüssler Fiorenza zelf, maar vloeit waarschijnlijk hoofdzakelijk voort uit een fundamenteel andere opvatting van feministische hermeneutiek. Deze verschillende opvattingen zouden, ook buiten het directe kader van de feministische exegese, een kritisch-solidaire confrontatie met elkaar moeten aangaan.

Een feministisch-exegetische 'hermeneutiek van de bevrijding' zal zich in die landen die tot de rijkste van de wereld behoren, zoals de Duitstalige landen, bewust moeten zijn van haar geprivilegieerde positie. Tegelijk zal ze juist op grond van deze bijzondere positie zelf moeite moeten doen om de stemmen van vrouwen uit zogenaamde derdewereldlanden te horen en hoorbaar te maken. Op deze plaats wil ik minstens op dit desideratum wijzen, en tevens enkele namen noemen van vrouwen die binnen hun context werken aan bevrijdingstheologisch georiënteerde bijbelstudies door en voor vrouwen: Teresa Okure (Nigeria), Elisabeth Dominguez (Filippijnen), Elsa Tamez (Costa Rica), Ivoni Richter Reimer, Alicia Winters, Tania Mara Vieira Sampaio (alle drie uit Brazilië). Te denken valt ook aan de eerste feministisch bevrijdingstheologische bijbellezing vanuit Japans perspectief (Hisako Kinukawa). Bij Edition Exodus in Fribourg/Luzern verschijnen herhaaldelijk Duitse vertalingen van dergelijke studies. Een waardevolle informatiebron voor Latijns-Amerika is de door Milton Schwantes gecoördineerde, jaarlijks verschijnende 'Bibliografia Bíblica Latino-Americana' (Sao Paolo, 1 [1988] e.v.).

2.2 Grondbegrippen van feministische exegese

In de feministische praxis en feministisch-wetenschappelijke literatuur keren steeds opnieuw een aantal basale begrippen terug, die ook in de feministische exegese ingang hebben gevonden. Het volgende beknopte overzicht van grondbegrippen is niet bedoeld als een klein lexicon van vaststaande definities, maar als een impuls voor verdere discussies.

2.2.1 Patriarchaat/matriarchaat

Hoofddoel van de feministische beweging (en daarmee ook van de feministische wetenschap) is het blootleggen van maatschappelijk en individueel werkende onderdrukkingsmechanismen tegenover vrouwen en het ontwikkelen van alternatieve handelingsconcepten of perspectieven die het vrouwen mogelijk maken hun volledig menszijn te verwerkelijken. Het begrip 'patriarchaat' wordt in dit verband vaak gebruikt als aanduiding voor het geheel van krachten die dit doel in de weg staan, en is daarom in de eerste plaats een strijdbegrip. De analytische betekenis van dit begrip kan het best begrepen worden door het allereerst in zijn oorspronkelijke, historische context te plaatsen. Patriarchaat, sinds Aristoteles een rechtsbegrip of politieke notie, betekent de concrete heerschappij van de pater familias over zijn huishouding, niet alleen over zijn lijfelijke familie (vrouw en kinderen), maar ook over de loonarbeiders en slaven. Hiermee is tegelijk de economische component van het begrip aangeduid oftewel de maatschappelijke werkelijkheid waarop het betrekking heeft. Implicaties van deze sociaal-economische huisstructuur zijn onder meer dat politieke en juridische zeggenschap uitsluitend aan de pater familias is voorbehouden, en dus het gehele staatswezen in de letterlijke zin van het woord patri-archaal is. In zoverre dergelijke structuren niet alleen kenmerkend zijn voor Griekenland en Rome, kan het begrip ook in een algemene zin gebruikt worden als aanduiding voor de 'heerschappij van vaders', die resulteert in een juridische, politieke en economische afhankelijkheid van vrouwen, kinderen en onvrijen.

Daar waar het begrip 'patriarchaat' als tegenbegrip tegenover de term 'matriarchaat' verschijnt, heeft het een betekenisverandering ondergaan. Ook 'matriarchaat' is in eerste instantie eerder een juridisch-politiek begrip. Het duidt bepaalde maatschappelijke organisatievormen aan die niet via de vader, maar via de moeder worden bepaald (erfopvolging en naamgeving via de moederlijke lijn, matrilocaliteit van het huwelijk etc.). In deze zin van het woord kunnen ook in de Hebreeuwse Bijbel duidelijk 'matriarchale' sporen worden gevonden (verzameld door o.a. Werner Plautz). In de Duitstalige wereld heeft het begrip 'matriarchaat' echter een veel ruimere betekenis gekregen, met name onder invloed van de Zwitserse rechtshistoricus Johann Jakob Bachofen. Hij ontwikkelde de these dat aan het begin van de geschiedenis van de mensheid de gynaecocratie heeft gestaan. Voor Bachofen is deze tijd van de vrouwen, die dus voorafgaat aan het patriarchaat, gefundeerd in het 'wezen van de vrouw', in het moederschap, dat tevens een diep religieus mysterie vormt en de vrouw verheft tot het religieuze wezen bij uitstek. Deze vroege gynaecocratieën zouden door en door religieus zijn geweest, en hun oorsprong hebben gevonden in de wezenlijke eenheid van vrouw, aarde, kosmos en natuur. Deze Bachofense begripsbepalingen worden ook binnen het matriarchaal-feministische onderzoek gebruikt, met dit verschil dat deze bepalingen nu door vrouwen zelf positief gerecipieerd en uitgebreid

zijn. Zij verstaan onder het begrip 'matriarchaat' een maatschappijvorm waarbinnen de op de cyclus van de natuur afgestemde godsdienst, de godsdienst van de kosmische Godin en haar zoon-geliefde,
de bron en basis van alle maatschappelijke ordeningen vormt. Omgekeerd wordt 'patriarchaat' als tegenbegrip de aanduiding voor een
maatschappijvorm die stoelt op een godsdienst of ideologie van het
mannelijk monotheïsme. Wezenlijk voor deze maatschappijvorm is
de eliminatie van het goddelijk-vrouwelijke en – daarmee verbonden
– een beheersing van wereld en kosmos. Deze wil tot beheersen leidt
op zijn beurt niet alleen tot een minachtende houding tegenover de natuur en tegenover vrouwen, maar maakt het ook noodzakelijk ethische
regels van buitenaf op te leggen, omdat deze niet langer voortvloeien
uit de natuurlijke innerlijkheid.

Voor een feministische exegese is de aanduiding 'patriarch' in eerste instantie eenvoudigweg een gegevenheid, weliswaar in de betekenis van 'aarts-' of 'oervader'. Abraham, Isaak en Jakob zijn in de traditionele taal van de Bijbel 'patriarchen'. 'Patriarchen' noemt het
Nieuwe Testament: David (Hand. 7,8), de twaalf zonen van Jakob
(Hand. 2,29) en Abraham. Daarnaast heeft het begrip 'patriarchaat'
ook in de wetenschappelijke exegese ingang gevonden als aanduiding
voor de concrete familiestructuur van het bijbelse Israël inclusief de
tijd van Jezus. De nieuwtestamentici Elisabeth Schüssler Fiorenza en
Luise Schottroff plaatsen het begrip en zijn juridische, sociaal-politieke perspectief het sterkst op de voorgrond. Zij benadrukken hiermee,
geheel in de lijn van hun bevrijdingstheologische oriëntatie, hoe belangrijk het is dat feministisch onderzoek 'geaard' blijft, dat wil zeggen dat het vanuit de concrete sociaal-politieke structuren moet vertrekken om werkelijk aan de bevrijding van vrouwen te kunnen
bijdragen. Vanwege het risico dat 'patriarchaat' in een te enge betekenis wordt opgevat, stelt Elisabeth Schüssler Fiorenza voor dit begrip te
vervangen door 'kyriarchaat'.

2.2.2 Patriarchaat – androcentrisme – seksisme

Wanneer een feministisch(-exegetisch)e analyse het begrip 'patriarchaat' overneemt, dan kiest ze voor een theorie over het feminisme
waarbinnen de aandacht voor concrete, dat wil zeggen ook altijd klas-
sen- en tijdgebonden vrouwen de prioriteit heeft boven beschouwingen over het 'vrouwelijke'. Ze kiest voor een theorie die de heerschappij over vrouwen ziet als een aspect van de heerschappij van de man,
die op grond van het feit dat hij zonen verwekt het gezag over niet-va-
ders claimt. 'Analyse van het patriarchaat' is daarom altijd in de eerste
plaats een analyse van de maatschappelijke verhoudingen; een femi-

nistische exegese die zich in eerste instantie sterker op de tekst zelf wil richten, zal eerder werken met het concept 'androcentrisme'. Dit concept heeft betrekking op voorstellingen, gedachtesystemen of denkstructuren en benoemt het feit dat de culturele uitingsvormen van een patriarchale maatschappij volledig mangecentreerd zijn: De taal identificeert man met mens; de filosofie rangschikt geestelijkheid/rationaliteit onder de mannelijke eigenschappen, lichamelijkheid/zinnelijkheid onder de vrouwelijke; de godsdienst is een godsdienst van een Vader-God, die op aarde wordt vertegenwoordigd door de geestelijke vaders; de ethiek oriënteert zich aan normen in plaats van aan relaties enzovoort. De vrouw wordt met andere woorden steeds beschouwd als het 'andere' van de man. In deze zin kan ook de Bijbel – op een enkele uitzondering als het Hooglied na – androcentrische literatuur worden genoemd. Seksistisch – dat wil zeggen, discriminerend op grond van sekse – wordt een dergelijk androcentrisme daar waar het de ideologische basis vormt om vrouwen, louter en alleen op grond van hun vrouwzijn, bepaalde handelingsmogelijkheden te ontzeggen, die mannen, louter op grond van hun manzijn, wèl worden gegeven. Sterk seksistisch gekleurd waren de argumenten tegen het stemrecht voor vrouwen in de 19e en het begin van 20e eeuw: de 'natuurlijke' plaats van de vrouw was het huis, het familieleven, niet de politiek. Seksistische trekken vertoont ook de argumentatie volgens het roomse leergezag tegen de toelating van vrouwen tot het priesterambt, in zoverre hier het biologische onderscheid tussen de vrouw en de man Jezus van Nazareth het beslissende criterium vormt om vrouwen uit het priesterambt te weren; seksistisch is de argumentatie in 1 Tim. 2,12-15, waar vrouwen de kerkelijke bevoegdheid wordt ontzegd om te onderrichten, en het baren van kinderen hun weg naar heil wordt genoemd.

2.2.3 Vrouwelijkheid – sekseverschil – gender – medeplichtigheid

Feministische theorievorming zal moeten vertrekken vanuit de fundamentele vraag of het mogelijk is om met behulp van het grondbegrip 'vrouwelijkheid' een specifieke eigenschap te benoemen, die het rechtvaardigt om van een feministische wetenschap te spreken, zowel epistemologisch als wat betreft 'de objecten' van deze wetenschap gezien. Om tot een inhoudelijke bepaling van 'vrouwelijkheid' te komen, worden zeer uiteenlopende wegen bewandeld. Zo wordt onder meer gewezen op natuurlijke of quasi-invariabele gegevenheden, zoals het vermogen om te baren, of op het feit dat moeders/vrouwen bijna overal ter wereld zijn belast met het grootbrengen van de kinderen. Of er wordt geprobeerd om, uitgaande van culturele overeenkomsten, 'vrouwelijkheid' te definiëren als een verzameling rollen, die weliswaar historisch en geografisch grote constanten vertonen, maar die ook wezenlijk kunnen veranderen. Ten slotte kan ook iedere vorm van inhoudelijke bepaling van het specifiek vrouwelijke worden afgewezen, en gekozen worden voor een open, u-topisch concept van 'vrouwelijkheid'. Voor het historiografische onderzoek binnen de feministische exegese komen de twee eerstgenoemde opvattingen van vrouwelijkheid zeker eerder in aanmerking om resultaten van bijbelonderzoek te beschrijven. Hermeneutisch gezien is echter het experimenteren met het u-topisch concept veel interessanter. Dit concept gaat niet zozeer uit van 'overeenkomsten' als wel van 'vervreemdingen'. Het opent bijvoorbeeld de ogen voor het doorkruisen van verwachtingspatronen ten aanzien van seksuele identiteit, waarvoor ook in de Bijbel aanwijzingen zijn te vinden (bijvoorbeeld Hanna in 1 Sam. 1-2; 'ondanks' kinderloosheid houdt haar man van haar; zij houdt haar langgewenste zoon niet bij zich, maar geeft hem weg).

Daarnaast wordt ook gewerkt met het onderscheid tussen 'sex' en 'gender', tussen biologisch bepaalde en (cultureel) toegeschreven sekse. Dit onderscheid moet weliswaar als een resultaat van feministische wetenschapsreflectie worden beschouwd, maar is zelf in zekere zin feministisch 'neutraal'. Het geeft slechts aan dat niet alleen tijd, ruimte/plaats, klasse of ras, maar ook de sekse van een mens in hoge mate bepalend is voor 'zijn' geschiedenis, en dat het toekennen van sekse wezenlijk samenhangt met culturele waarden en normen. Het perspectief van het 'gender-onderzoek' vindt ook steeds meer ingang in de gevestigde wetenschappen. Een belangrijke bijdrage aan feministisch georiënteerd bijbels 'gender-onderzoek' is geleverd door de Israëlische bijbelwetenschapster Athalya Brenner in samenwerking met de Nederlandse exegete Fokkelien van Dijk-Hemmes. Zij stellen niet alleen de vraag naar de voorwaarden en mogelijkheden om vast te stellen of teksten een mannelijke, dan wel vrouwelijke 'oorsprong' hebben, maar vragen zich bovendien af hoe zinvol een dergelijke onderneming is (zie ook onder 3.1.3). Ook de Deense nieuwtestamentica Lone Fatum kiest voor een 'gender-gerichte' benadering, en verbindt deze keuze met een expliciete kritiek op een 'partijdige' feministische hermeneutiek (vgl. 2.1.5).

In vergelijking met de begintijd van het feminisme, waarin vaak sterk de neiging bestond vrouwen eenzijdig vanuit het offer-perspectief waar te nemen en er ook sterk geloofd werd in de mogelijkheid van een gynocentrische tegenwereld, is de hedendaagse feministische wetenschap er sterker op gericht inzicht te krijgen in de wijze waarop vrouwen feitelijk ook altijd verstrikt zijn in de geschiedenis van het patriarchaat. Christina Thürmer-Rohr heeft in verband hiermee de, in de Duitstalige wereld inmiddels ingeburgerde, term 'medeplichtigheid' geïntroduceerd. De aandacht voor medeplichtigheid van vrouwen kan ons ervoor behoeden om zoiets als een harmonische oertijd te willen reconstrueren. Ze dwingt er met andere woorden toe historische modellen te hanteren die het accent niet zozeer op de lijn van historische ontwikkelingen leggen, als wel op ervaringen van onderdrukking van vrouwen, hun vrijheidsstrijd, maar ook hun aanpassingsstrategieën – die van alle tijden zijn.

2.2.4 Objectiviteit – partijdigheid

Het ideaal van de wetenschap, het verwerven van 'zuivere' kennis van objecten, is inmiddels verregaand ontkracht door de wetenschapssociologie, die beklemtoont dat het kennende subject zich altijd vanuit een bepaald perspectief tot de 'objectieve' werkelijkheid verhoudt. Alleen al het constitueren van een wetenschappelijk object is onlosmakelijk verbonden met het kennende subject. In de wetenschappelijke methoden om deze 'objecten' te onderzoeken ligt bovendien een hermeneutiek besloten die geenszins universeel is, maar die maar al te vaak gekenmerkt wordt door particulariteit. Daarnaast kent ook de wetenschapsgeschiedenis een geheel eigen dynamiek, waardoor noodzakelijke paradigmawisselingen soms vertraagd of tegengehouden worden. Ook institutionele en economische bindingen zorgen ervoor dat wetenschap nooit louter en alleen gerelateerd is aan 'objecten', zoals ze pretendeert, maar ook aan een stelsel van voor-oordelen en voor-onderstellingen. De invloed van deze afhankelijkheidsrelatie zou niet ontkend of genegeerd, maar juist doordacht moeten worden. Wat dat betreft bekritiseert de feministische wetenschap het wetenschappelijk bedrijf niet alleen omdat het in de praktijk nog steeds een domein van mannen is, maar ook vanwege haar ideologisch androcentrisme en evident patriarchale structuren. Haar weloverwogen partijdigheid houdt in dat ze vrouwen bewust in het middelpunt plaatst, zowel wat betreft haar 'onderzoeksobject' als wat betreft de 'context van toepassing': feministische wetenschap richt zich doelgericht (maar daarmee geenszins in een enge zin) op de werkelijkheid van vrouwen en onderzoekt de voorwaarden waaronder subjectwording ook, of juist, voor vrouwen mogelijk is. Dit houdt niet in dat er afstand wordt gedaan van beproefde methodologieën of dat de communicatie met de mannelijke wetenschap wordt verbroken, maar alleen dat de heersende structuren binnen de wetenschap kritisch doorgelicht en feministisch getransformeerd worden.

2.3 De canonkwestie

Ook feministisch-christelijke exegese zal zich bezig moeten houden met het gegeven-zijn van de canon, met de Heilige Schrift als een zeer bepaald en vastgelegd corpus. Dit a priori lijkt voor het exegetisch-historisch onderzoek in de engere zin van reconstructie van historische verbanden nog niet tot grote moeilijkheden te leiden. Op dit niveau kan zonder problemen worden toegegeven dat er een 'patriarchale selectie' (Elisabeth Schüssler Fiorenza) van bronnen heeft plaatsgevonden, die juist voor de vrouwengeschiedenis tot een uiterst smalle onderzoeksbasis heeft geleid en dat het historisch-exegetisch onderzoek zijn bronnenmateriaal dan ook zal moeten uitbreiden met andere, niet-canonieke geschriften. Om te beginnen zullen de apocriefen en pseudepigrafen bij het Eerste en Nieuwe Testament bij het onderzoek betrokken moeten worden; verder ook literatuur van de verschillende politieke/culturele grootmachten uit de bijbelse tijd (Egypte, Assyrië, Babylonië, Perzië, Griekenland, Rome) en ten slotte ook de talrijke, maar meestal korte, op inscripties berustende bronnen uit buurlanden van Israël/Palestina. Ook niet-schriftelijke 'bronnen' zullen echter onderzocht moeten worden, met name beelddragers en archeologische vondsten zoals overblijfselen van gebouwen, grafgiften, beenderen, tot zelfs graankorrels toe. Tezamen geven deze bronnen belangrijke informatie over het dagelijks leven in de bijbelse tijd, niet in de laatste plaats over dat van vrouwen (vgl. onder 3.4.1 en 2).

Het a priori karakter van de canon wordt problematischer als het gaat om een feministisch georiënteerde theologie die naar haar bijbelse fundament zoekt. Wanneer namelijk het proces van canonvorming inderdaad parallel liep met een proces waarin vrouwen steeds sterker geweerd werden uit het kerkelijk ambt, zoals onder andere Elisabeth Schüssler Fiorenza laat zien, dan doet zich in ieder geval wat de ambtskwestie betreft het probleem voor, dat juist degenen die belang hadden bij de uitsluiting van vrouwen alleen die teksten selecteerden, die met de uitsluiting van vrouwen verenigbaar leken te zijn. Met betrekking tot het Eerste Testament doet zich voor feministische exegetes uit kerken van de Reformatie het probleem voor, dat belangrijke wijsheidsgeschriften (Sir, Weish; vgl. ook Bar) niet tot hun heilige geschriften worden gerekend. Daardoor zijn er in de canon weinig aanknopingspunten te vinden voor de ontwikkeling van een bijbelse theologie van de wijsheid, waarmee met name de brug naar het Nieuwe Testament geslagen kan worden. Juist daarom is de interpretatiegemeenschap van kritische vrouwen van cruciale betekenis. Deze maakt een dergelijke patriarchale selectie weliswaar niet ongedaan, maar gaat met de canon – in de zin van een vastomlijnde selectie van heilige geschriften die gezag claimt – wel op autonome wijze in discussie. Met het oog op deze discussie stelt Elisabeth Schüssler Fiorenza voor een onderscheid te maken tussen de Bijbel als 'archetype' en als 'prototype'. Een archetypische opvatting vat de Schrift op als het niet aan tijd of context gebonden, als het ware uit de hemel neergedaalde, universele Woord van God. Een prototypische opvatting daarentegen gaat er vanuit dat de Schrift niet alleen een historisch wordingsproces kent, maar ook steeds opnieuw vertaald moet worden naar hedendaagse situaties en in de geloofsgemeenschap als Heilige Schrift moet worden bekrachtigd – zonder daarbij uit het oog te verliezen dat christelijke identiteit ondenkbaar is zonder op de Schrift terug te grijpen.

Claudia Camp, een Amerikaanse feministische exegete met een protestants-christelijke achtergrond, heeft drie manieren beschreven waarop feministisch-hermeneutische richtingen omgaan met de Bijbel als autoriteit: Ten eerste een dialogische omgang, die zich van de woorden naar de personen (in het bijzonder vrouwen) beweegt en de continuïteit van gemeenschap van gelovigen van het bijbelse Israël tot op heden benadrukt. Ten tweede een omgang met de Schrift als metafoor, die zich oriënteert op het woord van de Schrift en de Bijbel opvat als een 'poëtische klassieker', die zozeer tot de verbeelding spreekt dat ze tot op de dag van vandaag tot nieuwe recepties uitnodigt ('klassieker') en datgene waarvan het Woord getuigenis aflegt slechts verhullend onthult ('poëzie'). En ten slotte een omgang vanuit de 'periferie', de subversieve leeswijze van de 'vreemde vrouw', die de uit- en buitensluitingen in de bijbelse geschriften woordelijk neemt, op zichzelf betrekt en kritisch-creatief op de teksten terug spiegelt.

2.4 Christelijk-feministisch anti-judaïsme?

De geschiedenis van de christelijke exegese van het Eerste en Nieuwe Testament gaat gepaard met en is verstrikt in anti-judaïsme. Gewezen werd reeds op het 19e eeuwse protestantse exegetische interpretatiemodel dat de geschiedenis van Israël ziet als een geschiedenis van achteruitgang in de richting van het wettische jodendom van na de ballingschap. Tot dit interpretatiemodel hoort ook de zogenaamde 'profeten-aansluitingstheorie', die van Jezus een onjoodse, ware JHWH-gelovige maakte met uitsluitend zuiver Israëlitische trekken, en die zowel het jodendom van zijn tijd als het latere jodendom declasseert als een verstarde, uiteindelijk van God verwijderde geschiedenis.

Zowel op universitair als op gemeentelijk-praktisch niveau werkten de protestantse en katholieke bijbeluitleg nog tot ver na de Tweede Wereldoorlog – en dat wil zeggen, nog decennia na de shoah – met bijbel-theologische of systematische premissen op grond waarvan de christelijke uitleg van het Eerste Testament als de enig ware uitleg gold. Het jodendom werd op deze manier min of meer van zijn Heilige Schrift beroofd. Anders gezegd, het werd als een dwaalweg gezien of, erger nog, als bewuste opstand tegen de openbaring in Jezus Christus. Tegenwoordig is het binnen de christelijke confessies mogelijk (ook al is het nog geen gemeengoed) om te spreken van het eerste, nooit verbroken verbond van God, dat door het jodendom wordt voortgezet en daarnaast van een tweede verbond, waarmee God zich speciaal aan de 'heidenen' openbaarde, zodat vanuit christelijk perspectief nu beide wegen verschijnen als ware wegen tot God.

De feministische herlezing van de Bijbel heeft lange tijd geen oog gehad voor het diepgewortelde en wijdverbreide anti-judaïsme. Pas toen aan het eind van de jaren zeventig joodse feministes in de Verenigde Staten openlijk begonnen te spreken en schrijven over antijoodse tendensen in de christelijke feministische theologie, kwam hierover een discussie op gang. In de Bondsrepubliek ontstond hierover een bredere maatschappelijke discussie in de tweede helft van de jaren tachtig, een tijd waarin in de 'Historikerstreit' gestreden werd over het antisemitische verleden van Duitsland, en over de vraag hoe dit verleden verwerkt en overwonnen moest worden. Dit was tevens de tijd waarin het voor het feminisme blijkbaar pas mogelijk werd de overgang te maken van een fase van 'zusterschap', die werd gekenmerkt door nivellering van verschillen, naar een gedifferentieerdere en kritischere (her-)formulering van feministische postulaten en utopieën.

2.4.1 De centrale strijdpunten

Voor christelijke feministes die de discussie aangaan met de patriarchale tradities van het Nieuwe Testament, lijken de verhalen over de contacten van Jezus met vrouwen een geschikt uitgangspunt voor bijbels gefundeerde, feministische kritiek op het patriarchaat. Deze verhalen over vrouwelijke leerlingen van Jezus, over zieke en daardoor gemarginaliseerde vrouwen die Jezus hun menswaardigheid teruggeeft, of over zijn theologische discussies met vrouwen kunnen inderdaad werken als doornen in het vlees van kerkelijke domesticering en marginalisering van vrouwen. Daar waar de vrouwenvriend of zelfs 'feminist' Jezus (vgl. Leonard Swidler, *Der umstrittene Jesus*, Stuttgart 1991) echter in een scherp contrast wordt geplaatst met een donkere joodse wereld waarin vrouwen zwaar gediscrimineerd worden, ontstaat een volledig onjuiste voorstelling van zaken. In de eerste plaats wordt daarmee de historische realiteit van het jodendom in een anti-joods daglicht gesteld. In de tweede plaats groeit daarmee de figuur Jezus uit tot de vrouwvriendelijke 'god in livrei', waardoor hij zijn concrete menselijke gedaante als jood van zijn tijd verliest. Dogmatisch gesproken gaat het hier om een anti-judaïsme als keerzijde van het monofysitisme. Wat Paulus betreft, die tegenover vrouwen inderdaad een zeer ambivalente houding aan de dag legt, lijkt het voor feministes voor de hand te liggen (zie reeds Anna Paulsen), om uit te gaan van de verscheurdheid van Paulus tussen joodse traditie en christelijke bekering of van een herjudaïsering van het vroege christendom. Ook hier hebben we te maken met een anti-joods model, dat de joodse cultuur en godsdienst de schuld geeft van de vertroebeling van het zuivere christendom, één keer op individueel, één keer op structureel niveau.

De feministische studie van de Hebreeuwse Bijbel, het christelijke Oude Testament, is vooral daar waar deze tot doel had bedolven godinnentradities aan het licht te brengen of te laten herleven, in de valkuil van het anti-judaïsme gelopen. Het betreft hier allereerst het taalgebruik, en wel voor zover in sommige feministische studies het antisemitisch jargon uit de tijd van het nationaal-socialisme werd overgenomen. Verder betreft het ook de onkritische receptie van literatuur van 'vak-mannen', waarin maar al te vaak anti-joodse clichés worden doorgegeven, en ten slotte ook het basismodel van de feministische geschiedsrevisie met betrekking tot het bijbelse Israël. Er kan weliswaar niet ontkend worden dat de verering van een godin of van godinnen in het Oude Israël geen louter marginaal verschijnsel was. Ook is het een feit dat deze godinnenverering in het exilisch/na-exilische Israël werd teruggedrongen, zelfs werd verketterd. Zodra echter de vroeg-joodse kringen voor wie de godin een doorn in het oog was simpelweg geïdentificeerd worden met DE jood in zijn tijdloze algemeenheid, vindt er een historische blikvernauwing plaats, die de feitelijke verscheidenheid van het jodendom in 25 eeuwen uit het zicht laat verdwijnen en daarmee anti-joods is. Na de christelijke beschuldiging tegen de joden dat zij met de kruisiging van Jezus Godsmoord hebben gepleegd, volgt nu, aldus kritische joodse feministes, de beschuldiging van godinnenmoord vanuit feministische hoek. Wanneer daarnaast ook nog eens al te gemakkelijk rechtstreekse historische verbanden worden gelegd tussen de vroeg-joodse strijd tegen de godin en de huidige heersende mannelijk-instrumentele rede, de vernietiging van de natuur en/of de vijandige houding tegenover eros/zintuiglijkheid, dan komen de joden opnieuw in de rol van zondebok voor historische scheefgroei terecht. Een werkelijk inzicht in de oorzaken van kwalijke historische ontwikkelingen kan echter alleen verkregen worden door genuanceerde historische analyses, waarin zowel serieus wordt ingegaan op de historische schuld van het christendom als op de problematische gevolgen van de (van oorsprong West-Europese) moderne tijd.

2.4.2 Hoe te antwoorden op het anti-judaïsme?

Feministische exegetes/theologes kunnen op twee manieren tegen het anti-judaïsme ingaan: op een min of meer negatieve manier, namelijk door precieze kennis van de wijzen waarop het zich manifesteert en, meer positief, door zich te verdiepen in de geschiedenis van het jodendom en in het zelfbeeld van hedendaagse joodse vrouwen en mannen. Wat betreft de eerste manier, kennis van de verschijningsvormen van anti-judaïsme, zal ten eerste de confrontatie moeten worden aangegaan met de specifiek Duitse geschiedenis van het christelijk anti-judaïsme en raciaal antisemitisme, die onze eigen, nog te verwerken anti-geschiedenis vormt. Daarnaast zal ook de wetenschappelijk-exegetische literatuur zeer kritisch doorgelicht moeten worden op anti-joodse stereotypen. Dat wil zeggen dat het taalgebruik niet alleen steeds opnieuw onderzocht zal moeten worden op seksisme en androcentrisme, maar ook op anti-judaïsme. Het is ook belangrijk voor ogen te houden dat de Jezusbeweging oorspronkelijk een beweging binnen het jodendom was, en daarom ook niet begrepen moet worden als een beweging die zich a priori tegen het jodendom afzette. Bovendien moet het onderzoek naar de verering van vrouwelijke godheden in het bijbelse Israël en het verdwijnen hiervan uitgevoerd worden met een bijzonder sensibele hermeneutiek van de achterdocht tegenover de eigen reconstructiemodellen. Wat de tweede manier betreft, hier gaat het er vooral om het eigen identiteitsbesef van joodse mensen te leren kennen en als zodanig te respecteren. De dialoog met joodse vrouwen en mannen (niet alleen in de Duitstalige wereld) is hiervoor onontbeerlijk.

2.4.3 Joods-feministische wijzen van omgang met de Bijbel

Joodse feministes leven en werken vooral in grote getale in de Verenigde Staten, maar ook in Israël en enkele Europese landen zoals Engeland, Nederland en Zwitserland. Het specifieke karakter van hun feminisme, het soort vragen en problemen waarop zij ingaan, hangt onder andere af van hun stellingname binnen het jodendom; van de vraag met welke richting ze zich verbonden voelen. Vrouwen binnen het orthodoxe jodendom zijn vaak vooral feministisch geïnteresseerd in een vrouwvriendelijkere interpretatie en toepassing van de halacha, vooral van de voorschriften over de synagogale erediensten en het familieleven. Hanna Safrai (Jeruzalem/Amsterdam) houdt zich als deskundige op het gebied van rabbijnse methodologie en theologie bezig met het leven van vrouwen in de tijd van de tweede tempel. Dat Duitstalige joods-orthodoxe vrouwen zoals Eveline Goodman-Thau (Halle/Jeruzalem; modern orthodox) of Pnina Navè Levinson (lange tijd in Heidelberg; nu Jeruzalem/Mallorca; liberaal judaïsme) in hun publicaties en lezingen ook uitvoerig aandacht besteden aan teksten van de Hebreeuwse Bijbel, hangt waarschijnlijk vooral samen met de noodzaak om het Duitse publiek allereerst bekend te moeten maken met joodse exegetische tradities. – Feministes uit de tradities van het reformjodendom durven het aan het systeem van de halacha als zodanig ter discussie te stellen, omdat ze van mening zijn dat er tegen zijn androcentrisme niet systeem-immanent kan worden ingegaan. Er wordt teruggegrepen op de Hebreeuwse Bijbel, bijvoorbeeld door Judith Plaskow (New York), om de eigen joodse vrouwengeschiedenis op het spoor te komen, die in de vorm van feministische midrasjim herinnerd of nog geschapen moet worden (Lilith!). Van alle joodse feministes is Judith Plaskow bovendien degene die duidelijk het sterkst een met de christelijke theologie vergelijkbare denkbeweging volgt, en juist op die manier nadenkt over joods feminisme. Niet voor niets bestaat er een nauwe samenwerking tussen haar en Elisabeth Schüssler Fiorenza, bijvoorbeeld als uitgeefsters van het 'Journal of Feminist Studies in Religion' (1 [1985] e.v.; Atlanta/Georgia). Andere joodse feministes volgen interpretatiemodellen van de moderne geschiedwetenschap en de recente, profane literatuurwetenschap. Hier moeten in het bijzonder genoemd worden: Adele Reinhartz (Hamilton/Canada), die onderzoek doet naar nieuwtestamentische (!) teksten en daarbij ook 'gender'-specifieke vragen behandelt, en Ross Kraemer (Philadelphia) en Amy-Jill Levine (Swartmore [Pennsylvania]), die zich bezighouden met de literatuur en geschiedenis van het vroege jodendom/het Nieuwe Testament. T. Drorah Setel (New York) heeft met behulp van analysen over pornografische literatuur in het bijzonder het boek Hosea onderzocht. Van de hand van Athalya Brenner (Haifa) zijn een literatuur-sociologische studie over de vrouw in het oude Israël en talrijke feministisch-literatuurwetenschappelijke artikelen over de Hebreeuwse Bijbel. Zij is bovendien uitgeefster van de in Sheffield verschijnende boekenreeks 'A Feminist Companion to the Bibel'. Ten slotte moeten enkele joodse feministes genoemd worden die bewust aansluiting zoeken bij tradities van magie, matriarchaat en godinnen, en die binnen het huidige jodendom ruimte opeisen voor deze verdrongen tradities. Hiertoe behoort de Engelse Asphodel Long, die zich grondig heeft verdiept in de bijbelse en na-bijbelse wijsheidstradities en de joods-literaire wijsheidsgestalte opvat als weerspiegeling van de archaïsche 'Grote Godin Natuur', die ooit wereldwijd werd vereerd. Tot deze groep behoort eveneens de uit Argentinië afkomstige en tegenwoordig in Californië levende Savina Teubal. Zij interpreteert de bijbelse teksten over de aartsmoeders, met name over Sara, als relicten van niet-patriarchale maatschappij- en godsdienstvormen uit de vroeg-israëlitische tijd en wil met haar werk hedendaagse vrouwen inspireren om zich dit erfgoed op creatieve wijze eigen te maken.

3. Methoden van feministische exegese

Feministische exegese ontwikkelt zelf geen nieuwe methoden, maar is wel vernieuwend op het vlak van de methodologie, de opzet van methodische stappen en de kritische reflectie hierover. Ze gebruikt bestaande methoden om vrouw-relevante verschijnselen te onderzoeken of voegt hieraan bepaalde vraagstellingen toe. Daarnaast onderzoekt ze echter ook deze methoden zelf op hun expliciete en impliciete premissen, in zoverre deze feministisch relevante kennis kunnen belemmeren.

Het methodische instrumentarium van de wetenschappelijke exegese is in de laatste twee decennia sterk uitgebreid. Naast de klassieke, historisch-kritische methoden wordt nu ook gebruik gemaakt van nieuwere methoden uit de linguïstiek, literatuurwetenschap, geschiedkunde, etnologie, sociologie, godsdienstwetenschap en psychologie. Het exegetisch onderzoek, dat feitelijk altijd al meerdere niveaus kende – een literatuurwetenschappelijk, (feitelijk)-historisch, religieus-theologisch en existentieel niveau – is op deze manier nog gedifferentieerder geworden. Aan de Duitstalige universiteiten wordt dit veelzijdige scala aan invalshoeken niet in zijn volledige breedte theoretisch behandeld of praktisch toegepast, en ook feministisch (nog) nauwelijks gerecipieerd. Het volgende overzicht beperkt zich hoofdzakelijk tot de Duitstalige feministische exegese. Ter ondersteuning wordt daarnaast wordt echter ook literatuur uit de Europese buurlanden en de Verenigde Staten verwerkt.

3.1 De historische kritiek onderzocht vanuit feministisch perspectief

In de Duitstalige wereld wordt nog steeds het meest gebruik gemaakt van het methodische stelsel van de historische kritiek. Veel van de nieuwere methoden hebben zich eveneens ontwikkeld uit historisch-kritische vraagstellingen en benaderingswijzen. Ook voor Duitse feministische exegetes vormt de historisch-kritische methode, die ruimte biedt voor het leggen van verschillende accenten, gewoonlijk de basis van hun bijbelonderzoek. In de volgende paragrafen zullen de gebruikelijke stappen binnen dit onderzoek in een feministisch perspectief geplaatst worden. Daarbij wordt enerzijds nagegaan welke feministisch relevante resultaten ze (kunnen) opleveren als ze op de traditionele manier worden toegepast. Anderzijds wordt echter ook bekeken in welke opzichten en om welke redenen de verschillende methodische stappen vanuit feministisch oogpunt ontoereikend zijn. Aangezien de afzonderlijke methodische stappen door de oudtestamentische en nieuwtestamentische exegese, en zelfs binnen deze twee disciplines vaak verschillend worden ingevuld, blijft het volgende overzicht noodgedwongen subjectief-selectief.

3.1.1 Tekstkritiek en vertalingen

In zoverre tekstkritiek oude handschriften van de Hebreeuwse en Griekse Bijbel onderzoekt en ook met vroege vertalingen vergelijkt, kunnen met deze methode oude tekstvarianten ontdekt worden die op hun beurt feministisch interessante informatie kunnen verschaffen. Bekend, want hoogst actueel in verband met het vraagstuk van de kerkelijke ambten, zijn de tekstwijzigingen in de Handelingen der Apostelen, waarmee de in de Codex Bezae ('D') vastgelegde 'westerse' tekst de begeleidster van Paulus, Priscilla, ten opzichte van haar man, Aquila, naar de achtergrond duwt, en zelfs laat verdwijnen (Harnack). Kristin de Troyer werkt aan een feministische, tekstkritische vergelijking van de versies van het boek Ester en heeft hierover reeds verscheidene artikelen gepubliceerd. Angela Standhartinger heeft de verschillende recensies van het joods-hellenistische geschrift 'Jozef en Aseneth' vergeleken en geconstateerd dat deze sterk van elkaar afwijken, niet in de laatste plaats wat betreft het vrouwbeeld dat erin naar voren komt.

Het tekstkritisch vergelijken van bijbelvertalingen is een vorm van tekstkritiek waarvoor kennis van de oude talen niet per se vereist is. Monika Fander levert hiervan het bewijs in haar vergelijkend onderzoek naar vertalingen van Hos. 11; omstreden is bijvoorbeeld ook de weergave van het Griekse zelfstandig naamwoord 'diakonos', waarmee Paulus Febe uit Kenchreeën aanduidt in zijn afsluitende groet in Rom. 16.

De tekstkritische doelstelling, het reconstrueren van de Hebreeuwse of Griekse 'oertekst' van een bijbels geschrift op basis van een vergelijking van handschriften en versies hiervan is vanuit feministisch perspectief niet van primair belang. Deze doelstelling wordt trouwens ook door tekstcritici zelf kritisch ter discussie gesteld. Vanuit feministisch perspectief is het zinvoller de geschiedenis van teksttranscripten in sociaal-historisch verband te bezien, en daarbij vooral de vrouwengeschiedenis te belichten. Te denken valt hier bijvoorbeeld aan de figuur van de profetes Chulda, die volgens 2 Kon. 22,14vv. een kopie van het

Mozaïsche wetboek krijgt voorgelegd, waaruit kan worden opgemaakt dat zij kon lezen. In dit licht is ook de vraag of er ook vrouwen betrokken waren bij het overschrijven van de boekrollen die in en rond Qumran zijn gevonden, interessant. Ook zou het boeiend zijn miniaturen uit verschillende middeleeuwse bijbelhandschriften en bijbeldrukken te onderzoeken en hun iconografische betekenis te achterhalen, speciaal waar het de weergave van vrouwelijke werkelijkheid betreft. Ten slotte moet in dit verband ook gewezen worden op pogingen die juist door vrouwen worden ondernomen om de Bijbel, of delen hieruit te vertalen in een taal die meer recht doet aan vrouwen. In België heeft Mary Phil Korsak een nieuwe vertaling van het boek Genesis gemaakt, waarin zij, evenals als Fridolin Stier of André Chouraqi in hun bijbelvertalingen, probeert de karakteristieke taal en sfeer van de oertekst weer te geven.

3.1.2 Ontstaans-historische methoden

Voor een feministische exegese die historisch geïnteresseerd is, is de analyse van de ontstaansgeschiedenis van bijbelse geschriften onontbeerlijk. De beschikbare tekst kan immers in eerste instantie slechts informatie verschaffen over de situatie van de gemeente waarin hij zijn huidige vorm kreeg. Dat wil zeggen, over de late na-exilische tijd of over het oerchristendom van 'na de paastijd', niet over de koningstijd van Israël of de begintijd van de Jezusbeweging. Hedendaagse ontstaans-historische onderzoeken houden rekening met een grote veelheid en verscheidenheid aan materiaal dat verwerkt moet worden. Het is geenszins vanzelfsprekend meer om, zoals de 'klassieke' literatuurkritiek dat deed, van onveranderde 'bronnen' van de huidige geschriften uit te gaan. Het is mogelijk dat bestaande schriftelijke fragmenten of mondeling overgeleverde eenheden, zoals liederen, tot nieuwe eenheden werden samengevoegd ('overleverings-historische' zienswijze; compositiekritiek). Een tekst kan korte glossen of ook langere commentaren (uitbreidingen) bevatten of slechts een vroege versie in het bewerkingsproces (redactie) zijn.

De 'diachrone' beschouwing van bijbelse teksten brengt verschuivingen in de waarneming van de werkelijkheid van vrouwen aan het licht. Wanneer bijvoorbeeld de verschillen tussen de Griekse en Hebreeuwse tekst van Jer. 44 literair-kritisch geïnterpreteerd worden, dan wordt duidelijk dat de verzen 15-19 en 24vv. een fragment vormen dat in de huidige lange tekst verwerkt moet zijn. In dit fragment wordt niet het gehele volk – gerepresenteerd door de mannen – tegenover Jeremia geplaatst, maar gaat het veeleer om een conflict tussen Jeremia en de vrouwen die het voor hun godin opnemen. Hieruit kan echter nog niet geconcludeerd worden dat dit fragment een waarheidsgetrouwer beeld geeft van de religieus-historische werkelijkheid van die tijd. Ook dit fragment is namelijk weer een literaire compositie met een eigen structuur. Het vertoont een duidelijk 'JHWH-gecentreerde' opbouw: Terwijl JHWH bij monde van de profeet Jeremia zelf spreekt, geven de vrouwen zichzelf de volmacht om hun stem te verheffen. Zij komen, in naam van de 'koningin van de hemel', een afgod die immers stom is, in opstand tegen de ware God. Dat de sekse-specifieke indeling van de vrouwen bij de godin van de hemel geen polemisch-literair verzinsel is, maar in overeenstemming is met de religieuze praktijk in het Juda van voor en tijdens de ballingschap, moet met behulp van ander tekstueel en niet-tekstueel materiaal worden aangetoond. In dit geval heeft de 'redactie' die dit door sekse-specifieke opposities gekenmerkte fragment opnam, voor een perspectief gekozen dat mannen insluit, waardoor de vrouwen tot op zekere hoogte worden vrijgesproken: het hele volk wordt schuldig verklaard. In het geval van het boek Hosea heeft bijvoorbeeld de wetenschappelijk bediscussieerde gelaagdheid van het vers Hos. 1,2 verstrekkende implicaties voor de visie op de theologie van dit boek. Hosea's vrouw is pas in een latere tekstbewerking de 'geile' vrouw geworden als metafoor voor Israël. In eerste instantie lag het accent in Hos. 1 op de symbolische namen van de kinderen en daarmee op de aankondiging dat Israël de genegenheid van JHWH, zijn moederlijke erbarmen ('lo-ruchama') en vaderlijke verbondenheid ('lo-ammi'), zal verliezen. De theologie van het boek Hosea is geen weerspiegeling van een tragische huwelijksgeschiedenis van de profeet, maar een bespiegeling van verscheidene generaties over de band van God met Israël en de analogie tussen deze relatie en de relatie tussen man en vrouw. Voor het Evangelie van Matteüs heeft de Australische exegete Elaine Wainwright aangetoond dat de redactie een positief-inclusief perspectief had, aangezien er op talrijke markante plaatsen in het evangelie tekstfragmenten zijn verwerkt die naar vrouwentradities verwijzen.

3.1.3 Vorm- en genrekritiek

De vorm- en genrekritiek geldt als de 'klassieke' methode die tekst en maatschappij met elkaar verbindt. De kleine en kleinste verhaalvormen die een bijbels boek bevat en die allereerst op literair niveau onderzocht moeten worden, verwijzen naar het concrete leven ('Sitz im Leben'): bijvoorbeeld het triomflied op het feest ter ere van de strijders die van een gewonnen veldslag terugkeerden, het lijklied tijdens rouwvieringen in de dorpen, of het klaaglied van het volk tijdens gemeenschappelijke klaagliturgieën. Aangezien veel van deze kleinere ver haalvormen uit mondelinge tradities stammen, en aangenomen moet worden dat vrouwen in het oude Israël nauwelijks betrokken waren bij het op schrift stellen van mondelinge verhalen, is het juist deze ontdekking van mondelinge vormen waarmee een eventuele bron van vrouwen-literatuur (in de ruimste zin) wordt aangeboord. Fokkelien van Dijk-Hemmes heeft in de monografie *On Gendering Texts*, die zij samen met Athalya Brenner schreef, alle vormen of genres die als 'vrouwenliteratuur beschouwd zouden kunnen worden op een rijtje gezet. Zij houdt zich vooral bezig met de vraag of het, gezien het feit dat alle vrouwenliederen overgeleverd zijn binnen contexten waarvan het mannelijk auteurschap of androcentrisch wereldbeeld vaststaat, eigenlijk nog wel mogelijk is om vrouwen als auteurs van zulke liederen aan te merken. In plaats van vrouwelijk auteurschap spreekt zij daarom liever van 'vrouwelijke stemmen' in het discours van de Bijbel.

Op nieuwtestamentisch gebied reikt Monika Fander een mooi voorbeeld aan van de feministische mogelijkheden van de vormgeschiedenis: De korte notitie Mc. 1,29-31 over de genezing van de schoonmoeder van Petrus leest zij als een wonderverhaal, dat is bedoeld om erop te wijzen dat de gemeente van Kafarnaüm door een vrouw werd gesticht. Vooral de vorm- en genrekritiek wordt door Luise Schottroff steeds weer kritisch onderzocht op impliciete (androcentrische, antijudaïstische, racistische etc.) vooronderstellingen die ter discussie moeten worden gesteld, en door andere concepten overwonnen moeten worden (vgl. deel III).

Vorm- en genrekritiek zijn het aanknopingspunt geworden voor recentere methoden van de literatuurwetenschap; hier is het tekstgecentreerde perspectief binnengedrongen in de traditionele exegese, een perspectief dat, wanneer het consequent wordt doorgedacht, het traditioneel-exegetische kader transformeert (vgl. 3.2).

3.1.4 Traditie-geschiedenis

De methode van de traditie-geschiedenis richt zich op de inhoudelijke karakteristieken van de bijbelse cultuur, variërend van literaire motieven en thema's tot complexere voorstellingswerelden en interpretatiemodellen. Vanuit feministisch perspectief zijn allereerst die tradities waarin vrouwen het thema zijn van belang. Als voorbeeld kan de Mirjam-traditie genoemd worden, die uit verschillende elementen bestaat: onder andere het motief van de profetes – als zangeres/extatische vrouw (Ex. 15,20v.) en ook als ontvangster van de openbaring (Num. 12,1vv.) –, het motief van de mede-aanvoerster van de exodus (Mi. 6,4) en ook een graftraditie (Num. 20,1). Deze bundeling van motieven in de Mirjam-traditie wijst op de grote betekenis van deze vrouwenfiguur (Helen Schüngel-Straumann). Voor het Nieuwe Testament kan op de Magdalena-traditie gewezen worden: Magdalena is niet alleen in alle vier de evangeliën een van de eerste getuigen van de opstanding, maar wedijvert volgens het Johannes-evangelie ook met Johannes en Petrus om het grootste geloof. In apocriefen uit de 2e/3e eeuw, met name in de Pistis Sophia en het Evangelie van Maria, verschijnt ze bovendien min of meer als de antagoniste van Petrus. Hieruit kan worden opgemaakt dat er een reële machtsstrijd tussen christelijke groeperingen gaande was, die zich op verschillende 'autoriteiten' beriepen (Elisabeth Schüssler Fiorenza). Belangrijkste vraag voor het feministisch onderzoek naar traditie-geschiedenis is de (reeds sociaal-historisch georiënteerde) vraag of, en zo ja, welke tradities op vrouwengroepen teruggevoerd kunnen worden.

3.2 Literatuurwetenschappelijke methoden onderzocht vanuit feministisch perspectief

Onder invloed van recente ontwikkelingen in de taal- en literatuurwetenschap werden vooral in de Angelsaksisch-Noord-Amerikaanse en Franstalige wereld methoden van bijbelexegese ontwikkeld, die slechts ten dele een voortzetting zijn van de traditionele, zuiver historische werkwijze, zoals die bijvoorbeeld nog gevolgd wordt in studies over de stilistiek en poëtica van de Hebreeuwse literatuur of door het rhetorical criticism. Ook deze studies hebben echter reeds gemeen dat ze bijbelse teksten onderzoeken vanuit een 'literatuurwetenschappelijk' perspectief; ze zien deze niet meer op de eerste plaats als informatiebron 'voor' feitelijke geschiedenis, maar als tekstweefsel, als textuur. Het doel van deze studies blijft niettemin deze textuur historisch te begrijpen en toegankelijk te maken. Andere literatuurwetenschappelijke methoden daarentegen kiezen bewust voor een perspectief dat op generaliseerbare structuren is georiënteerd, en beschrijven deze onder andere op linguïstisch, semiotisch, structureel, psychoanalytisch of mythologisch niveau. Binnen het Duitse taalgebied hebben deze benaderingswijzen tot nu toe geen brede navolging gevonden. In de volgende paragrafen wordt daarom ook ingegaan op studies van feministische exegetes uit andere Europese landen.

3.2.1 Tekstlinguïstiek

De door de katholieke oudtestamenticus Wolfgang Richter en zijn school ontwikkelde methode om Hebreeuws-bijbelse teksten te analyseren heeft een tweeledig doel. Enerzijds moet hiermee de exegese van het Eerste Testament gebaseerd worden op een zo exact mogelijk taalkundig begrip van de bijbelse basisteksten. Anderzijds moet met behulp van deze methode een linguïstisch gefundeerde Hebreeuwse grammatica worden uitgewerkt. Met name deze taalwetenschappelijke methode biedt waarschijnlijk aanknopingspunten voor specifiek feministische vraagstellingen, vooral vanwege de uitvoerige linguïstische beschrijving van de grammaticale en semantische 'plaats' van het femininum/feminiene in het Hebreeuws (en analoog in het Aramees/ Grieks).

Zo heeft Maria Häusl op lexicaal niveau aangetoond dat in de Hebreeuwse Bijbel de vrouwelijke persoonsaanduidingen morfologisch steeds van een speciale, vrouwelijke uitgang zijn voorzien, dat het grammaticaal-syntactische geslacht zich hier blijkbaar richtte naar het natuurlijke geslacht. Hierop zijn echter drie uitzonderingen: het zelfstandig naamwoord voor 'moeder' ('emm), 'gemalin van de koning' (šegal) en 'bijvrouw' (pilegeš), drie bij uitstek 'vrouwelijke' zelfstandige naamwoorden! Hoe valt dit fenomeen te verklaren? Een ander soort voorbeeld biedt de werkwoordsvorm t^{e}dabber, waarmee Num. 12,1vv. begint. Volgens de conventionele opvatting kan deze werkwoordsvorm als derde, vrouwelijke persoon enkelvoud alleen betrekking hebben op het met name genoemde subject Mirjam; en moet Aäron, die in dezelfde zin wordt genoemd, daarom literair-kritisch als secundair worden beschouwd. Echter, het feit dat ondanks de vermoedelijke toevoeging van de naam Aäron het predikaat van de zin niet werd veranderd, kan anderzijds een aanwijzing zijn dat dit literair-kritische argument misschien circulair is. Is het niet denkbaar dat de betreffende vrouwelijke werkwoordsvorm semantisch inclusief kon worden gelezen, met andere woorden, zowel een vrouwelijk als mannelijk subject insloot? Deze conclusie wordt ook ondersteund door het feit dat in Ps. 41,1 de Hebreeuwse tekst zonder enige correctie het mannelijk subject 'hert' naast een vrouwelijk predikaat laat staan. Dit soort vragen en bevindingen (vgl. ook de aanduidingen bij G. Vanoni) zouden verder moeten worden uitgewerkt in een feministische linguïstiek, waarbij niet alleen van interdisciplinaire taalhistorische inzichten, maar bijvoorbeeld ook van sociaal-historische kennis of inzichten uit de ontwikkelingspsychologie gebruik zal moeten worden gemaakt.

3.2.2 *Structuralistisch geïnspireerde narratologie*

Een narratologische benadering van bijbelse teksten houdt in dat deze uitgelegd worden met behulp van de basisbegrippen van de verhaalanalyse. Deze analyse schenkt op het niveau van de 'story' vooral aan dacht aan karakters, handelingen en aspecten van tijd en ruimte. Daarnaast brengt ze een onderscheid aan tussen het onderwerp van een verhaal en de concrete realisering hiervan, en op het niveau van dit concreet gerealiseerde verhaal nogmaals tussen het perspectief van de verteller en het perspectief van de acteur. Verder brengt ze een onderscheid aan tussen de geïmpliceerde lezer en de feitelijke lezer en, parallel hieraan, tussen een geïmpliceerde en een feitelijke auteur. Het ligt voor de hand dat een narratologische analyse vooral geschikt is voor een analyse van verhalende teksten in de Bijbel, zoals de evangeliën, de Handelingen der Apostelen of de zogenaamde historische boeken van het Eerste Testament. Ze kan echter ook narratieve structuren zichtbaar maken in teksten die tot een andere genre behoren.

De Nederlandse literatuurwetenschapster Mieke Bal heeft, uitgaande van narratologische concepten uit het Franse structuralisme, vooral geprobeerd de vraag naar het 'subject' te preciseren – en zich niet in de laatste plaats juist hier als feministe geprofileerd. Wanneer vrouwen een narratologische analyse uitvoeren en daarmee narratologisch subject worden, zullen ze waarschijnlijk vooral opmerken dat de verschillende karakters van een 'narratio' weliswaar als handelende subjecten optreden, maar dat ze op het niveau van het concreet gerealiseerde verhaal niet noodzakelijkerwijs als subjecten van hun eigen doen en waarnemen verschijnen. Ze verschijnen altijd gekleurd, namelijk vanuit het perspectief van de verteller. Bovendien kunnen ze ook voorgesteld of 'gefocaliseerd' zijn vanuit het perspectief van een ander karakter in het stuk. Mieke Bal maakt daarom een onderscheid tussen degene die vertelt (narrateur), degene die op een bepaald moment het verhaalperspectief bepaalt (focalisateur) en degene die ageert (acteur). Deze literair-wetenschappelijke differentiëring kan geïnterpreteerd worden als een precieze methodologische uitwerking van een alerte houding ten aanzien van androcentrisme: Door erop te letten wie het verhaal vormgeeft, en wanneer, uit welk perspectief en op welke manier dit gebeurt, komen juist ook sekse-specifieke vooroordelen aan het licht. De hoofdlijn die zich in het werk van Mieke Bal aftekent is het onderzoek naar de 'subjectwording' respectievelijk de 'belemmering van subjectwording' tot en met de 'dood van het subject' in literaire teksten, vooral waar het vrouwenfiguren betreft. Daarnaast legt ze literaire strategieën bloot (vaak met behulp van psychoanalytische verklaringsmodellen) en laat zien dat deze wezenlijk politiek zijn.

In discussie met de exegete Fokkelien van Dijk-Hemmes heeft Mieke Bal haar feministische narratologie geconcretiseerd door narratologische analysen van verschillende teksteenheden uit het Eerste Testament, vooral uit het boek Richteren. Als een schoolvoorbeeld van feministische narratologie moet trouwens ook de door Fokkelien van Dijk-Hemmes zelf uitgevoerde analyse van Hos. 2,4-25 genoemd worden: 'Narrateur' en 'focalisateur' van de in dit verhaal gedramatiseerde strijd tussen de beide 'acteurs', een man en zijn vrouw, is het 'ik' van de mannelijk-goddelijke spreker, uit wiens perspectief ook de schijnbaar directe rede van de 'vrouw' wordt gepresenteerd. Om een werkelijk vrouwgecentreerde versie van deze strijd te krijgen, brengt Fokkelien van Dijk-Hemmes een tegenlezing in met behulp van een inter-tekst: het Hooglied, dat verschillende literaire raakpunten vertoont met Hos. 2 en de thematiek van de liefde tussen vrouw en man sterk vanuit het perspectief van de verliefde vrouw voorstelt. Marie-Theres Wacker heeft in haar monografie over het boek Hosea met een combinatie van de door Mieke Bal ontwikkelde methodiek en een 'lecture structurelle' gewerkt en daarmee de drie inleidende hoofdstukken van Hosea, maar ook Hos. 4 en Hos. 9 uitvoerig geanalyseerd. Met het oog op een bijbels-feministische theologie legt zij het accent op de mogelijkheid om in teksten die overduidelijk patriarchaal zijn niettemin patriarchaal-kritische tradities op te sporen.

De Utrechtse Arie Troost heeft zich op zijn beurt laten inspireren door de door Mieke Bal respectievelijk Fokkelien van Dijk-Hemmes ontwikkelde methodologie, en het intertekstuele aspect verder ontwikkeld. Van hem is een tot nu toe ongepubliceerde studie waarin Gen. 21 wordt geconfronteerd met de 7e homilie van de Origines. Daarnaast houdt hij zich bezig met de beide 'verloren zonen' in Gen. 21 en Lc. 15,11vv., en de beide vrouwenparen Elisabeth/Maria en Noömi/Ruth.

De Amerikaanse, sinds kort in Sheffield/Engeland docerende literatuur- en bijbelwetenschapster Cheryl Exum heeft eveneens een vorm van feministische narratologie ontwikkeld, en met behulp hiervan inmiddels talrijke bijbelse teksteenheden geanalyseerd. Een van haar centrale thema's is het literair geweld tegenover vrouwen, dat wil zeggen, het geweld dat vrouwen wordt aangedaan door de blik of het schrijfperspectief van mannen. Cheryl Exum richt haar feministische blik echter ook op de representaties van het mannelijke in (bijbelse) teksten. Net als Mieke Bal betrekt zij in haar analysen ook beeldmateriaal uit de kunstgeschiedenis en zelfs uit hedendaagse films en videoclips.

3.2.3 *Literary criticism*

De term 'new literary criticism' omvat het brede scala aan literatuurwetenschappelijk georiënteerde tekststudies uit de Anglo-Amerikaanse wereld. Het feministisch georiënteerde literary criticism is in het Duits tot nu toe vooral toegankelijk via het werk van Phyllis

Trible. Zij wil vaak niet meer bieden dan een close reading van de bijbelse teksten in hun huidige vorm. Hierbij let ze, net als het rhetorical criticism, op retorische stijlfiguren in de tekst en belicht ze daarnaast het handelingsverloop en de uitbeelding van de karakters, vooral van vrouwen. In haar eerste monografie draait het om teksten die haar theologische optie van een 'niet-patriarchaal principe' bevestigen, zoals Gen. 2-3, het boek Ruth en het Hooglied, in een latere studie heeft zij ook 'teksten van verschrikking' onderzocht (Ri. 17-19; 2 Sam. 13; Gen. 34; Gen. 16/21) en deze in de context van het nieuwtestamentische passieverhaal geplaatst.

Barbara A. Bozak, kloosterlinge en hoogleraar in Ottawa/Canada, vertegenwoordigt de roomse variant van het literary criticism: onderzoek naar stijl in combinatie met een uitwerking van de hoofdthema's. Haar minutieuze analyse van de poëtische en thematische structuren van het 'troostboekje' van Jeremia (Jer. 30-31) maakt duidelijk dat de metaforiek van het vrouwelijke in deze tekst in hoge mate en bovendien in zeer gedifferentieerde vormen aanwezig is. Angela Bauer heeft het hele boek Jeremia onderzocht op zijn gender-specifieke metaforiek, en laat op indrukwekkende wijze zien welke betekenis dit profetische geschrift krijgt wanneer het gelezen wordt door de ogen van een vrouw. Elaine Wainwright heeft met haar monografie *Towards a Feminist Critical reading of the Gospel According to Matthew*, dat is verschenen bij een Duitse uitgever, een expliciet feministische herlezing van het Matteüs-evangelie gepresenteerd, waarin ze methodisch een combinatie van literary criticism en redactie-historische benadering verwezenlijkt.

3.2.4 Reader-response criticism

Onder deze noemer worden hier een aantal (niet strikt van de onder 3.2.2 en 3.2.3 beschreven benaderingen te onderscheiden) methodologieën samengevat, die zich bij de uitleg van teksten op de lezer (de receptie) oriënteren, zij het dat er vooral op de impliciete lezer wordt gelet en daarmee ook strikter historisch onderzoek wordt verricht (zie opnieuw de studie van Elaine Wainwright over het Matteüs-evangelie). Daarbij wordt de situatie van waaruit hedendaagse vrouwen recipiëren bewust gethematiseerd en met bijbelse teksten geconfronteerd (vgl. bijvoorbeeld Renita Weems over Hos. 2). Binnen het Duitse taalgebied staat de ontwikkeling van deze exegetische ingang nog in de kinderschoenen. Elke Seifert leest het verhaal van Lot en zijn dochters uitgaande van de verdenking dat het hier om een tekst gaat waarin het een en ander aan mannelijk-vaderlijke 'verwerking' van de verkrachting van de eigen dochters doorschemert, en confronteert Gen. 19,30-

38 daarom stap voor stap, motief voor motief, met uitspraken van ver-
krachte dochters en hun vaders. Ulrike Bails streven is het de klaag-
psalmen uit te leggen als gebeden die juist voor vrouwen navoelbaar
zijn. Aan de hand van Ps. 55 laat zij zien hoe vrouwen hun ervaringen
met geweld in motieven en thema's van deze psalm kunnen terugvin-
den, en hoe deze psalm kan overgaan in een vrouwengebed.

3.2.5 Semiotiek

De Nederlandse exegete Ellen van Wolde heeft zich, onder meer geïnspireerd door haar studie in Bologna (Umberto Eco), grondig ver-
trouwd gemaakt met semiotische theorieën en methoden en vanuit
dit perspectief een monografische herlezing van het paradijsverhaal
Gen. 2-3 gepresenteerd. Daarnaast exploreert ze in overige bijdragen
ook andere teksten uit de 'oergeschiedenis'.

3.3 Dieptepsychologische benadering

De gebruikmaking van dieptepsychologische methoden binnen de feministische exegese moet gezien worden in het licht van een algemene
theologische trend: de weg van de historische methoden wordt verlaten, omdat hiermee 'de gapende kloof' tussen de bijbelse teksten en
een hedendaagse, bijbels gefundeerde spiritualiteit niet meer over-
brugd kan worden. De dieptepsychologische exegese laat zich leiden
door een hermeneutiek die de Bijbel leest als een geschrift waarin ervaringen van vernietigende en helende krachten uit de (individuele en
collectieve) innerlijke wereld van de mens hun neerslag hebben gevonden, ervaringen die ook voor de moderne psyche wezenlijk zijn. De katholieke theologe Maria Kassel, die via de dieptepsychologische bijbeluitleg tot de feministische theologie is gekomen, is vooral op zoek
gegaan naar wegen van zelfbewustwording die de Bijbel ons wijst.
Het feministische accent verschijnt bij haar in de vorm van noodzakelijke, vrouwgeoriënteerde correcties op de uitgangspunten en de methodologie van dieptepsychologische bijbelanalyse. Hermeneutisch
komt zij dicht in de buurt van het hierboven als vierde geschetste model (2.1.4). De twee belangrijkste vertegenwoordigsters van dit model,
Christa Mulack en Gerda Weiler, werken eveneens met de jungiaanse
theorie. Pogingen om ook elementen uit psychoanalytische theorieën
van Freud in de feministische bijbeluitleg op te nemen, zijn, voor zover
ik weet, tot nu toe alleen door Mieke Bal ondernomen (vgl. 3.2.2).

3.4 Sociale geschiedenis en godsdienstgeschiedenis en hun feministische receptie

Naast de strikt literatuurwetenschappelijke, tekstgeoriënteerde benaderingen verschijnen met de trefwoorden 'sociale geschiedenis' en 'godsdienstgeschiedenis' die methodologieën in beeld, die zich ten doel stellen de concrete leefwereld van de bijbelse tijd historisch toegankelijk te maken. In zoverre zowel de sociaal-historische alsook de godsdiensthistorische benaderingen de historische kritiek vooronderstellen en op een kritische manier verder ontwikkelen, kan bij hen niet zomaar van 'methoden' worden gesproken, maar moet er gekeken worden naar hun algemene methodologische kader en de hermeneutische interesse die daarin tot uitdrukking komt.

3.4.1 Sociaal-historische benadering

Sociaal-historische bijbeluitleg betekent in de eerste plaats een zo grondig en concreet mogelijke historische reconstructie van de bijbelse leefwereld. Hiertoe wordt enerzijds de materiële basis verbreed met het hele spectrum van niet-bijbelse, met name niet-tekstuele bronnen. Anderzijds wordt ook het theoretische repertoire uitgebreid met sociaal-historische, sociologische en sociaal-antropologische theorieën. Dit houdt tegelijk een kritiek in op de traditionele historische kritiek, en wel op drie punten. Ten eerste wordt het accent van de geschiedschrijving verschoven. Dit ligt niet langer op de grote namen, de overwinnaars, maar op het alledaagse leven van de 'kleine luiden'. Ten tweede impliceert sociaal-historische bijbeluitleg kritiek op een exegese die blind is voor macht en deze daardoor bevestigt, met andere woorden op een exegese die slechts oog heeft voor individuele vroomheid, en de politieke dimensie van het geloof en de rol van de macht binnen maatschappij en kerk buiten beschouwing laat. Ten slotte, en met de twee eerste aspecten samenhangend, is ze een kritische reflectie op het eigen interpretatieperspectief. Alle drie de aspecten bieden uitgangspunten om de sociaal-historische bijbeluitleg op te vatten als een bevrijdingstheologisch georiënteerde exegese, die ook vanuit feministisch perspectief aantrekkelijk is.

Elisabeth Schüssler Fiorenza heeft met haar eis tot een 'hermeneutiek van de herinnering' de sociaal-historische methodologie een centrale plaats toegekend in de feministische reconstructie van het christelijk erfgoed van vrouwen. Luise Schottroff heeft de omgekeerde weg bewandeld. Zij heeft haar sociaal-historische benaderingswijze feministisch-bevrijdingstheologisch aangescherpt. Haar kritiek op traditionele historisch-kritische, maar ook op reeds bestaande sociaal-historische interpretaties van het Nieuwe Testament richt zich hoofdzakelijk op theoretische kaders, afzonderlijke theorema's of stereotypen, die, wanneer ze onoverdacht gebruikt worden, toch weer bestaande machtsstructuren dreigen te bevestigen. Zij besteedt daarbij met name aandacht aan het onderlinge verband tussen racisme, eurocentrisme en seksisme/androcentrisme (vgl. deel III).

Op het terrein van het Eerste Testament moeten ten eerste een aantal werken genoemd worden van sociaal-historici die vrouwspecifieke thema's behandelen (J. Kegler, H. Schulz, W. Schottroff, F. Crüsemann); noemenswaardig zijn verder twee bijdragen over het thema van de zogenaamde 'cultische prostitutie': een artikel van Marie-Theres Wacker, die ook gebruik maakt van vergelijkend materiaal uit het hindoeïstische India en een artikel van Renate Jost, die het Mesopotamische materiaal nader onderzoekt. Ten slotte moet ook gewezen worden op de studie van Carol Meyers over het alledaagse leven van vrouwen (Eva als 'everywoman') in het oude Israël. Een feministische, sociaal-historische monografie over een thematiek van het Eerste Testament is voor het eerst gepresenteerd door Renate Jost. Uitgaande van Jeremia's notities over de verering van de koningin van de hemel (Jer. 7,16-20; 44,15vv.) tracht zij de contouren van deze vrouwelijke godheid nader te schilderen. Daarnaast biedt haar monografie echter ook en vooral een beschrijving van de situatie van Israëlitische vrouwen rond de tijd van de ballingschap, waarmee ze de onderzoeken van Susan Ackerman voortzet. Hannelis Schulte concentreert zich bij haar historisch-sociaal-historische recherchen op de actieve, zelfstandig optredende vrouwen uit de tijd van vóór en vlak na het ontstaan van de staat, en ontwikkelt inspirerende hypothesen over de betekenis van het Beena-huwelijk. Christl Maier streeft ernaar de figuur van de 'vreemde vrouw' sociaal-historisch te duiden tegen de achtergrond van maatschappelijke conflicten in de na-exilische tijd.

De Berlijnse nieuwtestamentica Brigitte Kahl plaatst naast de Duitse vorm van sociale geschiedenis, zoals die door Luise Schottroff en een aantal van haar doctorandi feministisch wordt gerecipieerd, zowel de Franse traditie van de 'lecture matérialiste' (F. Belo, M. Clévénot, G. Casalis, K. Füssel) als de manier van bijbellezen zoals die door de 'Amsterdamse school' (F. Breukelmann, K. Deurloo, R. Zuurmond, T. Veerkamp) wordt beoefend. De 'materialistische lezing' van de Bijbel neemt, anders dan de Duitse traditie, de structuralistische uitdaging van de tekst- of literatuurwetenschap aan, en probeert deze op een kritische manier te combineren met haar eigen historisch-praktische invalshoek. De 'Amsterdamse leeswijze blijkt een specifieke vorm van canonieke bijbellezing te zijn (en wat dat betreft nog niet direct een sociaal-historische methode), in zoverre ze een afzonderlijk bijbels geschrift steeds binnen de context van de gehele Schrift wil begrijpen. Het voor alle geschriften bepalende principe wordt daarbij echter, anders dan in Luthers 'rechtvaardiging door geloven alleen', zeer sterk aan het Eerste Testament met zijn optie voor bevrijding en gerechtigheid ontleend. Hierdoor wordt dit principe enerzijds concreet 'geaard', maar anderzijds zo geformuleerd dat niet het verschil, maar juist de overeenkomst met een joodse leeswijze van de geschriften op de voorgrond treedt. Beide vormen van 'niet-idealistische' bijbellezing bieden mogelijkheden voor feministische exegese die tot dusver nog onvoldoende onderzocht zijn, aldus Brigitte Kahl. Intussen heeft Klara Butting met het instrumentarium van de 'Amsterdamse school' een fascinerende, feministische interpretatie van de boeken Ruth, Ester, Prediker en het Hooglied gepresenteerd.

3.4.2 Godsdiensthistorische benadering

Godsdienstgeschiedenis behelst het onderzoek naar de religieuze context van een historisch te beschrijven cultuur, hier in het bijzonder de culturen in de tijd van het bijbelse Israël respectievelijk het vroege christendom onder de Pax Romana. De bijbelse teksten bieden slechts een zeer bepaald perspectief op de religieuze werkelijkheid van de toenmalige tijd; ze duiden deze op basis van specifieke theologische vooronderstellingen. Door ook buiten-bijbelse bronnen bij het onderzoek te betrekken, wordt duidelijk dat de geleefde godsdienst veel pluriformer was dan de Bijbel laat vermoeden, en kunnen vertekeningen van de werkelijkheid in polemische bijbelse teksten vaak gecorrigeerd worden. Kenmerkend voor het hedendaagse godsdiensthistorische onderzoek is ten eerste het zwaartepunt van het materiaal (vooral buiten-bijbelse teksten; archeologie; beelddragers) en ten tweede de wijze waarop er met de bijbelse teksten als 'bronnen' voor een godsdienstgeschiedenis van Israël wordt omgegaan. Godsdiensthistorische aspecten worden vooral door Silvia Schroer in het feministisch-exegetische onderzoek geïntegreerd, maar ook Renate Jost en Marie-Theres Wacker besteden bijvoorbeeld aandacht aan dit aspect.

Juist voor vrouwengeschiedenis, die in de bijbelse teksten slechts gebroken wordt gespiegeld, is het absoluut noodzakelijk om ook terug te grijpen op buiten-bijbelse teksten, om op die manier zicht te kunnen krijgen op een stuk geleefde vrouwengodsdienst. Dergelijke bronnen zijn buiten-bijbelse teksten uit Israël/Palestina, maar ook teksten uit omliggende culturen op grond waarvan analoge conclusies kunnen worden getrokken; verder betreffen deze bronnen archeologische artefacten en materiële overblijfselen in de meest ruime zin in zoverre deze verwijzen naar cultus en godsdienst. Dit soort bronnen zijn echter niet in de laatste plaats ook beelddragers, toegankelijk gemaakt door de iconografie. Het vergelijkingsmateriaal moet in principe zoveel mogelijk uit de meest directe context afkomstig zijn, dat wil zeggen, uit Israël/Palestina en Syrië. Hoe groter de afstand van de documenten tot deze context is (historisch of geografisch), des te zwakker is hun bewijskracht, tenzij achterhaald kan worden hoe een bepaald motief uit een verre of vroege cultuur zijn weg naar een bijbelse tekst heeft gevonden.

Godsdiensthistorisch te werk gaan betekent niet dat de bijbelse teksten met andere methoden onderzocht worden, maar dat naast deze teksten ook gebruik wordt gemaakt van ander materiaal dat, afhankelijk van het type materiaal, wederom met tekstanalytische, archeologische of iconografische methoden nader wordt onderzocht. Elk van deze gebieden brengt voor de reconstructie van vrouwengeschiedenis eigen, specifieke problemen met zich mee. Zo kunnen niet-bijbelse teksten een uitgesproken androcentrische visie op de werkelijkheid geven, zoals bijvoorbeeld de Egyptische 'Vervloekingsteksten', die in het Palestina van de midden-bronstijd slechts mannelijke godheden kennen, terwijl de archeologie tot een heel andere, tegenovergestelde conclusie komt. Ze kunnen echter ook zeer veel over religieuze vrouwenwerelden onthullen. De archeologie van het Oude Oosten, vooral de archeologie van Palestina, is altijd sterk onderhevig geweest aan verschuivingen in de wetenschappelijke belangstelling. Vroeger ging deze hoofdzakelijk uit naar de paleizen, tempels en de grote politieke gebeurtenissen die door opgravingen aan het licht kwamen. Intussen worden echter ook hier sociaal-historische vragen belangrijker; groeit de interesse in de reconstructie van het alledaagse leven, in demografische structuren enzovoort. Jammer genoeg hebben vrouwspecifieke vraagstellingen op dit vakgebied nog nauwelijks ingang gevonden. Zo is het bijvoorbeeld op grond van opgravingsrapporten vaak niet mogelijk een onderscheid tussen vrouwelijke en mannelijke skeletten te maken, waardoor er belangrijke informatie verloren gaat (vgl. hierover ook deel II, 2. lengtedoorsneden). De beeldwereld – in Palestina/Israël betreft het hier voornamelijk kleine kunstvoorwerpen en miniatuurkunst – heeft in vergelijking met de bijbelse teksten het voordeel dat ze de religieuze wereld directer en daardoor minder ideologisch gefilterd presenteert. Als bijvoorbeeld een motief of configuratie van voorstellingen in een bepaalde periode op zeer uiteenlopende beelddragers aanwezig is, dan wijst dit heel direct op een centrale betekenis in het symboolsysteem. Wanneer de godin in het Palestina van de middenbronstijd bijna altijd afgebeeld wordt met twijgen, dan kan daaruit worden opgemaakt wat haar imago of verschijningsvorm was. Dat betekent echter niet dat de afbeeldingen de vrouwen- en mannenwereld op een zelfde manier documenteren. Zo weten we nog weinig over de mensen die de verschillende soorten beelddragers vervaardigden. Wie sneed de dure ivoren plaatjes voor de slaapkamers van de elite? Wie sneed de vele duizenden scarabeeën die door mannen en vrouwen in Palestina/Israël werden gedragen? Droegen vrouwen en mannen dezelfde motieven op hun zegelamuletten? Wie maakten de ontelbare pilaarfiguren, die gedeeltelijk met de hand en gedeeltelijk met behulp van mallen in serie werden vervaardigd? In ieder geval bestaat er een verband tussen beelddragers en bepaalde maatschappelijke klassen. Ivoor en metaal waren kostbaar en daarom voorbehouden aan de rijken. Grote kunstwerken (standbeelden, reliëfs) konden slechts in opdracht van machtige personen worden vervaardigd. Amuletten, zegelstempels of terracotta's konden daarentegen van goedkoper materiaal worden gemaakt en waren daarom voor iedereen betaalbaar. Wanneer afbeeldingen van godinnen vanaf een bepaalde tijd niet meer op metaal, maar alleen nog maar op goedkoop materiaal verschijnen, dan kunnen daar ingrijpende veranderingen binnen het religieuze symboolsysteem uit worden afgeleid. De historische ontwikkeling van de beeldsymboliek biedt op die manier een oriëntatiepunt om fenomenen zoals bijvoorbeeld de cultus van de koningin van de hemel in Jer. 7 en 44 beter te kunnen plaatsen. Aangezien de bijbelse teksten de godinnencultus alleen op een polemische manier beschrijven, zijn juist voor deze thematiek beelddocumenten van groot belang. Ook vroeg-joodse of nieuwtestamentische teksten kunnen door kennis van de beeldtradities vaak veel beter begrepen worden (de chokmah als boomgodin in Sir 24; de duif als bode van de liefde – oorspronkelijk van de liefdesgodin – bij de doop van Jezus aan de Jordaan). Andere wetenschappelijke hulpmiddelen worden in deel II, 2.1.4 genoemd.

Literatuur

1. Honderd jaar vrouwen en bijbel – een terugblik

1.1 De Woman's Bible

Elizabeth CADY STANTON, The Woman's Bible. New York 1895/98 (meerdere herdrukken); ID., Eighty Years and More. Reminiscences 1815-1897. New York 1898, repr. Schocken Books 1971 (autobiografie); Barbara WELTER, Something Remains to Dare. Introduction to the Woman's Bible, in: Elizabeth CADY STANTON, The Woman's Bible. The Original feminist Attack on the Bible. New York 1974 (repr. van 1895/98), v-xlii; Dale SPENDER, Introduction, in: Elizabeth CADY STANTON, The Woman's Bible. The Original Feminist Attack on the Bible. Abridged Edition. Edinburgh 1985 (Polygon Books), i-v; Elisabeth SCHÜSSLER FIORENZA, Zu ihrem Gedächtnis … München 1988, 33-42 (Die Frauenbibel [The Woman's Bible]); vgl. ID., Brot statt Steine. Fribourg 1988, 96-103; Marga BÜHRIG, Elizabeth Cady Stanton (1815-1902) und die Woman's Bible, in: Luise SCHOTTROFF/Johannes THIELE (Hrsg.), Gotteslehrerinnen. Stuttgart 1989, 125-137; Karen BAKER-FLETCHER, Anna Julia Cooper and Sojourner Truth: Two Nineteenth-Century Black Feminist Interpreters of Scripture; Carolyn de SWARTE GIFFORD, Politicizing the Sacred Texts: Elizabeth Cady Stanton and The Woman's Bible, beide in: Elisabeth SCHÜSSLER FIORENZA (ed.), Searching the Scriptures. dl.1: A Feminist Introduction. New York 1993, 41-51.52-63; Dorothy C. BASS, Women's Studies and Biblical Studies: An Historical Perspective, in: JSOT 22 (1982) 6-12. Bibel und Kirche 50/(1995) themanummer '100 Jahre Woman's Bible'.

1.2 De Duitstalige landen tot de Tweede Wereldoorlog

Iris MÜLLER, Die Misere katholischer Theologinnen in den deutschen Universitäten. Weinheim 1987; Elisabeth BOEDEKER, 25 Jahre Frauenstudium in Deutschland. Verzeichnis der Doktorarbeiten von Frauen 1908-1933. Nr. 1-4. Hannover 1935-39; FRAUENFORSCHUNGSPROJEKT ZUR GESCHICHTE DER THEOLOGINNEN, GÖTTINGEN (Hrsg.), 'Darum wagt es, Schwestern …' Zur Geschichte evangelischer Theologinnen in Deutschland. Neukirchen-Vluyn 1994 (keizerrijk – republiek van Weimar – nationaal-socialisme); Lucie TEUFL, Das theologische Universitätsstudium der Frau in Österreich. diss. masch. Wien 1971; Leo KARRER (z. onder 1.3).

1.2.1 Tot 1918

Adolf von HARNACK, Über die beiden Recensionen der Geschichte der Prisca und des Aquila in Act. Apost. 18,1-12. Sitzungsber. d. Kgl.-Preuß. Ak. d. Wiss. zu Berlin 1900; Leopold ZSCHARNACK, Der Dienst der Frau in den ersten Jahrhunderten der christlichen Kirche. Göttingen 1902; Max LÖHR, Die Stellung des Weibes zu Jahwereligion und -kult. BWAT 4. Leipzig 1908; Lydia STÖCKER, Die Frau in der alten Kirche. Tübingen 1907; Carola BARTH, Die Interpretation des Neuen Testaments in der valentinianischen Gnosis. TU 37.3. Leipzig 1911; Dagmar HENZE, Zwei Schritte vor und einer zurück. Carola Barth – eine Theologin auf dem Weg zwischen Christentum und Frauenbewegung, Neukirchen-Vluyn 1995.

'DIE CHRISTLICHE FRAU' 1 (1902/3) e.v.; Alfred KALL, Katholische Frauenbewegung in Deutschland. Eine Untersuchung zur Gründung katholischer Frauenvereine im 19. Jahrhundert. Paderborn 1983; Michael FAULHA-BER, Charakterbilder der biblischen Frauenwelt (dl.1.1 in de door Pauline Herber en Maria Grisar uitgegeven reeks 'Charakterbilder der katholischen Frauenwelt'). Paderborn 1912; Irmtraud GÖTZ VON OLENHUSEN (Hrsg.), Wunderbare Erscheinungen. Frauen und katholische Frömmigkeit im 19. und 20. Jahrhundert. Paderborn 1995; Frankfurter Brentano-Ausgabe, dl.26 e.v. (Brentanos Emmerick-Schriften), Stuttgart 1980 e.v.

Susanna WOODTLI, Helene von Mülinen. Zum 50. Todestag, in: Reformatio 23/4 (1974) 208-222; Doris BRODBECK, Helene von Mülinen: Frauenemanzipation als Forderung ans Christentum, in: Neue Wege 88 (1994) 356-361 (Doris BRODBECK, Bern, werkt aan een monografische beschrijving van de theologische dimensie van het werk van Helene von Mülinen).

1.2.2 Tussen de oorlogen

'DIE CHRISTLICHE FRAU' 18 (1919/20) e.v.; 'MITTEILUNGEN DES VER-BANDES EVANGELISCHER THEOLOGINNEN IN DEUTSCHLAND' 1 (1932) e.v.; vanaf 1941 'DIE THEOLOGIN' (1943-1953 onderbroken; 1967 gestopt); Elisabeth MOLTMANN-WENDEL (Hrsg.), Frau und Religion. Gotteserfahrung im Patriarchat. Frankfurt 1983; ID. (Hrsg.), Frauenbefreiung und Theologie. Mainz/München 1e-3e druk (1982-1978); Joachim KÖHLER, Ein bedeutender Schritt. Vor 50 Jahren legte Franziska Werfer als erste Frau Deutschlands ein theologisches Examen ab, in: Kath. Sonntagsblatt (Mainz) 10 (1979) 26; BUNDESARCHIV KOBLENZ, Akte R 149/175 (Wirtschaftshilfe der Deutschen Studentenschaft e.V. dl.175; hierin vooral de statistieken over de ontwikkeling van het aantal vrouwelijke studenten 1924-1933).

Selma HIRSCH, Die Vorstellung von einem weiblichen πνεῦμα ἅγιον im Neuen Testament und in der ältesten christlichen Literatur, ein Beitrag zur Lehre vom Heiligen Geist. diss. Berlin 1926; Eva GILLISCHEWSKI, Die Wirtschaftsethik der Propheten. diss. Königsberg 1921; Hedwig JAHNOW, Das Leichenlied im Rahmen der Völkerdichtung. Berlin 1923; ID., Die Frau im Alten Testament, in: Die Frau 21 (1913/14) 352-58.417-26, repr. in: Hedwig JAHNOW u.a., Feministische Hermeneutik und Erstes Testament. Stuttgart 1994, 26-47; Maria WEIGLE, Bibelarbeit – Methodik der Bibelarbeit mit Frauen. Potsdam 1938; Ilse UECKERT (Hrsg.), Maria Weigle – Bibelarbeit mit Frauen. Gelnhausen o.a. 1979; Mit der Bibel leben. Maria Weigle und die Frauen. Laetare Schriftenreihe 295. Gelnhausen o.a. 1980 (aan een dissertatie over Maria Weigle in de context van de Beierse 'Mütterdienst' werkt Beate HOFMANN-STRAUCH, München; Anna PAULSEN, Mutter und Magd. Das biblische Wort über die Frau. Hamburg 1935; 2e druk 1938; 3e, herz. druk 1960 onder de titel 'Geschlecht und Person'; Andrea BIELER, Konstruktionen des Weiblichen zwischen Zwang und Widerspruch. Eine feministisch-befreiungstheologische Analyse des Werkes der Theologin Anna Paulsen im Kontext der bürgerlichen Frauenbewegung der Weimarer Republik und verschiedener nationalsozialistischer Positionen. Gütersloh 1994.

Margarete ADAM, Weibliche Seelsorger, in: Die Frau 29/7 (1922) 198-207; 29/12 (1922) 365-372; Gerta KRABBEL, Zur Frage des weiblichen Priestertums, in: Die christliche Frau 20/6 (1922) 83-88; Emanuele L. MEYER, Vom Amboß meiner Seele. Splitter und Funken. Heilbronn 1921; Ilse von STACH, Die Frauen von Korinth, in: Hochland 26/2 (1928/9) 141163 (in boekvorm: Breslau 1929); Doris KAUFMANN, Vom Vaterland zum Mutterland. Frauen im katholischen Milieu der Weimarer Republik, in: Karin HAUSEN (Hrsg.), Frauen suchen ihre Geschichte. München 1983, 250-75.

1.3 Van de naoorlogse tijd tot het begin van de 'nieuwe vrouwenbeweging'

Hannelore ERHART, Theologin und Universität – das Beispiel Hanna Jursch, in: Jahrb. d. Gesellsch.f. niedersächs. Kirchengeschichte 89 (1991) 385-398; ID., Die Theologin im Kontext von Universität und Kirche zur Zeit der Weimarer Republik und des Nationalsozialismus, in: Leonore SIEGELE-WENSCHKEWITZ/Carsten NICOLAISEN (Hrsg.), Theologische Fakultäten im Nationalsozialismus. Göttingen 1993, 223-249; Elisabeth BOEDEKER/Maria MEYER-PLATH, 50 Jahre Habilitation von Frauen in Deutschland. Göttingen 1974; Else KÄHLER, Die Frau in den paulinischen Briefen unter besonderer Berücksichtigung des Begriffs der Unterordnung. Zürich 1960; Ilse BERTINETTI, Frauen im geistlichen Amt. Die theologische Problematik in evangelisch-lutherischer Sicht. Berlin 1963.

Elisabeth SCHÜSSLER, Der vergessene Partner. Grundlagen, Tatsachen und Möglichkeiten der beruflichen Mitarbeit der Frau in der Heilsorge der Kirche. Düsseldorf 1964; Josefa Theresia MÜNCH, Welche Dienstmöglichkeiten findet die katholische Theologin heute in ihrer Kirche?, in: Die Theologin 24/1 (1965) 14-25; Leo KARRER, Von Beruf Laientheologe? Freiburg 1970; Helga RUSCHE, Töchter des Glaubens. Mainz 1959; Andrea van DÜLMEN, Die Theologie des Gesetzes bei Paulus. SBM 5. Stuttgart 1968; Annemarie OHLER, Mythologische Elemente im Alten Testament (1966). Düsseldorf 1969; Hildegard GOLLINGER, Das 'grosse Zeichen' von Apokalypse 12 (1968). SBM 11. Würzburg/Stuttgart 1971; Ingrid MAISCH, Die Heilung des Gelähmten. Eine exegetisch-traditionsgeschichtliche Untersuchungen zu Mk 2,-112 (1970). SBS 52. Stuttgart 1971; Hannelore STEICHELE, Vergleich der Apostelgeschichte mit der antiken Geschichtsschreibung. Eine Studie zur Erzählkunst in der Apostelgeschichte. diss. masch. München 1971; Hagia WITZENRATH, Das Buch Jona. Eine literaturwissenschaftliche Untersuchung. ATS 6. St. Ottilien 1978; Helen SCHÜNGEL-STRAUMANN, Tod und Leben in der Gesetzesliteratur des Pentateuch unter besonderer Berücksichtigung der Terminologie von 'töten'. diss. masch. Bonn 1969; Elisabeth SCHÜSSLER FIORENZA, Priester für Gott. Studien zum Herrschafts- und Priestermotiv in der Apokalypse (1969). Münster 1972; Dorothy IRWIN, Mytharion. The Comparison of Tales from the Old Testament and the Ancient Near East. AOAT 32. Kevelaer/Neukirchen-Vluyn 1978; Ruthild GEIGER, Die lukanischen Endzeitreden. Studien zur Eschatologie des Lukas-Evangeliums. Frankfurt o.a. 1973; Adelheid STECKER, Formen und Formeln in den paulin. Hauptbriefen und in den Pastoralbriefen. diss. masch. Münster 1967; Iris MÜLLER, Die Wertung der Nachbarvölker Israels, Edom, Moab, Ammon, Philistäa und Tyrus/Sidon nach den gegen sie gerichteten Drohsprüchen der Propheten. diss. masch. Münster 1970.

Mary DALY, The Church and the Second Sex (1969), Duits: Kirche, Frau und Sexus. Freiburg 1970; ID., Beyond God the Father (1973), Duits: Jenseits von Gottvater, Sohn & Co. München 1978; Letty RUSSELL, Human Liberation in a Feminist Perspective. A Theology. Philadelphia 1974; Rosemary RADFORD RUETHER (ed.), Religion and Sexism. 1974; Rachel CONRAD WAHLBERG, Jesus According to a Woman. 1975; Phyllis TRIBLE, God and the Rhetoric of Sexuality. Philadelphia 1978 (de hierin bijeengebrachte artikelen gaan terug tot het jaar 1973; voor de Duitse uitgave 1993 vgl. onder 3.2.3).

1.4.1 De feministisch-exegetische beginfase

Catharina HALKES/Daan BUDDINGH (Hrsg.), Wenn Frauen ans Wort kommen. Offenbach 1979; repr. Reinbek b. Hamburg 1987; Letty M. RUSSELL (Hrsg.), Als Mann und Frau ruft er uns. Vom nichtsexistischen Gebrauch der Bibel. München 1979 (Amerik. 1976); Frank CRÜSEMANN/Hartmut THYEN, ... als Mann und Frau geschaffen. Gelnhausen o.a. 1978; Alicia CRAIG FAXON, Frauen im Neuen Testament. Vom Umgang Jesu mit Frauen. München 1979 (Philadelphia 1973); Elisabeth MOLTMANN-WENDEL, Ein eigener Mensch werden. Frauen um Jesus. Gütersloh 1980; Willy SCHOTTROFF/ Wolfgang STEGEMANN (Hrsg.), Traditionen der Befreiung 2: Frauen in der Bibel. München/Gelnhausen o.a. 1980 (hierin: Elisabeth SCHÜSSLER FIO-RENZA, Der Beitrag der Frau zur urchristlichen Bewegung, 60-90, en Luise SCHOTTROFF, Frauen in der Nachfolge Jesu in neutestamentlicher Zeit, 91-133).

1.4.2 De matriarchale uitdaging

Christa MULACK, Die Weiblichkeit Gottes. Stuttgart 1983; ID., Jesus, der Ge-salbte der Frauen. Stuttgart 1985; Heide GÖTTNER-ABENDROTH, Die Göt-tin und ihr Heros. München 1980; ID., Die tanzende Göttin (z. onder 2.1.2); Elga SORGE, Religion und Frau. Stuttgart 1985; 2e, herz. druk 1987; Gerda WEILER, Ich verwerfe im Lande die Kriege. Das verborgene Matriarchat im Alten Testament. München 1984; ID., Das Matriarchat im Alten Israel. Stutt-gart o.a. 1989; ID., Ich brauche die Göttin. Basel 1990. (De literatuur over de kritische discussie hierover is gedocumenteerd onder 2.1.4 en 2.4.1)

1.4.3 Jongste ontwikkelingen

Ulrike BECHMANN, Das Deboralied zwischen Geschichte und Fiktion. Eine exegetische Untersuchung zu Richter 5. St. Ottilien 1989; Maria HÄUSL, Abi-schag und Batscheba. Frauen am Königshof und die Thronfolge Davids im Zeugnis der Texte 1 Kön 1 und 2. ATS 41. München 1993; Christl MAIER, Die fremde Frau. Eine exegetische und sozialgeschichtliche Studie zu Prover-bien 1-9. OBO, Fribourg/Göttingen 1995; Ina PETERMANN, Die Fremde und der König. Intertextuelle Studien zum Buch Ruth diss. Heidelberg 1995; Irm-traud FISCHER, Die Erzeltern Israels. Feministisch-theologische Studien zu Gen 12-36. BZAW 222. Berlin 1994; Monika FANDER, Die Stellung der Frau im Markusevangelium. MThA 8. Münster 1989; Monika LEISCH-KIESL, Eva als andere. Eine exemplarische Untersuchung zu Frühchristentum und Mittelalter. Köln o.a. 1992; Monika HELLMANN, Judit – eine Frau im Spannungsfeld von Autonomie und göttlicher Führung. Frankfurt o.a. 1992 (Europ. Hochschulschr. XIII, 444); Helen SCHÜNGEL-STRAUMANN, Die Frau am Anfang. Eva und die Folgen. Freiburg/Basel/Wien 1989; Carla RICCI, Mary Magdalene And Many Others. Women Who Followed Jesus. Wellwood/Minneapolis 1994; Caroline van der STICHELE, Autenticiteit en integriteit van 1 Kor. 11,2-16. Een bijdrage tot de discussie omtrent Paulus' visie op de vrouw. diss. Leuven 1992; Kurzfassung in: Freda DRÖES e.a. (ed.), Proeven van vrouwenstudies theologie. Leiden/Utrecht 1993 (IIMO Research Publication 36) 271-277; Marie-Theres WACKER, Frau – Sexus – Macht. Eine feministisch-theologische Relecture des Hoseabuches, in: ID. (Hrsg.), Der Gott der Männer und die Frauen. Düsseldorf 1987, 101-125; ID., Figurationen des Weiblichen im Hoseabuch. Literarische, entstehungsgeschichtliche und religionsgeschichtliche Studien. Freiburg/Basel/Wien 1996; Jonneke BEKKENKAMP, Het Hooglied: een vrouwenlied in een mannentraditie, in: Rita LEMAIRE (ed.), Ik zing mijn lied voor al wie met mij gaat. Vrouwen in de volksliteratuur. Utrecht 1986, 72-89; Turid Karlsen SEIM, The Double Message: Gender in Luke-Acts. Edinburg (te verschijnen).

Renate JOST, Frauen, Männer und die Himmelskönigin. Exegetische Studien. Gütersloh 1995; Ivoni RICHTER REIMER, Frauen in der Apostelgeschichte des Lukas. Eine feministisch-theologische Exegese. Gütersloh 1992; Renate KIRCHHOFF, Die Sünde gegen den eigenen Leib. Studien zu πόρνη und πορνεία in 1 Kor 6,12-20 und dem sozio-kulturellen Kontext der paulinischen Adressaten. SUNT 18, Göttingen 1994; Hannelis SCHULTE, Dennoch gingen sie aufrecht. Frauengestalten des Alten Israel. Neukirchen-Vluyn 1995; Elisabeth SCHÜSSLER FIORENZA, Zu ihrem Gedächtnis. Eine feministisch-theologische Rekonstruktion der christlichen Ursprünge. München 1988; Christine SCHAUMBERGER/Luise SCHOTTROFF, Schuld und Macht. Studien zu einer feministischen Befreiungstheologie. München 1988; Luise SCHOTTROFF, Befreiungserfahrungen. Studien zur Sozialgeschichte des Neuen Testaments. ThB 82. München 1990; ID., Lydias ungeduldige Schwestern. Feministische Sozialgeschichte des frühen Christentums. Gütersloh 1994.

Helen SCHÜNGEL-STRAUMANN, Gott als Mutter in Hos 11, in: ThQ 166 (1986) 119-134; ID., Weibliche Dimensionen in mesopotamischen und alttestamentlichen Schöpfungsaussagen und ihre feministische Kritik, in: Marie-Theres WACKER/Erich ZENGER (Hrsg.), Der eine Gott und die Göttin. Freiburg/Basel/Wien 1991, 49-81; ID., Rûah bewegt die Welt. Gottes schöpferische Lebenskraft in der Krisenzeit des Exils. SBS 151. Stuttgart 1992; Marie-Theres WACKER, Gott als Mutter? Zur Bedeutung eines biblischen Gottessymbols für feministische Theologie, in: Conc 25 (1989) 523-528; Silvia SCHROER, Jesus Sophia. Beiträge der feministischen Forschung zu einer frühchristlichen Deutung der Praxis und des Schicksals Jesu von Nazareth, in: Regula STROBEL/Doris STRAHM (Hrsg.), Vom Verlangen nach Heilwerden. Christologie in feministisch-theologischer Sicht. Fribourg/Luzern 1991, 112-128; Luise SCHOTTROFF, Wanderprophetinnen. Eine feministische Analyse der Logienquelle, in: EvTh 51 (1991) 332-344; Silvia SCHROER/ Helen SCHÜNGEL-STRAUMANN, Gott im Bild einer Frau. Themenheft Bibel heute 103 (1990); Claudia CAMP, Wisdom and the Feminine in the Book of Proverbs. Sheffield 1985; ID., Wisdom as Root Metaphor. A Theological Consideration, in: The Listening Heart. FS R.E.Murphy. Sheffield 1987, 45-76; Gerlinde BAUMANN, Gottes Geist und Gottes Weisheit. Eine Verknüpfung, in: Hedwig JAHNOW u.a., Feministische Hermeneutik und Erstes Testament. Stuttgart 1994, 138-148; ID., 'Wer mich findet, hat Leben gefunden'. Traditionsgeschichtliche und theologische Studien zur Weisheitsgestalt in Prov 1-9. Tübingen (FAT) 1996; Marie-Theres WACKER/Erich ZENGER (Hrsg.), Der eine Gott und die Göttin. QD 135. Freiburg/Basel/Wien 1991; Othmar KEEL/Christoph UEHLINGER, Göttinnen, Götter und Gottessymbole. QD 134. Freiburg/Basel/Wien 1992.

KATHOLISCHE BIBELFÖDERATION, Schlußdokument der 4. Vollversammlung, Bogotá, Kolumbien 27 Juni – 6 Juli 1990. Stuttgart 1990; PÄPSTLICHE BIBELKOMMISSION, Die Interpretation der Bibel in der Kirche. Verlautbarungen des Apostolischen Stuhls 115. Bonn 1994.

2. Feministisch-exegetische hermeneutiek

2.1 Typen van theologisch geïnteresseerde omgang van vrouwen met de Bijbel op basis van hun hermeneutiek

Carolyn OSIEK, The Feminist and the Bible: Hermeneutical Alternatives, in: Adela YARBRO COLLINS (ed.), Feminist Perspectives on Biblical Scholarship. SBL Cent. Publ. 10. Chico (CA) 1985, 93-105; Marie-Theres WACKER, Gefährliche Erinnerungen. Feministische Blicke auf die hebräische Bibel, in: ID. (Hrsg.), Theologie-feministisch. Düsseldorf 1988, 14-58; Hedwig MEYER-WILMES, Rebellion auf der Grenze. Freiburg/Basel/Wien 1990, deel II.

2.1.2 Hermeneutiek van de afwijzing

Elizabeth CADY STANTON, The Woman's Bible (z. boven 1.1); Mary DALY, Gyn-Ökologie. München 1981 (Amerik. uitg. Boston 1979); Heide GÖTTNER-ABENDROTH, Die Göttin und ihr Heros. Die matriarchalen Religionen in Mythos, Märchen und Dichtung. München 1980; ID., Die tanzende Göttin. Prinzipien einer matriarchalen Ethik. München 1982; verm. druk 1984.

2.1.3 Hermeneutiek van de revisie

Phyllis TRIBLE, Gegen das patriarchalische Prinzip in Bibelinterpretationen, in: Elisabeth MOLTMANN-WENDEL (Hrsg.), Frauenbefreiung. Biblische und theologische Argumente. Mainz/München 3e druk 1978, 93-117; Klara BUTTING (vgl. 3.4.1); Letty M. RUSSELL, Die Frage der Autorität und die Herausforderung feministischer Interpretation; Rosemary RADFORD RUETHER, Feministische Interpretation: Eine Methode der Korrelation, beide in: Letty M. RUSSELL (Hrsg.), Befreien wir das Wort. München 1989, 162-173.131-147.

Maria Sybilla HEISTER, Frauen in der biblischen Glaubensgeschichte. Göttingen 1984; Annemarie OHLER, Frauengestalten der Bibel. Würzburg 1987; ID., Mutterschaft in der Bibel. Würzburg 1992 (vgl. ook: Marie-Louise HENRY, Hüte Dein Denken und Wollen. Alttestamentliche Studien. Mit einem Beitrag zur feministischen Theologie. Hrsg. Bernd JANOWSKI. Neukirchen-Vluyn 1992); Helen SCHÜNGEL-STRAUMANN (z. boven 1.4.3); Virginia MOLLENKOTT, Gott eine Frau? Vergessene Gottesbilder der Bibel. München 1984 (New York 1984); Eva SCHIRMER, Müttergeschichten. Frauen aus dem Alten Testament erzählen aus ihrem Leben. Offenbach 1986.

2.1.4 Hermeneutiek van het 'eeuwig vrouwelijke'

Gerda WEILER (z. boven 1.4.2); SCHLANGENBRUT nr. 42 (1993): Er-fundene Wirklichkeit? Matriarchatsforschung; nr. 44 (1994): Göttin – kein abgeschlossenes Kapitel; Marie-Theres WACKER, Die Göttin kehrt zurück. Kritische Sichtung neuerer Entwürfe, in: ID. (Hrsg.), Der Gott der Männer und die Frauen. Düsseldorf 1987, 11-37; ID., art. 'Göttinnen', in: NHThG 2e druk dl.IV, München 1991, 266-272; Doris BROCKMANN, Ganze Menschen – ganze Götter. Kritik der Jung-Rezeption im Kontext feministisch-theologischer Theoriebildung. Paderborn 1991.

2.1.5 Hermeneutiek van de bevrijding

Elisabeth SCHÜSSLER FIORENZA, Brot statt Steine (z. boven 1.4.3); ID., Gedächtnis (1.4.3) hfst.1; Helen SCHÜNGEL-STRAUMANN/Christine SCHAUMBERGER, art. 'Bibel', in: WBFTh 49-58; Lone FATUM, Women, Symbolic Universe and Structures of Silence. Challenges and Possibilities in Androcentric Texts, in: Studia Theologica 43 (1989) 61-80; ID., Image of God and Glory of Men: Women in the Pauline Congregations, in: Kari E. BØRRESEN (ed.), Image of God and Gender Models in Judaeo-Christian Tradition. Oslo 1991, 56-136; Carolyn OSIEK (boven 2.1).

Teresa OKURE, Frauen in der Bibel, in: LEIDENSCHAFT UND SOLIDARITÄT. Theologinnen der Dritten Welt ergreifen das Wort. Fribourg/Luzern 1992, 88-107; ID., Feminist Interpretations in Africa, in: Elisabeth SCHÜSSLER FIORENZA (ed.), Searching the Scriptures. dl.1, New York 1993, 76-85; vgl. ook ID., The Johannine Approach to Mission. A Contextual Study of John 4:1-42. WUNT 2. Reihe 31. Tübingen 1988; Elisabeth DOMINGUEZ, Neutestamentliche Aussagen zu politischer Macht, in: J.S. POBEE u.a. (Hrsg.), Komm, lies mit meinen Augen. Biblische und theologische Entdeckungen von Frauen aus der Dritten Welt. Offenbach 1987, 61-67; Elsa TAMEZ, Hagar erschwert die Heilsgeschichte, in: J.S. POBEE u.a. (Hrsg.), Komm, lies mit meinen Augen. Offenbach 1987, 10-24; ID., Frauen lesen die Bibel neu, in: LEIDENSCHAFT UND SOLIDARITÄT. Fribourg/Luzern 1992, 260-271; ID., Gegen die Verurteilung zum Tod. Paulus oder die Rechtfertigung durch den Glauben aus der Perspektive der Unterdrückten und Ausgeschlossenen. Fribourg/Luzern 1995; Ivoni RICHTER REIMER, Frauen in der Apostelgeschichte des Lukas (z. onder 1.4.3.); ID., Widerstand und Hoffnung, in: Dorothee SÖLLE u.a. (Hrsg.), Für Gerechtigkeit streiten. Gütersloh 1994, 66-70; Alicia WINTERS, La memoria subversiva de una mujer: II Samuel 21,1-14, in: RIBLA 13 (1993) 77-86; ID., La mujer en el Israel premonárquico, in: RIBLA 15 (1993) 19-34; Tania Mara VIEIRA SAMPAIO, Die Entmilitarisierung und die Befreiung zu einem Leben in Würde bei Hosea, in: Texte und Kontexte 16 nr. 57 (1993) 44-55 (vgl. RIBLA 8 [1991] 70-819); ID., El cuerpo excluido de su dignidad. Una propuesta de lectura feminista de Oseas 4, in: RIBLA 15 (1993) 35-46; ID., Mulher uma prioridade profética em Oséias. Instituto Metodista de Ensino Superior, Sao Bernardo do Campo. Sao Paolo 1990; Hisako KINUKAWA, Frauen im Markusevangelium. Eine japanische Lektüre. Fribourg/Luzern 1995.

2.2.1 Patriarchaat/matriarchaat

Donate PAHNKE, art. 'Matriarchat', in: WbFTh 283-285; Luise SCHOTT-ROFF/Christine SCHAUMBERGER, art. 'Patriarchat', in: WbFTh 319-323; Luise SCHOTTROFF, Lydia (z. 1.4.3.) 34-70; Elisabeth SCHÜSSLER FIORENZA, But She Said. Boston 1992; Beate WAGNER-HASEL (Hrsg.), Matriarchatstheorien der Altertumswissenschaft. WdF 651. Darmstadt 1992; Werner PLAUTZ, Zur Frage des Mutterrechts im AT, in: ZAW 74 (1962) 9-30.

2.2.2 Patriarchaat – androcentrisme – seksisme

Ina PRAETORIUS, art. 'Androzentrismus', in: WbFTh 14-16.

2.2.3 Vrouwelijkheid – sekseverschil – gender – medeplichtigheid

vrouwelijkheid: Doris BROCKMANN (z. boven 2.1.4) 35-44;

gender: Peggy L. DAY (ed.), Gender and Difference in Ancient Israel. Minneapolis 1989; Athalya BRENNER/Fokkelien van DIJK-HEMMES, On Gendering Texts. Female and Male Voices in the Hebrew Bible. Leiden 1993; Lone FATUM (vgl. 2.1.5).

medeplichtigheid: Christina TÜRMER-ROHR, Vagabundinnen. Berlin 1987; STUDIENSCHWERPUNKT 'FRAUENFORSCHUNG'/TU BERLIN (Hrsg.), Mittäterschaft und Entdeckungslust. Berlin 1989; Christine SCHAUMBERGER/Luise SCHOTTROFF, Schuld und Macht (1.4.3).

2.2.4 Objectiviteit – partijdigheid

Hedwig MEYER-WILMES, Rebellion auf der Grenze. Freiburg/Basel/Wien 1990, deel III; Luise SCHOTTROFF, Lydia (1.4.3) 34 e.v.; Ulrike MÜLLER-MARKUS, art. 'Parteilichkeit', in: WbFTh 315-317.

2.3 De canonkwestie

Elisabeth SCHÜSSLER FIORENZA, Gedächtnis (1.4.3) hfst. 8; ID., Brot (1.4.3) 40 e.v., 76 e.v.; Claudia CAMP, Feminist Theological Hermeneutics: Canon and Christian Identity, in: Elisabeth SCHÜSSLER FIORENZA (ed.), Searching the Scriptures dl.1, New York 1993, 154-191.

2.4 Christelijk-feministisch anti-judaïsme?

Charlotte KLEIN, Theologie und Antijudaismus. München 1975; vgl. HEDWIG-DRANSFELD-HAUS (Hrsg.), Charlotte Klein – 'Pionierin der Verständigung'. Bendorf 1992; Rosemary RADFORD RUETHER, Nächstenliebe und Brudermord. Die christlichen Wurzeln des Antisemitismus. München 1978; Johanna KOHN, Hashoah. Christlich-jüdische Verständigung nach Auschwitz. München/Mainz 1986; Leonore SIEGELE-WENSCHKEWITZ, art. 'Antijudaismus', in: WbFTh 22-24; Erich ZENGER, Das Erste Testament.

Die jüdische Bibel und die Christen. Düsseldorf 1991; ID., Am Fuß des Sinai. Gottesbilder des Ersten Testaments. Düsseldorf 1993; ID., Ein Gott der Rache? Freiburg/Basel/Wien 1994.

2.4.1 De centrale strijdpunten

SCHLANGENBRUT nr. 16-18 (1987) met bijdragen over de feministische discussie over het anti-judaïsme; Leonore SIEGELE WENSCHKEWITZ (Hrsg.), Verdrängte Vergangenheit, die uns bedrängt. München 1988 (met bijdragen van Susannah Heschel, Eveline Goodman-Thau, Leonore Siegele-Wenschkewitz, Jutta Flatters, Marie-Theres Wacker, Bernd Wacker, Luise Schottroff, Dieter Georgi); Christine SCHAUMBERGER (Hrsg.), ... weil wir nicht vergessen wollen. Zu einer feministischen Theologie im deutschen Kontext. Münster 1987 (met bijdragen van Christine Schaumberger, Rita Burrichter, Johanna Kohn, Anette Kliewer); nr. 5/1 en 5/2 (1990) van het tijdschrift 'KIRCHE UND ISRAEL' (bijdragen van Judith Plaskow, Asphodel P.Long, Leonore Siegele-Wenschkewitz, Fokkelien van Dijk-Hemmes en Marie-Theres Wacker); Luise SCHOTTROFF, Antijudaismus im Neuen Testament, in: ID., Befreiungserfahrungen (z. boven 1.4.3.) 217-228; ID., Die 'Schuld der Juden' und die Entschuldung des Pilatus in der deutschen neutestamentlichen Wissenschaft seit 1945, in: ID., Befreiungserfahrungen, 324-357; Katharina von KELLENBACH, Anti-Judaism in Christian-Rooted Feminist Writings: An Analysis of Major U.S.American and West German Feminist Theologians. Atlanta 1994; Charlotte KOHN-LEY/Ilse KOROTIN (Hrsg.),, Der feministische 'Sündenfall'? Antisemitische Vorurteile in der Frauenbewegung. Wien 1994 (met bijdragen van Susanne Heine, Hannelore Schröder, Ilse Korotin, Johanna Gehmacher, Susannah Heschel, Anita Naßmenig, Charlotte Kohn-Ley, Maria Wölflingseder).

2.4.2 Hoe te antwoorden op het anti-judaïsme?

Luise SCHOTTROFF/Marie-Theres WACKER (Hrsg.), Von der Wurzel getragen. Deutschsprachige christlich-feministische Exegese in Auseinandersetzung mit Antijudaismus, Leyden/NL 1995 (met bijdragen van E. Valtink, G. Feld, B. Kahl, J. Petermann, J. Müllner, Chr. Maier, M. Crüsemann, R. Jost, M. Gnadt, G. Baumann, A. Strotmann, L. Schottroff und M. Th. Wacker).

2.4.3 Joods-feministische wijzen van omgang met de Bijbel

Marianne WALLACH-FALLER, Zwanzig Jahre jüdische feministische Theologie, in: Neue Wege 90 (1996) 3-11; Eveline GOODMAN-THAU, 5. Mose 6,4-10: Höre ihre Stimme, in: Eva-Renate SCHMIDT u.a. (Hrsg.), Feministisch gelesen, dl.2. Stuttgart 1989, 63-73; ID., Auf der Suche nach Identität – orthodoxe Frauen in Israel, in: Renate JOST/Ursula KUBERA (Hrsg.), Befreiung hat viele Farben. Gütersloh 1991, 121137; ID., 'Zeitbruch' – Zur messianischen Grunderfahrung in jüdischer Tradition (Berlin 1995; deel I over het boek Ruth); Hanna SAFRAI, Women and Temple. The Status and Role of Women in the Second Temple of Jerusalem. Studia Judaica 12. Berlin 1995; Pnina NAVè LEVINSON, Was wurde aus Saras Töchtern? Frauen im Judentum. Gütersloh 1989; ID., Eva und ihre Schwestern. Perspektiven einer jüdisch-feministischen Theologie. Gütersloh 1992; Judith PLASKOW, Und wieder stehen wir am Sinai. Eine jüdisch-feministische Theologie. Fribourg/Luzern 1992

(New York 1991); ID., Das Kommen Liliths, in: Bernadette BROOTEN/Norbert GREINACHER (Hrsg.), Frauen in der Männerkirche. München/Mainz 1982, 245-258; Amy-Jill LEVINE (ed.), 'Women Like This'. New Perspectives on Jewish Women in the Greco-Roman World. Atlanta 1991 (hierin o.a. ook een bijdrage van Adele Reinhartz over Maria und Marta); Adele REINHARTZ, The New Testament and Anti-Judaism: A Literary-Critical Approach, in: Journal of Ecumenical Studies 25 (1988) 524-537; Ross KRAEMER, Her Share of the Blessings. Women's Religions Among Pagans, Jews and Christians in the Greco-Roman World. Oxford 1992; T. DRORAH SETEL, Propheten und Pornographie, in: Letty M. RUSSELL (Hrsg.), Befreien wir das Wort. Feministische Bibelauslegung. München 1989, 101112; Athalya BRENNER, The Israelite Woman. Social Role and Literary Type in Biblical Narrative. Sheffield 1985; ID. (ed.), A Feminist Companion to the Bible. Sheffield 1993 e.v.; Asphodel P. LONG, In A Chariot Drawn By Lions. London 1992; Savina TEUBAL, Sarah the Priestess. The First Matriarch of Genesis. Athens (Ohio) 1984.

3. Methoden van feministische exegese

3.1 De historische kritiek onderzocht vanuit feministisch perspectief

Monika FANDER, Historical-Critical Methods, in: Elisabeth SCHÜSSLER FIORENZA (ed.), Searching the Scriptures. dl.1. New York 1993, 205-224.

3.1.1 Tekstkritiek en vertalingen

Adolf v. HARNACK (z. boven 1.2.1); Monika FANDER (z. boven 3.1); Kristin de TROYER, An Eastern Beauty Parlour. An Analysis of the Hebrew and the Two Greek Texts of Esther 2:8-18, in: Athalya BRENNER (ed.), A Feminist Companion to Esther, Judith and Susanna, Sheffield 1995, 47-70; Angela STANDHARTINGER, Das Frauenbild in jüdisch-hellenistischer Zeit. Ein Beitrag anhand von ,Joseph und Aseneth', Leiden 1995; Elizabeth A. CASTELLI, Les belles infidèles/Fidelity or Feminism? The Meanings of Feminist Biblical Translation, in: Elisabeth SCHÜSSLER FIORENZA (ed.), Searching the Scriptures. dl.1, New York 1993, 189-204; Mary Phil KORSAK, At the Start ...Genesis Made New. Leuven 1992.

3.1.2 Ontstaans-historische methoden

Marie-Theres WACKER, Figurationen des Weiblichen (1.4.3); Elaine WAINWRIGHT, Towards a Feminist Critical Reading of the Gospel According to Matthew. BZNW 60. Berlin 1991. Renate JOST (1.4.3.), m.n. hfst. 6.2.

3.1.3 Vorm- en genrekritiek

Fokkelien van DIJK-HEMMES, Traces of Women's Texts in the Hebrew Bible, in: BRENNER/van DIJK-HEMMES (2.2.3) 17-109; Monika FANDER (3.1).

3.1.4 Traditie-geschiedenis

Helen SCHÜNGEL-STRAUMANN, Wie Mirjam ausgeschaltet wurde, in: SCHLANGENLINIEN. AGG-Frauenbroschüre. Bonn 1984, 211-221; Elisabeth SCHÜSSLER FIORENZA, Gedächtnis (1.4.3) 369 e.v. 404-406.

3.2.1 Tekstlinguïstiek

Maria HÄUSL (vgl. 1.4.3); Gottfried VANONI, Göttliche Weisheit und nach-exilischer Monotheismus, in: Marie-Theres WACKER/Erich ZENGER (Hrsg.), Der eine Gott und die Göttin. Freiburg/Basel/Wien 1991, 183-190.

3.2.2 Structuralistisch geïnspireerde narratologie

Mieke BAL, Narratologie. Paris 1977/Utrecht 1984; ID., Femmes imaginaires. L'ancien testament au risque d'une narratologie. Utrecht/Paris 1986; ID., Lethal Love. Feminist Literary Readings of Biblical Lovestories. Bloomington 1987 (herz. tekst van 'Femmes imaginaires'); ID., Death and Dissymmetry. The Politics of Coherence in the Book of Judges. Chicago 1988; ID., Murder and Difference. Gender, Genre and Scholarship on Sisera's Death. Bloomington 1988; ID. (ed.), Anti-Covenant. Counter-Reading Women's Lives in the Hebrew Bible. Sheffield 1989; ID./Fokkelien van DIJK-HEMMES/Grietje van GINNEKEN, Und Sara lachte ...patriarchat und Widerstand in biblischen Geschichten. Münster 1988; Fokkelien van DIJK-HEMMES, The Imagination of Power and the Power of Imagination, in: JSOT 44 (1989) 75-88; Marie-Theres WACKER, Figurationen des Weiblichen (1.4.3); Arie TROOST, Reading for the Author's Signature. Gen 21.1-21 and Luke 15.11-32 as Intertexts, in: Athalya BRENNER (ed.), A Feminist Companion to the Bible 2: Genesis. Sheffield 1993, 251-272; ID., Elizabeth and Mary – Naomi and Ruth: Gender Response Criticism in Luke 1-2, in: Athalya BRENNER (ed.), A Feminist Companion to the Hebrew Bible in the New Testament. Sheffield 1996, 159-196; Cheryl EXUM, Tragedy and Biblical Narrative. Arrows of the Almighty. Cambridge 1992/Sheffield 1996; ID., Fragmented Women. Feminist (Sub)Versions of Biblical Narratives (JSOT.S 163) Sheffield 1993; ID., Plotted, Shot, and Painted. Feminist and Cultural Studies in the Biblical Field. Sheffield 1996; ID., Was sagt das Richterbuch den Frauen? (werktitel) Stuttgart 1997 (als SBS).

3.2.3 Literary criticism

Phyllis TRIBLE, Gott und Sexualität im Alten Testament. Gütersloh 1993 (Amerik. 1978; vgl. boven 1.3); ID., Mein Gott, warum hast du mich vergessen? Gütersloh 1987 (Amerik. Texts of Terror, 1984); Barbara A. BOZAK, Life 'Anew'. A Literary-Theological Study of Jeremia 30-31. Analecta Biblica. Rom 1991; Angela BAUER, Tracking Her Traces. A Literary-Theological Investigation of Gender in the Book of Jeremiah. diss. masch. New York 1993; Elaine WAINWRIGHT (3.1.2);

Elizabeth STRUTHERS MALBON/Janice CAPEL ANDERSON, Literary Critical Methods, in: Elisabeth SCHÜSSLER FIORENZA (ed.), Searching the Scriptures. dl.1: A Feminist Introduction. New York 1993, 241-254.

3.2.4 Reader-reponse criticism

Elaine WAINWRIGHT (3.1.2); Renita WEEMS, Gomer: Victim of Violence or Victim of Metaphor?, in: Semeia 47 (1989) 87-104; Elke SEIFERT, Lot und seine Töchter. Eine Hermeneutik des Verdachts; Ulrike BAIL, Vernimm, Gott, mein Gebet. Psalm 55 und Gewalt gegen Frauen; beide in: Hedwig JAHNOW u.a., Feministische Hermeneutik und Erstes Testament. Stuttgart 1994, 48-66 en 67-84.

3.2.5 Semiotiek

Ellen van WOLDE, A Semiotic Analysis of Genesis 2-3. Assen 1989; ID., Adam e Adamah. Gen 2-4, in: F. VATTIONI (ed.), Sangue e anthropologia nella Liturgia. Roma 1984, 219-277; ID., Words Become Worlds. Semantic Studies of Genesis 111. Leiden 1994 (BIS 6).

3.3 Dieptepsychologische benadering

Mieke BAL (3.2.2); Maria KASSEL, art. 'Feministische Bibelauslegung und Tiefenpsychologische Bibelauslegung', in: Wolfgang LANGER (Hrsg.), Handbuch der Bibelarbeit. München 1987, 151-156.156-162; ID., Biblische Urbilder. Vermeerderde druk Freiburg/Basel/Wien 1992, m.n. het nawoord: Kritik am Jungschen Animus-Anima-Konzept, 281-288.

3.4.1 Sociaal-historische benadering

Luise SCHOTTROFF, Lydia (1.4.3); Carol MEYERS, Discovering Eve. Ancient Israelite Women in Context. New York 1988; Hermann SCHULZ, Zur Stellung der Frau in Stammesgesellschaften; Jürgen KEGLER, Debora-Erwägungen zur politischen Funktion einer Frau in einer patriarchalischen Gesellschaft, beide in: Willy SCHOTTROFF/Wolfgang STEGEMANN (Hrsg.), Traditionen der Befreiung 2: Frauen in der Bibel. München-Gelnhausen 1980, 11.36.37-59; Willy SCHOTTROFF, Der Zugriff des Königs auf die Töchter. Zur Fronarbeit von Frauen im Alten Israel, in: EvTh 49 (1989) 268-285; Frank CRÜSEMANN, '... er aber soll dein Herr sein!' (Gen 3,16). Die Frau in der patriarchalischen Welt des Alten Testaments, deel I van: CRÜSEMANN/THYEN (1.4.1); Marie-Theres WACKER, Kosmisches Sakrament oder Verpfändung des Körpers? Zur sog. 'Kultprostitution' im biblischen Israel und im hinduistischen Indien, in: Renate JOST u.a. (Hrsg.), Auf Israel hören. Sozialgeschichtliche Bibelauslegung. Luzern/Fribourg 1992, 47-84; Renate JOST, Von 'Huren und Heiligen'. Ein sozialgeschichtlicher Beitrag, in: Hedwig JAHNOW u.a., Feministische Hermeneutik und Erstes Testament. Stuttgart 1994, 126-137; ID., Himmelskönigin (1.4.3); Susan ACKERMAN, Under Every Green Tree. Popular Religion in Sixth-Century Judah. HSM 46. Atlanta 1992; Hannelis SCHULTE (1.4.3); Christl MAIER (1.4.3);

Brigitte KAHL, Toward a Materialist-Feminist Reading; Mary Ann TOLBERT, Social, Sociological, and Anthropological Methods, beide in: Elisabeth SCHÜSSLER FIORENZA (ed.), Searching the Scriptures. dl.1: A Feminist Introduction. New York 1993, 225-240. 255-271; Klara BUTTING, Die Buchstaben werden sich noch wundern. Innerbiblische Kritik als Wegweisung feministischer Hermeneutik. Berlin 1993.

3.4.2 Godsdiensthistorische benadering

Silvia SCHROER/Othmar KEEL, Religionsgeschichte Israels in Bildern (in voorb., verschijnt als supplement van de ATD, Göttingen); Othmar KEEL, Studien zu den Stempelsiegeln aus Palästina/Israel, dl.IV (OBO 135). Fribourg/

Göttingen 1994; Silvia SCHROER, Der Geist, die Weisheit und die Taube. Feministisch-kritische Exegese eines neutestamentlichen Symbols auf dem Hintergrund seiner altorientalischen und hellenistisch-frühjüdischen Traditionsgeschichte, in: FZPhTh 33 (1986) 197-225; ID., Die Zweiggöttin in Palästina/ Israel. Von der Mittelbronze-Zeit bis zu Jesus Sirach, in: Max KÜCHLER/ Christoph UEHLINGER (Hrsg.), Jerusalem. Texte – Bilder – Steine (NTOA 6), FS Hildi und Othmar Keel-Leu. Fribourg/Göttingen 1987, 201-225; ID., art. 'Elfenbein', 'Göttin', 'Ikonographie, Biblische', 'Lebensbaum', alle in NBL; Renate JOST, Himmelskönigin (1.4.3); Marie-Theres WACKER, in: WACKER/ZENGER (1.4.3); ID., Figurationen des Weiblichen (1.4.3) – vgl. voor de godsdienstgeschiedenis in de nieuwtestamentische tijd ook de verzamelbundel van Ross KRAEMER (2.4.3)

Deel II

Op weg naar een feministische reconstructie van de geschiedenis van Israël

DOOR SILVIA SCHROER

1. Feministische hermeneutiek en het Eerste Testament

Voor joodse en christelijke vrouwen zijn de geschriften van de Hebreeuwse Bijbel het erfgoed of een deel van het erfgoed waarop zij teruggrijpen. Hun verhouding tot deze geschriften verschilt echter. De joodse feministische exegese staat in een lange, levendige traditie van uitleg van deze boeken, terwijl de christelijke theologie hiermee veel selectiever en gedistantieerder omging. De joodse exegese kent in haar geschiedenis zowel de historische kritiek, met iemand als Spinoza aan de basis, alsook een rabbijnse schriftuitleg, die in het algemeen veel minder geïnteresseerd is in historische vraagstellingen. In de christelijke bijbelwetenschap wordt van oudsher een grote betekenis toegekend aan historische vragen, zoals de vraag naar feitelijke gebeurtenissen, de oorspronkelijke bedoeling of de ontstaanstijd van een tekst. De laatste jaren is gebleken hoe belangrijk het gesprek tussen joodse en christelijke theologes is, juist met het oog op de gemeenschappelijke bijbelse boeken. Zo heeft Judith Plaskow met haar boek *Und wieder stehen wir am Sinai* een ontwerp van joods-feministische theologie gepresenteerd dat sterk bij de historisch vragende traditie aansluit. Christelijke exegetes hebben van joodse vrouwen geleerd meer oog te hebben voor de receptiegeschiedenis van teksten en de teksten hun bevrijdende boodschap te ontlokken, door ze niet met een hermeneutiek van de scepsis te lezen, maar met een voorschot aan krediet (zoals bijvoorbeeld Phyllis Trible).

Ook het concept van dit deel van deze basiscursus is sterk gebaseerd op historische vragen. Een van de redenen hiervoor is, dat er juist voor het Eerste Testament nog niet van dit soort totaalconcepten bestaan, en hier dus een leemte bestaat. De andere reden is dat we niet buiten historische reconstructies kunnen. Het verlies van geschiedenis betekent verlies van macht, een inzicht dat met name voor zwarte bevrijdingsbewegingen steeds opnieuw het motief was om op zoek te gaan naar de eigen wortels ('back to the roots').

De reconstructie van de geschiedenis van de JHWH-aanhangsters – als integraal bestanddeel van de geschiedenis van Israël – levert in eerste instantie misschien een vrij ontnuchterend beeld op, aangezien zo'n reconstructie de verdenking bevestigt, dat de Israëlitische maatschappij en de JHWH-godsdienst uitgesproken patriarchaal bepaald waren. Hoe laat dit inzicht zich echter hermeneutisch rijmen met de vrouwbevrijdende boodschappen van sommige teksten en hele bijbelse boeken of met de patriarchaats-kritische tendensen in oudere en jongere teksten, zoals die door de feministische exegese steeds opnieuw zichtbaar worden gemaakt? Waarom spreekt uit veel overleveringen in het Eerste Testament een duidelijke identificatie van vrouwen met deze JHWH-God van wie zij voor henzelf en hun naasten bevrijding en redding verwachtten? Waar komt de kritiek op de patriarchale verhoudingen in de Bijbel vandaan, bijvoorbeeld in bepaalde vrouwenteksten van de boeken Samuël? De spanning tussen de hermeneutiek van de scepsis en de hermeneutiek van het 'krediet', die beide buitengewoon vruchtbaar zijn gebleken voor de feministische analyse van teksten, kan naar mijn idee wederom alleen door een historische vraag worden opgelost: Zijn er invloedrijke groepen geweest (welke, in welke tijd?) die deze perspectieven van identificatie van vrouwen met het JHWH-geloof en kritiek op het patriarchaat aan de schriftelijke overlevering konden toevoegen? Hebben er mogelijkerwijs in een zeer laat stadium, bijvoorbeeld onder iemand als Salome Alexandra (1e eeuw v. Chr.), die de ketubba (het huwelijksverdrag met bepalingen over de financiële regelingen bij scheiding) weer invoerde, nog bewerkingen van bestaande teksten plaatsgevonden die min of meer tegen de androcentrische traditie in het religieuze subject-zijn van joodse vrouwen in de geschiedenis verankerden? Voor de tweede hypothese zijn aanwijzingen te vinden in de boeken Ruth, Ester en Judit (vgl. vooral de aanzet van Klara Butting, die echter niet verder ingaat op de vraag welke groepen wanneer precies zulke vrouwenteksten of -voorstellingen schiepen). Het valt echter op dat ook de boeken Samuël worden ingeluid door twee hoofdstukken (van jongere datum) waarin een gelovige JHWH-aanhangster met haar God een verbond aangaat tegen het dreigende lot van kinderloosheid. Hanna wordt bovendien met haar lied een subversief programma in de mond gelegd, waarin in verband met de geschiedenis van Israël gesproken wordt van JHWH als God die de bestaande orde op zijn kop zet. Zulke vrouwgecentreerde perspectieven komen vaker voor in de context van bijbelse boeken, zo ook in Spr. 1-9 of in de novelle van het boek Job. Nader onderzoek naar deze achtergronden zal ons ook verder brengen als het gaat om de vraag hoe wij als hedendaagse vrouwen met het erfgoed van het Eerste Testament kunnen omgaan. Wanneer er al voor het begin van onze jaartelling vrouwen (en mannen) zijn geweest die dit erfgoed met dezelfde kritische vragen tegemoet traden en het hiermee op wezenlijke punten ook oneens waren, dan zou deze traditie van verzet reden temeer zijn om het Eerste Testament als deel van onze eigen traditie te erkennen en levendig te houden. De opheldering van al deze intrigerende vragen zal ook duidelijk maken of de 'hermeneutiek van de herinnering', die bij Elisabeth Schüssler Fiorenza zo'n grote rol speelt, ook op de vrouwengeschiedenis van Israël kan worden toegepast.

1.1 Specifieke problemen

Terwijl er voor een feministische lezing van het Tweede Testament inmiddels uitvoerige hermeneutische concepten voor handen zijn (deel I 2.), is de ontwikkeling van een feministische hermeneutiek voor het Eerste Testament om verschillende redenen heel wat moeilijker. Ten eerste hebben we te maken met zeer uiteenlopende geschriften, waarvan de ontstaanstijd zich over een periode van bijna duizend jaar uitstrekt. Wanneer we er tenminste van uitgaan dat de eerste verzamelingen teksten reeds in de vroege monarchie zijn ontstaan en de Wijsheid van Salomo pas vlak vóór het begin van de jaartelling. Er zijn nauwelijks boeken in het Eerste Testament die aan één enkele, bij name bekende auteur toegeschreven kunnen worden (Jezus Sirach); er zijn er enkele die van één enkele anonieme of pseudonieme schrijver of schrijfster zouden kunnen stammen (Ruth, Prediker, Ester, Judit, Wijsheid van Salomo). De meeste geschriften, de Pentateuch, de historische en profetische boeken en ook de wijsheidsliteratuur, zijn door collectieven geschreven 'traditie-literatuur'. Dat betekent dat deze geschriften een zeer lange, soms zelfs eeuwenlange, ontstaansgeschiedenis kennen, waarin stukken tekst werden samengevoegd, toegevoegd en bewerkt (bijvoorbeeld de uitspraken van het Jeruzalemse hooggerechtshof). De aanhangers van de traditionele historisch-kritische exegese geloofden nog tot voor kort dat dit ontstaansproces op grond van literair-kritische constateringen (breuken en tegenstrijdigheden in de tekst) gereconstrueerd kon worden, maar veel van de reconstructies die op deze wijze tot stand kwamen, zijn inmiddels als kaartenhuizen ingestort. Teksten kunnen er namelijk door een lang groeiproces ook eenduidiger en homogener op worden, zodat het moeilijk is exacte criteria te formuleren om breuklijnen en dateringen vast te stellen. De recentere exegetische benaderingswijzen concentreren zich daarom op de tekst in zijn eindvorm (Erhard Blum, Frank Crüsemann), en proberen van hieruit oudere en jongere verhaalcirkels vast te stellen.

Het is uiterst moeilijk om met zo weinig vaste grond onder de voeten de geschiedenis van vrouwen te herwinnen. De feministische exegese van het Eerste Testament heeft op dit probleem gereageerd met het ontwikkelen van de meest uiteenlopende methoden en benaderingswijzen. Voorlopig lijkt het het zinvolst om binnen vooralsnog louter schetsmatige coördinatenstelsels vaste punten te zoeken. Dat wil zeggen, om allereerst uit te gaan van afgebakende en reeds verkende onderzoeksterreinen (bijvoorbeeld Hosea), thematische en begrips-historische studies door te voeren (bijvoorbeeld Karen Engelken; vgl. 2.3), en na verloop van tijd de afzonderlijke resultaten op zo'n manier met elkaar te verbinden dat er een breder totaalbeeld kan ontstaan.

Aangezien we met dit boek ook nieuwe impulsen voor feministische onderzoeksactiviteiten willen geven, wil ik hier nog op een aantal leemten wijzen in het tot dusver verrichte onderzoek. Terwijl er enerzijds continu onderzoek werd gedaan naar speciale vrouwenfiguren, -teksten, en -thema's, liggen er voor de feministische exegese anderzijds nog hele gebieden nagenoeg braak, zoals bijvoorbeeld het onderzoek naar afzonderlijke corpussen van geschriften (Koningen, Kronieken, schriftprofeten etc.). Bijzonder ernstig is het ontbreken van onderzoek naar de rechtsboeken, met andere woorden naar de Tora in engere zin, juist omdat dit hiaat geheel in de lijn van de androcentrische christelijke traditie past en theologisch gezien zeer problematisch is. Juist christelijke vrouwen zouden aan de Tora, de vraag naar het geldende recht voor christenen, een grote prioriteit moeten toekennen.

1.2 Sleutels tot verhulde informatie

We moeten ervan uitgaan dat de teksten van het Eerste Testament in een patriarchale wereld zijn ontstaan, dat ze voornamelijk androcentrische zienswijzen weergeven en daarom principieel met een hermeneutiek van de scepsis gelezen moeten worden. De selectieve voorstelling van de wereld van vrouwen, door weglatingen, polemieken, vertekeningen, idealisering en ideologie kan echter zeer belangrijke informatie bevatten over de godsdienst van vrouwen, over hun geschiedenis en hun leven van alledag, wanneer we leren deze informatie te ontsluieren. Hierbij helpen ons verschillende sleutels:

1. Hedendaagse ervaringen van vrouwen kunnen ons alert maken voor achtergronden van een tekst, die deze zelf niet bij name noemt. Zo is het verhaal van de dochters van Lot op het eerste gezicht een verhaal over twee vrouwen die door bijslaap met hun vader op slinkse wijze nageslacht weten te verkrijgen, op een dieperliggend niveau speelt echter een incestgeschiedenis (Elke Seifert).

2. Verschillende teksten kunnen ten aanzien van één en hetzelfde fenomeen tegenovergestelde standpunten innemen, zodat we van de tegenspraken iets leren. Zo hebben priesterlijke kringen vrouwelijke seksualiteit door hun modellen van reinheid en onreinheid feitelijk

sterk gecontroleerd, profetische groeperingen erotiek en seksualiteit vaak op een polemische manier in een kwaad daglicht gesteld, maar blijkt het Hooglied van dit alles niet in het minst onder de indruk te zijn. De verzameling profane liefdesliederen getuigt van een vrij onbekommerd liefdesleven en van een trots zelfbewustzijn van vrouwen. De 'vreemde vrouw' die op eigen initiatief haar geliefde opzoekt, kan in het Hooglied in eigen naam spreken, in het boek Ruth geïdealiseerd worden (Ruth bij Boaz op de dorsvloer) en in de wijsheidsliteratuur optreden als demonische figuur voor wie jonge mannen gewaarschuwd worden.

3. Bijbelse teksten kunnen in hun uitspraken niet alleen door andere bijbelse geschriften, maar ook door buiten-bijbelse teksten en door archeologische en iconografische vondsten gecorrigeerd, gerelativeerd of zelfs weerlegd worden. Dit geldt allereerst heel in het algemeen (de inbezitneming van land verliep bijvoorbeeld veel vreedzamer dan in Jozua beschreven wordt; naast het beeldverbod staan talrijke verwijzingen naar beeldende kunst in het Eerste Testament en ook beelden die bij opgravingen zijn gevonden [vgl. 3.6.2]), maar is voor het feministische wetenschappelijke onderzoek van bijzondere betekenis (vgl. deel I 3.4.2). De betekenis van Asjera in Israël kan louter op grond van de bijbelse teksten niet gereconstrueerd worden. Zegensspreuken in inscripties uit de 9e/8e eeuw voor Chr. werpen daarentegen wat meer licht op de verhouding Asjera-JHWH. Beslissend voor de beantwoording van historische vragen is in dit geval echter het naar verhouding veel omvangrijkere beeldmateriaal (Keel/Uehlinger 1992; zie 1.4).

Bij de reconstructie van de geschiedenis van de JHWH-aanhangster of Israëlitische vrouwen moeten we de bijbelse teksten dus met de nodige scepsis en met de grootst mogelijke terughoudendheid als historische documenten gebruiken, want ze stammen van degenen die konden schrijven en op die manier hun opvattingen op schrift konden stellen. Tekst en historische werkelijkheid kunnen in meer of mindere mate met elkaar overeenstemmen. De vrouwen- en mannenwereld in Israël hebben waarschijnlijk gedeeltelijk gescheiden en gedeeltelijk in contact met elkaar bestaan. Waar mannen geen toegang hadden tot terreinen van vrouwen (bijv. bevallingen, feesten zoals het feest van de nieuwe maan, riten) ontbrak het mannelijke schrijvers aan informatie, waardoor kennis op deze terreinen niet of slechts fragmentarisch werd doorgegeven. Er zal van geval tot geval nagegaan moeten worden of bepaalde teksten of tekstgenres mogelijkerwijs authentieke vrouwenstemmen documenteren of zelfs door vrouwen geschreven zijn. In het algemeen moet er rekening mee worden gehouden dat vrouwentradities altijd sterker in de mondelinge overlevering waren geworteld (mogelijke voorbeelden: verhaalcirkels in de verhalen over de aartsouders, overwinnings- en spotliederen in verband met oor-logsgebeurtenissen, liefdesliederen, geboorteliederen, vertellingen over en toespraken bij de naamgeving; deze laatste zouden van vroed-vrouwen kunnen stammen, vgl. deel I 3.1.4), maar doordat ze schrifte-lijk vastgelegd werden sterk androcentrisch werden omgevormd. Zo treedt in 2 Kon. 8,6 de grote vrouw van Sunem op als vertelster, die aan het koningshof het verhaal van Elisa en zijn daden vertelt. Zolang het tegendeel niet bewezen is, moeten echter ook vrouwen als moge-lijke auteurs in aanmerking worden genomen, bijvoorbeeld bij delen van de boeken Samuël (Schroer 1992, 115), bij psalmen, bij vrouwen-boeken zoals Ruth, Ester en Judit of een geschrift als de 'Wijsheid van Salomo'. Athalya Brenner en Fokkelien van Dijk-Hemmes (1993) zoe-ken in dit verband systematisch naar 'female voices' in de bijbelse tek-sten. Ze gaan ervan uit dat 'sex' en 'gender' niet identiek hoeven te zijn waar bepaalde teksten aan vrouwen of mannen worden toegeschreven. In Spr. 1-9 bijvoorbeeld spreekt, afgaande op het geslacht, een leraar-vader tot zijn leerling-zoon, toch is het heel goed mogelijk om alle le-ringen aan de zoon ook als onderrichtingen van een moeder te lezen.

In het hiernavolgende wordt van de vooronderstelling uitgegaan dat de Israëlitische maatschappij patriarchaal was. Patriarchaat wil ik in een genuanceerde zin van het woord opvatten, namelijk als een machtssysteem (vgl. deel I 2.2.1 en 2.2.2) waarin bepaalde mannen, maar ook vrouwen uit bepaalde klassen of groepen, macht uitoefenen over andere mannen, vrouwen en kinderen. We moeten er echter voor waken het oud-Israëlitische patriarchaat te vergelijken met het patri-archaat van de geïndustrialiseerde, getechnologiseerde en bovendien op het individu gerichte huidige maatschappij. In agrarische culturen, waar ze bij de productie betrokken zijn, hebben vrouwen vaak een even sterke positie als mannen, zelfs wanneer ze bijvoorbeeld uitgeslo-ten zijn van deelname aan het openbare leven en de politiek. De ont-plooiingsmogelijkheden van een Israëlitische vrouw (en daarmee sa-menhangend haar zelfbewustzijn als vrouw) kunnen in bepaalde tijden aanzienlijk groter zijn geweest dan de mogelijkheden die de 19e/20e eeuwse burgerlijke samenleving vrouwen ooit heeft toege-staan. In de Arabische landen, die vaak een sterke scheiding tussen de mannen- en vrouwenwereld kennen, hoeft het oordeel van vrou-wen over hun maatschappelijke positie niet per se overeen te stemmen met de visie van westerse vrouwen hierop. Daarom is ook ten aanzien van het oude Israël voorzichtigheid geboden. Reinheidsgeboden die op ons discriminerend overkomen, werden door vrouwen van toen mis-schien als zeer positief ervaren. Wat wij als beperkend zien, hoeft voor de Israëlitische vrouwen uit die tijd helemaal geen beperking te hebben betekend. Een duidelijk criterium voor de beoordeling van dergelijke gevallen wordt echter vaak aangereikt, wanneer uit de bronnen zelf blijkt dat er tussen vrouwen en mannen of tussen verschillende groeperingen over bepaalde kwesties conflicten bestonden (tegen Carol Meyers' al te positieve voorstelling van de status van Israëlitische vrouwen in de vroeg-Israëlitische tijd).

1.3 Vraagstellingen, werkwijzen en doelen

Zoals in deel I al uiteen is gezet, bestaan er geen specifiek feministische methoden van exegese. Iedere methode kan echter met een feministische doelstelling worden verbonden. Zo heeft Elisabeth Schüssler Fiorenza het instrumentarium van de historische kritiek ingezet voor een feministische lezing van het Eerste Testament. Zij heeft daarbij een speciaal stappenplan ontwikkeld dat tot op zekere hoogte ook gebruikt kan worden voor de exegese van het Eerste Testament, en daar in de praktijk, zoals onderstaande voorbeelden zullen laten zien, ook allang toegepast wordt. Ook bij de geschriften van het Eerste Testament moet rekening worden gehouden met een androcentrische vertaling en selectie van teksten en androcentrische canonvorming en projectie. Wat dat betreft bestaat er een brede gemeenschappelijke basis voor de feministische exegese van het Eerste en het Tweede Testament, terwijl in andere opzichten, onder meer in hermeneutisch opzicht, de verschillen wel eens groter zouden kunnen zijn.

1.3.1 Androcentrische vertalingen

Het feit dat teksten uit het Eerste Testament al sinds eeuwen vrijwel uitsluitend door mannen uit het Hebreeuws en Grieks worden vertaald, daagt exegetes ertoe uit de androcentrische elementen in de vertalingen bloot te leggen, om op die manier verlorengegane of systematisch achtergehouden informatie terug te winnen. Er bestaan op dit gebied reeds een aantal indrukwekkende studies. Een van de hoofdproblemen is de karakteristieke gewoonte van het Hebreeuws en Grieks – zoals ook van het Nederlands – om mannelijke woordvormen niet alleen geslachtsspecifiek, maar vaak ook inclusief (generiek) te gebruiken, zodat ze wel op vrouwen betrekking kunnen hebben, maar deze onzichtbaar blijven. Dit heeft bijvoorbeeld enorme consequenties voor ons begrip van de rechtsteksten, die zich taalkundig gezien tot een mannelijk gij richten, maar volgens inhoudelijke aanwijzingen zowel voor mannen als vrouwen gelden. De androcentrische vooroordelen van de vertalers worden bijzonder schrijnend zichtbaar wanneer het om vrouwenambten gaat, wanneer een tekst sterke of quasi-goddelijke capaciteiten aan een vrouw toeschrijft of wanneer godsbeelden onverwachte vrouwelijke elementen bevatten.

Wanneer Eva in Gen. 4,1 na de geboorte van Kaïn jubelt: 'Ik heb een man voortgebracht zoals JHWH!' (Schüngel-Straumann 1989, 146 e.v.), dan polijsten de standaardvertalingen deze reminiscentie aan de moeder(godin) van al wat leeft weg, doordat zij dit bijvoorbeeld vertalen met: 'Ik heb met des Heren hulp een man verkregen'.

In Kon. 1,1-4 wordt er, in een toch al zeer androcentrische tekst die Abisag de Sunamitische als knappe bedkruik voor de inmiddels hoogbejaarde David portretteert, door de vertaling nog eens een schep bovenop gegooid. Terwijl *soken*, met betrekking tot een man, in Jes. 22,15 met bestuurder of prefect wordt weergegeven, hebben de vertalingen in 1,4 de titel *sokenet*, waaruit blijkt dat Abisag een ambtsbekleedster is, afgezwakt door verbale omschrijvingen met 'verzorgen, bedienen' (Häusl).

Helen Schüngel-Straumann heeft aangetoond dat in Hos. 11 JHWH niet verschijnt als vader van de zoon Efraïm, zoals de gangbare bijbeluitgaven het voorstellen, maar als moeder, die de baby op de arm neemt en de borst geeft, en die later door haar moederliefde niet in staat is met harde hand tegen het kind op te treden. De kernachtige uitspraak in Hos. 11,9 'Want ik ben God en geen man' is in de vertalingen van zijn patriarchaal-kritische scherpte beroofd ('Want ik ben God en geen mens'), alhoewel de Hebreeuwse tekst hier onmiskenbaar van man (ʾîsj) spreekt en niet van mens (ʾadâm). De vertekende weergave van de originele tekst heeft in dit geval sterk bijgedragen aan de verarming van onze traditie van godsbeelden (soortgelijk geval in Num. 23,19). Dat ʾadâm mens betekent en niet man, speelt ook in de uitleg van Gen. 2 een centrale rol. In tegenspraak met de latere receptiegeschiedenis is namelijk de man niet de eerstgeschapene van de schepping. De eerstgeschapene is een aanvankelijk niet nader bepaalde 'aardling' oftewel ʾadâm, die pas door de schepping van de vrouw zijn identiteit als man verkrijgt (samenvattend over het onderzoek van Schüngel-Straumann 1989).

Stefanie Schäfer-Bossert is de naamgeving in Gen. 35,18 nagegaan. Rachel noemt haar tweede zoon, bij wiens geboorte zij sterft, *ben-ʾoni*. Dit wordt vertaald met 'zoon van mijn ongeluk, mijn verdriet, mijn zorgenkind', terwijl de vader het kind daarna *ben-jamîn* 'zoon van de rechterhand, gelukskind', noemt. In Gen. 49,3 wordt echter het woord ʾoni, eveneens in verband met namen en karakteriseringen, heel anders vertaald. Daar zegt Jakob over Ruben dat hij de eerste is van ʾoni: 'mijn eerstgeborene zijt gij, mijn sterkte en de eerstling mijner kracht'. De schrijfster toont door een nauwkeurige woordstudie aan, dat ook in Gen. 35,18 de naam van het kind vertaald moet worden met 'zoon van mijn levenskracht, mijn potentie'. De vertalers hebben deze mogelijkheid eenvoudigweg niet geaccepteerd, omdat ze een vrouw liever verdriet dan macht en fertiliteit wilden toedichten en probeerden vervolgens de betekenissen 'verdriet, ongeluk' door gecompliceerde afleidingen te onderbouwen.

Talloze voorbeelden zouden hier nog aan toegevoegd kunnen worden. De vertalingen en tekstverklaringen van het Hooglied wemelen van androcentrische elementen en vrouwvijandige clichés (tegenvoorbeeld is de tekstverklaring van Othmar Keel, die als basis voor feministische exegese zeer geschikt is). Het beeld van de gepersonifieerde wijsheid in Spr. 8 raakt vertekend, wanneer het tekstueel moeilijke vers 30 op een dusdanige manier wordt rechtgebogen dat de wijsheid tot 'troetelkind' of 'speelkind' van JHWH wordt, alhoewel zij vanuit de oud-oosterse traditie een jonge vrouw is en ook niet per se een 'dochter' hoeft te zijn (samenvattend Schroer 1991, 166 e. v. met literatuurverwijzingen). De vertalingen van de Wijsheid van Salomo hebben de erotische ondertonen in de Griekse woorden die de relatie tussen Salomo en Sofia of God en Sofia beschrijven, bijna helemaal laten verdwijnen (tegenvoorbeeld is de vertaling van Dieter Georgis).

Deze afzonderlijke vertaaltechnische analysen vormen natuurlijk nog maar het begin. Uiteindelijk zou deze kritische revisie van bijbelvertalingen moeten leiden tot een nieuwe vertaling van het Eerste Testament aan de hand van feministische criteria, die ook voor niet-vakvrouwen een solide basis voor bijbellezing zou bieden (vgl. de Amerikaanse New Revised Standard Version).

1.3.2 Androcentrische redactie van teksten

Wat betreft het Tweede Testament levert de synoptische vergelijking van de evangeliën of een vergelijking van de evangeliën en de Handelingen der Apostelen met de brieven interessante informatie op over de vraag of een tekst al androcentrisch geredigeerd werd. Voor de exegese van het Eerste Testament zijn 'horizontale' vergelijkingen tussen geschriften eveneens belangrijk, maar is het moeilijker precieze onderlinge verbanden vast te stellen. De meeste voorbeelden zullen in de lengte- en dwarsdoorsneden aangehaald worden. Hier worden er alvast drie uitgelicht.

De figuur Mirjam is bijbels onlosmakelijk verbonden met de uittocht uit Egypte en de tocht door de woestijn. In Ex. 15,20 wordt zij zeer positief als profetes voorgesteld, die met de trommel in de hand het overwinningslied van Israël aanheft na de doortocht door de Rode Zee. Deze voorstelling heeft ingang gevonden in de joodse traditie. Mi. 6,4 noemt Mirjam naast Mozes en Aäron een door God gezonden leidster van het volk. Nog bij de monastiek levende therapeuten en therapeutriden over wie Philo vertelt, wordt Mirjam in de liturgie in herinnering geroepen als aanvoerster van de exodus en dus als gelijke van Mozes, en talloze joodse vrouwen hebben overal en door de eeuwen heen deze naam gedragen (Schroer 1994 en 1994a). Het verhaal van Num. 12 wendt daarentegen alle middelen aan om Mirjam in een kwaad daglicht te stellen als oproerlinge. Haar straf valt aanzienlijk zwaarder uit dan die van Aäron, die van het zelfde vergrijp wordt beticht, namelijk zich niet aan het gezag van hun broer Mozes te hebben onderworpen. Mirjam wordt door huiduitslag getroffen en buiten het kamp gesloten, alleen de voorspraak van haar broer leidt tot een beperking van de goddelijke straf. De vraag is welk belang de schrijvers van de tekst hadden om deze vrouwenfiguur dermate naar beneden te halen. Het gaat onmiskenbaar om gezags- en machtskwesties, om de aanspraak op directe goddelijke openbaringen en de hiërarchie van de grote leidende figuren van de Israëlitische geloofsgeschiedenis. Een sleutel tot het antwoord op deze vraag biedt misschien de benadering van Frank Crüsemann (1992; zie 1.4), die overtuigend weet aan te tonen dat Mozes in de Pentateuch een soort corporatieve persoonlijkheid is die staat voor het gezag van het hooggerechtshof van Jeruzalem. Voor welke instantie of voor welke groepen staat Mirjam dan? Voor Israëlitische vrouwen die eveneens aanspraak maakten op leidinggevende functies, gezag, charisma en goddelijke openbaring en niet bogen voor de bepalingen van het gerechtshof?

Voor een soort synoptische vergelijking zijn de boeken Samuël en Koningen en hun receptie in de boeken van de Kronieken geschikt. Hier kunnen de androcentrische selectie en redactie op de voet gevolgd worden. Veelvuldig worden juist die traditties verzwegen waarin vrouwen een belangrijke rol spelen, korte invoegingen versterken daarentegen negatieve beelden van vrouwen (bijvoorbeeld de slechte invloed van de koningin-moeder Atalja volgens 2 Kron. 22,3). In z'n geheel gezien zuivert Kronieken zelfs nog de deuteronomistische overlevering van alles wat ook maar enigszins aan godinnenverering herinnert (Christian Frevel) 1991).

Een ander voorbeeld van de aantoonbaar androcentrische redactie van een tekst biedt het boek van Jezus ben Sira uit de 2e eeuw v. Chr. Een aanzienlijk deel van het geschrift is aan de vrouw gewijd, aan de goede en slechte echtgenotes, aan de dochters die het vaderlijk toezicht nodig hebben enzovoort. (Schroer 1996). De auteur is bij dit belangrijke thema duidelijk pastoraal betrokken. De ideale vrouw moet volgens Jezus haar echtgenoot eren (26,26), hem gehoorzamen en ondersteunen (36,26), ervoor zorgen dat hij in vrede oud wordt, en zij dient te zwijgen (16,1-2). Aan de andere kant spreekt hij kwaad over al die vrouwen die zich niet voegen naar het gezag van de pater familias. Zijn waarschuwing aan het adres van de man 'Lever u niet aan de vrouw uit, anders treedt zij uw waardigheid met voeten' (Sir. 9,2), is een beginselverklaring voor de versterking van de patriarchale orde. Deze orde moet in de omgeving van de schrijver ter discussie zijn gesteld, waarschijnlijk door vrouwen die de strikte onderwerping aan mannelijke heerschappij niet accepteerden, misschien ook door mannen die niet van zins waren de rol van heerser op zich te nemen. De uitspraken van Jezus Sirach moeten dus alles bij elkaar genomen niet als een descriptie van de werkelijkheid worden beschouwd, maar als een androcentrische projectie. De wijsheidsleraar heeft ons naast zijn wensdromen nog een groot aantal uiterst misogyne uitspraken nagelaten, waaronder in 25,24 een stelling die verstrekkende gevolgen heeft gehad: 'Bij een vrouw is de zonde begonnen en door haar moeten wij allen sterven' (Max Küchler 1986; zie 1.4). Hij deinsde er evenmin voor terug theologische middelen in te zetten in de strijd tegen de autonomie van vrouwen. Jezus Sirach ontwikkelt een theologisch model waarin hij de gepersonifieerde wijsheid, die in oudere geschriften de God van Israël in het beeld van een vrouw kan representeren, strikt als hypostase opvat en ondergeschikt maakt aan de mannelijke God.

1.3.3 Patriarchale canonvorming en tekstoverlevering

Het canoniseringsproces van de Hebreeuwse geschriften begon in de 4e eeuw v. Chr. en eindigde rond het begin van onze jaartelling of zelfs nog later. Over de zogenaamde apocriefen en pseudepigrafen van het Eerste Testament als corpus bestaan nog geen feministische studies. Bij de reconstructie van de vrouwengeschiedenis mogen deze geschriften echter beslist niet ontbreken. Een belangrijke vraag is bovendien of sommige geschriften wellicht om vrouwvijandige redenen niet in de canon zijn opgenomen. Een groot deel van deze vroeg-joodse werken is echter onmiskenbaar vrouwvijandig (een uitstekende onderzoeksbasis biedt Max Küchler 1986; zie 1.4), terwijl de geschriften die als laatste gecanoniseerd werden op verschillende punten tamelijk integratief zijn. Ook op het vlak van de tekstkritiek en tekstgeschiedenis is bij ons weten nog nauwelijks feministisch onderzoek verricht (vgl. echter hierboven deel I 2.2.1, Häusl over 1 Kon. 1-2 en Wacker 1994 over de sporen van de godin in tekst en tekstgeschiedenis van het boek Hosea). Bestaan er in een tekst aanwijzingen voor dat er in het bestaande tekstbestand werd ingrepen om informatie over vrouwen onherkenbaar te maken, zoals de beroemde codex D dat in de Handelingen der Apostelen heeft gedaan?

Krasse voorbeelden van androcentrische tekstoverlevering die een eigen feministisch onderzoek vereisen, biedt de Septuaginta-vertaling van de Hebreeuwse tekst (ontstaan rond 300 v. Chr; vgl. Max Küchler 1992). De Griekse vertaling van het lange gesprek tussen Jeremia en de vereerd(ster)ers van de koningin van de hemel in Jer. 44 wijkt bijvoorbeeld af het Hebreeuwse origineel (Jost 1995, 221-226). De Septuaginta heeft de uiterst hoge waardering en lofprijzing van de vrouw aan het eind van Spr. 31 niet verdragen en de tekst in 31,28vv. aanzienlijk gewijzigd (Schroer 1991, 161). Niet de JHWH-vrezende vrouw is het die geprezen moet worden, maar de verstandige vrouw. Zij moet de vrees voor JHWH prijzen en tenslotte zal niet zij in de poorten geroemd worden, maar haar man. Sibylle Mähner heeft de tekstgeschiedenis van Joz. 10,12c-13c en 1 Kon. 8,12b-13 (veranderingen door de Septuaginta, weglatingen in de Massoretische tekst) onderzocht op het motief van de zon (god of godin?) als voorganger van JHWH in Jeruzalem.

1.3.4 Patriarchale receptiegeschiedenis en theologische versterking van vrouwvijandige tradities

De receptiegeschiedenis van een bijbelse tekst stemt vaak niet overeen met zijn oorspronkelijke intentie. De christelijke feministische exegese staat nolens volens in de uitgesproken eurocentrische exegetische traditie van het avondland (Schottroff/Schroer 1993). Het is daarom zaak kritisch met dit erfgoed om te gaan. Daarnaast zijn er ook vrouwspecifieke probleemgevallen. Het beroemdste voorbeeld is het jahwistische scheppingsverhaal in Gen. 2-3, dat een nauwelijks overzienbare, eeuwenlange receptie onderging, waarin het accent werd gelegd op het eerstgeschapen zijn van de man en de verleidingskracht en zonde van de vrouw (Gössmann/Schüngel-Straumann). Reeds vroeg-joodse geschriften hebben onder invloed van het hellenisme bijbelse vrouwenfiguren en -verhalen systematisch geërotiseerd en zwart gemaakt. Op deze receptiegeschiedenis haakten veel vrouwvijandige leringen van het Tweede Testament vervolgens in (Max Küchler 1986; zie 1.4) In de feministische exegese speelt de receptiegeschiedenis van teksten een belangrijke rol. Deze geschiedenis kan een reden zijn om een tekst niet als gezaghebbende Woord van God te erkennen, omdat hij permanent onheil over vrouwen heeft gebracht. Ze kan in minder extreme gevallen als een lantaarn worden gebruikt, die ons er voor behoedt in al te diepe exegetische valkuilen te stappen. Daarnaast is een vergelijking van de joodse met de christelijke receptiegeschiedenis vaak zeer lonend. Zo heeft met name de reformatorische exegese zich de vrouw in Spr. 31 dermate toegeëigend vanwege het beeld van de tuchtige en vrome echtgenote die voor haar man, de kinderen en het huis zorgt, dat het voor christelijke vrouwen bijna niet meer mogelijk is om het oorspronkelijke beeld van de autonome en sterke Israëlitische vrouw in de tekst te herkennen (Schroer 1991, 159 e.v.; vgl. echter anders Jahnow 1914). De joodse exegese heeft de tekst veel minder geweld aangedaan (Navè Levinson 1989, 29).

Het volgende voorbeeld dat hier aangehaald moet worden omdat hierover een feministische consensus lijkt te ontstaan, heeft geen betrekking op een afzonderlijke bijbelse tekst, maar op een hele motief-traditie. In Hos. 1-3 wordt de verhouding van JHWH tot Israël voor de eerste keer met het beeld van een patriarchaal huwelijk beschreven. De vrouw die de profeet in deze parabel tot echtgenote neemt, staat als hoer bekend. Het beeld moet duidelijk maken dat Israël zich tegenover zijn God als een hoer gedraagt. Het volk rent, alhoewel het door de echtgenoot goed wordt behandeld, achter vreemde goden aan. De feministische exegese heeft de verschillende aspecten van deze profetische metaforiek nader uitgewerkt (Balz-Cochois 1982; Wacker 1987; Stienstra 1993). Hier wordt naast de mannelijke God niet meer een gelijkwaardige vrouwelijke partner, een godin, geplaatst, maar een land of volk, waarmee van meet af aan een hiërarchische verhouding is vastgelegd. Bovendien wordt het huwelijk gebruikt als beeld om deze patriarchale hiërarchie aanschouwelijk te maken. Het vrouwelijke deel in deze ongelijke relatie is niet alleen ondergeschikt, maar wordt bovendien uitgemaakt voor seksueel bandeloos, ontrouw en dom. Er begint zich hier met Hosea een funeste ontwikkeling af te tekenen. Ten eerste wordt in deze metafoor het mannelijke met transcendentie, het vrouwelijke met immanentie geïdentificeerd (en het immanente natuurlijk onder het transcendente geplaatst). Ten tweede wordt vrouwzijn tot beeld van bandeloze seksuele begeerte, die geen rekening houdt met menselijke relaties. Het motief was in de Bijbel al eerder van doorslaand succes gebleken, het wordt namelijk zowel in Jer. 2,23-25; 3; 13,20vv. alsook zeer uitvoerig in Ez. 16 en 23 opgenomen. De vormgeving die het motief in deze teksten – soms in meerdere bewerkingsfasen – kreeg, wordt intussen door een aantal exegetes onomwonden als pornografie betiteld (Brenner, van Dijk-Hemmes,

Maier). Aangezien de teksten in de christelijke traditie zonder meer van grote invloed zijn geweest op het beeld van vrouwen en met name van vrouwelijke seksualiteit, is het van het grootste belang dat we ons bewust worden van hun pornografische karakter en hun onverenigbaarheid met het Woord van God dat leven geeft. Hiertoe geeft niet alleen het zwartmaken van vrouwelijke seksualiteit aanleiding, maar ook de fatale rolverdeling tussen de seksen in transcendentie en immanentie. Het hoseïsche beeld is pas veel later in de christelijke traditie op Christus en de kerk overgedragen. Zoals Ef. 5, een tekst die in de patriarchale huistafel-traditie staat, zeer duidelijk illustreert, diende deze metafoor er vervolgens weer toe vrouwen tot gehoorzaamheid jegens hun man te verplichten. De opstand tegen de patriarchale orde wordt door de metafoor tot heiligschennis verklaard. De man wordt aan de kant van de transcendentie (Christus) geplaatst, de vrouw is daarvan uitgesloten.

1.4 Belangrijke hulpmiddelen

Als aanvulling op de literatuur die in de afzonderlijke paragrafen is aangegeven, wordt hier nog eens gewezen op enkele onmisbare bronnen voor het feministisch-exegetische onderzoek naar het Eerste Testament.

2. Lengtedoorsneden

Een reconstructie van de geschiedenis van de Israëlitische vrouwen of de JHWH-aanhangsters is een dringende noodzaak voor het feministisch-exegetisch onderzoek naar het Eerste Testament. Het gaat erom deze geschiedenis aan het zwijgen en de onzichtbaarheid te ontrukken, de subjecten van deze geschiedenis in de herinnering terug te roepen, en ons op deze zoektocht naar onze wortels bewust te worden van onze identiteit als vrouw. Heel bewust zal in het hiernavolgende geen verschil worden gemaakt tussen Israëlitische vrouwen, dat wil zeggen, vrouwen die vanaf het ontstaan van de stamverbanden en de territoriale staten in Israël of Juda of in ballingschap leefden, en JHWH-aanhangsters. Het is onwaarschijnlijk dat vrouwen die andere godheden vereerden om die reden volledig braken met de staats-JHWH-cultus. Bovendien gaat er achter de twee benamingen uiteindelijk een ideologisch-theologisch probleem schuil. Zodra Israëlitische vrouwen die bijvoorbeeld de koningin van de hemel vereerden niet meer als JHWH-aanhangsters worden gezien, nemen we denkbeelden over orthodoxie, heresie of syncretisme over die weliswaar sterk in de lijn liggen van de profetische en deuteronomistische geschiedschrijving, maar die niet noodzakelijkerwijs overeen hoeven te stemmen met het zelfbeeld van deze vrouwen of met de visie van andere groeperingen uit deze tijd.

Eveneens vind ik het problematisch om bij een feministische reconstructie van de godsdienstgeschiedenis van Israël gebruik te maken van modellen die zich sterk baseren op de tegenstelling van staatscultus en volksvroomheid (vaak verbonden met het onderscheid centrum – provincie) ofwel van tempelcultus of officiële theologie enerzijds en privé-vroomheid anderzijds (zoals bijvoorbeeld Balz-Cochois of Ackerman). Weliswaar kunnen dergelijke classificeringen in sommige gevallen zinvol zijn, maar als model zijn ze niet geschikt, aangezien er volgens de bronnen nooit een duidelijke grens tussen de betreffende polen heeft bestaan. Een dergelijk model zou met andere woorden anachronistisch zijn (zoals ook het begrip 'natie' in een geschiedenis van Israël niet zou mogen voorkomen, omdat dit pas vanaf 1789 n. Chr. in de huidige betekenis van het woord wordt gebruikt). Ook al won de godinnencultus in de tijd van Manasse allereerst in de privé-sfeer oftewel binnenshuis aan betekenis, toch raakte ook de staatscultus onder invloed van deze ontwikkeling. Voor een exegese vanuit feministisch perspectief brengen dit soort begrippen het risico met zich mee dat vrouwen dan al snel aan de kant van de volksvroomheid, de privé-vroomheid en huiscultus terechtkomen, terwijl de staats-JHWH-godsdienst tot een puur mannendomein wordt. We weten echter dat ook op zeer hoog politiek niveau vrouwen hebben geprobeerd invloed uit te oefenen op de staatsgodsdienst en dat anderzijds aan de cultische praktijken die als volks- of privé-vroomheid worden omschreven ook mannen, soms zelfs de landsvorsten, deelnamen. Als leidraad voor het toekomstige feministisch onderzoek naar de geschiedenis van Israël zouden veeleer de volgende polen genomen moeten worden: identificatie van vrouwen met de JHWH-godsdienst en vrouwbevrijdende elementen binnen deze godsdienst – vervreemding van vrouwen van de JHWH-godsdienst door niet vervulde behoeften of verdringing van vrouwen uit de JHWH-cultus.

Dat op dit moment een ononderbroken, diachrone geschiedschrijving nog niet mogelijk is, spreekt voor zich. Het hiernavolgende is daarom niet meer dan een poging om enkele reeds zichtbare lijnen te schetsen. Daarbij worden niet alleen bijbelse teksten als bronnen gebruikt, maar ook beeldmateriaal uit Palestina/Israël, in zoverre het daardoor gemakkelijker wordt grote ontwikkelingen te volgen. Een onderverdeling in tijdvakken (de tijd vóór de staat – monarchie – exilisch/na-exilische tijd) lijkt noodzakelijk, omdat de klassieke vraag naar 'de vrouw' of 'de positie van de vrouw' in Israël veel te algemeen is en geen rekening houdt met de enorme verschillen in levensomstandigheden in de verschillende tijdperken. Een ordening van het bijbelse bronnenmateriaal op grond van de traditionele groepering van geschriften (zoals bij Alice L. Laffey: Pentateuch [deuteronomistische geschiedenis], grote en kleine profeten en geschriften) is voor een historische reconstructie problematisch, aangezien deze de dwarsverbindingen onvoldoende zichtbaar maakt. Canon-historisch is deze ordening echter interessant, aangezien de drie traditionele delen door verschillende groeperingen werden geredigeerd.

Een reconstructie van de geschiedenis van de JHWH-aanhangsters moet evenmin een heils- of onheils-historisch ontwikkelingsmodel volgen. Net zomin als deze geschiedenis aanvangt met een gouden tijdperk van het matriarchaat, staan er aan het begin van de geschiedenis van Israël met JHWH vrouwbevrijdende impulsen die vervolgens gestadig werden verdrongen door een proces van patriarchalisering. Omgekeerd is het ook niet zo dat de Israëlitische vrouwen dankzij de JHWH-godsdienst in de loop der eeuwen meer vrijheid en macht als vrouwen verworven. Geen voor- en geen achteruitgang dus, maar een gelijktijdigheid van bevrijding en onderdrukking, macht en onmacht.

De volgende thema's die voor de reconstructie van de geschiedenis van vrouwen zeer belangrijk zijn, zijn nog niet of nauwelijks behandeld en zouden door middel van tekstonderzoek en archeologie dringend aan de orde moeten worden gesteld:

1. De archeologie van Palestina, waar trouwens niet alleen mannen, maar ook grote archeologes hun stempel op hebben gedrukt, is vrijwel geheel voorbijgegaan aan het onderscheid tussen mannelijke en vrouwelijke beenderen in graven of urnen. Alhoewel dit onderscheid vrij eenvoudig vastgesteld kan worden, en voor een werkelijk exacte documentatie eigenlijk vereist is. Over de leeftijd en de doodsoorzaken van vrouwen ontbreken daarom veel gegevens. Specifieke gegevens over vrouwenbegrafenissen, bepaalde grafgiften en eventuele verschillen in rang die in de begrafenisgebruiken tot uitdrukking komen, ontbreken eveneens. Hier kan nog gewezen worden op de aangekondigde publicatie van Robert Wenning die waardevolle informatie verschaft over graven en begrafenisrituelen in Juda in de ijzertijd.

2. Het zou belangrijk zijn een idee te hebben van het totale aantal bewoners in Palestina respectievelijk in de afzonderlijke nederzettingen, en ook over cijfers over levensverwachting, kindersterfte et cetera te beschikken. In ijzertijd I zouden volgens Israel Finkelstein (1988) in Palestina ongeveer 55.000 Israëlieten hebben geleefd. De gemiddelde levensverwachting lag onder de veertig (Hans Walter Wolff 1990, 177-181; vgl. 3.7), van vrouwen mogelijkerwijs tegen de dertig. Miskramen en kindersterfte worden in veel bijbelse teksten genoemd. Weliswaar worden in het Eerste Testament epidemieën, naast honger en zwaard, steeds opnieuw genoemd als grote bedreiging van de bevolking, maar grote epidemieën zoals de pest zijn archeologisch niet aantoonbaar. Massagraven van slachtoffers van de pest zijn nergens gevonden, massagraven van soldaten daarentegen wel. De vraag is of epidemieën de bevolking sterk decimeerden (zoals Carol Meyers veronderstelt), zodat Israëlitische vrouwen onder een aanhoudende druk kwamen te staan om kinderen te krijgen.

3. We weten te weinig over de mate van alfabetisering van de Israëlitische bevolking in het algemeen en van de beide seksen in het bijzonder. Het enige wat op grond van de bijbelse teksten met zekerheid kan worden gezegd is dat mannen, en waarschijnlijk ook vrouwen, uit de bovenlaag van de bevolking konden lezen (Chulda in 2 Kon. 22,14vv.) en schrijven (bijv. Izebel in 1 Kon. 21,8). Archeologische vondsten van aardewerken gebruiksvoorwerpen met opschriften doen vermoeden dat grotere groepen van de bevolking enige leesvaardigheid hadden. Met andere woorden, waren ook een-

voudige mensen in staat te lezen en te schrijven? Aangezien we geen aanwijzingen hebben voor een of andere vorm van georganiseerd onderwijs, moet het onderwijs privé gegeven zijn. Hadden meisjes en vrouwen toegang tot dit terrein van kennis, of was de hele wereld van het schrift het domein van mannen?

2.1 De prehistorie tot het einde van de late bronstijd.

Het land Palestina was reeds duizenden jaren bewoond voordat Israël zich, eerst in stamvorm en later als staat, constitueerde. Een duik in de cultuurgeschiedenis van deze tijdperken loont zich, omdat daardoor de ontwikkelingen vanaf 1250/1150 v. Chr. beter geplaatst en begrepen kunnen worden. Tot het midden van de 2e eeuw v. Chr. hebben we voor Palestina geen noemenswaardige schriftelijke getuigen, zodat we ook voor vrouwspecifieke vragen volledig aangewezen zijn op de archeologie en iconografie. In tegenstelling tot het matriarchaatsonderzoek verwijs ik hier naar materiaal uit Palestina, niet uit het Nabije Oosten in het algemeen. Een uitstekende basis daarvoor vormen de talrijke catalogi en collecties in het Bijbels Instituut in Freiburg (Zwitserland). Samen met Othmar Keel werk ik momenteel aan een uitvoerige godsdienstgeschiedenis van Palestina van het Mesolithicum tot in de Perzische tijd op basis van beeldmateriaal. Enkele resultaten van dit lopende onderzoek worden hieronder in beknopte vorm gepresenteerd.

In het Mesolithicum en Neolithicum (ca. 12000-4500 v. Chr) ligt Palestina ingebed tussen reusachtige cultuurgebieden, die zich van Anatolië en Mesopotamië via Syrië en Palestina uitstrekken tot aan het schiereiland Sinaï. In het pre-ceramische Neolithicum staat de dodencultus centraal. De doden worden onder de nederzettingen begraven. Hun schedels worden stijlvol gedecoreerd en vaak in de huizen opgesteld, zodat de doden weer aanwezig zijn. Maskers kunnen de schedels vervangen, en het valt op dat deze in sommige gevallen duidelijk de vorm van een mannenhoofd hebben; met gaatjes voor baardharen en een gewelfd stuk bot boven de oogholtes, dat typisch is voor de mannelijke schedel. De dodencultus, waarschijnlijk een voorouder cultus, was dus vermoedelijk patrilineair bepaald. Ook in de kopertijd (4500-3200 v. Chr.) lijken mannelijke ivoren beeldjes en basalten schedels nog steeds een grote betekenis te hebben gehad. In het ceramische Neolithicum komt een grootschalige productie van vrouwenbeeldjes op gang, zoals we die ook kennen van Çatal Hüyük en andere opgravingsplaatsen in Anatolië en in Mesopotamië en Syrië. Menszijn blijkt in dit tijdperk vóór alles vrouwzijn te betekenen, waarbij het accent op vruchtbaarheid en overvloedige rijkdom van het leven lijkt te liggen. Een mannelijke pendant van deze grote verscheidenheid aan vrouwenfiguren uit leem en klei bestaat er niet. Zij vormen, zij het met variaties, in de volgende millennia de grootste constante in de iconografie van Palestina, die slechts ten dele door culturele of politieke omwentelingen wordt beïnvloed.

Terwijl in de kopertijd steenbokken en hun hoorns een centrale rol spelen in het religieuze symboolsysteem, neemt vanaf de vroege bronstijd (3e millennium v. Chr.) het rund deze plaats in. De veeteelt (rund en ezel) schept in Egypte en Voor-Azië de economische basis voor de totstandkoming van hoogontwikkelde culturen (grootschalige akkerbouw met behulp van ploegen met runderen maakt de aanleg van voorraden mogelijk en daarmee het samenleven van honderden mensen in steden; ezels bevorderen handel en transport). Palestina is in het 3e millennium v. Chr. de derde wereld van het Nabije Oosten, niettemin heeft het als randgebied aandeel in de enorme veranderingen. De stad wordt algemeen beschouwd als de ideale plek om te leven. De steden worden ontworpen en met versterkingen uitgerust die in geen verhouding staan tot een mogelijke bedreiging door wilde dieren of agressors. Het leven in de stad kenmerkt zich door arbeidsverdeling, centralisering en hiërarchische structuren. Een stadsvorst regeert het paleis. Hij wordt gezien als opperherder en beschermer van de kudden, van succesvolle krijgers, opperrechters en opperpriesters. De cultus wordt van het huis of van de sporadische grote heiligdommen in de openlucht verplaatst naar verschillende tempels, vaak dubbeltempels, in de stad. Welke godheden in Palestina werden vereerd, is niet vast te stellen. In Uruk is het Inanna, de godin van de kudden, de vruchtbaarheid en de cultuur in het algemeen, de instantie van wie de stadsvorst zijn gezag ontvangt. In Egypte en Mesopotamië groeien de tempels en paleizen uit tot economische centra van een klassenmaatschappij met dienaren, slaven en een groot bestuurlijk apparaat. Het schrift, een andere grandioze uitvinding van het 3e millennium v. Chr., schept de voorwaarde voor een groots opgezette administratie. Samen vormen deze ontwikkelingen de basis voor cultureel verbazingwekkende prestaties op velerlei gebied. Tegelijkertijd zullen de ontplooiingsmogelijkheden voor vrouwen waarschijnlijk juist kleiner zijn geworden, want het openbare leven wordt grotendeels door mannen beheerst. In Egypte berust de maatschappijordening al duidelijk op patriarchale familiestructuren; grond, hoge ambten en de oudste wijsheidsliteratuur zijn in handen van mannen, de staatsgod is mannelijk. In het 3e millennium v. Chr. treden ook in Palestina grote veranderingen op, die nog doorwerken tot in de Israëlitische tijd (het houden van grootvee, het typische beeld van de heerser etc.). In dit millennium wordt bovendien de oorlog uitgevonden. Een ongekende golf van geweld vernietigt de stedelijke culturen, nadat de heersers van Akkad imperialistische oorlogen voerden tegen hun buurstaten. Oorlog, onderwerping, strijd en overheersing zijn in de beeldende kunst van de vroege bronstijd centrale thema's. Binnen de hoogontwikkelde culturen moeten zich talrijke potentiële conflicten hebben opgestapeld, waaraan zijzelf en de hun omringende steden uiteindelijk te gronde zijn gegaan.

Pas in de 18e eeuw v. Chr. verbeteren de levensomstandigheden in Palestina zich dusdanig dat zich een nieuwe stadstaten-cultuur kan ontwikkelen, die cultureel verbonden is met het Syrische gebied. De invloed van Egypte is in het begin van het middenrijk zwak, de Palestijnse stadsvorsten worden machtig. Binnen twee eeuwen ontstaat in de midden-bronstijd (1e helft 2e millennium v. Chr) de Kanaänitische cultuur, die een mate van zelfstandigheid ontwikkelt die het land hierna nooit meer zal weten te bereiken. Haar invloed strekt zich uit tot in de Egyptische Nijldelta, waar rond 1650 v. Chr. de Hyksos ('heersers van de vreemde landen', dat wil zeggen de Kanaänieten) de macht naar zich toe konden trekken. De levensstandaard in de Kanaänitische steden is tamelijk hoog. Zo bezitten alle mensen meubels en bestaat er geen scheiding tussen arme en rijke stadsdelen (Weippert 1988, 227.242; zie 1.4). Ook kleinere plaatsen hebben een eigen tempel. Afgaande op de beeldende kunst is de politieke macht in de steden in handen van mannen, want er worden slechts tronende heersers, geen tronende heerseressen afgebeeld. Deze stadsvorsten lijken na hun dood te zijn vergoddelijkt. Begrafenisgebruiken wijzen erop dat binnen de families of sibben een patriarchaal opperhoofd bijzondere privileges bezat (Jericho, koninklijk graf H 18; Weippert 1988, 242 e.v.; zie 1.4). Voor de midden-bronstijd zijn er voor Palestina nog geen waardevolle schriftelijke bronnen. In de iconografie neemt de erotische twijg- of boomgodin, die geassocieerd wordt met vegetatie en wasdom, een overheersende plaats in onder de godheden. In vergelijking met haar speelt haar partner, de weergod, een veel minder belangrijke rol, in ieder geval voor de persoonlijke vroomheid. Ondanks het feit dat zij in de 16e eeuw v. Chr. wordt afgelost door de Egyptische heerschappij blijft de Kanaänitische cultuur en godsdienst op velerlei gebied bepalend voor Palestina.

Aan het begin van de 16e eeuw v. Chr komt Syrië/Palestina tot aan de Eufraat onder Egyptisch oppergezag. Kanaän kan zich tijdens de hele late bronstijd (1550-1250/1150 v. Chr.) niet bevrijden van de Egyptische heerschappij. Onder de druk van deze overheersing gaat een deel van de Kanaänitische bevolking, zowel van de dorpen als van de steden, over op een nomadische levenswijze, die weinig archeologische sporen heeft nagelaten. Naast deze groepen van gedeclasseerden (*'apirû*) of ontwortelden van de Kanaänitische maatschappij leeft er in de extensief benutte gebieden tussen de onder Egyptische invloed staande stadstaten ook een plattelandsvolk, dat in de Egyptische bronnen Sjasu wordt genoemd, en waarvan in de bijbelse verhalen over de aartsouders vele sporen zijn te vinden. Beide bevolkingselementen staan in ieder geval in contact met de niet-nomadische Kanaänieten.

Voor de late bronstijd blijft het bruikbare beeldmateriaal beperkt tot de stedelijke centra in de vlakten van Palestina, terwijl de religieuze voorstellingen van de meerderheid van de bevolking helemaal niet zijn gedocumenteerd. In de door Egypte beheerste centra van het land domineren nu mannelijke goden, vooral krijgs- en oorlogsgoden. De godinnen en het thema vegetatie treden in de iconografie van de centra en op de waardevolle beelddragers op de achtergrond, maar zij spelen, zoals het grote aantal goedkope terracotta's doet vermoeden, nog steeds een grote rol in de privé-vroomheid. Incidenteel krijgen godinnen een militair karakter, bijvoorbeeld doordat ze op een oorlogspaard worden afgebeeld. Op afbeeldingen die betrekking hebben op het politieke leven is nu een duidelijk ondergeschikte positie van de vrouwen uit de maatschappelijke bovenlaag vast te stellen. Zij dienen de stadsvorsten die bij Egyptes genade regeren. Koninklijke macht, strijd en oorlog zijn de hoofdthema's van dit tijdperk, waarbij er een duidelijke correlatie bestaat tussen politiek en godsvoorstellingen. Zowel op aarde als in de hemel neemt het aantal vechtersbazen toe.

Wat betreft de geschiedenis van Israël moet er vooral aan worden vastgehouden dat er in ieder geval vanaf de vroege bronstijd, maar waarschijnlijk nog eerder, aanwijzingen zijn voor patriarchale maatschappijvormen. In de late bronstijd draagt ook de wereld van de godssymbolen reeds een overwegend mannelijk karakter en wordt de godin verdrongen. Van een vernietiging van matriarchale ordeningen door Israëlieten kan dus geen sprake zijn.

De late bronstijd weerspiegelt zich in de bijbelse dictie gedeeltelijk in de legendarische tijd van de vaders. De verhalen over deze tijd bevatten enerzijds verdichte en steeds opnieuw getransformeerde herinneringen aan nomadisch leven en de overgang naar het leven op één vaste plaats. Anderzijds vertellen ze over de tijd dat de teksten zijn ontstaan. Reminiscenties aan de late bronstijd bevatten waarschijnlijk de volgende verhaalelementen: hongersnoden door grote droogte in het land, waardoor de nomaden steeds opnieuw noodgedwongen weg moesten trekken (Abraham en Sara naar Egypte, de broers van Jozef, de Israëlieten in Egypte); de grote betekenis van zwangerschap en nageslacht, en de lage levensverwachting van vrouwen die daarvan het gevolg was (de stammoeders Sara, Rebekka, Rachel sterven vroeger dan hun mannen); de centrale betekenis van kudden kleinvee en de openlijke scepsis tegenover de Egyptenaren en tegenover stedelingen.

2.2 De tijd vóór de staat (1250-1000 v. Chr.)

Tegen het einde van de late bronstijd verliest Egypte geleidelijk zijn macht in het Palestijnse gebied. De de-urbanisatie, waarbij bijna alle nog bestaande Kanaänitische stadstaten ten ondergaan, verscherpt zich. Soortgelijke machtsverschuivingen van de steden naar de stammen doen zich tegelijkertijd voor in het gebied van het huidige Zuidoost-Turkije (Ernst Axel Knauf 1994, 111-116). Dit kan de reden zijn geweest waarom Israël later de verwantschap met de Arameeërs die in deze streek woonden zo nadrukkelijk bevestigde.

Een gevolg van de destabilisering is de invasie van de zeevolkeren, die vanuit het westen over het water en het land tot aan Egypte doordringen en daarbij de steden aan de kust verwoesten. Deze zeevolkeren nemen de zuidwestelijke Levant in bezit. Bijna tegelijkertijd komt in de zuidoostelijke Levant een proces op gang waarbij voorheen rondtrekkende bevolkingsgroepen zich opnieuw vestigen. Bij deze groepen gaat het om een deel van de latere Israëlieten die tijdens de Egyptische heerschappij tussen en aan de rand van de bewoonde gebieden als herders waren rondgetrokken. Deze gaan er nu toe over eerst in het Samaritaanse en daarna ook in het Judese bergland kleine, onversterkte nederzettingen te stichten, waarbij ze naast de veeteelt nu ook akker-, tuin-, en wijnbouw bedrijven. Zij bouwen pijlerhuizen, die worden ontwikkeld uit oogsthutten die aanvankelijk provisorisch naast de ingezaaide velden waren opgezet. In hun woonwijze (hutten met omheinde weiden voor het vee, muurloze nederzettingen van huizen) en materiële cultuur oriënteren de bewoners van de nieuwe nederzettingen zich meer aan de verworvenheden van de niet-nomaden dan aan hun eigen nomadische tradities. Typisch voor de eerste nederzettingen is echter het ontbreken van openbare gebouwen, woningen voor de heersers of voorraadschuren. Het geproduceerde graanoverschot wordt opgeslagen in ondergrondse silo's. De cultische plaatsen uit deze tijd zijn voornamelijk heiligdommen in de openlucht, aangelegd buiten of binnen de nederzetting. Daarnaast bestaan er archeologische aanwijzingen voor huisculten. De 'landname', waar in de Bijbel vooral het boek Jozua betrekking op heeft, begint in enkele gebieden sporadisch al rond 1250 v. Chr. (ijzertijd IA 1250-1100 v. Chr.). De beslissende ontwikkelingen voltrekken zich echter pas in de loop van de 11e eeuw v. Chr. Israel Finkelstein schat het aantal 'Israëlieten' in ijzertijd I op in totaal 55.000 inwoners. Pas aan het begin van de monarchie kan een territoriale uitbreiding in de randzones van Efraïm en in het Judese bergland worden vastgesteld.

Tussen 1100 en 1000 v. Chr. (ijzertijd IB) – bijbels gesproken in de 'tijd van de Richteren' – neemt het aantal Israëlitische nederzettingen toe. De neergestreken stammen moeten daarbij steeds opnieuw met de vanaf de kustgebieden oprukkende Filistijnen strijd leveren om de controle over grotere gebieden, en worden vaak voor langere tijd succesvol teruggedrongen. Vooral de noodzaak om zich tegen de macht van de zeevolkeren te verdedigen, dwingt de bewoners van de nieuwe nederzettingen ertoe zich niet meer in losse confederaties van stammen te organiseren, maar (zoals de buurvolkeren oostelijk van de Jordaan, Aram, Ammon, Moab en Edom al eerder hadden gedaan) als territoriale monarchie. Pas rond 995 v. Chr. ontstaat, nadat de Filistijnen definitief naar de zuidelijke kustgebieden zijn teruggedrongen, onder David een 'verenigde monarchie' (ijzertijd IIA 1000-900 v. Chr.), die vanuit Jeruzalem wordt geregeerd en de nog bestaande Kanaänitische steden in het heuvelland en in de vlakten volledig integreert.

In ijzertijd I zetten zich godsdiensthistorische tendensen uit de late bronstijd voort. Vrouwelijke godheden worden in symbolen en substituties (zogend moederdier, boom, schorpioen) gerepresenteerd, alleen op terracotta's worden ze in de gedaante van een vrouw afgebeeld. Heerschappij, beheersing van het vijandelijke en superieure agressiviteit worden gesymboliseerd door triomferende mannelijke goden, heersers, krijgers of vechtende wilde dieren. Agressiviteit wordt als een waarde ervaren. In het iconografische symboolsysteem van Israël kunnen in deze tijd twee, naast elkaar bestaande, vormgevende elementen ontdekt worden. Het agressieve, op superioriteit en heerschappij gerichte element weerspiegelt zich in het bijzonder in de bijbelse verhalen over de Exodus, in het boek Richteren en in de strijd met de Filistijnen waar het boek Samuël over vertelt. Daarnaast speelt echter eveneens de vruchtbaarheid van mensen en dieren een belangrijke rol, aangezien deze voor het overleven van de in het bergland levende groepen van levensbelang was. Aan dit thema zijn met name de bijbelse verhalen van de aartsvaders gewijd (Jakob-Laban-cyclus).

Bij de reconstructie van vrouwengeschiedenis staan ons voor de tijd van voor de staat (met alle voorbehoud tegenover hun historiciteit met betrekking tot de tijd waarover verteld wordt) vooral delen van de bijbelse boeken Genesis, Richteren en 1 Samuël ter beschikking. Wat verraden de teksten over het alledaagse leven van vrouwen, over hun werk, hun godsdienst in het kleinere en grotere verband van sibbe,

stam en staat en van nomadische, agrarische en een stedelijke levens-
wijzen? In het algemeen is de verscheidenheid aan vrouwenverhalen
die voor deze vroegste tijd zijn overgeleverd verbazingwekkend groot.
Hier komen de meest uiteenlopende facetten van het leven van vrouwen aan bod, terwijl voor de tijd van de monarchie dergelijke informatie in veel mindere mate geboden wordt. Dit hangt onder meer samen
met de officiële geschiedschrijving die meer het karakter van annalen
heeft, en zich met name interesseert voor de grote politiek.

De verhalen over de aartsouders (Fischer 1994 en 1995) worden
evenzeer door mannen- als vrouwenfiguren bepaald, die al rondtrek-
kend in hun eigen levensbehoeften en dat van hun kudden trachten te
voorzien. Een thema dat als een rode draad door de verhalen loopt, is
zwangerschap en nageslacht. Kinderloosheid is een nauwelijks te verwerken slag van het noodlot. Polygamie is vanwege het hoge sterfte-
percentage van vrouwen en kinderen waarschijnlijk een veel voorko-
mend verschijnsel, ofschoon het juridisch problematisch is, omdat het
eerstgeboorterecht van de mannelijke eerstgeborene in het leven van
de familie en sibbe een centrale betekenis heeft (Gen. 25,19-24). Ook
vormt het samenleven van (gehuwde) vrouwen met een verschillende
status een voortdurende bron van jaloezie en onderlinge rivaliteit.
Kinderloosheid of een te klein aantal zonen betekenen voor vrouwen
een existentiële aantasting van hun zelfbewustzijn (Sara en Hagar, Lea
en Rachel; vgl. ook Ri. 13 en 1 Sam. 1-2). Alle aartsmoeders worden
echter juist op dit vlak voorgesteld als initiatiefrijke vrouwen die niet
in hun lot berusten. Een belangrijke rol in de wereld van vrouwen spelen de vroedvrouwen (Gen. 35,17;38,27;1 Sam. 4,20). De naamgeving
is in de vroegste tijd het onbetwiste recht van de moeder (Urs Winter
1983, 22-25; zie 1.4). Mogelijkerwijs voerden oorspronkelijk ook
vrouwen de besnijdenis van de pasgeboren jongetjes uit (Ex. 4,24-26).

De levenswijze van de nomaden brengt een grote bewegingsvrijheid
voor de vrouwen met zich mee, die als herderinnen bij de kudden en
bronnen verblijven. Deze bewegingsvrijheid maakt ook contacten tussen huwbare mannen en vrouwen mogelijk. Het uithuwelijken van de
dochters ligt in handen van het hoofd van de familie (Gen. 29, 1-30) of
bij de hele familie (Gen. 24).

De angst voor aanvallen van stedelingen op mannen en vrouwen uit
deze onbeschermd levende groepen is groot (o.a. Gen. 12, 10-20; Gen.
34), aangezien contacten onontkoombaar zijn en ook gezocht worden.
Het komt hier tot conflicten in de codex van normen. Zo veronachtza-
men de stedelingen bijvoorbeeld het gastrecht dat de (voormalige) nomaden heilig is. In conflictsituaties telt het leven van een vrouw minder dan dat van een mannelijke gast (Gen. 19; vgl. Ri. 19). Aan de
andere kant wordt de verkrachting van een vrouw uit de sibbe met

bloedwraak vergolden (Gen. 34; Ri. 19). De bemiddeling bij conflicten ligt in de tijd vóór de staat principieel in handen van de sibbe-oudste, in sommige gevallen wordt een supraregionaal bekende, charismatische persoonlijkheid geraadpleegd (bijv. Debora).

De religieuze plaatsen waar de nomaden steeds weer heengaan, zijn vooral heilige bomen (Gen. 12,6vv.; 18,1; 21,33; 35,4; vgl. Ri. 4,5; 9,6), heilige stenen (Gen. 28,10-22), wedden (Gen. 32,22-32) en bergen (Gen. 22). Voor een sibbe of familie is de huisgod (terafim), die als schutspatroon onder de hoede van de sibbepatriarch staat, heilig. Uit Gen. 31 (vgl. ook Mikals hulp bij de vlucht door middel van terafim in 1 Sam. 19,13-16) blijkt dat vrouwen een zeer ongedwongen omgang kenden met deze voorwerpen, die waarschijnlijk quasi-goddelijke vooroulders representeerden.

Het boek Jozua bevat nauwelijks authentieke herinneringen aan de tijd waarin de nomaden zich beginnen te vestigen. De kleurrijk beschreven figuur van Rachab zal echter qua type geen pure fictie zijn. Er waren in de steden alleenstaande en blijkbaar tamelijk autonome vrouwen, die volgens oud-oosterse traditie in hun huis zowel logement als prostitutie aanboden (vgl. ook Ri. 16,1). Deze vrouwen hadden veel contact met vreemdelingen, waren daarom ruimdenkend en politiek goed geïnformeerd. Vrouwen uit alle lagen van de bevolking (vgl. ook Dina in Gen. 34,1, later Abigaïl) staan in deze tijd bijzonder open voor contacten met de verschillende andere groepen, wat in de androcentrische bijbelse optiek onder andere zijn neerslag vindt in de steeds terugkerende vraag naar de gevaren van gemengde huwelijken.

Kleurrijk en imposant zijn de vrouwenfiguren uit het boek Richteren. Ook hier zijn de teksten zelf niet zo oud als de tijd waarover ze vertellen. Zelfs het lied van Debora in Ri. 5, waarvan altijd is gedacht dat het zeer oud is, zou volgens Ulrike Bechmann wel eens pas van na de ondergang van het noordrijk kunnen dateren. Debora had als charismatische persoonlijkheid een supraregionale betekenis voor de zich opnieuw vestigende Israëlieten. Zij is raadgeefster en bemiddelaarster in rechtsgeschillen, maar er wordt op grond van dit charisma ook een beroep op haar gedaan als aanvoerster in oorlogsondernemingen. Debora en Jaël beantwoorden als krijgsters aan het imago van de gemilitariseerde godinnen die in de late bronstijd opkomen (Qadsu, Anat, Astarte). Net als deze godinnen vormen ze echter een uitzondering, aangezien het oorlogsbedrijf voornamelijk een zaak van mannen is. Bij de verdediging van steden zijn echter ook vrouwen betrokken, die – soms met stenen bewapend – een succesvol aandeel leveren in de strijd (Ri. 9,53 en ook 2 Sam. 20,14-22). Geweld hoort echter in de gespannen tijd van oorlog met de Filistijnen en strijd om levensruimte tot de orde van de dag. Het richt zich ook op brute wijze tegen vrouwen, zoals het verhaal van de verkrachting en doding van de bijvrouw van de leviet in Ri. 19 duidelijk maakt. Vrouwenhandel tussen de stammen komt in de tijd vóór de staat niet zelden voor. Wanneer deze handel te weinig oplevert, schrikken de mannen ook niet terug voor grootscheepse vrouwenroof (Ri. 21).

Voor het eerst ontstaan er JHWH-heiligdommen van supraregionale betekenis (vooral Silo, vgl. echter ook Ri. 17), die door mannelijk priesterpersoneel worden beheerd. De Israëlieten kenden echter ook de godheden van de Filistijnen, de krijgshaftige Astarte (1 Sam. 31,10) aan wie de Filistijnen Sauls wapenrusting opdragen, of Dagon (1 Sam. 5). Onder de charismatische stamhoofden van het boek Richteren is een zekere Samgar ben-Anat, dat wil zeggen Samgar, zoon van Anat (Ri. 3,31); zijn sibbe schrijft haar slagvaardigheid in de strijd nog toe aan de godin Anat. Feesten die waarschijnlijk in de Kanaänitische traditie van het land zijn geworteld (het feest in de wijngaard van Silo volgens Ri. 21,19-23; vgl. ook Ri. 11,37-40) vieren de jonge vrouwen echter onder elkaar. De familiegodsdienst met de terafim had vermoedelijk nog steeds een grotere betekenis dan de JHWH-heiligdommen. Wat betreft de religieuze praxis van vrouwen is het verhaal van de dodenbezwering in Endor in 1 Sam. 28 bijzonder informatief. De tekst is weliswaar sterk doorweven met latere ideologieën en belangen. Historisch waarschijnlijk is echter dat ten tijde van Saul vrouwen nog ongestoord dodenbezwering en mantische praktijken uitoefenden. Door dit vermogen, dat zij in dienst van de gemeenschap stelden, werden zij in de wijde omtrek bekend, en zowel in persoonlijke als politieke aangelegenheden opgezocht. Een verbod op waarzeggerij en dodenbezwering, dat in de koningstijd deel uit maakte van de maatregelen tot centralisatie, bestond in de tijd van de verenigde monarchie nog niet. Als raadgeefsters stonden in deze tijd ook de 'wijze vrouwen' hoog aangeschreven, zelfs tot op hoog politiek en militair niveau. 2 Sam. 14 vertelt van de diplomatieke rol die een vrouw uit Tekoa vervult – die eveneens ver buiten haar woonplaats bekend is – bij de begenadiging van Absalom aan het koninklijk hof. In 2 Sam. 20,14-22 is het een wijze vrouw uit een stadje in het noorden die door haar diplomatie een reeds uitgebroken oorlog weet te beëindigen. Het portret van deze vrouwen getuigt van zelfbewustzijn, politiek inzicht en welsprekendheid, wat hen een verbazingwekkend grote invloed op de mannenwereld oplevert (Sophia Bietenhard werkt aan een dissertatie over de in dit verband interessante figuur Joab, de generaal van David).

Tot de sterke vrouwenfiguren van de vroeg-Israëlitische dorpscultuur behoort ook Abigaïl, die uit een gegoede familie in Zuid-Juda komt (1 Sam. 25). Samen met haar man heeft zij de leiding over een groot gemengd boerenbedrijf aan de rand van de woestijn. De combinatie van landbouw en veeteelt brengt met zich mee dat mannen en vrouwen vaak voor langere tijd gescheiden hun werk verrichten en op zichzelf zijn aangewezen. Het verhaal biedt een uitstekend sociogram van de maatschappij van deze tijd (Thomas Staubli 1991, 238-244). Plaatselijke potentaten zoals de man van Abigaïl nemen herders (nomaden) als dagloners in dienst voor het hoeden van hun kudden. Nabal is voor een aanzienlijk aantal mensen uit de omgeving (familie, verarmde Judeeërs, vreemdelingen en slaven) werkgever. Vanuit de woestijngebieden dringen rovende nomaden de gebieden van de dorpsbevolking binnen. Als bescherming tegen deze groepen stellen de dorpsbewoners mensen aan die geen deel uitmaken van de dorpscultuur en die voor hun prestatie een soort soldij kunnen ontvangen. In tegenstelling tot haar eigenwijze man onderkent Abigaïl dat de verschillende bevolkingsgroepen wederzijds van elkaar afhankelijk zijn. Vastberaden brengt zij David en zijn troepen daarom de cijns die zij verlangen, zonder haar man hiervan te op de hoogte te stellen. Want zij realiseert zich dat een weigering een dodelijke bedreiging voor het hele dorp zou betekenen. Ook in dit verhaal wordt veel aandacht geschonken aan de welsprekendheid van de wijze vrouw.

Terwijl de genoemde vrouwen allemaal een plaats hebben in de jonge en bloeiende dorpscultuur, doen opmerkingen in de kantlijn van de verhalen vermoeden dat veel vrouwen en kinderen in deze tijd een veel minder goed lot was beschoren. Sommige mannen die niet in hun levensonderhoud konden voorzien met akkerbouw en veeteelt, schulden moesten aangaan of op een andere manier in het nauw waren gekomen, organiseerden zich in bendes en voorzagen in hun levensonderhoud met plunderingen of als huurling. Het waren dit soort mannen, die zich in grotten en in de bergen schuil hielden, die David om zich heen verzamelde om zijn macht in Juda te vergroten. Vrouwen, kinderen en ouderen liepen de guerillagroepen bij hun expedities in de weg, en werden daarom in de steden ondergebracht (1 Sam. 22,3;30,5), waar ze echter bij lange na niet veilig waren voor overvallen van rovende nomaden uit de Negev en deportaties.

2.3 De tijd van de monarchie (1000-578 v. Chr.)

Tijdens de overgang naar de ijzertijd IIA, met andere woorden naar de 10e eeuw v. Chr, verschuift het vestigingsbeeld opnieuw. In het bergland worden veel van de kleinere nederzettingen weer opgegeven. De bevolking woont nu in grotere dorpen, waarvan sommige tot versterkte steden uitgroeien, en er worden nieuwe steden gesticht. Deze verschuiving in het vestigingsbeeld loopt vrijwel synchroon met het ontstaan en de versterking van de Israëlitisch-Judese monarchie. De ontwikkeling tot territoriale staat wordt bevorderd door intensievere contacten tussen bergland en vlakten, waarbij onder andere een voortdurende ruilhandel met het overschot aan agrarische producten tot de vorming van regionale en ten slotte ook supraregionale machten leidt.

Een zeer ingrijpende gebeurtenis voor het leven van de vrouwen in Palestina is de stichting van de dubbelmonarchie onder David. Saul hoort nog thuis in de traditie van de charismatische stamhoofden, en hoewel hij er een kleine hofhouding op nahoudt, heeft dit voor de bevolking in het land waarschijnlijk nauwelijks merkbare gevolgen. Saul lijdt schipbreuk tegen zijn grootste vijanden, de Filistijnen. Pas David lukt het deze bedreiging definitief af te wenden en door jarenlang opbouwwerk het fundament te leggen voor een stabiel, territoriaal koninkrijk. In tegenstelling tot Saul streeft hij daarbij de integratie van alle bevolkingsgroepen in Palestina na, ook van de Kanaänitische stadsbevolking. Om deze integratie te bevorderen doet hij in politiek en cultisch opzicht zinvolle concessies. Als residentiestad kiest David een oude stad van de Jebusieten, Jeruzalem, die op de grens tussen het noord- en het zuidrijk lag. Hij vestigt een hofstaat met een ambtelijk apparaat (gedeeltelijk naar Egyptisch voorbeeld), en houdt er een staand leger en een imposante harem op na. Het hof wordt door hoge belastingheffingen en diensten van de bevolking in stand gehouden: jonge mannen worden opgeroepen voor de krijgsdienst en de oorlogvoering. Anderen moeten op de kroongoederen werken of in de koninklijke wapenproductie. Vrouwen worden voor de lijfelijke verzorging aan het hof ontboden (keuken, lichaamsverzorging). Het beste land wordt de hofbeambten toebedeeld. De belastingen, de tiend van de opbrengsten van de oogst en van de schaapskudden, zijn aanzienlijk. De arbeidskrachten van de vrije Israëlieten – hun personeel en ook hun lastdieren – moeten op gezette tijden voor het hof werken (1 Sam. 8,10-18). Om dit systeem beter te kunnen controleren wordt de volkstelling ingevoerd (2 Sam. 24). Salomo laat verder de bestaande zonnegod-tempel in Jeruzalem tot centraal JHWH-heiligdom van het dubbelrijk omvormen.

De veranderingen aan het begin van 1e millennium v. Chr. zijn niet alleen ingrijpend, maar blijven ook bepalend voor de vier eeuwen daarop, ondanks alle veranderingen in de binnen- en buitenlandse politiek waaraan het land in deze tijd onderhevig is. De splitsing in het noord- en zuidrijk na Salomo's dood verandert in wezen niets aan de centralisering van het staats- en cultuswezen. De bijbelse bronnen die ons voor de reconstructie van de vrouwengeschiedenis in dit tijdperk ter beschikking staan, zijn talrijk en van zeer uiteenlopende aard. De officiële geschiedschrijving (2 Sam. en 1-2 Kon) concentreert zich op de grote politieke gebeurtenissen en voorvallen aan de koningshoven en bij de centrale heiligdommen. Deze teksten zijn allemaal in meer of mindere mate doortrokken van de deuteronomistische theologie, die na de ineenstorting van het noordrijk de beschrijving van de gebeurtenissen met haar theologische opvattingen kleurt. De betekenis van vrouwen in het openbare leven neemt, als de boeken Koningen op dit punt tenminste betrouwbaar zijn, in de loop van de koningstijd eerder af, mede door de toenemende bedreiging van het land door de imperialistische buurstaten. Een belangrijke correctie en aanvulling op de hofgeschiedschrijving vormen de boeken van de schriftprofeten (Amos, Hosea, Jesaja 1-39, Micha, Jeremia, Nahum, Sefanja, Habakuk, terugblikken in het boek Ezechiël). De maatschappij- of cultuskritiek die hierin wordt verwoord, belicht geheel andere aspecten van de Israëlitische werkelijkheid. Uit de koningstijd stammen ook delen van het boek Genesis, delen van het boek Psalmen, het corpus van het boek Spreuken (Spr. 10-30) en de liederen van het Hooglied. Belangrijke bronnen op het vlak van recht en wet zijn het zogenaamde Verbondsboek van eind 8e of begin 7e eeuw v. Chr. (Ex. 20,22-23,33) met zijn oudere delen en het voor-exilische deuteronomistische wetboek (Deut. 12-26; dateringen volgens Crüsemann 1992, 132-234; zie 1.4).

Interessante informatie over ontwikkelingen tijdens de koningstijd (wat betreft de tijd waarín, niet de tijd waaróver verteld wordt), kan ook verkregen worden door een precieze analyse van de verhalen over de aartsouders in Gen. 12-36, zoals die voor de eerste keer is uitgevoerd door Irmtraud Fischer. Vooral de vergelijking van de drie 'verloocheningsverhalen' (Gen. 12,10-20; 20 en 26) en de 'scheidingsverhalen' over Hagar en Ismaël (Gen. 16; 21) maakt duidelijk dat het in de oudste versies van deze verhalen – volgens Fischer daterend van het begin van de koningstijd – helemaal niet gaat om de grote belofte die aan de aartsvader wordt gedaan, maar om het ingrijpen van JHWH ten gunste van de vrouwen. JHWH redt Sara, belooft Hagar vrijheid en een toekomst voor haar zoon, en trekt zich het lot van Sara aan door haar een zoon te beloven. Het oudste 'verloocheningsverhaal' in Gen. 12 schildert Abraham af als een angstige en egocentrische man, die zijn vrouw in zeer groot gevaar brengt (vgl. ook Lanoir). Zijn gedrag wordt op geen enkele manier goedgepraat; God kiest duidelijk partij voor Sara. Pas in de latere teksten worden de mannelijke hoofdpersonages steeds meer verontschuldigd, en komen de aartsvaders centraal te staan. Hiermee kunnen tendensen tot patriarchalisering ook literair-historisch worden vastgesteld.

2.3.1 Vrouwen aan het koninklijk hof en uit de welgestelde kringen

Reeds het tweede boek Samuël plaatst vrouwen uit de elite in het middelpunt. Hun levensstijl onderscheidde zich zeer van die van de eenvoudige Israëlitische vrouwen in de dorpen, maar bood hen echter geenszins bescherming tegen gewelddadig gedrag van mannen. David zelf eigent zich Batseba toe, een getrouwde vrouw uit een van de meest vooraanstaande families van Jeruzalem. Hij maakt haar zwanger, ruimt haar echtgenoot uit de weg en huwt haar. Tamar (2 Sam. 13), een dochter van David, wordt aan het koninklijk hof door haar halfbroer verkracht, en slijt de rest van haar leven als een uitgestotene bij haar broer Absalom. Rispa (2 Sam. 21,8-14), een bijvrouw van Saul, verliest twee zonen door een politieke moord en vecht op haar eigen manier voor een gepaste begrafenis van haar doden. In oorlogstijd treft de vrouwen aan het koninklijk hof, of het nu de koningin-moeder, prinsessen, haremvrouwen of paleisvrouwen betreft, hetzelfde lot als de mannen: ze worden gedeporteerd (2 Kon. 24,8-16; Jer. 38,22v.; Jer. 41,10; 43,6).

De pracht en praal van het koninklijk hof weerspiegelt zich onder andere in de rijkdom en de schoonheid van de vrouw(en) van de koning, van de prinsessen en de jonge vrouwen aan het hof (positief voorgesteld in Ps. 45). Deze vrouwen leven in aparte vleugels van het paleis (2 Sam. 13;1 Kon. 9,24). Hun invloed op de politieke gebeurtenissen is niet gering.

Abisag van Sunam, die een vertrouwenspositie bij de bejaarde David inneemt, (1 Kon. 1,1-4) is, zoals Maria Häusl overtuigend aantoont, verantwoordelijk voor het gehele vrouwelijke personeel of hoogste opzichtster van de harem. Zij draagt namelijk de titel *sokenet* (bekend uit het Akkadisch resp. uit de documenten over het Assyrische koninklijk hof), die correspondeert met de mannelijke vorm *soken*, 'prefect' in Jes. 22,15. Tijdens de onlusten rond de troonopvolging speelt onder andere de vraag welke zoon van David met deze vrouw mag trouwen een rol (2,13-23). De *sokenet* is met andere woorden een politieke machtsfactor aan het hof.

Eveneens wordt zichtbaar dat de hele koningstijd door in het zuidrijk de invloed van de koning-moeder (*gebîrah*) aanzienlijk was (mogelijkerwijs heeft Ez. 19 betrekking op de *gebîrah* Nechusta, de moeder van Jojakin), en dat de koning en de koningin-moeder soms zelfs gezamenlijk de troon bekleedden. (1 Kon. 2,19; Jer. 13,18).

Batseba komt met succes tussenbeide in de regeling van de troonopvolging ten gunste van haar zoon Salomo (1 Kon. 1-2). Steeds opnieuw worden vrouwen in soortgelijke kritieke situaties actief, vooral wanneer het ongeregeldheden bij de troonopvolging betreft. Als ze eenmaal koningin-moeder zijn geworden, dan nemen ze de taak van raadgeefster van hun zoon op zich, wier invloed zeker zo groot was als die van de hofraden (vgl. ook Spr. 31,1-9). Wijze vrouwen worden nu echter niet meer als raadsvrouwen aan het hof ontboden. De koningin-moeder heeft volgens 1 Kon. 15,13 ook een functie binnen de staatscultus (zie hierover ook Susan Ackerman 1993), maar kan deze echter slechts met goedvinden van haar zoon en niet tegen de koning uitoefenen. Renate Jost heeft een verband kunnen aantonen tussen de deuteronomistische beoordeling van de Judese koningen en de mate van loyaliteit aan JHWH van de respectievelijke koningin-moeders (zichtbaar onder andere aan hun namen), wat eveneens wijst op hun sterke positie in religieuze aangelegenheden. De zeldzame titel *gebîrah* is wellicht vooral verbonden met religieuze functies.

Ook de zussen van koningen en de bakers van prinsen lijken een grote invloed op de politieke ontwikkelingen te hebben uitgeoefend. Terwijl in de rest van het Oude Oosten koningsdochters vaak de functie van priesteres bekleedden, is dit ambt in Israël blijkbaar altijd aan mannen voorgehouden gebleven, alhoewel ook vrouwen taken bij de heiligdommen hadden (2 Kon. 23,7; vgl. hieronder 3.5).

In het noordrijk speelt de Sidonische koningsdochter Izebel als regentes een invloedrijke rol naast Achab. Hier hebben we te maken met een vrouw die eraan is gewend politiek actief te zijn, besluiten te nemen, en gedaan te krijgen wat zij wil. Terwijl de deuteronomistische karikatuur van Izebel slechts duidelijk maakt dat vrouwen die macht uitoefenen in Israël hoe langer hoe meer in diskrediet werden gebracht, is de kritiek op het koningshuis van iemand als Elia goed onderbouwd. De Omriden verrijkten zich meedogenloos ten koste van de bevolking (verhaal over Nabot in 1 Kon. 21), bijvoorbeeld door het verbod om erflanden te verkopen buiten werking te stellen. Dat ook vrouwen uit de hogere standen bij deze vorm van uitbuiting betrokken waren, soms zelfs actief zoals Izebel door corrumpering van recht en wet, ligt voor de hand. Een kleindochter van Omri met een soortgelijk profiel als dat van Izebel is Atalja, die als moeder van Achazja van Juda het ambt van gebieder in Juda op zich neemt. Als haar zoon vermoord wordt, neemt ze zelf zes jaar lang de macht in handen, totdat zij ten val wordt gebracht en wordt vermoord (2 Kon. 11).

Een tot dusver nog onbeantwoorde vraag met betrekking tot machtige of rijke vrouwen in Israël is of plaatsnamen op bepaalde vrouwennamen terug zijn te voeren. Is het mogelijk dat bepaalde plaatsen door vrouwen werden gesticht, of hen bij een huwelijk als bijgave en erfdeel (vgl. Joz. 15,13-20 de waterbronnen van Aksa) werden meegegeven? Dit is zeker het geval bij het plaatsje Uzzen-Seëra ('oor' van Seëra?; 1 Kron. 7,24) en zou ook bij de plaatsnaam Abel-bet-Maäka (doorwaadbare plaats van het huis Maäka) het geval kunnen zijn.

De levensomstandigheden van een vrouw uit de meer gegoede dorpsbevolking weerspiegelt het verhaal van de grote vrouw van Sunem in 1 Kon. 4. In haar handelingsmogelijkheden en zelfstandigheid (gasten ontvangen, verbouwing huis, reis op de ezel, omgang met het personeel, doelbewustheid in het gesprek met Elisa) herinnert zij aan Abigaïl in 1 Sam. 25.

Profetische kritiek op de vrouwen uit de hogere kringen wordt vooral uitgeoefend door Amos en Jesaja (Am. 4,1 Samaria's 'koeien van Basan'; Jes. 3,16-25 de trotse vrouwen van Jeruzalem; vgl. 26,9). Zij verwijten deze vrouwen net als hun mannen een aangenaam en luxueus leventje te leiden, terwijl ze verarmde mensen die hun schulden niet meer kunnen betalen tot op het bot uitkleden of zelfs in slavernij brengen. Bovendien zorgden ze ervoor dat justitie deze mensen geen recht verschafte. Vrouwen uit de hoogste lagen van de bevolking waren rechtsbevoegd. Dat wil zeggen dat ze bijvoorbeeld in eigen naam transacties of verdragen konden afsluiten. Dit kan worden opgemaakt uit een kleine verzameling naamzegels met vrouwennamen (Nahman Avigad 1987, 195-208). De vrouwen van wie deze zegels waren (in totaal een stuk of twaalf, vijf procent van de bekende naamzegels), worden steeds aangeduid als dochter van een man X of echtgenote van Y. Een van de zegels behoorde toe een koningsdochter, Ma'adana genaamd. Aangezien er in Jeruzalem ook een zegelafdruk van een Hanna op het hengsel van een kruik (7e eeuw v. Chr.) is gevonden, is het zeker dat er Israëlitische vrouwen zijn geweest die in zaken zaten en handel dreven.

2.3.2 Vrouwen uit minder welgestelde bevolkingsgroepen in de koningstijd

2.3.2.1 Rechtspraak

Het bemiddelen in conflictsituaties is in de tijd vóór de staat een zaak van de sibbe en de families. In de tijd van de verenigde monarchie neemt de koning zelf bijzondere gevallen van rechtspraak op zich. Totdat ten slotte koning Josafat in de 9e eeuw v. Chr. het hooggerechtshof in Jeruzalem sticht, dat de beginselen voor de rechtspraak van de oudsten in de poort moet uitwerken. Mogelijkerwijs spelen 'wijze vrouwen', die als neutrale instanties kunnen worden ingeroepen, vóór de institutionalisering van dit gerechtshof een rol als scheidsrechters.

In de overgangstijd schijnen vaak juist die vrouwen die van hun familie niet de nodige rechtsbescherming kregen een beroep te hebben gedaan op de koning als bemiddelende instantie, zoals de wijze vrouw van Tekoa het in haar fictieve geval doet (2 Sam. 14). Als weduwe vraagt zij om koninklijke protectie van haar zoon, die als broedermoordenaar in gevaar verkeert. De bloedwraak, die normaal gesproken te rechtvaardigen is, zou de vrouw in dit geval echter van haar bestaansgrond beroven. Zij roept de hulp van de koning in en verzoekt hem tegen haar eigen familie op te treden. Beroemder is het geval van de beide prostituees die Salomo opzoeken (1 Kon. 3, 16-18) met de bedoeling dat hij zal vaststellen welke vrouw de moeder van de nog levende baby is, nadat de andere in zijn slaap door zijn moeder is doodgedrukt. Hier gaat het om alleenstaande vrouwen die gezien hun beroep blijkbaar geen aanspraak kunnen of willen maken op rechtsbescherming door familieleden. Nog in 2 Kon. 8,1-6 wordt ervan uitgegaan dat een vrouw die zich in het buitenland heeft opgehouden en intussen weduwe is geworden slechts door een scheidsrechtelijke uitspraak van de koning het huisje waarop zij recht heeft en een akker terug kan krijgen.

In de koningstijd spreken de oudsten in de poort van de stad recht in naam van de koning. De oudste op schrift gestelde rechtelijke uitspraken van het Eerste Testament richten zich consequent tot vrije mannen die grond bezitten ofwel tot familiehoofden. Het is met andere woorden klassenrecht, en alleen de vrije man is volwaardig rechtssubject. Weliswaar worden in de *mispatim* ('rechtsregels' in Ex. 21v.) enkele minimale voorschriften gegeven ter bescherming van de armen en slav(inn)en, maar in het algemeen beschermt het recht de belangen van de vrije en bezittende klasse. De groeiende geldeconomie maakt het mogelijk om van schuldenaars compensatiebedragen in zilver te verlangen. Het zou kunnen dat het bij de *mispatim* gaat om de in Jes. 10,1 genoemde schriftelijke wetten, die in de 8e eeuw v. Chr. door mensen uit de welgestelde kringen van Juda werden uitgewerkt en waardoor de armen, met name weduwen en wezen, van al hun juridische mogelijkheden werden beroofd (Crüsemann 1992, 30-34; zie 1.4). Alhoewel uit opschriften op alledaagse gebruiksvoorwerpen kan worden opgemaakt dat grote delen van de bevolking konden lezen (Weippert 1988, 583; zie 1.4), was het voor mensen in de marge van de maatschappij waarschijnlijk moeilijk om zonder bijstand hun rechten tegenover de schriftelijk vastgelegde wetten op te eisen. Het Verbondsboek laat de *mispatim* staan, maar brengt correcties en aanvullingen aan door de Talionswet en door voorschriften over bescherming van vreemdelingen, armen, weduwen, wezen en dieren. Pas met het deuteronomistische wetboek (Deut. 12-26) verbetert de juridische positie van vrouwen aanzienlijk, doordat het ingrijpt in de sfeer van het familierecht (huwelijk, seksualiteit, trouwen, erfrecht). Daarbij kan er bijna met zekerheid vanuit worden gegaan, dat met het aangesproken 'gij' van de wetten vrije mannen en vrouwen worden bedoeld (generieke taal). Of vrije vrouwen echter principieel de zelfde rechtsbevoegdheid bezaten als mannen, bijvoorbeeld bij handel, verdragen, als getuigen et cetera kan daar niet uit worden opgemaakt (tegen Crüsemann 1992, 294, die uit een tiental naamzegels wat overhaast de algemene rechtsbevoegdheid afleidt). Het erfrecht met betrekking tot zonen van verschillende vrouwen van dezelfde man wordt wettelijk geregeld (Deut. 21,15-17; vgl. daarmee de geschillen over het eerstgeboorterecht in de verhalen over de aartsouders). Volgens Deut. 21,18-21 moeten bij conflicten binnen de familie beide ouders voor het gerecht een aanklacht indienen. Een weduwe heeft het recht in het openbaar het leviraatshuwelijk op te eisen. Als een jonge vrouw ervan wordt beschuldigd niet als maagd het huwelijk te zijn ingegaan, dan wordt deze aantijging het onderwerp van een openbare zitting. Een op heterdaad betrapte echtbreekster kan nu niet meer zonder proces (en een getuigenverklaring van twee getuigen) door haar man worden gedood. Als een verloofde vrouw wordt verkracht, dan moet alleen de stedelinge haar onschuld voor het gerecht te bewijzen, in alle andere gevallen gaat men uit van de schuld van de man. Wanneer een man (afgedwongen?) seksuele gemeenschap heeft met een niet verloofd meisje is hij verplicht haar te huwen.

2.3.2.2 Verarming en slavernij door schulden

Steeds opnieuw krijgen in de koningstijd juist vrouwen het zwaar te verduren wanneer het land door natuurrampen, vooral droogten, of door oorlogen wordt geteisterd. Als een stad wordt belegerd of uitgehongerd, dan wordt deze noodsituatie later in herinnering geroepen met het beeld van vrouwen die hun kinderen slachtten en opaten (2 Kon. 6,24-30). Van alle vrouwen vormen de weduwen met hun kinderen de minst beschermde groep (zeer lezenswaardig in dit verband is Willy Schottroff 1992, 54-89). Hun levensomstandigheden schijnen zich in de 7e/6e eeuw v. Chr. drastisch verslechterd te hebben, zoals opgemaakt kan worden uit de vele oproepen van de profeten uit deze tijd waarin zij het voor deze groep vrouwen opnemen. Terwijl getrouwde vrouwen door de sibbe sociaal-economisch vrij goed beschermd zijn, staan de weduwen met lege handen. Maatschappelijk hebben zij het imago dat ze (eigenlijk) niet in staat zijn op eigen kracht te overleven (Jer. 49,11). Zonder middelen – zij kunnen de grond van hun man niet erven – zijn ze aangewezen op de barmhartigheid van familieleden. Meestal behouden zij het huis en een klein stukje land (vgl. 2 Kon. 8,3), misschien een rund of een ezel (vgl. Job 24,3). Het lijkt er echter op of hebzuchtige figuren een sport maakten van rechtszwendel met weduwen, bijvoorbeeld door hun grensstenen heimelijk te verplaatsen, zodat de wijsheidsliteratuur de grenzen van de weduwe direct onder de bescherming van JHWH laat ressorteren (o.a. Spr. 15,25; 23,10v.) Tijdens de grote droogteperiode wordt Elia volgens 1 Kon. 17 naar de weduwe van Sarefat gezonden, die samen met haar zoon de hongerdood tegemoet gaat. Indien de echtgenoot schulden had, dan nam de schuldeiser na diens dood de kinderen mee (2 Kon. 4,1v.; Nancy Cardoso Pereira heeft de betekenis van vrouwen en kinderen in de verhalen van Elisa onderzocht). De dood van de kinderen bezegelt vaak het wrede lot van zulke vrouwen (vgl. de opwekking van een dode in 1 Kon. 17,17-24). Een uitweg uit deze catastrofe bestaat er voor een weduwe alleen wanneer een van de naaste mannelijke familieleden van de overleden echtgenoot de verplichting van het leviraatshuwelijk op zich neemt. Wettelijk gelden de kinderen dan als kinderen van de overledene. Blijkbaar onttrokken de Israëlitische mannen zich echter geregeld aan de vervulling van deze plicht, zodat een vrouw als Tamar in Gen. 38 haar recht op nageslacht op een slinkse en riskante wijze moet verkrijgen. Het kwam waarschijnlijk ook vaak voor dat weduwen door de familie als slavin werden verkocht, zodat ze niemand meer tot last waren. Deut. 25,5-10 verhoogt in de tijd voor de ballingschap de druk op de mannen om het leviraatshuwelijk aan te gaan, doordat de weduwe het recht krijgt een openbare aanklacht in te dienen, alhoewel tegen de man in kwestie geen sancties worden getroffen.

In de koningstijd verliezen veel Israëlieten hun vrijheid door schulden. Zij worden slav(inn)en van hun schuldeisers of worden verder doorverkocht. Daarbij wordt het recht van de slavenhouder op het lichaam van de slav(inn)en zelfs in geval van zware mishandeling beschermd (Ex. 21,20v.). Ex. 21,2-6 dwingt mannelijke slaven die tijdens de tijd dat ze dienden werden uitgehuwelijkt tot permanente slavernij. In noodsituaties verkoopt een hoofd van de familie allereerst de dochters als slavinnen. Zij hebben geen mogelijkheid meer om vrij te komen. De vrouwen worden geacht niet alleen met hun arbeidskracht te dienen, maar ook met hun lichaam. Ze worden tot goedkope familiehoer gemaakt (Am. 2,7). Ex. 21,7-11 probeert hier een regeling te treffen die moet leiden tot een vaste seksuele verhouding met slechts één man.

De eerste aanzet tot een sociale wetgeving wordt zichtbaar in het deuteronomistische wetboek (Deut. 14,22-29). De tiend, een belastingheffing, wordt feitelijk opgeheven, maar als sociale bijdrage om de drie jaar rechtstreeks afgestaan aan mensen zonder land, met andere woorden aan vreemdelingen, wezen en weduwen. Regelmatige schuldkwijtscheldingen moeten ervoor zorgen dat de slavernij door schulden binnen de perken blijft. Niet alleen slaven, maar ook slavinnen moeten na een diensttijd van zes jaar vrijgelaten worden (Deut. 15,12-18). Jer. 34,8-17 maakt echter duidelijk hoe zeer de vrije Judeeers met deze bepaling de hand lichtten. Een nieuw fenomeen is de loonarbeid. Straatarme mensen hebben het recht op de velden en in wijngaarden hun honger te stillen.

2.3.2.3 *Oorlog*

Verkrachtingen en brute moord op zwangere vrouwen zijn waarschijnlijk een bestanddeel geweest van de gebruikelijke oorlogvoering van de oud-oosterse legers (2 Kon. 8,12;15,16; Hos. 14,1; Am. 1,13; Jes. 13,16; Jer. 8,10). Vrouwen worden ruw gescheiden van hun kinderen (Mi. 2,9; Jer. 18,21), door de vijanden weggevoerd en in slavernij gebracht (Ri. 5,30; Jer. 6,9-15; 8,10-12). Baby's worden gedood (2 Kon. 8,12; Jes. 13,16; Hos. 10,14; 14,1; Nah. 3,10; Ps. 137,8v.). Bij de belegering van Lakis door Sanherib (701 v. Chr.) sneuvelen ongeveer 1500 jonge mannen. Hun lijken worden in een massagraf gelegd (OLB 895; zie 1.4). Zulke verliezen blijven voor de vrouwelijke bevolking jarenlang schrijnend voelbaar (vgl. Jes. 4,1). Voortdurend weerklinkt in oorlogstijden de jammerklacht van de (professionele) klaagvrouwen (Jer. 9,17-22). Het treuren laat men zoveel mogelijk aan de vrouwen over (mannen in deze rol verschijnen pas in 2 Kron. 35,25 en Zach. 12,11-14), net als bij de Filistijnen, die op kunstvoorwerpen wel klagende vrouwen, maar nooit klagende mannen afbeelden (Keel/Uehlinger 1992, 141; zie 1.4).

Bij veldtochten worden ook kinderen als buit meegenomen, die vervolgens als slav(inn)en moeten werken (2 Kon. 5,2). Meisjes en jonge vrouwen die nog geen geslachtsgemeenschap hebben gehad zijn volgens Num. 31,18.35 zeer gewild, meer nog dan jongens. Buitenlandse krijgsgevangenen in Israël staan pas door het deuteronomistische wetboek onder bescherming van de wet, doordat nu voorgeschreven wordt dat een man met een gevangen genomen vrouw moet trouwen, wanneer hij geslachtsgemeenschap met haar wil hebben (Deut. 21,10-14).

Met name na de ineenstorting van het noordrijk moeten er grote stromen vluchtelingen zijn geweest, die zich vooral in Jeruzalem vestigden. Het Verbondsboek met zijn sociale recht is daarom sterk afgestemd op het vreemdelingenvraagstuk.

2.3.3 Beeld en zelfbeeld van de vrouwen

Spr. 10-30 en de liefdesliederen van het Hooglied, die waarschijnlijk tussen de 8e en 6e eeuw v. Chr. zijn ontstaan, zijn de meest voor de hand liggende bronnen wanneer we het imago of zelfbeeld van Israëlitische vrouwen willen leren kennen. De androcentrische wijsheidsliteratuur benadrukt, in navolging van Egyptische voorbeelden, steeds weer de verheven positie van de moeder. Zij verdient achting en respect. De Israëlitische man ervaart een goede echtgenote als een godsgeschenk, waarbij over het algemeen niet zozeer haar rol als huisvrouw van belang is, als wel haar rol als raadgeefster van haar man (Schroer 1991). Hoe eigenzinnig vrouwen deze mogelijkheid tot machtsuitoefening benutten, blijkt ook uit talrijke seksistische Sententiae, waarin vanuit de optiek van de man de echtgenoot die met een twistzieke vrouw moet leven wordt beklaagd (o.a. Spr. 21,9).

In de liederen van het Hooglied wordt een gelijkwaardigheid van man en vrouw zichtbaar, zoals die op deze manier misschien alleen mogelijk was door de ervaring van onbekommerde verliefdheid aan gene zijde van alle maatschappelijke instituties en eisen. Man en vrouw beschrijven zichzelf gedeeltelijk met dezelfde metaforen, genieten van de schoonheid van de partner. De vrouw is voor de man begerenswaardig, soms nabij, dan weer ver weg en ongenaakbaar als een godin. Trots en afwijzend gedrag hoort evenzeer bij het beeld van de vrouw als het smachtende verlangen naar de man; onstuimige wildheid en verleidingskracht evenzeer als aarzelend afwachten. De vloek die in Gen. 3,16 over de vrouw wordt uitgesproken – haar verlangen naar de man wordt met heerschappij beantwoord – heft Hoogl. 7,11 met één zin op wanneer de vrouw zegt: 'Ik ben van mijn lief, naar mij gaat zijn verlangen uit'. Bij de relatie tussen man en vrouw hoort het gevoel van verwantschap. De erotiek is, in vergelijking met de Egyptische liefdespoëzie, absoluut niet coïtus-gericht. Verliefde blikken, tedere gebaren, kussen, de naakte borsten van de vrouw of de ivoren huid van de man zijn al voldoende om alle toestanden van gelukzaligheid teweeg te brengen. Een poging tot een politieke lezing van het Hooglied, die echter in het geheel niet ingaat op het genre van dit soort literatuur, wordt door Klara Butting ondernomen (1993, 117-160).

Relaties tussen vrouwen, bijvoorbeeld tussen zussen (Lea en Rachel), tussen vrouwen en hun bakers of dienstmeisjes, tussen vriendinnen (Ruth en Noömi) of vrouwen en hun moeders (Hoogl. 6,9) komen in het Eerste Testament veelvuldig ter sprake. De moeder lijkt een belangrijke vertrouwenspersoon te zijn geweest. Meermaals wordt het thuis van een vrouw in weerwil van de gebruikelijke manier van spreken niet het huis van de vader, maar het huis van de moeder genoemd (Gen. 24,28; Ruth 1,8) Het thuis was met andere woorden onlosmakelijk met de moeder verbonden (Meyers 1991). In Hoogl. 3,4 en 8,2 stelt de verliefde vrouw zich voor hoe zij haar vriend in het huis van haar moeder brengt.

2.3.4 Religieuze ontwikkelingen

In de tijd van de 'Verenigde Monarchie' (ijzertijd IIA, 1000-900 v. Chr.) neemt als gevolg van de algemene rust in de buitenlandse politiek de betekenis van oorlog en krijgswezen af, en wordt de opbouw van een centraal bestuur en de representatie van de groot-koninklijke macht belangrijker. Er bestaat geen stedelijke tempelarchitectuur meer, aangezien de staatscultus reeds in Jeruzalem gecentraliseerd wordt. De God in de tempel van Jeruzalem is geen strijder, maar troont soeverein als hoogste koninklijke God (zonder aanschouwelijke voorstelling) op de cherubs. De betekenis van vrouwelijke godheden neemt verder af. In plaats van godinnen worden steeds vaker substituties afgebeeld (zogende capriden, vereersters bij het heilige boompje). Op terracotta's worden afbeeldingen van naakte godinnen geleidelijk vervangen door vereersters die de trom slaan. Alleen in de steden zijn in de 10e eeuw v. Chr. plaatselijk nog duidelijk sporen van godinnenverering te ontdekken. Alle ontwikkelingen vertonen de tendens om nu ook zaken als vruchtbaarheid en zegen, die in de geschiedenis van Palestina lange tijd tot de competentie van de godin hadden gehoord, onder de mannelijke staatsgod JHWH te plaatsen.

In de twee eeuwen waarin Israël en Juda als gescheiden monarchieën naast elkaar bestonden (ijzertijd IIB, 900-ca. 700 v. Chr.), verlopen de ontwikkelingen niet volledig parallel. Het noordrijk is iconografisch sterk georiënteerd op de Fenicische kunst. Langs deze weg doet ook een van oorsprong Egyptische zonne-en hemelsymboliek zijn intrede in het religieuze symboolsysteem. De elite van het noordrijk vereert JHWH als koninklijke zonnegod en heer van de hemel. Er wordt veel betekenis toegekend aan uiteenlopende wakende en hybridische wezens, waarvan men bescherming en voorspoed verwacht.

Reeds in de 9e eeuw v. Chr. komt het in het noordrijk tot een conflict tussen een profeet van JHWH en het koningshuis van de Omriden, dat in religieus en cultureel opzicht sterk Fenicisch, dat wil zeggen, Kanaänitisch georiënteerd is. Izebel deelt de facto het regeringsambt met haar man Achab, en ondersteunt mogelijkerwijze van staatswege een cultus met een Kanaänitisch karakter (1 Kon. 18,19). Als zelfbewuste heerseres krijgt zij het imago van de godin van het land, een traditie die al zichtbaar wordt in de beeldende kunst uit de midden-bronstijd (over Izebel en het motief van de vrouw bij het raam vgl. Winter 1983, 577-588; zie 1.4) Het lijkt gebruikelijk dat vrouwen in hun eentje naar religieuze feesten op de dag van de nieuwe maan en op de sabbat gaan (2 Kon. 4,23).

De cultuskritiek van de profeet Hosea zet een toon die voor vrouwen verstrekkende gevolgen heeft: De met de godin verbonden berg- en boomcultus en de seksuele riten die daar worden uitgevoerd, neemt Hosea weliswaar nog vooral de mannen kwalijk (Hos. 4,13v.). Ook doet hij meer of minder geslaagde pogingen om verlorengegane aspecten van de godinnen in het beeld van JHWH te integreren. Uit zijn poging om de relatie tussen JHWH en Israël in het beeld van een patriarchaal huwelijk te vatten, spreekt echter een groeiende vrouwvijandige tendens.

Ook in het zuidrijk treden al aan het begin van de 9e eeuw v. Chr. spanningen aan het licht die met de religieuze praxis van machtige vrouwen te maken hebben. Koning Asa ontslaat zijn moeder Maäka uit haar ambt als *gebîrah*, omdat zij een cultusbeeld voor Asjera heeft laten vervaardigen.

In de eeuw tussen het einde van het noordrijk en de Babylonische ballingschap (ijzertijd IIC, ca. 700-600 v. Chr.) vindt in Juda – onder invloed van Assyrische en Arameese invloeden – een sterke astralisering van het religieuze symboolsysteem plaats, die de nachtelijke hemellichamen in het middelpunt van de cultische handelingen plaatst. Veel bijbelse teksten herinneren aan het offeren op de bergen en de hoogten van Jeruzalem onder de blote sterrenhemel (o.a. 2 Kon. 22,5). Deut. 17,2-7 (vgl. ook Deut. 13) verbiedt astrale culten in de steden van het land onder bedreiging met de doodstraf, waarbij uitdrukkelijk zowel mannen als vrouwen als mogelijke delinquenten worden genoemd. Ook andere aanwijzingen doen vermoeden dat deze cultusvormen tot de volksreligiositeit hoorden. Het hemelheir is, zoals blijkt uit archeologische vondsten, ook in de vorm van paarden- en ruitersterracotta's nadrukkelijk aanwezig in de sfeer van de familiale vroomheid. Binnen deze context beleeft de godinnencultus in Juda een ongekende opleving. In de opgravingslagen van deze tijd zijn circa drieduizend pilaarfiguurtjes oftewel vrouwelijke terracotta's gevonden, merendeels met geaccentueerde borsten, waarvan alleen al in Jeruzalem zo'n tweeduizend stuks. De opleving van de Asjera-verering binnen de families is van invloed op de staatscultus. Alleen op die manier valt te verklaren dat koning Manasse een Asjera-cultusbeeld in de tempel van Jeruzalem liet plaatsen (2 Kon. 21,7; 23,6v.), voor wie vrouwen bij de tempel regelmatig kleren weefden. Waarschijnlijk gezien haar profiel treedt

Asjera nu als koningin van de hemel op. Volgens Jer. 7,16-18 en Jer. 44 stellen niet alleen vrouwen maar ook mannen, meestal de hele familie, hun hoop op de godin, waarvan gezegd wordt dat zij vrede, veiligheid en brood garandeert. Zij achten de God in Jeruzalem er niet toe in staat deze meest existentiële behoeften te kunnen bevredigen – dit in tegenstelling tot Jeremia die in de godinnencultus een van de oorzaken voor de rampzalige verbanning ziet. Uitdrukkelijk wordt in Jer. 44,21 opgemerkt dat ook de invloedrijken in het land, en zelfs het koningshuis zich tot de koningin van de hemel richtten en het dus niet alleen maar om een privé-vroomheid ging. De verering van het hemelheir was tot staatscultus uitgegroeid. De cultische activiteiten van zowel mannen als vrouwen nemen ook volgens het boek Ezechiël vlak voor de ballingschap drastisch toe. De tempel van Jeruzalem wordt hierbij als plaats van deze activiteiten wordt gebruikt, en leken nemen priesterlijke functies op zich die zij binnen de JHWH-cultus niet hadden. De meeste levieten pasten zich snel aan de nieuwe behoeften aan en stelden hun diensten ter beschikking (Ez. 44,9-13). Volgens Ez. 8 staat er in de buurt van de poort een cultusbeeld dat hoogstwaarschijnlijk aan Asjera of de koningin van de hemel is opgedragen. (Schroer 1987; Jost 1995). Mannen uit de bovenlaag van de bevolking branden wierook voor Egyptisch aandoende dier-godheden, voor de tempel vereren andere mannen de zonnegod Sjamasj, wiens rossen en wagens Josia bij zijn zuiveringsactie vlak daarvoor juist uit de tempel verwijderd had. Een speciale vrouwencultus wordt in Ez. 8, 14f genoemd. Vrouwen bewenen bij de noordelijke tempelpoort Tammuz. Deze rite had zeer oude wortels in de Soemerische Dumuzi-traditie. Om de dode Dumuzi/Tammuz, de partner van Istar, wordt ieder jaar bij het sterven van de vegetatie getreurd. Er is hier duidelijk sprake van Babylonische invloeden. Zeer waarschijnlijk bestaat er ook een verband met de verering van de koningin van de hemel (Istar). Het is echter zeer goed mogelijk, dat de aanleiding voor deze rituele weeklacht eerder in het oorlogsgeweld gezocht moet worden dan in de seizoengebonden natuurverschijnselen (aldus Jost 1995; over de klaagvrouwen zie boven 2.3.2.3). Ook vormen van waarzeggerij, die vooral door vrouwen werden beoefend, kenden volgens Ez. 13,17-23 vlak voor of tijdens de ballingschap een opleving. Voor het eerst wordt er van een hele groep profetessen gesproken, die met de Istar-cultus in verband zouden kunnen staan. Deze vrouwen – concurrentes van Ezechiël – worden als profetessen van hun eigen gedachten aangeklaagd, omdat zij als magiërs over leven en dood beslissen (hoe zij dat precies deden, kan uit de tekst niet duidelijk worden opgemaakt). Zelfstandig opererende magiërs accepteert Ezechiël echter niet (Jost 1994).

De deuteronomistische geschiedschrijving (soortgelijke standpunten neemt ook Sefanja in) beoordeelt de koningen van Israël en Juda voornamelijk op grond van hun maatregelen om de cultische plaatsen (hoogten, massében, asjera's) te vernietigen, die als oud Kanaänitisch erfgoed in de centra en op het land druk worden bezocht door JHWH-aanhangers. Onder de algemene veroordelingen vallen ook de terafim en verder iedere vorm van waarzeggerij. De hervormingskoningen Hizkia en Josia, die de JHWH-godsdienst van deze oude erfenis trachtten te zuiveren, dragen de bijzondere goedkeuring van beide geschiedschrijvingen weg. De aanzet tot de hervormingen onder Josia wordt gegeven door een in de tempel gevonden Tora-boek en het JHWH-orakel van de profetes Chulda, naar wie een officiële delegatie van de regering wordt gestuurd (2 Kon. 22). Behalve Chulda is voor de koningstijd nog een andere profetes opgetekend, namelijk de vrouw van Jesaja (Jes. 8,3).

Het beeld dat op grond van deze uiteenlopende informatie ontstaat, kent meerdere lagen. De JHWH-cultus werd als staatscultus bevorderd. Ook uit theofore persoonsnamen uit de 9e/8e eeuw v. Chr. blijkt dat de bevolking zich sterk aan deze hoogste godheid oriënteerde. De JHWH-cultus kon echter bij lange na niet de religieuze behoeften bevredigen die de Israëlieten in het leven van alledag hadden. Voor vruchtbaarheid, het gedijen van planten, dieren en mensen en voor de liefde was van oudsher de godin verantwoordelijk geweest. Nog in de deuteronomistische zegswijze 'de worp van uw runderen en de aanwas van uw kleinvee' (Deut. 7,13; 28,4.18.51) komen de namen van godinnen, van de Noord-Syrische Sjagar en van Astarte, voor (vgl. ook in Gen. 30,37vv. de takken waarbij de dieren van Jakob paren). Velen wilden de feesten en riten op de hoogten en bij de machtige bomen, die deze vruchtbaarheid moesten garanderen, niet opgeven. Heilige stenen en bomen, orakels en waarzeggerij hadden hun waarde bewezen, waarom zou men hiervan afstand moeten doen? Wanneer in het Hooglied (2,7 en 3,5) de geliefden bezweren bij de gazellen van de liefdesgodin, en de vrouw geschilderd wordt naar het beeld van de meest uiteenlopende oud-oosterse godinnen, wanneer de palm van de godin en de appelboom waaronder het liefdeslied wordt gezongen op een positieve manier en zonder polemiek worden genoemd, wanneer de God van Israël in deze liederen eenvoudigweg niet voorkomt, dan blijkt ook uit dit deel van de Israëlitische traditie hoe sterk de Kanaänitische religiositeit in Israël geworteld was. Over de familiale vroomheid hadden de leiders van de staatsgodsdienst geen controle. Daarom spoort de deuteronomistische wet in Deut. 13 ertoe aan buren en zelfs naaste familieleden aan te geven die bij 'afgoderij' zijn betrokken, en stelt deze wet op dergelijke overtredingen de doodstraf. Ook op het hoogste politieke niveau ontstond regelmatig verzet tegen een zuivere JHWH-godsdienst. Er moet daarom vanuit worden gegaan dat de godinnen-verering, maar ook ander Kanaänitische tradities, weliswaar in meer of minder sterke mate werden onderdrukt, maar nooit werkelijk uit-geroeid konden worden en op bepaalde momenten weer opbloeiden. De kennis en de praxis van de culten werd zowel door mannen als vrouwen in stand gehouden, maar toch vooral door vrouwen. Hun be-reidheid om zich (uitsluitend) te identificeren met de JHWH-cultus, die door mannen werd geleid en voor vrouwen duidelijk ontoereikend was, kan niet zeer groot zijn geweest. Dat verklaart misschien ook waarom Israëlitische vrouwennamen veel minder vaak dan mannen-namen aan de hand van de godsnaam JHWH werden gevormd (Winter 1983, 21 e.v.; zie 1.4) Een ongeschreven wet stond het vrouwen toe vast te houden aan de godsdienst van hun geboortestreek. Buiten-landse vrouwen die door een huwelijk naar Israël kwamen, behielden in Israël hun eigen godsdienst (o.a. 1 Kon. 11,1-5; omgekeerd hoefden Israëlitische vrouwen in het buitenland hun godsdienst ook niet op te geven). De deuteronomist wijst dit later aan als een van de grootste zonden van het volk. Het voorschrift in Ex. 34,11vv. om alleen JHWH te vereren (vlg. Crüsemann uit het milieu van Hosea), probeert de deelname van Israëlieten aan religieuze feesten van Kanaänitische ori-gine en huwelijken met jonge mensen uit niet streng JHWH-gelovige groeperingen tegen te gaan (Ex. 34,12-16). Gemengde huwelijken met de dochters van Kanaän worden door de deuteronomist steeds op-nieuw aangewezen als bron van alle verkeerde ontwikkelingen. Ver-moedelijk ging het bij deze dochters van Kanaän niet eens om speciale bevolkingsgroepen, maar domweg om Israëlitische vrouwen die niet bereid waren de oude, in het land gewortelde tradities op te geven. De centralisering van de JHWH-cultus bij bepaalde officiële heilig-dommen en ten slotte alleen in Jeruzalem zal er zeker toe hebben bij-gedragen dat veel Israëlieten de traditionele heilige plaatsen bleven op-zoeken.

2.4 De exilisch/na-exilische tijd tot het einde van de Perzische heerschappij (600/587-333 v. Chr.)

Tussen 600 en 587 v. Chr. wordt Jeruzalem in twee etappen veroverd door Babylonische troepen onder aanvoering van Nebukadnessar. Tot twee keer toe worden duizenden uit de hogere kringen van Jeruzalem en Juda (waaronder Ezechiël) naar Babylonië in de buurt van Nippur gedeporteerd; Jojakin en de Judese koningsfamilie leven aan het Baby-lonische hof. Veel Judeeërs vluchten naar Egypte, waar een deel van de mannen als huurling in dienst treedt. Op het eiland Elefantine vestigt zich een Judees garnizoen. Tegen hun wil worden ook Jeremia en Baruch mee naar Egypte genomen. Juda komt onder het gezag van de Perzische provincie Samaria te staan, maar verliest ook tegelijkertijd territorium, want de Negev en de zuidelijke Sjefela komen in bezit van de Edomieten en Arabische stammen. In de kustvlakten weten zich enkele gedeeltelijk autonome stadstaten te handhaven. Zo moeten we vanaf de tijd van de ballingschap rekening houden met verschillende bevolkingsgroepen die de religieuze overlevering dragen. Deze groepen leefden in zeer uiteenlopende culturele en sociaal-politieke contexten, wat van invloed was op de religieuze voorstellingen. Dat de ontwikkelingen daarbij binnen een tijdsbestek van ongeveer drie generaties zeer sterk uiteenliepen, geven de sociale en religieuze spanningen aan die optraden toen rond 520 v. Chr., nadat de Perzen het Oosten hadden veroverd, de ballingen in Babylon (maximaal veertigduizend mensen) naar huis mochten terugkeren. Vrouwen, het vrouwbeeld en de kwestie van de godinnenverering spelen in al deze controversen een centrale rol. Zeer algemeen kan geconstateerd worden dat de ineenstorting van de monarchie en de verwoesting van de tempel van Jeruzalem de gevestigde patriarchale orde op z'n grondvesten deed trillen, en vrouwen in zoverre nieuwe kansen kregen dat de traditionele rolpatronen en religieuze stelsels hun vanzelfsprekendheid hadden verloren. De religieuze identiteit van Israël was plotseling weer heel sterk, zoals in de tijd vóór de staat, aan de familie of sibbe gebonden.

Om deze processen te kunnen volgen zijn we hoofdzakelijk op teksten aangewezen, aangezien de beeldende kunst hier nog maar weinig houvast biedt.

De Gola in Babylonië bracht de religieuze tradities van het moederland bijeen en bewerkte deze opnieuw, waarbij zich een priesterlijke en een deuteronomistische school ontwikkelden. Hierin vinden het zogenaamde priestergeschrift (met de wet op de heiligheid in Lev. 17-26) en het deuteronomistische geschiedwerk hun oorsprong. In de Babylonische ballingschap is ook de zogenaamde Deutero-Jesaja (Jes. 4-55) actief, waarschijnlijk een groep leerlingen van Jesaja. Over de situatie van de ballingen kan het een en ander worden opgemaakt uit het boek Ezechiël, dat in nauwe verbinding staat met het priestergeschrift, en ook uit het boek Jeremia (over het zogenaamde troostboekje in Jer. 30-31 met zijn sterk vrouwelijke metaforiek vgl. Bozak 1991). Uit Juda zelf zouden de Klaagliederen kunnen stammen. De eerste stemmen uit het Juda van na de ballingschap zijn de zogenaamde Trito-Jesaja (Jes. 56-66), Haggai en Zacharia. Voor de tijd tot het einde van de Perzische heerschappij (333 v. Chr.) bieden vervolgens ongeveer een eeuw later de boeken van het kroniek-matige geschiedwerk (Ezra, Nehemia, 1-2 Kronieken) informatie, waarin vooral de restauratieve kringen aan het woord zijn. Andere profetenboeken zijn Maleachi en Obadja. Eigen tradities vormen de wijsheidscycli (Spr. 1-9; 31 Job; delen van het psalter). De vrouwen-wereld na de ballingschap wordt op een buitengewone manier zicht-baar in het boek Ruth en voor een deel ook in het boek Ester. Aan het einde van de 4e eeuw v. Chr. werd de Pentateuch waarschijnlijk voltooid, aangezien de eindversie een groot aantal exilische/na-exi-lische teksten bevat.

2.4.1 De tijd van de ballingschap (Egypte, Juda, Babylonië)

Arameese teksten uit de 5e eeuw v. Chr geven ons informatie over het leven van de Judeeërs in Boven-Egypte. Meestal gaat het om privaat-rechtelijke documenten over huwelijk/scheiding en eigendom. Uit deze documenten blijkt dat de Judese kolonie zich niet isoleerde, maar met andere buitenlanders en met Egyptenaren samenleefden en zich door huwelijken met hen vermengde. Daarnaast is opvallend dat de rechtsstatus van de vrouwen van Elefantine ongewoon hoog was. Ze konden een echtscheiding aanvragen, hadden bezittingen en het recht om te kopen en verkopen. Het was mogelijk dat een slavin van Egyp-tische afkomst in Elefantine in de Jahu-tempel een functie op zich nam (Eskenazi 1992 met verdere literatuur). 60% van de vrouwennamen zijn religieuze namen, wat in vergelijking met andere exilisch/na-exilische teksten een procentueel hoog aandeel is.

Reeds in de heftige discussie tussen Jeremia met de Judeeërs in Egyptische ballingschap (Jer. 44) wordt duidelijk, dat deze mensen geenszins bereid waren de godinnencultus op te geven voor de JHWH-cultus. De Judese militaire kolonie in Elefantine bouwde een Jahu-tempel, maar vereerde JHWH en Anat als godenpaar. Deze open-heid voor interculturele relaties en polytheïstische vormen van gods-dienst blijft kenmerkend voor verdere ontwikkelingen van het joden-dom op Egyptische bodem. Nog in de Sapientia Salomonis (Wijsheid) wordt in de 1e eeuw v. Chr. een poging ondernomen om te spreken van de God van Israël en zijn paredros (troongenote), Sofia.

In Juda verandert het leven na de val van Jeruzalem ingrijpend. De achtergeblevenen behoren waarschijnlijk grotendeels tot de eenvoudi-ge plattelandsbevolking (2 Kon. 24). De elite van het land is gedepor-teerd, de tempel van Jeruzalem ligt in puin. Er is geen paleis en geen functionerend hooggerechtshof meer. Het gehele bestuurlijke appa-raat ressorteert onder de bezettingstroepen, die de verlaten huizen en de erflanden van de gedeporteerden in beslag nemen (Klaagl. 5,2) en daarna aan de verarmde Judeeërs overdragen. Dit betekent dat de eigendomsverhoudingen volledig op hun kop worden gezet. De ellende is groot (honger, veel weduwen en wezen, verkrachtingen), daarnaast moet de politieke en religieuze catastrofe verwerkt worden. Uit de latere spanningen tussen de Gola-repatrianten en de achtergeblevenen kan afgeleid worden dat de bevolking van Juda, tijdelijk bevrijd van de priesterlijke en deuteronomistische elite, in de 6e eeuw v. Chr. populaire religieuze voorstellingen en praktijken levend had gehouden. In de Fenicische, de Noord-Arabische en Edomitische randgebieden speelt de godin, nu ook steeds vaker voorgesteld als moedergodin met kind, een belangrijke rol.

Degenen die naar Babylon worden gedeporteerd, behoren tot de bovenlaag van de bevolking: hofbeambten, priesters, stadsvorst(inn)en, weerbare mannen en ambachtslieden. Ze kunnen hun beroep vrij uitoefenen en beschikken tot op zekere hoogte over een vorm van zelfbestuur, dat door de oudsten wordt uitgeoefend. Al snel houden de verdrevenen er rekening mee dat hun ballingschap van langere duur zal zijn. Zij bouwen huizen en leggen moestuinen aan (vgl. Jer. 25). Door huwelijken en zakelijke relaties ontstaan nauwere banden met de Babylonische bevolking. Terwijl de priesterlijke kringen geen bezwaar hebben tegen zulke contacten (vgl. Neh. 13,28v.), kiezen andere groepen rigoureus voor de endogamie. In de ontheemding van de ballingschap onderhoudt men de tradities van het moederland zeer intensief om de eigen identiteit te bewaren. In deze tijd ontstaan onder meer nieuwe rechtsboeken en historische werken. Ook theologische ontwikkelingen die bepalend zijn voor de Israëlitisch-joodse godsdienst op de lange termijn, vinden in de ballingschap plaats. Het komt tot een uitdrukkelijke verwoording en overdenking van het beeldverbod en het monotheïsme. De deuteronomistische groepen passen hun model om met de schuldvraag om te gaan op de gehele geschiedenis van Israël toe. Daarbij komt steeds opnieuw de godinnencultus als hoofdoorzaak van de historische catastrofe naar voren. De profeet Ezechiël maakt de hoererij van Jeruzalem tot sleutelmetafoor voor het verspeelde heil (Ez. 16 en 23).

Priesterlijke groepen (ook Ezechiël) ontwerpen een geheel nieuw religieus gedachtestelsel, dat gebaseerd is op voorstellingen van rein en onrein, heilig en profaan en dat de plaats moet innemen van de voorlopig onmogelijk geworden cultische activiteiten in Jeruzalem, om zo een volkomen leven 'voor het aanzicht van God' te leiden. Het systeem van rein en onrein (hierover meer verderop in 3.5, Gerstenberger 1993 onder 1.4, Gerburgis Feld 1996 en Ina Johanne Batmartha 1996), dat in principe berust op cultuurgebonden (en daarom cultureel verschillende) taboes op iedere vorm van vermenging, heeft niets te maken met morele opvattingen. Een onreinheid, bijvoorbeeld door zaadlozing, is noch verboden noch een subjectieve schuld en verdwijnt 's avonds meestal vanzelf of door wassing. Aangezien echter het domein van het heilige, en dus vooral de tempel, absoluut rein is en daardoor afgescheiden van de profane wereld, krijgt het weren van al het onreine uit de cultische ruimte een bijzondere betekenis. En op dit punt wordt het priesterlijke wereldbeeld extreem vrouwvijandig, aangezien vrouwen door hun maandelijkse onreinheid of door bevallingen (Lev. 12; 15,19-23) weken- of maandenlang niet aan de cultus mogen deelnemen. De nieuwe tempel, die Ezechiël zijn verbannen landgenoten als troost in het vooruitzicht stelt, wordt beheerd door de hoge-priesterlijke koning en de Zadokidische priesters, die vanwege de reinheidsvoorschriften niet eens met een weduwe of gescheiden vrouw mogen trouwen, maar uitsluitend met een maagd of de weduwe van een priester (Ez. 44,22, vgl. ook Lev. 21 en 22,13). In het priesterlijke systeem van de nabijheid Gods, dat het onderscheid tussen Israëlieten en vreemdelingen voor een groot deel opheft, hebben vrouwen geen plaats. Later wordt de scheiding tussen mannen en vrouwen door de aanleg van een speciaal voorhof voor vrouwen in de tempel van Jeruzalem ook feitelijk zichtbaar. Dit vindt plaats ondanks het feit dat in het scheppingsverhaal van hetzelfde priestergeschrift als een kerngedachte wordt vastgelegd, dat man en vrouw als beeld van God gelijkwaardig zijn (Gen. 1,27; vgl. echter Num. 5,20 het beginsel van ondergeschiktheid). De wet op de heiligheid (Lev. 17-26) versterkt, anders dan het deuteronomistische wetboek, duidelijk de patriarchale structuren. De priesters waken over de huwelijkstrouw van de vrouwen en organiseren bij de minste of geringste verdenking van echtbreuk een vernederend godsgericht (Num. 5). De wet trekt, bijvoorbeeld in de bepalingen over de kwijtschelding van schulden en vrijlating van slaven, de deuteronomistische sociale wetgeving gedeeltelijk in. Op grond van de nieuwe situatie worden nu echter niet alleen meer de vrije grondbezitters, maar alle Israëlieten aangesproken. Een aanhangsel over het inlossen van beloften taxeert – vermoedelijk op basis van productiecapaciteit – de waarde van een mannen-of vrouwenleven vrij onomwonden in sikkel zilver:

leeftijd	man	vrouw
>60	15	10
20-60	50	30
5-20	20	10
<5	5	3

De theologie van de Deutero-Jesaja-beweging in ballingschap vertrekt vanuit een geheel ander uitgangspunt. Deze dicht bij het volk staande beweging laat zich leiden door een integratief, Israël overstijgend universalisme, op basis waarvan zelfs de grote Perzische koning Kores als messias van JHWH wordt aangeduid (Jes. 45). In de hoop op een spoedig einde van de ballingschap kondigt Deutero-Jesaja in troostrijke woorden een nieuw begin in de geschiedenis van Israël met JHWH aan. Het valt op dat in dit geschrift naast de zonen ook de dochters en naast de mannen ook de vrouwen uitdrukkelijk worden genoemd (Jes. 43,6; 49,22). Het herinnert de mensen niet alleen aan Abraham, hun vader, maar ook aan Sara, 'die u baarde' (Jes. 51,2). In het beeld van JHWH worden beelden uit de ervaringswereld van vrouwen (God als een vrouw in barensnood Jes. 42,14) en troostend-moederlijke elementen opgenomen (Jes. 49,15; vgl. al Hos. 11).

2.4.2 Ontwikkelingen in Juda na de ballingschap

De tijd direct na de ballingschap lijkt, wat de situatie van vrouwen betreft, in sommige opzichten overeenkomsten met de tijd van voor de staat te hebben vertoond. De ineenstorting van koningschap en tempel schept voor korte tijd een nieuwe bewegingsvrijheid, sociale rollen moeten opnieuw worden vastgelegd. De terugkeer van de bannelingen uit de Babylonische ballingschap, die mogelijk werd gemaakt door een decreet van Kores II, veroorzaakt problemen die in bepaalde opzichten wellicht geleken hebben op de problemen van na de Duitse hereniging. De eigendomsverhoudingen moeten weer opnieuw geregeld worden, de teruggekeerde ballingen eisen – zich beroepend op geslachtslijsten – hun huis en land op, waar allang andere families leven. Er moeten nieuwe huizen worden gebouwd. Een droogteperiode rond 520 v. Chr. verscherpt de situatie dramatisch. Bovendien bestaat er een grote maatschappelijke ongelijkheid tussen degenen die in het land zijn gebleven en de Gola-Israëlieten, die zeker niet met lege handen terugkwamen. Het zou mogelijk kunnen zijn dat de dramatische schilderingen van het lot van daklozen en de verpaupering van de armen in het land in Job 24,2-14 en 30,2-8 de situatie beschrijft waarin het land na de ballingschap verkeert. Het land staat onder Perzisch gezag, de twee provincies Yehud en Samaria worden door stadhouders bestuurd. In religieus-cultische en politieke aangelegenheden eisen de teruggekeerde ballingen de orthodoxie en de macht op.

Trito-Jesaja knoopt opnieuw aan bij de traditionele maatschappijkritiek van de profeten. Er zijn in het land mensen zonder eten, kleding of een dak boven het hoofd (Jes. 58; vgl. Job 24,2-14; 30,2-8). JHWH kiest de zijde van deze uitgeputten en deemoedigen (58,15), en verwacht dat alle Israëlieten solidair zijn met hun verarmde volksgenoten. De boodschap van Trito-Jesaja voor de armen is vol troost. Ook deze dicht bij het volk staande missionarissen van JHWH kennen zowel mannen als vrouwen een plaats toe in hun religieuze taal, spreken van God als moeder (66,13) of betrouwbare vader. Sociale gerechtigheid (57,1; 58) is voor hen belangrijker dan een nieuwe tempel (66,1), de armen en bedroefden moeten de priesters van JHWH zijn (61,6), de JHWH-cultus moet openstaan voor vreemdelingen en alle volkeren (56,7). De vraag of de beschrijvingen van maatschappelijke problemen in Spr. 1-9 (bijv. 3,27-29) en in het boek Job (Job 24) juist uit de eerste tijd van het nieuwe begin stammen of uit een latere periode, blijft open.

Binnen de eerste generatie van teruggekeerde ballingen zijn reeds sterk restauratieve groeperingen rond Zerubbabel en de hogepriester Jozua actief. Voor hen hebben de cultische orthodoxie en vooral de wederopbouw van de tempel de hoogste prioriteit (Haggai, Zacharia). De niet-verbannen plattelandsbevolking en de mensen uit de gebieden van het (voormalige) noordrijk (provincie Samaria) worden bij voorbaat uitgesloten om mee te helpen aan de bouw van de tempel (Hag. 2,10-14; Ezra 4,3). In een programmatisch visioen stelt Zacharia (5,5-11) vreemde culten gelijk met godinnencultus, door alle verdorvenheid van het land in de gestalte van een vrouw (de godin) te personifiëren en haar in een afgesloten kruik naar Babylonië te laten wegvoeren. De 'enkele reis Babylonië' zal waarschijnlijk vooral voor vrouwen een niet mis te verstane boodschap zijn geweest (Schroer 1992, 176; Christoph Uehlinger 1994, 93-103).

Nehemia, stadhouder van Yehud (445-425 v. Chr.) en Ezra, 'priester en schrijver van de wet van de God des hemels (398 v. Chr.), zetten de restauratieve lijn voort. Nehemia zet, in naam van de Perzische koning, vaart achter de bouw van de muur van Jeruzalem, waaraan ook vrouwen met grote inzet deelnemen (Neh. 3,12 de dochter van Sallum). Blijkbaar zijn er echter ook vrouwen betrokken bij het verzet tegen dit project, waaronder een tegenstandster van Nehemia, de profetes Noadja (Neh. 6,14). De maatschappelijke verhoudingen kenmerken zich nog steeds door een schrijnende onrechtvaardigheid. In Neh. 5 doen vooral de vrouwen uit de arme plattelandsbevolking hun beklag bij de stadhouder. Zij moeten hun kinderen, akkers of wijngaarden verpanden om aan eten te komen of de belastingen te kunnen betalen. De welgestelde Judeeërs buiten de noodsituatie uit en vergaren grote rijkdommen (hiertegen richt zich misschien de kritiek op de feodale toestanden van Spr. 1-9). Nehemia zet een algemene kwijtschelding van schulden en het herstel van de eigendomsverhoudingen door (vgl. de na-exilische bepalingen in Lev. 25).

Bij de Waterpoort in Jeruzalem leest Ezra uitdrukkelijk mannen én vrouwen voor uit de Tora, die – mogelijk geworden door het Perzische tolerantie-edict – tot plaatselijke rechtscodex van Juda wordt uitgewerkt. Een reeks van criteria bepaalt wie er tot de nieuwe gemeente kan behoren. Daarbij speelt het streven om zich af te schermen voor de andere volkeren in het land of in de buurlanden en het verbod op gemengde huwelijken een grote rol. Vermoedelijk werden ook die Judeeërs, die hun godsdienst niet volgens de orthodoxe opvattingen praktiseerden tot een ander volk gerekend. Dit waren met name Judeeers (ook teruggekeerde ballingen) die waren getrouwd met vrouwen uit de omliggende gebieden (Neh. 13,23 Asdoditische, Ammonitische, Moabitische; Ezra 9,1 met aanvullende lijsten) of met autochtone Judese vrouwen die niet van de Gola-sibbe waren. Wanneer in de verhalen van de aartsouders in Genesis de mannen (Isaak, Jakob) in Mesopotamië vrouwen halen uit hun eigen familie, dan wordt daarmee een centraal thema van de na-exilische tijd aan de orde gesteld. Want veel teruggekeerde ballingen hielden door deze huwelijkspraxis het contact in stand met de stamverwanten die in Babylonië waren achtergebleven. Een dergelijke huwelijkspraxis beantwoordde sterk aan de voorstelling van een orthodoxe religieuze gemeenschap.

Ezra dringt erop aan dat deze zogenaamde vreemde vrouwen en hun kinderen worden verstoten. Nehemia en Ezra zetten een streng monotheïstische verering van een hoogste God van de hemel door. Mannelijke concurrentie heeft deze God van de hemel allang niet meer. De enige onzekere factor is de godinnencultus, die in Juda en omstreken nog steeds levendig is. Hier zijn Astarte, Atargatis, en Aphrodite intussen opgeklommen tot hoogste stadsgodinnen. De in de 4e eeuw opgestelde Kronieken wissen alle sporen van de godinnen die in het deuteronomistische geschiedwerk nog bewaard zijn gebleven rigoureus uit de geschiedenis van Israël en Juda (vgl. Christian Frevel 1991, 263-271). Ook de herinneringen aan sterke vrouwen worden vrijwel volledig geëlimineerd, sterker nog, bepaalde vrouwen worden juist zwaar beschuldigd (bijv. de koningin-moeder Atalja als raadgeefster van goddeloze daden in 2 Kron. 22,2). Dat vrouwen ten tijde van de Kronieken anderzijds het imago van stedenbouwsters konden hebben, blijkt uit een aantekening in het stamregister van Efraïm in 1 Kron. 7,24. Volgens dit vers bouwde Seëra Beneden- en Boven Bet-Choron, en Uzzen-Seëra.

De heftige reactie tegen gemengde huwelijken en godinnenverering en de latente vrouwvijandigheid in sommige geschriften uit de 5e/4e eeuw v. Chr. kunnen als een spiegel dienen waarin een aantal sociale en religieuze ontwikkelingen uit deze tijd zichtbaar worden. Vrouwen spelen ten eerste een toonaangevende rol bij de wederopbouw van het land. Zij houden de religieuze tradities mede in stand en zijn invloedrijk genoeg om eisen te stellen aan de verantwoordelijke mannen. Een van eind 6e eeuw v. Chr. daterend zegel van een vrouw, Selomit geheten, die beambte van gouverneur Elnatan wordt genoemd, maakt duidelijk dat vrouwen ook tijdens de periode van Perzisch bestuur een rol speelden (Nahman Avigad 1987). Het is mogelijk dat deze Selomit identiek is met de dochter van Zerubbabel (1 Kron. 3,19) en haar afstammelingen in Ezra 8,10 worden vermeld (Eskenazi 1992, 39 e.v.). Interessant is dat onder de teruggekeerde sibben een geslacht voorkomt dat Soferet, dat wil zeggen 'schrijfster' wordt genoemd (Ezra 2,55; Neh. 7,57).

Dit beeld wordt door de wijsheidsgeschriften en de boeken Ruth en Ester in verschillende opzichten aangevuld. Al deze geschriften nemen namelijk over de kwestie van de 'vreemde vrouw', de puur mannelijke godsvoorstelling en de patriarchale orde heel andere standpunten in dan de restauratieve groeperingen. In Spr. 1-9 en 31 is volgens de literaire fictie weliswaar een vader aan het woord die zijn zoon onderwijst, maar feministisch exegetische onderzoeken hebben aangetoond dat het hier ook zou kunnen gaan om een moeder die haar zoon onderricht (Tora) geeft (Brenner/van Dijk-Hemmes). Het trefwoord vrouwenwijsheid verbindt de na-exilische context van het geschrift met het oudere corpus van spreuken (Spr. 10-30). Vrouwenwijsheid bouwt zich volgens Spr. 14,1 haar huis, terwijl de dwaasheid het met eigen handen afbreekt. De sterke vrouw in Spr. 31,10-31 bezit een huis en heeft de leiding over een heel bedrijf. Beelden van vrouwen die huizen bouwen, onderrichten en raad geven, maar ook van oude oud-oosterse godinnen worden opgenomen in het complexe beeld van de *chokmah*, de gepersonifieerde wijsheid, die hier voor de eerste keer op literair niveau concreet wordt. Naar alle waarschijnlijkheid is zij geen werkelijke godin (met een eigen cultus), maar een poging om binnen een reeds monotheïstisch geconsolideerd symboolsysteem dat nog pluralisme toeliet een vrouwelijk spreken over God te verankeren, dat zich positief tot de vrouwenrealiteit verhoudt (vgl. Camp 1985 en Schroer 1991). In tegenstelling tot Nehemia, Ezra en Kronieken wordt bijvoorbeeld het beeld van de profetes en raadgeefster van koningen en machtigen positief opgevat. Niet de verdorvenheid van het land wordt in een vrouw gepersonifieerd, maar de gerechtigheid, de scheppende kracht en volheid van het leven. Ondertussen is een andere wetenschappelijke lacune opgevuld door een voortreffelijke exegetisch-sociaalhistorische studie van Christl Maier (1995). Zij voert in haar monografie een uiterst nauwkeurig onderzoek uit naar de betekenis van de 'vreemde vrouw' in Spr. 1-9, en gaat in dit verband ook in op het tegenbeeld van de gepersonifieerde *chokmah*. Ze laat zien wat de functie van de waarschuwingen voor de 'vreemde vrouw' was: jonge mannen uit de hogere Judese kringen in het Yehud van de laat-Perzische tijd moesten op die manier geïntegreerd worden in de oude beproefde, patriarchale familiestructuren. Contact met vrouwen buiten de familie wordt gezien als een bedreiging van een respectabel en succesvol leven. Een seksuele relatie buiten het huwelijk is uit den boze. Volgens Christl Maier krijgen vrouwen zowel door de *chokmah* als door de figuur van de 'vreemde vrouw' hun plaats in deze patriarchale ordening toegewezen. De *chokmah* fungeert hier als positieve, en de 'vreemde vrouw' als negatieve identificatie-figuur. Wanneer dit inderdaad het geval is geweest, dan valt echter niet verklaren dat de wijsheid in Spr. 1-9 nooit in een moederlijke gedaante verschijnt. Dit zou immers de vrouwenrol bij uitstek zijn geweest. Waarschijnlijk bergt het imago van de *chokmah* toch meer facetten in zich dan de traditionele rollen, en moet ze daarom ook begrepen worden als een constructieve reactie op maatschappelijke veranderingen en veranderde vrouwbeelden (zie over dit thema ook Christl Maier 1996; Gerlinde Baumann 1996 en 1996a).

Iets soortgelijks gebeurt ook in de novelle over Ruth, die relaties tussen vrouwen centraal stelt (Fischer 1991 en 1995). De novelle verhaalt van een typisch levenslot van vrouwen in de na-exilische tijd. Vanwege een grote droogte wijkt een familie uit Bethlehem uit naar het naburige Moab. Daar sterven eerst de man en ten slotte ook de twee zonen, die beiden een Moabitische vrouw achterlaten. Noömi gaat op weg naar Juda, omdat zij hoopt daar ondersteuning van haar familie te krijgen. Terwijl de ene schoondochter naar het huis van haar moeder wil terugkeren, blijft de Moabitische Ruth bij Noömi. Het lukt de beide vrouwen een nieuw bestaan op te bouwen door het oude recht van het leviraatshuwelijk op te eisen. Zo ontkomen ze als weduwe aan de totale armoede en houden ze de naam van de familie in stand. Het verhaal gaat over een 'vreemde vrouw', die hier nu echter als voorbeeldige JHWH-aanhangster wordt gepresenteerd wier roem in de poorten weerklinkt, en die als bouwster van het huis van Israël met Rachel en Lea wordt vergeleken en dus in veel trekken op de wijze vrouw of de wijsheid lijkt. De novelle laat een voor haar tijd ongewoon geluid horen. Ze kan beschouwd worden als een poging om door concrete voorbeelden tegenwicht te bieden aan de vijandige houding tegenover vrouwen en vreemdelingen. Klara Butting (1993: 21-48) heeft daarnaast laten zien hoe in het verhaal heel bewust 'geschiedenis van vaders' en 'verwekkingsgeschiedenis' door 'vrouwengeschiedenis' wordt vervangen. In dit licht bezien, geeft de novelle uitdrukking aan de hoop van gelovige Israëlitische vrouwen op een einde van de patriarchale macht binnen maatschappij en godsdienst.

In het boek Job wordt het tekortschieten van de mannelijk gedomineerde JHWH-godsdienst alom zichtbaar. De hoogste God van de hemel lost de problemen die op de politieke en religieuze ineenstorting volgen niet op. Er lijkt geen verband meer te bestaan tussen hoe iemand handelt en wat hem overkomt. Ook vele welgestelde patriarchen zoals Job moeten hun onverdiende echec meemaken en komen in opstand tegen God en de traditionele wijsheden. God en de *chokmah*, voor wie de Egyptische Ma'at model staat, zijn ontoegankelijk en ver weg, de rechtvaardige orde is niet meer inzichtelijk. Het valt op dat aan het einde van het boek, bij de rehabilitatie van Job, zijn drie dochters uitdrukkelijk met name (!) worden genoemd, en net als hun broers een erfdeel in bezit krijgen (42,13-15; vgl. Jürgen Ebach 1994, 35-40). Deze notitie moet in verband worden gebracht met de priesterlijke wetgeving over erfrecht in Num. 27 en 36. Machla, Noa, Chogla, Milka en Tirsa, de dochters van Selofchad – ook allen met name genoemd – dienen bij Mozes, dat betekent bij het hoogste gerecht, het verzoek in dat zij, omdat hun vader geen zonen heeft, als erfgenamen worden erkend. Het verzoek wordt ingewilligd. In een wetswijziging wordt later echter de restrictie toegevoegd, dat zulke erfgerechtigde vrouwen alleen mogen trouwen met mannen van de eigen stam, om te voorkomen dat erflanden verloren gaan.

De religieuze ontwikkelingen in de 5e/4e eeuw v. Chr komen in de genoemde geschriften tot uitdrukking. De teruggekeerde ballingen geven in maatschappelijke en religieuze kwesties sterk de toon aan. De godinnenverering wordt met drastische maatregelen en vermoedelijk vooral ten koste van vrouwen tegengegaan. Ondanks de sterke positie van vrouwen in de tijd van de wederopbouw ontwikkelt zich in korte tijd een sterk patriarchale maatschappijvorm met opnieuw een centralistisch tempelgebeuren en een monotheïstisch symboolsysteem. De minder exclusieve positie die Spr. 1-9 met betrekking tot het monotheïsme inneemt, is een poging het erfgoed van de godinnenverering (en daarmee vrouwentradities) te bewaren binnen dit door de orthodoxie bepaalde kader. Een zekere mate van pluralisme was dus wel degelijk mogelijk, zoals blijkt uit de religieuze taal van Deutero- en Trito-Jesaja. Vergelijkbare theologische uitgangspunten zijn ook in de psalmen aan te treffen. Deze laten zonder enige vorm van polemiek of aanspraak op exclusiviteit de God op de Sion en de Schepper-God versmelten met oude Baälstradities, bijvoorbeeld in Psalm 65 waar een Kanaänitische regenhymne betrekking krijgt op JHWH (Schroer 1991).

Steeds opnieuw wordt de moeilijke positie van vrouwen in een door mannen gedomineerde godsdienst zichtbaar. Een uiterst gecomprimeerde overlevering over dit thema vormt waarschijnlijk Num. 12

(vgl. boven 1.3.2). Mirjam die eeuwenlang een zeer positief imago had als profetische of charismatische aanvoerster van de exodus, wordt in deze tekst volledig zwart gemaakt. Samen met haar broer Aäron komt zij in opstand tegen Mozes, omdat ook zij en niet alleen Mozes directe godsopenbaringen zouden hebben ontvangen. Hier gaat het heel duidelijk om latere gezagskwesties. Wanneer Mozes het gerechtshof van Jeruzalem belichaamt (Crüsemann 1992; zie 1.4), dan kan de vraag gesteld worden welke collectieve grootheid dan achter Mirjam zou kunnen staan, die het gezag van Mozes ter discussie stelt. Zouden het geen vrouwen geweest kunnen zijn die de wetten van het gerechtshof aanvochten (vgl. Num. 27 en 36), of die niet meer bereid waren te accepteren dat mannen de religieuze alleenheerschappij opeisten?

Het boek Ester, dat zich in de Perzische tijd afspeelt, kan weliswaar slechts bij benadering gedateerd worden (5e-2e eeuw v. Chr.), maar laat een bijna net zo'n afschrikwekkend voorbeeld zien op politiek-maatschappelijk niveau. De weigering van koningin Wasti om aanwezig te zijn bij een feest van de mannenwereld eindigt met haar afzetting als koningin en een zendbrief door het hele land, die de patriarchale heerschappij van de mannen moet consolideren. De hoofdlijn van het verhaal is niettemin een indrukwekkende getuigenis van de gynaecocentrische geloofsgeschiedenis: Een vrouw – gemodelleerd naar het prototypische beeld van Jozef – wordt door haar verzet tegen het antisemitisme redster, zelfs Messiaanse koningin (Butting 1993: 49-86).

2.5 De verdere ontwikkelingen

De tijd van het hellenisme en de overgang naar de Pax Romana in het Oosten worden, wat de joodse literatuur betreft, gekenmerkt door een zeer grote productiviteit. Slechts enkele mijlpalen in de verdere ontwikkelingen kunnen hier nog genoemd worden. Over sommige geschriften is nog geen feministische discussie op gang gekomen of staat deze nog in de kinderschoenen, zoals bijvoorbeeld over het boek Prediker, dat niet alleen van cynisme beticht kan worden, maar op grond van een aantal venijnige uitspraken (7,27) ook van vrouwvijandigheid (een heel andere beoordeling vinden we bij Butting 1993, 87-116).

Het boek van Jezus Sirach (vgl. 1.3.2 en Schroer 1996) getuigt van de aanhoudende virulentie van de vrouwen- en godinnenkwestie in de 2e eeuw v. Chr. Jezus Sirach tracht de patriarchale heerschappij van de mannen in ieder opzicht te consolideren. Alleen voor moeders en goede echtgenotes toont hij sympathie, voor het overige zijn zijn uitlatingen onverholen misogyn. Op theologisch niveau komt deze vrouwvijandige houding niet alleen tot uitdrukking in de stelling over de vrouw als eerste zondaar (25,24), maar ook in zijn gewiekste poging om de gestalte van de gepersonifieerde wijsheid strikt ondergeschikt te maken aan de mannelijke God in de tempel, en haar te identificeren met de Tora, de Wet. Waarschijnlijk reikte de *chokmah*, zoals deze in Spr. 1-9 wordt geschetst, de vrouwen een religieuze taal en identificatiemogelijkheden aan die voor de wetsleraar onacceptabel waren.

Geheel anders verschijnt Sofia in het late boek Wijsheid, dat waarschijnlijk pas in de drie decennia voor het begin van onze jaartelling in Alexandrië is ontstaan. Dit geschrift zou in verband kunnen staan met de bij Philo van Alexandrië (De vita contemplativa) genoemde therapeuten en therapeutriden, een monastiek levende groep, waarin joodse mannen en vrouwen als elkaars gelijken deelnamen aan het religieuze gemeenschapsleven, in de liturgie speciale vrouwentradities werden onderhouden, en allen door middel van studie naar wijsheid streefden. Als personificatie speelt Sofia in het middelste deel van de Sapientia Salomonis (hfst. 6-11) eveneens een belangrijke rol. Zij personifieert de gehele hellenistische en joodse wijsheidstraditie, zij is de raadgevende echtgenote van de legendarische wijsheidsleraar Salomo en de paredros van de God van Israël. Voor alles is zij echter het joodse antwoord op de voor vrouwen zeer aantrekkelijke en aantoonbaar emancipatoire Isis-cultus. Tegenover Isis wordt hier een equivalente goddelijke gestalte uit de joodse traditie geplaatst. Sofia voert, in plaats van de mannelijke God, de uittocht uit Egypte aan, een vrouwbeeld waarop ook de therapeutriden teruggrijpen en dat eveneens ten grondslag ligt aan het boek Judit.

Een enorm, vrijwel onontgonnen terrein voor wetenschappelijk feministisch onderzoek vormt de zogenaamde vroeg-joodse literatuur (apocriefen en pseudepigrafen). Angelika Strotmann (1991) schreef een monografie over het beeld van de Vader-God in deze tijd, Angela Standhartinger (1996) publiceerde over het vrouwbeeld in het geschrift Joseph en Aseneth. Max Küchler heeft een uitstekende basis gelegd voor verder onderzoek, onder andere met eerste vertalingen in het Duits, die deze soms zeer moeilijk toegankelijke geschriften op overzichtelijke wijze presenteren. Zijn boek *Frühjüdische Weisheitstraditionen* is één groot compendium (van o.a. Alexandrijnse wijsheidstradities, wijsheid van de apocalyptici, wijsheid in Qumran, wijsheid bij de vroeg-joodse exegeten, historici, romanciers en dichters, Achikar-tradities, testamenten van de twaalf patriarchen), dat ook met het oog op een jezuanische of christelijke wijsheidstheologie onontbeerlijk materiaal bevat. Uitgaande van teksten uit het Tweede Testament (1 Kor. 11 sluiergebod) onderzoekt hij in *Schweigen, Schmuck und Schleier* het literaire lot van de bijbelse vrouwenfiguren in vroeg-joodse teksten (o.a. Henoch-tradities, Jubileeënboek, testamenten van de twaalf patriarchen) die over een conflict tussen man en vrouw vertellen. Het blijkt dat de bijbelse grondteksten geheel en al worden geërotiseerd door het sterke accent op de verleidelijke schoonheid van vrouwen, en dat eros steevast als demon wordt voorgesteld. Vrouwvijandige redeneringen in geschriften van het Tweede Testament knopen bij deze tradities aan.

3. Thematische dwarsdoorsneden

3.1 Wie is Eva?

Naar de plaats van de vrouw in Gen. 2-3 wordt door de feministische exegese al geruime tijd intensief onderzoek gedaan (zie artikel 'Eva' in WbFTh 90-97 en Schüngel-Straumann 1989). De grote aandacht die naar deze teksten uitgaat, hangt samen met hun centrale betekenis in de vroeg-joodse en vooral de christelijke geschiedenis van bijbeluitleg en de vrouwvijandige antropologie die hierin vervat ligt. In de Hebreeuwse Bijbel wordt nergens verwezen naar het jahwistische verhaal van de schepping en zondeval noch naar de samenhang vrouw – zondeval. De feministische exegese heeft (echter niet als eerste en enige) aan de hand van nauwkeurige tekstanalysen enkele onjuiste, traditionele interpretaties weerlegd. De vrouw is geen 'tweede geschapene', aangezien pas door de schepping van de ›îsjah een ›îsj 'man' zijn geslachtelijke identiteit verkrijgt, terwijl daarvoor sprake is van ›adâm 'aardling' zonder dat deze al geslachtelijk bepaald zou zijn. De vrouw wordt de man gebracht als een partner en gelijkwaardige hulp, als het wezen waarmee hij het nauwst verwant is. Gen. 2,24 verklaart vanuit deze verwantschap dat iedere man op zeker moment zijn ouders verwaarloost (niet verlaat!), om zich aan een vrouw te hechten. De tekst bevat geen aanwijzingen voor oude matrilineaire maatschappijordeningen waarin het gewoonte was dat de man bij de familie van de vrouw ging wonen.

Het zogenaamde verhaal van de zondeval probeert vanuit het besef dat het patriarchaat een verdraaiing van de scheppingsorde is, te verklaren hoe het zover gekomen is. Het kwam zover, omdat man en vrouw, verleid door de slang, een door JHWH aangegeven grens niet respecteerden. In de strafbepalingen wordt zo ethologisch verklaard, waarom sindsdien de slang (in het Hebreeuws grammaticaal mannelijk!) zonder voeten op zijn buik door het slijk kruipt, waarom vrouwen zware en talrijke zwangerschappen moeten doorstaan, waarom mannen heersen over vrouwen, waarom het bebouwen van het land zo uitermate moeizaam is. Al deze straffen vormen echter niet de door God gewilde orde, maar zijn reeds gevolgen van een menselijke misstap. Belangrijk om vast te houden is dat in Gen. 2-3 weliswaar de verhouding tussen de seksen centraal staat, maar daarbij het thema kin-

deren buiten beschouwing blijft. De vrouw wordt door de scheppingsorde niet expliciet op haar moederrol vastgepind (vgl. ook Ulrich), en
krijgt pas door de omkering van de eigenlijke scheppingsorde de last
van zware zwangerschappen te dragen.

De precieze ontstaansperiode van Gen. 2-3 kan niet achterhaald
worden, temeer omdat verschillende met elkaar vervlochten verhaal-
motieven op een langer ontstaansproces wijzen. Waarschijnlijk werd
het grootste deel van het verhaal in de koningstijd op schrift gesteld.
De onderlinge samenhang van sommige motieven is tot dusver onop-
gehelderd gebleven. De slang is in de beeldende kunst vanaf de late
bronstijd nauw verbonden met de godin (Qadsu, die twee slangen
vasthoudt). De oud-oosterse symboliek van de slang is echter zo meer-
duidig, dat de achtergrond van de relatie vrouw – slang niet duidelijk
wordt. Ook de heilige boom wordt in Palestina van oudsher met de godin in verband gebracht; hier wordt hij echter tot taboe verklaard.
Daarnaast bestaat er een oude beeldtraditie van de bedreiging van de
wereldboom, dat wil zeggen, van de levensgaranderende orde door
een draak van de chaos (slang). In het Syrisch-Palestijnse gebied is
het de weergod die de taak van slangendoder op zich neemt, god en
godin beschermen samen de wereldboom. In het bijbelse verhaal geven vrouw en man de voorgegeven orde echter prijs. De verlokking
van de boom ligt – hier komt het tot een bundeling van motieven –
in de begeerlijkheid van zijn vruchten, in de belofte van onsterfelijkheid, kennis van goed en kwaad, van wijsheid en zijn-als-God (vgl. ook
Sir. 24 het wortel schieten van de *chokmah* in de gestalte van verschillende bomen). Het feit dat de boom tot taboe werd verklaard, moet sa-
menhangen met de boom- en godinnentraditie in Palestina. De heilige
bomen werden binnen de JHWH-godsdienst door bepaalde groepen
steeds feller bestreden (vernietiging van de asjera's), aangezien ze onlosmakelijk waren verbonden met godinnenculten. Dit kan misschien
verklaren waarom de slang hier de vrouw als handlangster zoekt om
het taboe te schenden.

Een constructieve vraag die ons verder zou kunnen brengen, wordt
door Carol Meyers gesteld: Wie is Eva eigenlijk? Als Hawwah, 'moeder van al wat leeft', staat ze zeker in de traditie van een oude moeder-
godheid. Later verschijnt ze echter eerder als Israëlitische vrouw. De
prominente plaats van Gen. 2-3 in de jahwistische oergeschiedenis
en in de Pentateuch doet vermoeden dat Adam en Eva corporatieve
personen voorstellen oftewel voor de Israëlitische man en vrouw als
zodanig staan. Corporatieve personen komen in de Bijbel vaker voor
(Mozes als representant van het hooggerechtshof van Jeruzalem, Aäron als vertegenwoordiger van het priesterschap, Mirjam misschien
als representante van de Israëlitische vrouw die na de tweede exodus

het gezag van Israëls leiders in twijfel trekt, Sjifra en Poea als vertegenwoordigsters van het gilde van vroedvrouwen etc.). Adam staat voor de Israëlitische landbouwer die met moeite de aarde vruchtbaar maakt. Eva representeert de Israëlitische vrouw wier leven door zwangerschapppen is getekend en bedreigd. Dat ook Eva in de agrarische dorpsmaatschappij waarschijnlijk als landarbeidster werkzaam is geweest, laat de tekst buiten beschouwing, waarmee vrouwenarbeid onzichtbaar wordt gemaakt. De strijd om het bestaan buiten het paradijs is voor mannen en vrouwen niet even zwaar; vrouwen dragen een dubbele last. De man-vrouw-verhouding in Israël is enerzijds gekenmerkt door aanhankelijkheid, anderzijds door overheersing door de man. De vrouw neemt in deze mythische vertelling de rol van raadgeefster op zich. Ze is actief, de man reageert op haar impulsen. Ze interesseert zich voor het verbodene, voor dingen die het pure overleven overstijgen, voor onsterfelijkheid en wijsheid. Ze neemt haar beslissingen. Nu is inderdaad de rol van raadgeefster van de man vermoedelijk de belangrijkste taak van een Israëlitische echtgenote, belangrijker dan haar rol als huisvrouw (Schroer 1991). Het is een vaste gewoonte dat de man de raad van zijn vrouw aanneemt en haar advies opvolgt (de enige uitzondering is Job). Deze machtspositie van de vrouw binnenshuis en ook de positie van raadgeefster van de koningin-moeder riep bij de Israëlitische mannen zeker ook vijandige reacties op. In Gen. 3 wordt Eva heel duidelijk in de traditionele rol van raadgeefster voorgesteld, maar dan als slechte raadgeefster. Haar raad leidt niet tot heil, maar tot onheil van allen. De context laat vermoeden dat het hier inhoudelijk gaat om de invloed van vrouwen in religieuze aangelegenheden, om hun voorliefde voor boomcultus en slang, hun zoektocht naar autonome wijsheid, kenvermogen en vitaliteit (onsterfelijkheid). Hiermee komt Eva in een concurrentieverhouding tot de God van Israël te staan of, beter gezegd, in een spanningsverhouding tot de JHWH-cultus.

3.2 Het werk van vrouwen

Het werk van vrouwen, zowel van vrije vrouwen als van slavinnen, komt in het Eerste Testament vaak niet of nauwelijks in beeld, zodat we met moeite kleine observaties bij elkaar moeten sprokkelen. In een agrarische maatschappij moeten beide seksen de voorkomende werkzaamheden, akkerbouw, verwerking producten, veeteelt enzovoort delen. Gen. 2-3 stelt weliswaar de man voor als de typische landarbeider, maar de vrouw niet als landarbeidster. Onder meer in Ri. 13 en het boek Ruth wordt er echter heel duidelijk van uitgegaan dat vrouwen en mannen op het land werkten, vooral in de oogsttijd. Op het land schijnen, zoals in Ruth 2,9 duidelijk wordt, vrouwen geregeld last te hebben gehad van ongewenste intimiteiten van mannen. Vermoedelijk waren de vrouwen voornamelijk belast met de verwerking van de landbouwproducten en de toebereiding van het dagelijks voedsel, waaronder het tijdrovende malen van het graan met de handmolen (Ex. 11,5; vgl. ook Deut. 24,6). Daarnaast zijn er een aantal bijzondere werkzaamheden die vrouwen krijgen toegewezen. Op het paleis werken vrouwen als kokkin en bakster en vervaardigen ze parfum en zalven (1 Sam. 8,11-13; vgl. hierover het informatieve artikel van Willy Schottroff 1989). Vrouwen worden hier ook in muziek en zang opgeleid (Am. 8,3; vgl. ook 2 Sam. 19,36). Zangeressen worden ook genoemd in de na-exilische lijsten in Ezra 2,65 en Neh. 7,67.

Het vervaardigen van textiel is waarschijnlijk ten dele het werk van vrouwen geweest, in ieder geval voor privé-gebruik, maar ook voor andere doeleinden (Ex. 35,25vv.; 2 Kon. 23,7; Tobit 2,11-14). De meeste ambachtelijke beroepen (smid, volder, pottenbakker, bakker) schijnen, voor zover zij niet waren ondergebracht in koninklijke manufacturen, in familiebedrijven te zijn uitgeoefend (Jes. 7,3; Jer. 19,1; Jer. 37,21; Neh. 3,31v.). Of een beroep als dat van de zegelsnijder aan mannen was voorbehouden, valt niet vast te stellen. Weliswaar zijn op Egyptische afbeeldingen alleen mannen te zien die dit werk doen, maar het generieke taalgebruik in het Hebreeuws laat de mogelijkheid open dat ook vrouwen zegels sneden. Exclusief voor vrouwen zijn vooral het beroep van vroedvrouw en baker. Wijze vrouwen, profetessen, dodenbezweersters, waarzegsters en klaagvrouwen boden hun diensten aan, deels zonder, deels tegen vergoeding.

Een late tekst, Spr. 31,10-31, beschrijft een vrouw als meesteres van een huishouding met dienstpersoneel, die met textielverwerking en textielhandel geld verdient. Beroemd om zijn stoffen was Tyrus; dit beeld van de vrouw zou dus maatschappelijke verhoudingen in Fenicië kunnen weerspiegelen.

3.3 Brandpunt vrouwelijke seksualiteit

Het jodendom heeft ten aanzien van vrouwelijke seksualiteit zeker geen onproblematische houding ontwikkeld. Niettemin werd seksualiteit binnen het huwelijk in ieder geval niet geproblematiseerd, terwijl de christelijke traditie, in navolging van Paulus, de ongetrouwde staat beschouwde als een levensvorm die meer in overeenstemming was met het rijk Gods. Eerste grote mentaliteitsveranderingen op dit gebied worden al zichtbaar in de teksten van het Eerste Testament, waarbij blijkbaar de vrouwelijke seksualiteit een veel centraler thema was dan de mannelijke.

In de vroegste tijd schijnen in de maatschappelijke bovenlaag onder invloed van de Egyptische en Egeïsche cultuur homoseksuele relaties tussen mannen te zijn voorgekomen. Homoseksualiteit maakt in ieder geval deel uit van het imago van dit tijdperk. Dit blijkt onder meer uit de beeldende kunst, die bij gebeurtenissen aan het hof mannen alleen met mannen laat zien. De verhalen van Saul, Jonatan en David roepen in herinnering dat David, Israëls grote koning, een liefdesrelatie met Jonatan had. De interpretatiegeschiedenis van de teksten is tot op de dag van vandaag doortrokken van taboes. Een nauwkeurige exegese van de teksten maakt duidelijk dat hier geen sprake is van vermeende homo-erotiek, maar dat deze aantoonbaar aanwezig is (Schroer – Staubli 1996).

De ex-nomadische, Israëlitische dorpsbevolking ervaart het seksuele gedrag van stedelingen en andere volkeren als een bedreiging. Men is bang voor zedenloosheid en verkrachtingen, die volgens Lev. 18 en 20 echter net zo goed binnen de Israëlitische grootfamilies voorkwamen. Al in een vroeg stadium lijkt naaktheid en al het seksuele uit de JHWH-cultus te zijn geweerd. Mikal, een dochter van Saul, veracht David omdat hij zich tijdens een cultische dans ontbloot. Voor priesters geldt later het voorschrift dat zij aan het altaar een broek moeten dragen, zodat hun genitaliën ook bij het beklimmen van de altaartreden bedekt blijven (Ex. 20,26b; 28,42; Ez. 44,18). Het scheppingsverhaal in Gen. 2-3 ziet in de schaamte van de mens een gevolg van de omkering van de door God gewilde orde.

Het Eerste Testament geeft geen eenduidige visie op seksualiteit. Het Hooglied getuigt van de onbevangen manier waarop de geliefden vreugde beleven aan erotiek en seksualiteit, maar het is vermoedelijk alleen aan de allegorische duiding van dit geschrift te danken dat het nog in de canon werd opgenomen. Binnen het systeem van de reinheidsvoorschriften is seksualiteit een van de grootste bronnen van verontreiniging. Dit geldt in eerste instantie zowel voor mannen als vrouwen en moet ook niet worden opgevat als een teken van afkeuring van seksualiteit. Dat de maandelijkse bloedingen en andere bloedingen vrouwen onrein maakten, leidde echter tot een zeer negatieve beeldvorming over vrouwelijke seksualiteit en vruchtbaarheid. Aan deze negatieve beeldvorming hebben de Israëlitische profeten het sterkst bijgedragen. Reeds Hosea beschrijft het religieuze gedrag van Israël als hoererij van een getrouwde vrouw. Ezechiël en Jeremia werken de eenmaal in het leven geroepen vergelijking pornografisch uit.

Steeds is de vrouwelijke seksualiteit en het vrouwelijke lichaam het beeld voor trouweloosheid, schaamteloosheid en verachtelijk gedrag bij uitstek. Ezechiël (36,17) is ook degene die de onreinheid van de menstruatie vervolgens symbolisch vergelijkt met het gedrag van de Israëlieten jegens God, en daarmee het op zich amorele denken in termen van rein-onrein definitief een morele betekenis geeft.

De patriarchale maatschappij van Israël kenmerkte zich voor een groot deel door dezelfde dubbele moraal ten aanzien van seksualiteit als hedendaagse maatschappijen. Vrouwelijke seksualiteit werd zeer sterk gecontroleerd, wat met name tot uitdrukking kwam in de drastische strafmaatregelen in geval van echtbreuk. Terwijl de man niet binnen zijn eigen huwelijk, maar alleen binnen een ander huwelijk echtbreuk kon plegen, mocht een vrouw geen buitenechtelijke seksuele verhoudingen hebben. Reeds de minste of geringste verdenking van echtbreuk van zijn vrouw gaf de man het recht haar door middel van een godsgericht door een priester te laten testen. Israëlitische mannen bezochten prostituees (*zonah*), wat veel minder risico met zich meebracht dan een verhouding met een ongetrouwd of verloofd meisje of een getrouwde vrouw. Prostituees werden in natura of met geld betaald. Mogelijkerwijze droegen zij speciale kleding. In de tijd vóór de staat lijken ze als ongetrouwde vrouwen nog een sterke positie te hebben gehad. Zij voorzagen zelfstandig in hun levensonderhoud (soms ook door het aanbieden van logement), woonden alleen of met andere vrouwen in eigen huizen, en hadden ook kinderen. Op oudere leeftijd vielen ze echter vaak door de mazen van het sociale net als ze niet door hun familie werden verzorgd (vgl. het lied van het oudgeworden hoertje in Jes. 23,15-18). Of hier, zoals Hannelis Schulte vermoedt, sporen van zogenaamde Beena-huwelijken (bezoekhuwelijken binnen matrilineaire familievormen) zichtbaar worden, is het overwegen waard. Vanaf de koningstijd wordt de *zonah* met meer en meer verachting bekeken.

Terwijl deze vorm van 'beroepsmatige' prostitutie door de dubbele patriarchale moraal maatschappelijk geïntegreerd was, bonden de profeten de strijd aan met de vormen van 'prostitutie' die door grotere groepen van de bevolking werd gepraktiseerd en die waarschijnlijk religieuze achtergronden had. Bij cultische feesten van Kanaänitische origine kwam het kennelijk nog al eens tot zeer vrije seksuele contacten tussen mannen en vrouwen. De profeten kwalificeren dit als echtbreuk, omdat ook gehuwden aan dit soort gelegenheden deelnamen. Volgens Lev. 19,29 (vgl. Hos. 4,14) worden dochters door hun vaders tot dit soort prostitutie aangezet. Of het hier ging om initiatieriten of het voltrekken van de zogenaamde 'Heilige Bruiloft', is tot nu toe nog niet duidelijk (Wacker 1992 en Jost 1994). Als een zeer ernstig geval beschouwt Lev. 21,9 de prostitutie (bij een JHWH-heiligdom?) van een dochter van een priester. Bij de heiligdommen waren er daarnaast qedesjen die cultische functies uitoefenden. We kunnen slechts vermoeden dat zij als representanten van de godin (Qadsu 'de heilige') fungeerden (1 Kon. 14,24; 15,12; 22,47; Hos. 4,14; 1 Sam. 2,22b is een late glosse) en zich prostitueerden. In ieder geval lijkt hun imago op dat van de *zonah*, aangezien zij op eenzelfde manier buiten het patriarchale familieverband vielen en een grotere vrijheid genoten, ook in seksueel opzicht (aldus Jost 1994).

3.4 Vrouwen en geweld in het Eerste Testament

Sinds enkele jaren ligt juist het Eerste Testament onder het spervuur van de moderne kritiek, omdat het zich niet principieel en stelselmatig distantieert van geweld, maar het gebruik van geweld eenvoudigweg documenteert of legitimeert en vaak zonder enig probleem verenigt met het geloof in God. Voor vrouwen die de Bijbel lezen krijgt het thema geweld extra, vrouwspecifieke accenten. Dat hangt ten eerste samen met het feit dat vrouwen in alle culturen op een of andere manier betrokken zijn bij structureel of direct geweld, hetzij als slachtoffer hetzij als (mede)dader. In de tweede plaats stond de westers-christelijke traditie het vrouwen niet of nauwelijks toe om, bijvoorbeeld volgens het prototype van de heldin, geweld te gebruiken. Deze onverenigbaarheid van vrouwzijn en gewelddadigheid, of zelfs al van vrouwzijn en acceptatie van geweld is diep verankerd in het vrouwelijke zelfbeeld, zodat vrouwen niet alleen veel moeite hebben met teksten waarin geweld voorkomt en met mannelijk-krijgshaftige godsbeelden, maar vooral sterk afwijzend reageren wanneer bijbelse vrouwenfiguren geweld gebruiken of op de koop toe nemen.

De algemene problematiek van de omgang met de bijbelse houding tegenover geweld kan hier niet behandeld worden. Ik wil er slechts op wijzen dat er juist in verband met dit thema steeds weer anti-joodse clichés opduiken, die het Eerste Testament en zijn godsbeeld van gewelddadigheid en inhumaniteit beschuldigen en het Tweede Testament in dit opzicht min of meer goedpraten, alhoewel hiervoor geen enkel aantoonbaar bewijs is. De afwijzing van een traditie die geweld ter sprake brengt, heeft vaak weinig met echt pacifisme te maken en veel met de angst voor lichamelijke aanraking of ook gewoon met onervarenheid. Wie in de luxe-positie is dat hij/zij zichzelf en zijn/haar bestaan niet hoeft te verdedigen tegen geweld, kan makkelijk radicale posities innemen. Hoe snel zulke standpunten aan het wankelen kunnen raken, is duidelijk geworden door de reactie van veel vrouwen op de systematische verkrachtingen tijdens de oorlog in Bosnië.

De herinnering aan geweld in ons bijbels erfgoed, aan de mannelijke en vrouwelijke daders en offers, kan heilzaam zijn wanneer we onder ogen durven zien dat dit erfgoed zoals iedere menselijke geschiedenis het heilvolle en heilloze met elkaar verweven heeft. Juist voor vrouwen bestaat er geen enkele reden om het geweld in deze geschiedenis achteraf te rechtvaardigen. Maar er valt veel voor te zeggen de angst voor aanraking en taboes eindelijk langzaam los te laten. Met het oog op vrouwspecifieke vragen is het de moeite waard wat dieper in te gaan op het thema vrouwen en geweld in het Eerste Testament, en teksten over dit thema in plaats van los van elkaar in hun onderlinge verband te bekijken. Daarbij wordt vooral duidelijk dat de verteller(sters) niet zelden aan de kant van de vrouwen gaan staan en juist ook mannelijk geweld in naam van God steeds weer ter discussie wordt gesteld. Het Eerste Testament heeft de herinnering bewaard aan Israëlitische vrouwen, niet als pacifistes, maar als brengsters van vrede, die *omdat* zij in een godheid geloofden die vrede wil, ook geloofden dat er een einde moest komen aan de gewelddaden.

Vrouwen worden in het Eerste Testament voornamelijk voorgesteld als slachtoffer van mannelijk geweld. Aan de 'texts of terror' heeft Phyllis Trible al een aantal jaar geleden een veelbesproken feministisch boek gewijd. Zij laat zien dat er voor iedere tijd talrijke voorbeelden zijn van teksten die vertellen over geweld tegen vrouwen (vrouwenhandel en vrouwenroof in Ri. 21; krijgsgevangenschap van vrouwen in Deut. 21). Geweld van mannen tegenover vrouwen speelt zich echter ook en vooral in de privé-sfeer, binnen de familiekring af (Ex. 21,22 gaat uit van een ongeluk). De leviet in Ri. 19 aarzelt niet in uiterste nood zijn bijvrouw uit te leveren aan de gewelddadige mannen van Gibea, om zo zelf aan een dreigende verkrachting te ontkomen (hierover ook Lanoir/Rocha en Müllner 1996). Jefta is bereid zijn onzinnige gelofte te houden en zijn dochter te offeren (Ri. 11,30-40). Jaarlijks viert Israël echter een feest ter nagedachtenis aan dit als tragisch ervaren slachtoffer van geweld.

Verkrachting was een permanente dreiging voor Israëlitische vrouwen. Een vrouw die verkracht was, moest tot overmaat van ramp haar onschuld bewijzen, en er rekening mee houden dat ze door de maatschappij zou worden uitgestoten of de verkrachter tot vrouw zou worden gegeven. Incest schijnt geen uitzonderlijk verschijnsel te zijn geweest, wanneer we tenminste de uitvoerige wetsvoorschriften in Lev. 19 opvatten als een aanwijzing voor tegenovergestelde praktijken in de realiteit. Mogelijkerwijs gaat achter het verhaal van Lots dochters de herinnering schuil aan seksueel misbruik van dochters door hun vader

(Seifert). Met een verbazingwekkend inlevingsvermogen in de situatie van de gedupeerde vrouw vertelt 2 Sam. 13,1-22 over een verkrachting aan het koningshof (zie over deze tekst uitvoerig Ilse Müllner 1996a).

Amnon, een van de zonen van David, wordt verliefd op zijn halfzus Tamar. Hij bedenkt een list om met Tamar alleen te kunnen zijn. Hij doet alsof hij ziek is, en vraagt of de koningsdochter koeken voor hem wil bakken en aan zijn bed wil brengen. Vervolgens buit hij de situatie gewetenloos uit. Hij maakt zich met geweld meester van zijn zus en verkracht haar. Nauwelijks heeft hij genomen wat hij wilde, of zijn hartstocht slaat om in verachting en haat. Hij stuurt de geschonden en maatschappelijk voor haar leven geruïneerde vrouw de straat op. Tamar is met haar stem van de wijsheid, haar beroep op het ongeschreven recht, haar smeekbeden en haar nadrukkelijke appèl aan Amnons redelijkheid en smeekbeden niet opgewassen tegen het onrecht en het brute geweld.

Het verhaal van Tamar is een beklemmend voorbeeld van het geweld waaraan vrouwen in een patriarchale maatschappij blootstaan. Daarom zal een vrouw deze teksten met andere gevoelens en gedachten lezen dan een man. Zij zal vaststellen dat Tamar weliswaar het object is van de ruwe gewelddadigheid en begeerte van een man, het slachtoffer van een complot van mannen, van ontbrekende vaderlijke oplettendheid en rechtsbescherming en ten slotte ook nog eens van maatschappelijke verachting, maar dat in elk geval de vertel(ler)sters de zijde van Tamar kiezen, haar vrijspreken van schuld, haar wijsheid en bedachtzaamheid benadrukken en medelijden met haar hebben. Zo blijft Tamar het laatste onrecht bespaard, het onrecht van het verzwijgen.

In Israël blijft men zich de slachtoffers van geweld herinneren.

Tamar maakt het onrecht dat haar is aangedaan publiekelijk door luid te jammeren, te klagen en haar kleren te verscheuren. Een andere manier om het stilzwijgen te verbreken dat zulke ervaringen van geweld gewoonlijk omgeeft, (vgl. Rita Burrichter) wordt wellicht in Psalm 55 hoorbaar. Ulrike Bail voert op basis van een close-reading exegese overtuigende argumenten aan voor de stelling, dat in deze psalm een vrouw aan het woord is die op brute wijze is verkracht door een goede bekende en zich nu smekend tot God wendt.

Israëlitische vrouwen zijn slechts in uitzonderlijke situaties direct betrokken bij oorlogshandelingen, maar becommentariëren deze vaak wel zeer direct. Het Eerste Testament documenteert in verscheidene verhalen de gewoonte van Israëlitische vrouwen om succesvolle militaire acties te vieren met uitgelaten trommelspel, dans en gezang, om krijgshelden feestelijk binnen te halen en verslagenen te overladen met hun gevreesde spot. De opluchting van vrouwen, die zeker vaak aanleiding hadden om voor hun eigen leven of vrijheid of voor het leven van hun mannen te vrezen, is de begrijpelijke oorzaak van het gejubel. Mirjam pakt na de doortocht van de Israëlieten door de Rode Zee de trommel en zingt met de vrouwen een lied (Ex. 15,19-21). Debora heft in Ri. 5 het triomflied aan na de overwinning op Sisera (vgl. over het lied van Debora Ulrike Bechmann). De dochter van Jefta danst haar vader tegemoet, die met het leger van de Israëlieten de Ammonieten heeft verslagen (Ri. 11,34). De Israëlitische vrouwen juichen David bij zijn terugkeer van de slag tegen de Filistijnen toe: 'Saul heeft zijn duizenden verslagen, maar David zijn tienduizenden!' (1 Sam. 18,7).

Deze teksten corresponderen met de vele terracotta's uit de ijzertijd waarop trommelaarsters staan afgebeeld. De Israëlitische vrouw werd geacht op deze manier haar betrokkenheid bij de oorlogsgebeurtenissen te tonen. Het gejubel over de dood van de vijanden is echter niet in alle gevallen geheel eenduidig; het is zelf denkbaar dat de gezongen commentaren van de vrouwen in sommige gevallen een ironische ondertoon hadden (Brenner/van Dijk-Hemmes 1993, 32-48). Het lied van Mirjam zou oorspronkelijk wel eens een kritische noot hebben kunnen bevatten tegenover het hieraan voorafgaande lied van Mozes, zoals Marie-Theres Wacker (1988) vermoedt. Wanneer Mirjam zingt 'paard en wagen wierp hij in de zee', schrijft ze de overwinning op de Egyptenaren niet aan de Israëlitische strijdkrachten toe, maar aan God.

Vrouwen voelen op verschillende manieren de naweeën van politiek-militair geweld. De rouwverwerking hebben zowel de Filistijnen als de Israëlieten toen al voornamelijk aan vrouwen overgelaten. Aardewerken beeldjes stellen treurende vrouwen, geen treurende mannen voor, en het is geen toeval dat het beroep van klaagvrouw (bijv. Jer. 9,17vv.) in Israël een vrouwenberoep is.

In 2 Sam. 21 is in het verslag van een berekenend staaltje van wrede, patriarchale politiek een memento ingevlochten voor een opmerkelijke Israëlitische vrouw. David heeft na dubieuze politieke onderhandelingen twee zonen en vijf kleinzonen van Saul aan de Gibeonieten uitgeleverd als schadeloosstelling voor hun vervolging door Saul. De mannen worden opgehangen en niet begraven. Rispa, de moeder van twee van de gehangenen, blijft in haar rouw om de doden weliswaar sprakeloos, maar laat door haar ongewone reactie blijken dat ze deze zinloze dood niet accepteert en trouw blijft aan haar doden. Zij blijft maandenlang treurend bij de wegrottende lijken zitten en houdt de op aas beluste dieren op afstand. Onder de indruk geraakt door Rispa's trouw en vastberadenheid laat David daarop het in Jabes-Gilead begraven gebeente van Saul en Jonatan opgraven en samen met de gehangenen bijzetten in de geboortestad van de vader van Saul. Rispa is een voorbeeld van al die vrouwen die zich er ook vandaag de dag voor inzetten dat het verdwijnen van hun kinderen onder gewelddadige regimes niet zomaar geaccepteerd of vergeten wordt, dat degenen die zijn verdwenen of gedood in herinnering blijven en er actie wordt gevoerd totdat de schuldigen ter verantwoording worden geroepen.

In een groot aantal vrouwenverhalen over de vroegste geschiedenis van Israël komt naar voren dat de Israëlitische vrouwen vaak actief optraden als helpsters bij een vlucht (bijv. Mikal in 1 Sam. 19,8-24; vgl. ook de levensredsters in Ex. 2,1-10 en 2 Kon. 11,2) of als 'vrouwen voor vrede', en daarbij met verschillende middelen het geweld bestreden dat door mannen was veroorzaakt. Ook de vroedvrouwen Sjifra en Poea, die zich verzetten tegen het dodelijke bevel van de staatsmacht, kunnen in dit verband genoemd worden (Ex. 1). Of de vooruitziende Abigaïl (1 Sam. 25), die een groot en onzinnig bloedvergieten voorkomt, dat door mannelijke trots en eergevoel dreigde te ontstaan. Het betoog van Abigaïl geeft interessante informatie over haar godsbeeld. Zij beroept zich er tegenover David namelijk op dat het ook volgens de wil van God is, wanneer hij als toekomstige aanvoerder van Israël zijn handen niet bevuilt met het bloed van een wraakactie. Over een wijze vrouw die in een politiek zeer penibele situatie een oorlog weet te voorkomen, vertelt het verhaal van de vrouw van Abel-Bet-Maäka (2 Sam. 20,14-22).

Er zijn ook bijbelse vrouwen die geweld als politiek middel gebruiken, al zijn het er niet veel. Gewezen kan worden op de koninginnen en koningin-moeders van Israël en Juda die net als de mannelijke heersers gerechtelijke moorden pleegden (Izebel) en mensen koudbloedig lieten ombrengen (Atalja). Ik wil me hier echter beperken tot een aantal bijzondere bijbelse verhalen, waarin gewelddaden van vrouwen goedgekeurd worden of beschreven worden als handelingen die in overeenstemming zijn met de wil van God.

Dit is het geval bij Jaël (Ri. 4-5) en bij Judit. Jaël lokt de Kanaänitische veldheer Sisera in haar tent en slaat hem in zijn slaap dood met een tentpin. Door Jaëls daad wordt Israël bevrijd van de overmacht van de Kanaänieten, door haar kan God bevrijdend handelen.

Dat zulke individuele acties alleen in zeer extreme situaties voorkwamen of mogelijk waren, wordt in het boek Judit duidelijk.

Het boek Judit werd in de 2e, misschien zelfs pas in de 1e eeuw v. Chr. geschreven. Het vertelt niet over historische gebeurtenissen, maar verhaalt van de steeds terugkerende bevrijding van Israël uit de greep van zijn onderdrukkers. Judit, een welgestelde en vrome weduwe, komt in actie wanneer haar geboortestad Betulia door het leger van Nebukadnessar wordt bedreigd. De bestuurders van de stad weten zich geen raad, zij wachten vertwijfeld op Gods hulp. Judit beschuldigt hen van kleingelovigheid en verwijt hen dat ze God met hun gewacht chanteren. Samen met haar dienares begeeft ze zich, zonder de details van haar plannen te verraden, in het hol van de leeuw. Het lukt haar Holofernes, de vijandelijke veldheer, met haar vrouwelijke charme in de grootste val van zijn leven te lokken. Nauwelijks is Holofernes – dronken van de wijn en de liefde – ingeslapen, of Judit onthoofdt hem met zijn eigen zwaard.

De reacties van vrouwen op de figuur Judit zijn vaak heftig. Het idee dat een vrouw een mens doodt, is voor velen onverdraaglijk. Het boek Judit zelf schildert de tirannendoodster echter nog geenszins als 'femme fatale' af. Judit grijpt in haar extreme situatie naar een extreem middel. Haar gebed (Judit 9) en haar danklied (Judit 16) verwoorden een godsgeloof dat militaire kracht en geweld principieel en uit naam van God ter discussie stelt (Schroer 1992). De God van Judit is een God van de vrede, die geweld en strijdkrachten, die hier uitdrukkelijk met mannen in verband worden gebracht, afwijst. Het is de God van Israël die zich meermaals van mannelijke deugden en vooral van militair machtsbetoon distantieert. Deze God gaat liever een verbond aan met iemand als David, die het zonder wapenrusting tegen Goliat opneemt, of met iemand als Judit, die zich onbeschermd in zeer groot gevaar begeeft.

Het is de taak van de feministische theologie en exegese om zich bezig te houden met het openlijke en verborgen geweld dat een hiërarchisch gestructureerde, patriarchale maatschappij tegen vrouwen richt. Structureel geweld ligt op een dieper liggend niveau dan het fysieke, zichtbare geweld of het tegengeweld dat hierdoor wordt opgeroepen. Hier ontbreken echter nog diepgaande vrouwspecifieke onderzoeken vanuit sociaal-historisch perspectief. In hoeverre waren Israëlitische vrouwen het slachtoffer van het structurele, patriarchale geweld in hun maatschappij? We kunnen met zekerheid zeggen dat het in Israël vooral de weduwen waren die het meest te lijden hadden onder sociale misstanden en uitbuiting. Er zou eveneens nagegaan moeten worden welke vrouwen uit de hogere kringen aan structureel geweld tegen vrouwen bijdroegen, enzovoort. Maar niet alleen de sociale geschiede-

nis, ook de feitelijke theologische en godsdienstige geschiedenis geeft
aanleiding tot vragen. Is de geschiedenis van het monotheïsme een geschiedenis van overwinnaars, die zich ten koste van de religieuze behoeften en overtuigingen van de vrouwen in Israël wist door te zetten?
Moet er niet ook van structureel geweld worden gesproken, wanneer
vrouwen als religieuze subjecten in verband met godinnenculten als
demonen worden afgeschilderd, wanneer de relatie tussen JHWH en
Israël symbolisch wordt weergegeven als een hiërarchische verhouding tussen echtgenoot en vrouw, wanneer Israëlitische mannen na
de ballingschap proberen de praxis van de gemengde huwelijken ten
koste van buitenlandse vrouwen de kop in te drukken, enzovoort?
Een van de verdiensten van de joodse feministische theologie (vgl.
vooral Plaskow) is dat zij ook andere, nog radicalere vragen over de
problematiek van het geweld heeft geformuleerd: Is de theologische
gedachte van de uitverkiezing van volkeren nog houdbaar? Legt het
bewustzijn van een speciale uitverkiezing, van het exclusieve bezit
van de waarheid geen basis voor discriminatie van andere groepen of
volkeren? Mondt het bewustzijn van een uniek en bijzonder volk te
zijn niet steeds opnieuw uit in onheilige hiërarchieën en gewelddadige
maatschappelijke structuren?

3.5 Deelname van de Israëlitische vrouwen aan de JHWH-cultus

Het is zeker dat vrouwen in huis en binnen de familie verantwoordelijk waren voor eenvoudige rituele handelingen. Zo hebben ze toegang
tot de voorouderbeeldjes (terafim; Gen. 31,30-35; 1 Sam. 19,13.16).
Ex. 4,24-26 laat vermoeden dat vrouwen in de vroege tijd niet alleen
het recht van naamgeving hadden, maar ook dat van de besnijdenis
van jongens. Het zingen van de klaagliederen bij sterfgevallen wordt
mettertijd steeds meer een taak van vrouwen (vgl. reeds Jahnow 1923).
Bij cultische bijeenkomsten van Kanaänitische herkomst 'op de hoogten' lijken vrouwen en mannen even sterk betrokken te zijn geweest.
Het valt op dat cultische activiteiten van vrouwen het vaakst genoemd
worden in teksten die betrekking hebben op de tijd vóór de staat, zoals
bijvoorbeeld de schenking van een godenbeeld voor de huiskapel door
de moeder van Micha in Ri. 17,1-13 (Jost 1996).
   Van oudsher was voor de traditionele bijbelwetenschap het feit dat
er binnen de JHWH-cultus geen priesteressen waren een reden om nader te onderzoeken of, en zo ja, in hoeverre vrouwen eigenlijk een rol
binnen de cultus vervulden. Er kan inderdaad geen twijfel over bestaan
dat de priesters bij de centrale heiligdommen evenals de levieten, die
hun diensten in de provincies aanboden, uitsluitend mannen waren.

Aangezien het Nabije Oosten verder wel priesteressen in godinnen- en godenculten kent, is dit in op zijn minst verbazingwekkend. Enkele invloedrijke vrouwen worden echter als *nebi'ah* oftewel 'profetes' betiteld, van wie er twee een officieel erkende status hadden (2 Kon. 22,14-20; Jes. 8,3). Niettemin is er niet één boek onder de naam van een schriftprofetes overgeleverd. Men geloofde weliswaar dat ook vrouwen godsopenbaringen konden hebben, maar dit leidde keer op keer tot meningsverschillen over de vraag hoe gezaghebbend (Mirjam in Num. 12) of geloofwaardig deze waren. In Ri. 13 moet de engel van JHWH hoogstpersoonlijk een tweede maal op het toneel verschijnen, omdat Manoach het verhaal van zijn vrouw over de verschijning en de boodschap van de engel niet wil geloven.

Wat weten we verder over de activiteiten van vrouwen bij JHWH-heiligdommen? De cultische muziek kwam, zo blijkt uit beeldende kunst en bijbelse teksten, waarschijnlijk al in de vroege ijzertijd voor het grootste deel in handen van mannen (de schutspatroon van de cultische muziek is David!). Dans en het slaan van de handtrommel horen echter tot het profiel van de JHWH-vereerster (Mirjam). De psalmen, waarvan volgens Erhard S. Gerstenberger (1994, 349-363) ongeveer een derde afkomstig is uit familiale erediensten, bevatten nauwelijks directe verwijzingen naar vrouwelijke verlangens, gebedstaal of spiritualiteit (uitzondering Ps. 55; vgl. 3.4). Dat hoeft echter nog niet te betekenen dat vrouwen zich in deze gebeden niet konden herkennen. De beschrijving van nood, ontreddering en redding in hoogste nood, kon zowel voor de verarmde Israëlieten als voor de weduwen, voor de zieken en de vrouw in barensnood een steun zijn. Ook het lied van Hanna in 1 Sam. 2 verwijst weliswaar niet heel direct naar het geluk dat zij ervaart wanneer zij na een lange periode van kinderloosheid eindelijk een kind krijgt, maar in de programmatische lofzang op JHWH, die heel de bestaande orde op zijn kop zet, wordt wel een theologische duiding gegeven van deze vrouwspecifieke ervaring.

1 Sam. 1-2, een tekst die weliswaar vertelt van de tijd vóór de monarchie, maar waarschijnlijk tot de eindredactie van de geschiedwerken hoort, gaat van de veronderstelling uit dat hele families minstens éénmaal per jaar de JHWH-heiligdommen bezochten, om hun offers te brengen en samen te eten. Hier wordt wellicht de sinds Deuteronomium geldende regeling zichtbaar: vrouwen namen deel aan bedevaartsfeesten en offermaaltijden. Ze waren in ieder geval niet van deelname uitgesloten (Georg Braulik 1991: met name 129-136), maar ook niet op dezelfde manier als mannen tot deelname verplicht (Ex. 23,17; 34,23v.; Deut. 16,16). Het sabbatgebod heeft voor de vrije Israëlitische vrouw waarschijnlijk net zozeer gegolden als voor de man. Hoe zo'n bepaling concreet vorm kreeg, wanneer huis, hof en vee niet voor

meerdere dagen onbeheerd achter konden blijven of de kinderen nog te klein waren om mee te komen (1 Sam. 1,22), is een ander verhaal. Hanna betreedt in ieder geval het terrein van de tempel in Silo, zij bidt daar, spreekt met de priester en legt een gelofte af. Hoezeer vrouwen op dit gebied echter van hun autonomie als religieus subject werden beroofd, blijkt uit Num. 30. Daar wordt aan de hand van uitvoerige voorschriften bepaald dat de pater familias (vader van een dochter of echtgenoot van een vrouw) in principe altijd een veto-recht heeft wanneer de vrouw een gelofte aflegt. Als hij van dit recht gebruik maakt, dan wordt de gelofte ongeldig. Deze voorschriften betekenen een onmiskenbare, zij het dan ook partiële, patriarchale bevoogding van vrouwen op religieus gebied (vgl. daarentegen Spr. 7,14; 31,2).

Er bestaan sporen van activiteiten van vrouwen bij de heiligdommen in de koningstijd, die echter ook altijd in verband staan met andere godheden dan JHWH. Er wordt verteld over vrouwen die bij de tempel van Jeruzalem hoezen voor Asjera weven (2 Kon. 23,7), en over vrouwen die in de tijd vóór de ballingschap voor de tempel van Jeruzalem Tammuz bewenen (Ez. 8,14). Ex. 38,8 bewaart nog een herinnering aan spiegels, die vrouwen als attributen van de godinnencultus meenamen naar heiligdommen (Winter 1983, 58-65; zie 1.4). Welke functie de zogenaamde qedesjen uitoefenden, valt niet te achterhalen (vgl. boven 3.3).

Toen de priesters in ballingschap het rein-onrein-systeem tot basisprincipe van een nieuwe cultische orde uitriepen, heeft dit voor vrouwen waarschijnlijk verstrekkende gevolgen gehad. Van nu af aan hebben vooral vrouwen op vruchtbare leeftijd nog maar zeer beperkte mogelijkheden om aan de cultus deel te nemen, aangezien iedere menstruatie en iedere bevalling hen voor een aantal dagen of tot bijna twee maanden onrein maakte. In deze onreine periode mochten ze geen heiligdom bezoeken. Religieuze activiteiten van vrouwen die niet met een tempel of bepaalde heiligdommen waren verbonden, zoals mantiek, orakeluitspraken en waarzeggerij, lijken steeds sterker onderdrukt te zijn, wat misschien eveneens heeft samengehangen met ideeën over reinheid. Een persoon die in contact staat met de dodenwereld of andere werkelijkheidssferen wordt binnen het rein-onrein-denken tot een tweeslachtige persoon, die macht heeft, maar ook gevaarlijk is. Het verbod op waarzeggerij en tovenarij trof niet uitsluitend (vgl. Lev. 20,6.27), maar wel voornamelijk vrouwen (vgl. Ez. 22,18).

De mogelijkheden van JHWH-aanhangsters om actief deel te nemen aan de cultus van hun God waren met andere woorden vrij beperkt. Het is daarom niet verbazingwekkend wanneer vrouwen bij andere culten veel meer initiatief tonen. Heilige bossen nodigen uit tot feesten waar seksuele ontmoetingen met een religieuze betekenis

plaatsvinden, voor de koningin van de hemel worden reukstaafjes ge-
brand en koeken gebakken. Het procentueel geringe aantal vrouwennamen met het theofore element JH(WH) kan wellicht verklaard worden door het feit dat vrouwen zich onvoldoende konden identificeren
met de mangecentreerde staatscultus.

3.6 De éne God en de godinnen

De feministische exegese is van meet af aan net zo sterk geïnteresseerd
geweest in godinnen als in bijbelse vrouwenfiguren. Dit is een zeer te-
rechte belangstelling (vgl. deel I). Toch moet het feministische onderzoek er zich voor hoeden om al te eenzijdig met dit soort vragen bezig
te zijn. Wanneer we er achter willen komen wat er historisch en theologisch gebeurde, waarom de godinnen werden bestreden, onderdrukt,
verzwegen en ten slotte uit onze traditie werden geëlimineerd, dan is
het noodzakelijk steeds opnieuw naar de subjecten, bijvoorbeeld van
die van de Asjera-cultus, en naar hun levensomstandigheden te vragen, enzovoort. Het religieuze symboolsysteem kan niet los van de levenswereld van de vrouwen en mannen van toen gereconstrueerd
worden. Als we dit wel doen, dan lopen we het risico dat we er onbewust onze eigen, hedendaagse opvattingen en behoeften in leggen
(Schroer 1994).

3.6.1 Over feministische kritiek op het monotheïsme

De ontwikkeling van de JHWH-godsdienst tot een exclusief en patriarchaal monotheïsme is een zeer complex proces, dat voortdurend onderwerp van exegetisch en theologisch onderzoek is geweest. De bijbelse teksten geven van dit proces slechts een vaag beeld, daarom
zijn buiten-bijbelse bronnen van grote waarde. Een van de problemen
binnen de wetenschappelijke discussie is de terminologie. Zo kent de
Bijbel zelf geen theoretisch begrip van het monotheïsme. Dat wil zeggen, zelfs wanneer Deutero-Jesaja het bestaan van andere godheden
naast JHWH ontkent, dan nog gaat het niet om het zuivere zijn van
goddelijke wezens, zoals de grieks-filosofische traditie deze dacht,
maar het gaat altijd om het werkzaam-zijn van deze machten. De
God van Israël *is* slechts, in zoverre hij/zij werkzaam is, ervaarbaar
en machtig is ten opzichte van andere machten. In de wetenschappelijke discussie staat het monotheïsme tegenover het polytheïsme. Religieuze symboolsystemen zijn echter lang niet zo eenvoudig te beschrijven als deze termen suggereren. Ze worden namelijk op
verschillende niveaus gebruikt, bijvoorbeeld op het niveau van de riten

in huis of binnen de sibben, van de cultus bij de centrale heiligdommen of van religieuze leren van bepaalde groepen. Zo zijn er in Israël ook na de ballingschap nog verschillende groeperingen die van mening verschillen over de vraag wat authentiek JHWH-geloof is. Exclusieve en inclusieve concepten staan nog naast elkaar. Het monotheïsme is nog niet volledig gepatriarchaliseerd, dat wil zeggen onlosmakelijk verbonden met een spreken waarin God uitsluitend als een mannelijke God wordt voorgesteld, wiens cultus slechts door mannen kan worden geleid (zie boven 2.4.2 over de *chokmah*). De ontwikkeling van de JHWH-godsdienst tot patriarchale godsdienst, die zich na de ballingschap langzaam weet door te zetten, laat misschien niet zozeer zuiver religieus-theologisch discussies zien, maar veeleer een machtsstrijd, en wel de strijd tussen orthodoxie en heresie of syncretisme. En precies hier liggen de specifieke vragen die vrouwen aan de geschiedenis van het monotheïsme stellen. Er zijn steeds meer redenen om te veronderstellen dat dit monotheïsme al vanaf zijn ontstaan een door mannen geschreven geschiedenis van overwinnaars is, een geschiedenis die verbonden is met oorlogsgebeurtenissen en het bepalen van de eigen identiteit door zich af te zetten tegen andere volkeren en godsdiensten. Daarbij laat de profetische polemiek ons regelmatig in het ongewisse over de vraag waarin eigenlijk het inhumane schuilt van de godsdiensten die bestreden moeten worden. Monotheïstische symboolsystemen kunnen zeer indrukwekkend zijn, omdat ze door een enorme concentratie op het wezenlijke en verklaringen aan de hand van abstracties voor grote doorbraken in het denken hebben gezorgd. Hun zwakte is echter dat ze het met zichzelf niet werkelijk kunnen uithouden, of beter gezegd, dat mensen het met deze systemen in de religieuze praxis niet uithouden. Nauwelijks is men tot het inzicht gekomen dat de principes van goed en kwaad niet opgesplitst kunnen zijn in twee verschillende machten, of satan verschijnt alweer op het theologische toneel (vgl. 1 Kron. 21 met 2 Sam. 24 en de omlijsting van het boek Job). Nauwelijks is het geloof in de éne God duidelijk geformuleerd, of de Enige krijgt alweer gezelschap: de mensenzoon in het boek Daniël, de wijsheid in de wijsheidsgeschriften, heerscharen van engelen en tussenwezens (vgl. in het jodendom de sjechina e.a.). Het christendom heeft met zijn triniteitsleer naar andere wegen gezocht om het probleem van een zuiver monotheïstisch symboolsysteem te verzachten. Heiligenverering en Mariadevotie, die theologisch tegen het systeem indruisen, zijn in de religieuze praktijk bovendien altijd een indicator geweest voor de behoeften van mensen waaraan deze godsdienst niet kon beantwoorden.

Welke prijs hebben de Israëlitische vrouwen ervoor betaald dat de verering van JHWH tot de vorming van een monotheïstisch symboolsysteem kon leiden? Aangezien deze vraag in de lengtedoorsneden uitgebreid aan de orde is gekomen, wil ik hier nog slechts enkele voorlopige onderzoeksresultaten onder de aandacht brengen.

In Palestina kan vanaf de midden-bronstijd (1e helft 2e millennium v. Chr) een sterke godinnenverering worden vastgesteld. De godin is verbonden met de boom- en twijgcultus en ook met geitachtige dieren. Als erotische en vriendelijke godin stond ze dicht bij het volk, en werd ze verantwoordelijk gehouden voor de vruchtbaarheid en het gedijen van de planten- en dierenwereld en de mens. Haar partner is waarschijnlijk een strijdlustig-krijgshaftige weergod geweest. De late bronstijd (2e helft 2e millennium v. Chr) met zijn potentieel aan agressie en zijn overwegend mannelijke godheden begint de sporen van de godin reeds uit te wissen. Zij wordt steeds vaker met haar attributen gerepresenteerd en niet meer in haar volledige gynaecomorfe gestalte. Deze tendens tot substitueren zet zich in de Israëlitische tijd door. In de bijbelse teksten en buiten-bijbelse bronnen wordt dit proces eveneens zichtbaar. De namen van de godinnen doen er in dit opzicht nauwelijks toe. Voor het gehele Oude Oosten geldt dat de primaire betekenis van de godheden in hun verschijningsvorm ligt (bijv. de boomgodin, de oorlogsgodin, de erotische godin); hun namen zijn van ondergeschikte betekenis (de Egyptische boomgodin kan Nut, Hathor, Isis heten. In bijbelse teksten worden Astarte (1 Sam. 31,10; 1 Kon. 11,5), Anat (Ri. 3, 31; 5,6 in de persoonsnaam Samgar ben-Anat; Joz. 15,59; 19,38; 21,18 en Ri. 1,33 als element van plaatsnamen) en Asjera (later koningin van de hemel) genoemd. Veel belangrijker nog zijn echter de zogenaamde asjera's en de grote, machtige bomen (het Hebreeuwse 'elah betekent grote boom en godin) of heilige bosjes. De asjera's konden, zo blijkt uit inscripties uit Kuntillet Adsjrud en Chirbet el-Kom, soms als zuivere heilsnumina in de JHWH-cultus geïntegreerd worden. Desondanks leefde de godinnencultus, waarmee de asjera's oorspronkelijke verbonden waren, steeds weer op. Deze werd zowel door vrouwen als mannen gepraktiseerd, maar beantwoordde vooral aan de behoeften van vrouwen en bood hun waarschijnlijk ook meer mogelijkheden om zich binnen de cultus te ontplooien (over Asjera vgl. o.a. de discussie Braulik en Wacker in: Wacker/Zenger (ed.) 1991; samenvatting van de onderzoeksresultaten over dit onderwerp bij Schroer 1994).

Het profiel van de God die in de tempel van Jeruzalem werd vereerd, was ontstaan uit een samensmelting van een strijdbaar-krijgszuchtige storm- en berggod en de zonnegod die oorspronkelijk in deze tempel werd vereerd (Schroer 1996). Pogingen om in dit JHWH-beeld aspecten van de godinnen te integreren, slaagden slechts ten dele. Hun moederlijkheid liet zich het best integreren (vgl. hierover 3.7.2 en Schroer

1995). Hoe onzekerder de tijden in politiek opzicht werden, des te sterker grepen de Israëlieten terug op de oude traditionele culten van het land, waarvan zij hoopten dat ze vruchtbaarheid, vrede, brood en geluk zouden brengen. Zelfs op de koningshuizen oefenden deze culten een grote aantrekkingskracht uit. Ook al brachten deze mensen offers aan de godin, toch betekende dat waarschijnlijk niet dat ze volledig met de JHWH-cultus wilden breken.

Het keerpunt in deze eeuwenlange worsteling kwam pas met de ballingschap. De teruggekeerde ballingen uit Babylon hadden de schuldvraag op zo'n manier verwerkt, dat ze in de godinnencultus een van de hoofdoorzaken van de ineenstorting van Israël waren gaan zien. De exponenten van deze groepen slaagden erin de godinnencultus binnen een eeuw vrijwel geheel uit Juda te verbannen, en de herinnering hieraan zoveel mogelijk uit te wissen. Het is geen toeval dat de verdrijving van de godin samenvalt met het vrouwvijandige en xenofobe verbod op gemengde huwelijken. Alle pogingen die daarna nog worden ondernomen om de godin dan toch ten minste in de theologische taal te integreren (Wijsheid), vinden plaats binnen een monotheïstisch systeem.

Nu zou het naïef zijn om te geloven dat een sterkere godinnencultus altijd wijst op een sterke positie van de vrouw in de desbetreffende cultuur. De godsdienstwetenschap kent genoeg tegenvoorbeelden. Zo zegt het feit dat in het huidige India nog steeds de wereldwijd invloedrijkste godinnencultus, de cultus van Maha Diva, wordt gepraktiseerd, niets over de plaats van vrouwen in de Indiase maatschappij, ook al is hun positie binnen deze cultus feitelijk sterk. Ten aanzien van de Israëlitische tijd moeten we ervan uitgaan dat godinnen ook door mannen werden vereerd, en dat al deze culten zich binnen een patriarchale maatschappij afspeelden. Het zou verder onjuist zijn om te veronderstellen dat godinnen niet ook agressieve, krijgszuchtige en levensvijandige aspecten kunnen belichamen. Ondanks alles wordt echter zichtbaar dat de verdringing van de godinnen in Israël juist en met name op vrouwen haar weerslag had, dat ze gepaard ging met polemieken tegen vrouwen, het omlaaghalen van vrouwelijke seksualiteit en met patriarchale maatregelen tegen vrouwen. Weliswaar zijn er volgens de bijbelse geschriften ook altijd vrouwen geweest die zich met de JHWH-godsdienst konden identificeren, maar het erfgoed van dit monotheïsme roept bij hedendaagse vrouwen zeer tweeslachtige gevoelens op. Er is in dit erfgoed teveel weggedrongen, teveel concreet geweld aanwezig. De collectieve herinnering aan al datgene wat weggedrongen en onderdrukt is, zou de weg naar heling kunnen wijzen. Zo'n herinnering vraagt echter om een duidelijke paradigmawisseling binnen het huidige christelijke symboolsysteem.

3.6.2 Het beeldverbod en het herwinnen van godsbeelden

Naast historische vragen naar het ontstaan van het patriarchale mono-theïsme en zijn vrouwvijandige implicaties zien veel christelijke vrouwen zich voor de klemmende vraag gesteld, hoe het eenzijdige mannelijke spreken over God in de praktijk opengebroken kan worden. Hierbij moet allereerst een traditioneel misverstand uit de weg worden geruimd. Het Israëlitische beeldverbod, dat in zijn overgeleverde formuleringen wellicht pas uit de tijd van de ballingschap stamt, verbood het vereren van cultische beelden – en wel in nauw verband met een verbod op vreemde culten – maar heeft nooit een verbod op godsvoorstellingen gelegd (Schroer 1996). De bijbelse teksten zijn veel rijker aan (meestal antropomorfe) godsbeelden dan de uitgemergelde God-Vader-Almachtige-beelden van de kerkelijke traditie (Schüngel-Straumann 1996). Het zou een grote stap vooruit zijn wanneer de godsbeelden van het Eerste Testament nieuw leven zou worden ingeblazen. Hier is God ook een vrouw in barensnood, een troostende moeder, een heer van de dierenwereld of ook de wijsheid in de gedaante van een vrouw, die optreedt als lerares, profetes, huizenbouwster, raadgeefster en mede-schepster van de wereld. Aangezien deze beelden binnen het al sterk monotheïstisch bepaalde symboolsysteem zijn ontstaan, en ook de eerste generaties christenen het spreken over de gepersonifieerde wijsheid nog kenden, kunnen dit soort beelden vandaag de dag gemakkelijk opnieuw theologisch geïntegreerd worden. Bovendien is het belangrijk om die elementen, die ons onmisbaar lijken uit de godinnenverering en het spreken over de godin, terug te winnen. Een belangrijk criterium dat ons ervoor kan behoeden om in esoterische vrijblijvendheden te vervallen, is de rechtvaardigheid. Zo is de gepersonifieerde wijsheid in de bijbelse teksten de advocate van de door God bepaalde rechtvaardige ordeningen (*edeqah). Als we dergelijke verankeringen opgeven, dan lopen we het risico al te lieflijke beelden van de godheid voor de beter gesitueerde middenklasse te propageren (Schroer 1996a).

Helen Schüngel-Straumann (1992) heeft onderzoek gedaan naar de betekenis van de *rûach* in de teksten uit de tijd van de ballingschap. Haar studie toont aan dat de *rûach* niet in dezelfde mate werd gepersonifieerd als de *chokmah*, maar anderzijds als scheppende levenskracht van God toch duidelijk vrouwelijk gedetermineerd was. Daarmee is een exegetisch gefundeerde basis gelegd voor de verder voerende vraag of een vrouwelijke derde persoon in de christelijke triniteitsleer voorstelbaar zou zijn. Met het oog op deze vraag heeft Gerlinde Baumann in het bijzonder het verband tussen geest en wijsheid in de bijbelse teksten onderzocht.

3.7 Bijbelse grondslagen voor een vrouw- en scheppingsgerichtere antropologie

Terwijl er binnen de feministische exegese al jaren veel aandacht wordt besteed aan de vrouwenfiguren en -verhalen van het Eerste Testament en thema's uit de vrouwengeschiedenis van Israël, is een ander, zeer omvangrijk onderzoeksgebied tot dusver vrijwel onaangeroerd gebleven: de zogenaamde bijbelse antropologie. In dit hoofdstuk wil ik aan de hand van voorbeelden de noodzaak van een feministische bijbelse theologie op dit gebied aantonen.

Nadenken over een bijbelse antropologie betekent geconfronteerd worden met het feit, dat in de dominante traditie van de westerse filosofie en theologie de conditio humana gelijkgesteld wordt met de levensvoorwaarden van de volwassen (blanke, heteroseksuele) man (Praetorius). Dit androcentrisme maakt het leven van vrouwen onzichtbaar. Het plaatst hen ofwel in de marge van de 'algemene antropologie', ofwel het vrouwelijke verschijnt in dit androcentrische wereldbeeld slechts als het 'andere', dat vanuit de man of het mannelijke wordt gedefinieerd en hieraan ondergeschikt is. Dit sekseverschil vindt men ook terug in de grondbegrippen van de westerse filosofie. Hierin is een grote hoeveel opposities ontwikkeld die expliciet of impliciet met de notie mannelijk dan wel vrouwelijk werd verbonden, zoals ziel – lichaam, geest – materie/lichaam, verstand – begeerte, rede – gevoel, cultuur – natuur, transcendentie – immanentie, openbaarheid – privé-sfeer, activiteit – passiviteit, handelen – ondergaan, verhevenheid – schoonheid, substantie – accident enzovoort (Klinger). Deze begrippenstelsels van de Grieks-Westerse traditie zijn strikt dualistisch, dat wil zeggen, een derde komt in dit denken niet voor (tertium non datur).

In de filosofisch-theologische antropologie wordt het menszijn van de vrouw gethematiseerd in traktaten over de schepping van de mens/ Eva, het sacrament van het huwelijk en de priesterwijding (en waarom vrouwen deze niet kunnen ontvangen) (Gössmann). Sinds Immanuel Kants 'Vorlesungen über Logik' liggen in de vraag 'Wat is de mens?' drie vragen besloten: 'Wat kan ik weten? Wat behoor ik te doen? Wat mag ik hopen?' In deze opeenvolging van vragen gaat de grondgedachte van de Verlichting schuil: 'De' mens is een wezen dat door zijn verstand en zijn kennis ook tot inzicht in het juiste, ethische handelen kan komen, en zich daarbij gelovend en hopend op bredere horizonnen oriënteert. Het mensbeeld respectievelijk het vrouwbeeld van de filosofisch-theologische antropologie is sterk prescriptief, terwijl de etnologische antropologie de cultureel verschillende mensbeelden van oudsher eerder descriptief benadert, zonder daarbij echter voldoende oog te hebben voor androcentrische en eurocentrische maatstaven (zie voor feministisch onderzoek en feministische kritiek op dit gebied de boeken van Moore en Rippl).

De term 'bijbelse antropologie' is in zoverre misleidend dat er aan de bijbelse geschriften zelf geen systematische antropologie ten grondslag ligt. Toch is het zeer wel mogelijk grondslagen van het mens- en wereldbeeld van de bijbelse traditie te achterhalen en te beschrijven (Hans Walter Wolff; Frank Crüsemann e.a.). Voor de feministische interesse in deze bijbelse grondslagen zijn meerdere reden te geven:

1. De Semitische talen bergen een alternatief in zich voor het categorische denken in dualiteiten en formele begrippen. Het Semitische denken is stereometrisch. Dat wil zeggen, het werkt met parallellieën die niet gericht zijn op afbakening of onderscheiding, maar op wederzijdse aanvulling. Binnen dit denken, dat als het ware aspecten van de werkelijkheid bijeenbrengt, staan dynamiek, uitwerking en onderlinge relaties tussen het waargenomene centraal, nooit de uitwendigheid, vorm of een abstract wezen. De Hebreeuwse taal kent geen scheiding tussen het concrete en het abstracte substantief. Dat wil zeggen dat al het concrete over zichzelf heenwijst naar het abstracte, en het abstracte verwijst omgekeerd altijd terug naar het concrete (zo betekent bijvoorbeeld *jad* hand/arm 'macht' en wordt macht altijd weer aanschouwelijk voorgesteld als de machtige hand die ingrijpt).

2. Belangrijke antropologische begrippen uit de Hebreeuwse taal (*nefeš, leb*) hebben niet dezelfde betekenis als de begrippen uit de westerse traditie (ziel, hart). Er doen zich hier spanningen voor die vruchtbaar gemaakt kunnen worden voor een gynaecocentrische antropologie (Silvia Schroer/Thomas Staubli). Bovendien ontbreken er in standaardwerken over 'bijbelse antropologie' een aantal sleutelbegrippen van het mens- en godsbeeld van de Bijbel, zoals onder meer *rechem* (baarmoeder) (Trible).

3. Er zijn bijbelse tradities, vooral in de wijsheidsgeschriften (Job 38/39; Ps. 104), die – anders dan Gen. 1-11 – 'de' mens niet zien als middelpunt of kroon van de schepping, maar als een schepsel te midden van al het andere geschapene, zoals de dierenwereld, die zijn eigen bestaansrecht heeft (Schroer 1994). Met het oog op een eco-feministische theologie (Halkes, Radford Ruether, vgl. ook Bernd Janowski e.a.) zijn de bijbelse schatten nog lang niet opgegraven. In het algemeen is de teneur van bijbelse uitspraken over menselijk leven veel minder triomfaal dan in de uitspraken over de mens als evenbeeld van God (Gen. 1; Ps. 8). Het menselijk leven wordt vooral gezien in het licht van zijn afhankelijkheid, behoeftigheid en vergankelijkheid (over vergankelijkheidsvoorstellingen in de psalmen ontstaat een dissertatie van Christine Forster, Zürich). Ik heb het idee dat er sprake is

van een convergentie van bepaalde waardebegrippen in het bijbelse en het feministische mensbeeld, in zoverre het laatstgenoemde uit bijvoorbeeld ethische discussies (over zogenaamde overbevolking, prenatale diagnostiek et cetera) kan worden opgemaakt.

De concrete betekenis van het voorafgaande wil ik met twee voorbeelden uit de bijbelse antropologie illustreren.

3.7.1 Van keel naar ziel

Een kernbegrip van het Griekse mensbeeld is het woord 'ziel', de psyche. We vinden het in alle bijbelvertalingen. Echter, het Hebreeuwse woord dat met 'ziel' wordt vertaald, *nefeš*, betekent eigenlijk 'keel'. Bij keel dachten de Israëlieten niet aan de vorm van het strottenhoofd, maar aan het roepen, krassen, jodelen en gretig naar lucht happen van de keel, aan een keel die hongerig of dorstig voedsel en water opslokt. Het concrete orgaan was tegelijk een symbool voor een aspect van het menselijk leven, namelijk voor de behoeftige, begerende, naar leven snakkende mens.

De Here God formeerde de mens van stof uit de aardbodem
en blies de levensadem in zijn neus;
alzo werd de mens tot een levend wezen (levende keel/*nefeš*). (Gen. 2,7)

Hoe kwetsbaar mensen juist in hun behoeftigheid en afhankelijkheid kunnen zijn, wisten de Israëlieten maar al te goed uit de ervaring van het vreemd-zijn in Egypte. Daarom wordt steeds opnieuw gewaarschuwd:

De vreemdeling zult gij niet benauwen,
want gij kent de gemoedsgesteldheid (keel/*nefeš*) van de vreemdeling,
omdat gij vreemdeling zijt geweest in het land Egypte. (Ex. 23,9)

De *nefeš*, de kracht van het verlangen, het smachtende reikhalzen, speelt in de verhouding tussen mens en God een belangrijke rol. In het 'Sj'ma Israël' dat joden tot op de dag van vandaag bidden, gaat het om het meest innerlijke vermogen van de mens om te voelen en te verlangen:

Gij zult de Here, uw God, liefhebben
met geheel uw hart en met geheel uw ziel (*nefeš*)
en met geheel uw kracht. (Deut. 6,5)

Uit deze voorbeelden blijkt reeds hoe weinig de Hebreeuwse keel-ziel gemeen heeft met de Griekse en onze voorstelling van ziel. In navolging van de pre-socratici, Plato en Aristoteles, brengen wij ziel immers in verband met iets wat aan gene zijde van de lichamelijke, hoorbare, zichtbare, tastbare menselijke existentie eeuwig blijft bestaan, terwijl *nefeš* alleen al op grond van zijn oorspronkelijke betekenis aan een lichaamsorgaan is gebonden. De Septuaginta-vertaling van *nefeš* met *psyche* had fatale gevolgen. Voor de Griekse denkers, en voor hun epigonen gold dat in nog sterkere mate, was de ziel het betere deel, een bijna goddelijk wezen, dat in het menselijk lichaam ligt begraven als in een graf en zich alleen door een louteringsproces van een zielsverhuizing stap voor stap uit deze gevangenis kan bevrijden. De hoogstaande ziel staat tegenover een minderwaardig lichaam, dat daarom ook volledig onder controle van de ziel moet staan.

Onze cultuur heeft niet alleen deze verachting van het lichaam van de Griekse filosofie geërfd. Ook de groeiende interesse voor reïncarnatie onder hedendaagse christenen heeft zijn diepere wortels in het Griekse mensbeeld en niet, zoals vaak wordt gedacht, in een fascinatie voor oosterse spiritualiteit. De Griekse *psyche* moet dwalen, terwijl de Hebreeuwse *nefeš* dat helemaal niet kan, omdat ze volgens haar natuur met de laatste ademtocht, met de dood, sterft. Een levende en naar leven hongerende *nefeš* is de mens zolang hij of zij leeft, en niet langer.

Deze bijbelse voorstelling neemt de lichamelijkheid en behoeftigheid van het menselijk leven net zo serieus als het 'psychische' of 'geestelijke', en brengt tussen deze aspecten geen splitsing aan. Ons lichaam is, zoals Paulus het vanuit de Semitische traditie heeft geformuleerd, een tempel van God (1 Kor. 3,16v. en 6,19), dat wil zeggen, een plaats van godsopenbaring en eredienst en daarom heilig.

3.7.2 De baarmoeder en het medeleven

Het bijbelse denken situeert in de afzonderlijke organen van de buik verschillende gevoelens. In het Hebreeuws bestaat er een groep woorden die op dezelfde wortel teruggaan als het Arabische *rachman* of *rachmat,* 'erbarmen'. Het Hebreeuwse *rachman* betekent 'zich ontfermen', *rachamîm* betekent 'medeleven of 'medelijden'. In al deze woorden zit het woord *rechem,* het woord voor de vrouwelijke schoot, de moederschoot of de baarmoeder. Naast het hart is *rechem* het vaakst genoemde inwendige orgaan in het Eerste Testament. Maar ofschoon dit begrip in het bijbelse mensbeeld een zeer centrale plaats inneemt, is het bijvoorbeeld door iemand als Hans Walter Wolff volledig over het hoofd gezien.

De schoot van de vrouw, de uterus, behoort volgens Israëls voorstelling aan God toe. God heeft hem niet alleen geschapen, maar heeft ook de macht hem te sluiten of te openen. In Jer. 1,5 zegt JHWH:

Eer Ik u vormde in de moederschoot, heb ik u gekend,
en eer gij voortkwaamt uit de baarmoeder, heb Ik u geheiligd.

Voor hen die de psalmen bidden, is dit geheimzinnige geschapen worden in het moederlijf een wonder dat verwondering en dankbaarheid oproept (Ps. 139,15vv.) Het is voor hen uiteindelijk God zelf die de mens bij de geboorte als een vroedvrouw uit de baarmoeder in ontvangst neemt (Ps. 22,10v.). De vruchtbare schoot van de vrouw en haar borsten die melk geven, waren in Israël een beeld van de zegen (Gen. 49,25), die niet door mensen gemaakt kan worden, maar alleen als geschenk van God kan worden aangenomen. Men gaf de doden kleine godinnenbeeldjes met weelderige borsten mee in het graf, om hen nog een laatste zegen mee te geven. Bij begrafenissen werd soms op een stenen bank een reliëftekening van het hoofd van de dode aangebracht, die de vorm van een omega had en waarschijnlijk de uterus symboliseerde. Zo keert de mens aan het eind van zijn leven terug in de geborgenheid van de schoot van de aarde (Job 1,21a).

Rechem, de baarmoeder, is daarnaast de zetel van heftige emoties. In het eerste boek Koningen wordt het beroemde verhaal verteld van de twee prostituees die in hetzelfde huis wonen en vlak na elkaar een kind krijgen. In haar slaap gaat de ene vrouw op haar baby liggen, zodat hij sterft. Wanneer ze dit merkt, wisselt ze het dode kind om met het levende kind. En nu probeert de ware moeder aan het koningshof haar recht te verkrijgen. Het is een moeilijk geval, want er zijn geen getuigen. Koning Salomo velt echter een wijs oordeel. Hij geeft opdracht de baby met een zwaard in twee stukken te hakken, omdat beide vrouwen het kind opeisen. De verschillende reacties van de twee vrouwen op dit oordeel brengt de waarheid aan het licht (1 Kon. 3,26):

Toen sprak de vrouw, van wie het levende kind was, tot de koning, omdat haar moederlijk gevoel (*rachamîm*) voor haar zoon was opgewekt; zij zeide dan:

Met uw verlof, mijn heer, geeft haar het levende kind, maar doodt het in geen geval.

Doch de andere zeide: Het zal noch van mij noch van u zijn, snijdt door.

Rachamîm is hier de moederliefde, waardoor de vrouw bereid is haar eis tot rechtvaardigheid te laten vallen. In de moederschoot heerst het medelijden, het erbarmen met een levend wezen. *Rachamîm*, het vermogen tot medeleven, tot inleven, tot empathie is een vermogen waar in eerste instantie vooral vrouwen een aanleg voor hebben. Maar ook mannen kunnen door *rachamîm* overweldigd worden, zoals bijvoorbeeld Jozef die voor de eerste keer zijn broer Benjamin ziet en zo aangedaan is, dat hij zijn tranen niet kan bedwingen (Gen. 43,30).

Doet de overdracht van een vrouwspecifiek gevoel op het mannelijke gevoelsleven al vreemd aan, nog merkwaardiger is het wellicht dat ook de God van Israël steeds weer overmand wordt door *rachamîm*, door heftige aanvallen van medeleven en erbarmen. Weliswaar worden deze gemoedsbewegingen van God niet alleen met moederlijkheid, maar ook met vaderlijkheid verbonden. De Israëlieten bleven zich er echter steeds van bewust waar de metafoor, het plastische spreken van Gods *rachamîm*, aan was ontleend (Jes. 49,15). Gods opstelling tegenover Israël, het recalcitrante en toch geliefde volk, wordt vergeleken met de houding van een moeder tegenover haar kind. Vaak strijden verschillende zielen in JHWH's borst. Toorn en rechtvaardigheidszin dwingen hem Israël te straffen. Maar dan ontvlamt het medeleven in JHWH's buik en blijft het volk nogmaals gespaard. Deze plastische voorstelling van Gods moederlijke gevoelens heeft het boek Hosea vervolgens het sterkst uitgewerkt. In Hosea 11 beschrijft JHWH zichzelf als moeder van het kind Israël, die het kind grootbracht en wier moederschoot het haar onmogelijk maakt dat zij de zoon verstoot (Schüngel-Straumann 1986). De duurzame band van God met Israël wordt volgens Hosea niet zozeer in stand gehouden door de typisch mannelijke, maar eerder door de moederlijke eigenschappen van JHWH, die God is en geen man. In een conflictsituatie laat de God van Israël genade voor recht gelden. Ook volgens de oudste versie van het zondvloedverhaal heeft de mensheid zijn redding te danken aan het feit dat JHWH plotseling overmand werd door medelijden met de schepselen, die hij vlak daarvoor nog wilde vernietigen. Gods eed om de mensheid in het vervolg niet meer te gronde te richten, komt voort uit dezelfde gemoedsbeweging waardoor de moedergodinnen in de nog oudere oosterse ontwerpen van het zondvloedverhaal worden overweldigd, als ze moeten toezien hoe hun mensenkinderen omkomen (Othmar Keel 1989; 89-92; Schüngel-Straumann 1991). In ontelbare variaties herinnert het Eerste Testament eraan dat Israëls God een God van barmhartigheid en erbarmen is (Ps. 116,5).

Uitgaande van de baarmoeder, de zetel van het medeleven, het meevoelen, komen we zo tot een bijbels godsbeeld (zie uitvoerig bij Trible). Man en vrouw zijn volgens het eerste scheppingsverhaal evenbeeld van God, en daarom is het eigenlijk alleen maar consequent wanneer een vrouwelijk orgaan niet alleen veel onthult over het bijbelse mensbeeld, maar ook over het wezen van God. In de centrale symboliek van een vrouwelijk orgaan wordt echter vooral een tegenwicht zichtbaar tegen het nog steeds heersende taboe op de menstruatie (dat overigens door andere bijbelse tradities is medeveroorzaakt) of tegen het functionaliseren van de baarmoeder door nieuwe technologieën.

175

Literatuur

1. Feministische hermeneutiek en het Eerste Testament

Klara BUTTING, Die Buchstaben werden sich noch wundern. Innerbiblische Kritik als Wegweisung feministischer Hermeneutik. Berlin 1993; Hedwig JAHNOW u.a., Feministische Hermeneutik und Erstes Testament. Analysen und Interpretationen. Stuttgart 1994, 9-25; Judith PLASKOW, Und wieder stehen wir am Sinai. Eine jüdisch-feministische Theologie. Luzern 1992; Silvia SCHROER/Othmar KEEL, Von den schmerzlichen Beziehungen zwischen Christentum, Judentum und kanaanäischer Religion, in: Neue Wege 88 (1994) 71-78. – Andere lit. vgl. deel I.

1.2 Sleutels tot verhulde informatie

Athalya BRENNER/Fokkelien van DIJK-HEMMES, On Gendering Texts. Female & Male Voices in the Hebrew Bible. Leiden o.a. 1993; J. Cheryl EXUM, Fragmented Women: Feminist (Sub)versions of Biblical Narratives (JSOT Suppl. Ser. 163). Sheffield 1993; Carol MEYERS, Discovering Eve. Ancient Israelite Women in Context. New York-Oxford 1988; Silvia SCHROER, Die Samuelbücher (NSK-AT 7). Stuttgart 1992; Elke SEIFERT, Lot und seine Töchter. Eine Hermeneutik des Verdachts, in: Hedwig JAHNOW u.a., Feministische Hermeneutik und Erstes Testament. Analysen und Interpretationen. Stuttgart 1994, 48-66.

1.3.1 Androcentrische vertalingen

Dieter GEORGI, Weisheit Salomos (Jüdische Schriften aus hellenistisch-römischer Zeit III/4), Gütersloh 1980; Maria HÄUSL, Abischag und Batscheba. Frauen am Königshof und die Thronfolge Davids im Zeugnis der Texte 1 Kön 1 und 2 (Münchner Universitätsschriften). St. Ottilien 1993; Othmar KEEL, Das Hohelied (ZBK-AT 18). Zürich 1986; Stefanie SCHÄFER-BOSSERT, Den Männern die Macht und der Frau die Trauer? Ein kritischer Blick auf die Deutung von אוֹן oder: Wie nennt Rahel ihren Sohn?, in: Hedwig JAHNOW u.a., Feministische Hermeneutik und Erstes Testament. Analysen und Interpretationen. Stuttgart 1994, 106-125; Silvia SCHROER, Die göttliche Weisheit und der nachexilische Monotheismus, in: Marie-Theres WACKER/Erich ZENGER (Hrsg.), Der eine Gott und die Göttin. Die alttestamentliche Rede von Gott im Horizont feministischer Theologie (QD 135), Freiburg i.Br. 1991, 151-182; Helen SCHÜNGEL-STRAUMANN, Gott als Mutter in Hosea 11, in: ThQ 166 (1986) 119-134; ID., Die Frau am Anfang. Eva und die Folgen. Freiburg i.Br. 1989.

1.3.2 Androcentrische redactie van teksten

Christian FREVEL, Die Elimination der Göttin aus dem Weltbild des Chronisten, in: ZAW 103 (1991) 263-271; Silvia SCHROER, Die göttliche Weisheit und der nachexilische Monotheismus, in: Marie-Theres WACKER/Erich ZENGER (Hrsg.), Der eine Gott und die Göttin. Die alttestamentliche Rede von Gott im Horizont feministischer Theologie (QD 135). Freiburg i.Br. 1991, 151-182; ID., Die personifizierte Sophia im Buch der Weisheit, in: Walter DIETRICH/Martin A. KLOPFENSTEIN (Hrsg.), Ein Gott allein? JHWH-Verehrung und biblischer Monotheismus im Kontext der israelitischen und altorientalischen Religionsgeschichte (OBO 139). Freiburg (Schweiz)/Göttingen 1994, 543-558; ID., Die Weisheit hat ihr Haus gebaut. Studien zur Gestalt der Sophia in den biblischen Schriften. Mainz 1996. ID., The Book of Sophia, in: Elisabeth SCHÜSSLER FIORENZA (ed.), Searching the Scriptures. Vol. II A Feminist Commentary. Crossroad New York 1994a, 17-38.

1.3.3 Patriarchale canonvorming en tekstoverlevering

Maria HÄUSL, Abischag und Batscheba. Frauen am Königshof und die Thronfolge Davids im Zeugnis der Texte 1 Kön 1 und 2 (Münchner Universitätsschriften). St. Ottilien 1993; Renate JOST, Frauen, Männer und die Himmelskönigin. Exegetische Studien. Gütersloh 1995, 221-226; Max KÜCHLER, Gott und seine Weisheit in der Septuaginta (Ijob 28; Spr 8), in: Hans-Josef KLAUCK (Hrsg.), Monotheismus und Christologie. Zur Gottesfrage im hellenistischen Judentum und im Urchristentum (QD 138). Freiburg i.Br. 1992, 117-142; Sibylle MÄHNER, Die Sonne als Vorgängerin JHWHs in Jerusalem. Studien zu Jos 10,12c-13c und 1 Kön 8,12b-13, ongepubl. licentiaatsstudie. Freiburg (Schweiz) 1994; Silvia SCHROER, Die göttliche Weisheit und der nachexilische Monotheismus, in: Marie-Theres WACKER/Erich ZENGER (Hrsg.), Der eine Gott und die Göttin. Die alttestamentliche Rede von Gott im Horizont feministischer Theologie (QD 135). Freiburg i.Br. 1991, 151-182; Marie-Theres WACKER, Figurationen des Weiblichen im Hosea-Buch, Freiburg i.Br. o.a. 1996.

1.3.4 Patriarchale receptiegeschiedenis en theologische versterking van vrouwvijandige tradities

Helgard BALZ-COCHOIS, Gomer. Der Höhenkult Israels im Selbstverständnis der Volksfrömmigkeit. Untersuchungen zu Hosea 4,1-5,7. Frankfurt a.M. 1982; Athalya BRENNER/Fokkelien van DIJK-HEMMES, On Gendering Texts. Female & Male Voices in the Hebrew Bible. Leiden o.a. 1993; Elisabeth GÖSSMANN/Helen SCHÜNGEL-STRAUMANN, art. 'Eva' in WbFTh 90-97; Hedwig JAHNOW, Die Frau im Alten Testament, in: Die Frau 21 (1914) 352-358.417-426 (herdruk in: Hedwig JAHNOW u.a., Feministische Hermeneutik und Erstes Testament. Analysen und Interpretationen. Stuttgart 1994, 30-47); Christl MAIER, Jerusalem als Ehebrecherin in Ezechiel 16. Zur Verwendung und Funktion einer biblischen Metapher, in: Hedwig JAHNOW u.a., Feministische Hermeneutik und Erstes Testament. Analysen und Interpretationen. Stuttgart 1994, 85-105; Pnina NAVè LEVINSON, Was wurde aus Saras Töchtern? Frauen im Judentum. Gütersloh 1989; Luise SCHOTTROFF/Silvia SCHROER, Bibelauslegung und europäischer Kontext, in: Feministische Theologie im europäischen Kontext (Jahrbuch der Europäischen

Gesellschaft für die theologische Forschung von Frauen 1/93). Mainz/Kampen 1993, 56-67; Silvia SCHROER, Die göttliche Weisheit und der nachexilische Monotheismus, in: Marie-Theres WACKER/Erich ZENGER (Hrsg.), Der eine Gott und die Göttin. Die alttestamentliche Rede von Gott im Horizont feministischer Theologie (QD 135). Freiburg i.Br. 1991, 151-182; Silvia SCHROER, Die Weisheit hat ihr Haus gebaut. Studien zur Gestalt der Sophia in den biblischen Schriften. Mainz 1996; Nelly STIENSTRA, YHWH is the Husband of His People. Analysis of a Biblical Metaphor with Special Reference to Translation. Kampen 1993; Fokkelien van DIJK-HEMMES, The Metaphorization of Woman in Prophetic Speech: an Analysis of Ezechiel XXIII, in: VT 43 (1993) 162-170; Marie-Theres WACKER, Frau – Sexus – Macht. Eine feministisch-theologische Relecture des Hoseabuches, in: ID. (Hrsg.), Der Gott der Männer und die Frauen. Düsseldorf 1987, 101-125; ID., Biblische Theologie und Männerphantasie. Das Beispiel Hos 1-3, in: Hubert FRANKEMÖLLE (Hrsg.), Die Bibel. Das bekannte Buch – das fremde Buch. Paderborn o.a. 1994, 155-172.

1.4 Belangrijke hulpmiddelen

Frank CRÜSEMANN, Die Tora. Theologie und Sozialgeschichte des alttestamentlichen Gesetzes. München 1992.
Erhard S. GERSTENBERGER, Jahwe – ein patriarchaler Gott? Traditionelles Gottesbild und feministische Theologie, Stuttgart o.a. 1988.
ID., Das 3. Buch Mose. Leviticus (ATD 6). Göttingen 1993.
Erwin R. GOODENOUGH, Jewish Symbols in the Greco-Roman Period, 11 delen. New York 1953 e.v.
Martin HENGEL, Judentum und Hellenismus. Studien zu ihrer Begegnung unter besonderer Berücksichtigung Palästinas bis zur Mitte des 2. Jh. v.Chr. (WUNT 10). Tübingen 2 1973.
Tal ILAN, Jewish Women in Greco-Roman Palestine (Texte und Studien zum Antiken Judentum 44). Tübingen 1995.
Othmar KEEL/Christoph UEHLINGER, Göttinnen, Götter und Gottessymbole. Neue Erkenntnisse zur Religionsgeschichte Kanaans und Israels aufgrund bislang unerschlossener ikonographischer Quellen (QD 134). Freiburg i.Br. 1992.
Ernst Axel KNAUF, Die Umwelt des Alten Testaments (NSK-AT 29). Stuttgart 1994.
Max KÜCHLER, Frühjüdische Weisheitstraditionen. Zum Fortgang weisheitlichen Denkens im Bereich des frühjüdischen Jahweglaubens (OBO 26). Freiburg (Schweiz)/Göttingen 1979.
ID., Schweigen, Schmuck und Schleier. Drei neutestamentliche Vorschriften zur Verdrängung der Frauen auf dem Hintergrund einer frauenfeindlichen Exegese des Alten Testaments im antiken Judentum (NTOA 1). Freiburg (Schweiz)/Göttingen 1986.
Hans-Peter KUHNEN, Palästina in griechisch-römischer Zeit (Vorderasien II/2). München 1990.
Michael ROSTOVTZEFF, Gesellschafts- und Wirtschaftsgeschichte der hellenistischen Welt, 3 delen. Darmstadt 1955 (herdruk 1984).
OLB I und II = Othmar KEEL/Max KÜCHLER/Christoph UEHLINGER, Orte und Landschaften der Bibel. Ein Handbuch und Studien-Reiseführer zum Heiligen Land, tot nu toe 2 delen. Zürich/Göttingen 1982 und 1984.
Helga WEIPPERT, Palästina in vorhellenistischer Zeit (Handbuch der Archäologie. Vorderasien II/1). München 1988.

Urs WINTER, Frau und Göttin. Exegetische und ikonographische Studien zum weiblichen Gottesbild im Alten Israel und in dessen Umwelt (OBO 53). Freiburg (Schweiz)/Göttingen 1983. Serie: Jüdische Schriften aus hellenistisch-römischer Zeit. Gütersloh o.J.

2. Lengtedoorsneden

Israel FINKELSTEIN, The Archaeology of the Israelite Settlement. Jerusalem 1988; Alice L. LAFFEY, An Introduction to the Old Testament. A Feminist Perspective. Philadelphia 1988; Carol MEYERS, Discovering Eve. Ancient Israelite Women in Context. New York/Oxford 1988; Robert WENNING, art. 'Grab' in: NBL I 942-946.

2.1 De prehistorie tot het einde van de late bronstijd

Othmar KEEL/Silvia SCHROER zur Religionsgeschichte Palästinas vom Mesolithikum bis zur Perserzeit (ATD suppl. 2 delen). Göttingen (in voorbereiding, titel nog niet definitief); Othmar KEEL/Christoph UEHLINGER 1992 (zie 1.4); Ernst Axel KNAUF 1994 (z. 1.4); Silvia SCHROER, Die Samuelbücher (NSK-AT 7). Stuttgart 1992.

2.2 De tijd vóór de staat (1250-1000 v.Chr.)

Ulrike BECHMANN, Das Deboralied zwischen Geschichte und Fiktion. Eine exegetische Untersuchung zu Richter 5 (Dissertationen Theol. Reihe dl.33). St. Ottilien 1989; Sophia BIETENHARD, Des Königs General. Eine exegetische Untersuchung der Joabgestalt in 2 Sam 2-1 Kön 2 (werktitel van een diss. aan de evang. faculteit in Bern); Israel FINKELSTEIN, The Archaeology of the Israelite Settlement. Jerusalem 1988; Irmtraud FISCHER, Die Erzeltern Israels. Feministisch-theologische Studien zu Genesis 12-26 (BZAW 222). Berlin/New York 1994; ID., Gottesstreiterinnen. Biblische Erzählungen über die Anfänge Israels. Stuttgart o.a. 1995; Othmar KEEL/Christoph UEHLINGER 1992 (zie 1.4); Ernst Axel KNAUF 1994 (z. 1.4); Silvia SCHROER, Abigajil. Eine kluge Frau für den Frieden, in: Karin WALTER (Hrsg.), Zwischen Ohnmacht und Befreiung. Biblische Frauengestalten. Freiburg i.Br. 1988, 92-99; ID., Die Samuelbücher (NSK-AT 7). Stuttgart 1992; ID., Und als der nächste Krieg begann … Die weise Frau von Abel-Bet-Maacha, in: Angelika MEISSNER (Hrsg.), Und sie tanzen aus der Reihe. Frauen im Alten Testament (STB 10). Stuttgart 1992; Thomas STAUBLI, Das Image der Nomaden im Alten Israel und in der Ikonographie seiner seßhaften Nachbarn (OBO 107). Freiburg (Schweiz)/ Göttingen 1991: 238-244.

2.3 De tijd van de monarchie (1000-587 v.Chr.)

Karen ENGELKEN, Frauen im Alten Israel. Eine begriffsgeschichtliche und sozialrechtliche Studie zur Stellung der Frau im Alten Testament (BWANT 7. Folge H.10). Stuttgart o.a. 1990; Irmtraud FISCHER, Die Erzeltern Israels. Feministisch-theologische Studien zu Genesis 12-26 (BZAW 222). Berlin/New York 1994; Corina LANOIR, ¿Era Abraham un hombre violento con su esposa?, in: Servicio Evangélico de Prensa 37 (1992) 7 (verschijnt in Managua).

2.3.1 Vrouwen aan het koninklijk hof en uit de welgestelde kringen

Nahman AVIGAD, The Contribution of Hebrew Seals to an Understanding of Israelite Religion and Society, in: Patrick D. MILLER e.a. (ed.), Ancient Israelite Religion. Essays in Honor of F.M. Cross. Philadelphia 1987, 195-208; ID., A Note on an Impression from a Woman's Seal, in: IEJ 37 (1987) 18 e.v.; Maria HÄUSL, Abischag und Batscheba. Frauen am Königshof und die Thronfolge Davids im Zeugnis der Texte 1 Kön 1 und 2 (Münchner Universitätsschriften). St. Ottilien 1993; Renate JOST, Frauen, Männer und die Himmelskönigin. Exegetische Studien. Gütersloh 1995.

Over de *gebîrah*: Susan ACKERMAN, The Queen Mother and the Cult in Israel: JBL 112 (1993) 385-401; JOST 1995, 141-146, hfst. 3.2.5 met nadere literatuur; Silvia SCHROER, Weise Frauen und Ratgeberinnen in Israel. Vorbilder der personifizierten Chokmah, in: Verena WODTKE (Hrsg.), Auf den Spuren der Weisheit. Sophia – Wegweiserin für ein weibliches Gottesbild. Freiburg i.Br. 1991, 15-18 (met nadere literatuur).

2.3.3 Beeld en zelfbeeld van vrouwen

Klara BUTTING, Die Buchstaben werden sich noch wundern. Innerbiblische Kritik als Wegweisung feministischer Hermeneutik. Berlin 1993; Carol MEYERS, To Her Mothers House. Considering a Counterpart to the Israelite Bêt 'āb, in: David JOBLING/Peggy DAY/Gerald SHEPPARD (ed.), The Bible and the Politics of Exegesis. FS Norman Gottwald. Cleveland (Ohio) 1991, 39-52; Nancy Cardoso PEREIRA, Profecia e cotidiano. Sao Bernardo do Campo 1992; Willy SCHOTTROFF, Die Armut der Witwen, in: Marlene CRÜSEMANN/ ID. (Hrsg.), Schuld und Schulden: biblische Traditionen in gegenwärtigen Konflikten. München 1992, 54-89; Silvia SCHROER, Weise Frauen und Ratgeberinnen in Israel. Vorbilder der personifizierten Chokmah, in: Verena WODTKE (Hrsg.), Auf den Spuren der Weisheit. Sophia Wegweiserin für ein weibliches Gottesbild. Freiburg i.Br. 1991, 9-23.

2.3.4 Religieuze ontwikkelingen

p. 133:
Literatuur over Hosea: Helgard BALZ-COCHOIS, Gomer. Der Höhenkult Israels im Selbstverständnis der Volksfrömmigkeit. Untersuchungen zu Hosea 4,1-5,7. Frankfurt a.M. 1982; Brigitte SEIFERT, Metaphorisches Reden von Gott im Hoseabuch (FRLANT 166). Göttingen 1995; Yvonne SHERWOOD, The Prophet and the Prostitute. Hosea's Marriage in Literary-Theoretical Perspective. JOST.S 212. Sheffield 1996; Ruth TÖRNKVIST, The Use and Abuse of Female Sexual Imagery in the Book of Hosea: A Feminist Critical Approach to Hos 1-3. Diss. Uppsala University 1994; Helen SCHÜNGEL-STRAUMANN, Gott als Mutter in Hosea 11, in: ThQ 166 (1986) 119-134; Marie-Theres WACKER, Frau – Sexus – Macht. Eine feministisch-theologische Relecture des Hoseabuches, in: ID. (Hrsg.), Der Gott der Männer und die Frauen. Düsseldorf 1987, 101-125; ID., Figurationen des Weiblichen im Hosea-Buch (HBS 8). Freiburg i.Br. o.a. 1996; ID., Biblische Theologie und Männerphantasie. Das Beispiel Hos 1-3, in: Hubert FRANKEMÖLLE (Hrsg.), Die Bibel. Das bekannte Buch – das fremde Buch. Paderborn o.a. 1994, 155-172.

p. 135:
Renate JOST, Die Töchter deines Volkes prophezeien, in: Dorothee SÖLLE (Hrsg.), Für Gerechtigkeit streiten. Theologie im Alltag einer bedrohten Welt, FS für Luise Schottroff. Gütersloh 1994, 59-64; ID., Frauen, Männer und die Himmelskönigin. Exegetische Studien. Gütersloh 1995; Silvia SCHROER, Der israelitische Monotheismus als Synkretismus. Einblicke in die Religionsgeschichte Israels/Palästinas auf der Basis der neueren Forschung, in: Anton PETER (Hrsg.), Christlicher Glaube in multireligiöser Gesellschaft. Erfahrungen, Theologische Reflexionen, Missionarische Perspektiven. Immensee 1996, 268-287; ID., In Israel gab es Bilder. Nachrichten von darstellender Kunst im Alten Testament (OBO 74). Freiburg (Schweiz)/Göttingen 1987.

2.4 De exilisch/na-exilische tijd tot het einde van de Perzische heerschappij (600/587-333 v.Chr.)

Barbara A. BOZAK, Life 'anew'. A literary-theological study of Jer. 30-31 (AnBib 122). Rom 1991.

2.4.1 De tijd van de ballingschap (Egypte, Juda, Babylonië)

Ina Johanne BATMARTHA (PETERMANN), Machen Geburt und Monatsblutung die Frau 'unrein'? Zur Revisionsbedürftigkeit eines mißverstandenen Diktums, in: Luise SCHOTTROFF/Marie-Theres WACKER (Hrsg.), Von der Wurzel getragen. Christlich-feministische Exegese in Auseinandersetzung mit Antijudaismus. Leiden o.a. 1996, 43-60; Gerburgis FELD, '... wie es eben Frauen ergeht.' (Gen 31,35). Kulturgeschichtliche Überlegungen zum gegenwärtigen Umgang mit der Menstruation der Frau in Gesellschaft und Theologie, in: Luise SCHOTTROFF/Marie-Theres WACKER (Hrsg.), Von der Wurzel getragen. Christlich-feministische Exegese in Auseinandersetzung mit Antijudaismus. Leiden o.a. 1996, 29-42; Tamara C. ESKENAZI, Out from the Shadows: Biblical Women in the Postexilic Era, in: JSOT 54 (1992) 25-43; KEEL/UEHLINGER 1992 (zie 1.4); Silvia SCHROER, Die göttliche Weisheit und der nachexilische Monotheismus, in: Marie-Theres WACKER/Erich ZENGER (Hrsg.), Der eine Gott und die Göttin. Die alttestamentliche Rede von Gott im Horizont feministischer Theologie (QD 135). Freiburg i.Br. 1991, 151-182.

2.4.2 Ontwikkelingen in Juda na de ballingschap

Nahman AVIGAD, The Contribution of Hebrew Seals to an Understanding of Israelite Religion and Society, in: Patrick D. MILLER e.a. (ed.), Ancient Israelite Religion. Essays in Honor of F. M. Cross. Philadelphia 1987, 195-208; Gerlinde BAUMANN, 'Zukunft feministischer Spiritualität' oder 'Werbefigur des Patriarchats'? Die Bedeutung der Weisheitsgestalt in Prov 1-9 für die feministisch-theologische Diskussion, in: Luise SCHOTTROFF/Marie-Theres WACKER (Hrsg.), Von der Wurzel getragen. Christlich-feministische Exegese in Auseinandersetzung mit Antijudaismus. Leiden o.a. 1996, 135-152; ID., 'Wer mich findet, hat Leben gefunden'. Traditionsgeschichtliche und theologische Studien zur Weisheitsgestalt in Proverbien 1-9 (FAT), Tübingen 1996a; Anastasia BERNET, Frauengeschichte(n). Eine Untersuchung über das literarische Schicksal ausgewählter Frauengestalten aus der hebräischen Bibel in der frühjüdischen und frühchristlichen Literatur, ongepubl. licentiaatsstudie. Freiburg (Schweiz) 1990; Athalya BRENNER/Fokkelien van DIJK-HEMMES, On Gendering Texts. Female & Male Voices in the Hebrew Bible. Leiden o.a. 1993; Maria BROSIUS, Women in Ancient Persia (559-331 BC). Oxford 1996; Klara BUTTING, Die Buchstaben werden sich noch wundern. Innerbiblische Kritik als Wegweisung feministischer Hermeneutik. Berlin 1993; Claudia V. CAMP, Wisdom and the Feminine in the Book of Proverbs (Bible and Literature Series 11). Sheffield 1985; Jürgen EBACH, Hiobs Töchter. Zur Lektüre von Hiob 42,13-15, in: Dorothee SÖLLE (Hrsg.), Für Gerechtigkeit streiten. Theologie im Alltag einer bedrohten Welt, FS für Luise Schottroff. Gütersloh 1994, 35-40; Tamara C. ESKENAZI, Out from the Shadows: Biblical Women in the Postexilic Era, in: JSOT 54 (1992) 25-43; Irmtraud FISCHER, Eine Schwiegertochter – mehr wert als sieben Söhne! (Rut 4,15). Frauenbeziehungen im Buch Rut. Ein Lehrbeispiel des Affidamento, in: Herlinde PISSAREK-HUDELIST/Luise SCHOTTROFF (Hrsg.), Mit allen Sinnen glauben. Feministische Theologie unterwegs, FS für Elisabeth Moltmann-Wendel. Gütersloh 1991; ID., Gottesstreiterinnen. Biblische Erzählungen über die Anfänge Israels. Stuttgart o.a. 1995; Christian FREVEL, Die Elimination der Göttin aus dem Weltbild des Chronisten, in: ZAW 103 (1991), 263-271; KEEL/UEHLINGER 1992 (zie 1.4); Christl MAIER, Die 'fremde Frau' in Proverbien 1-9. Eine exegetische und sozialgeschichtliche Studie (OBO 144), Freiburg (Schweiz)/Göttingen 1995; ID., Im Vorzimmer der Unterwelt. Die Warnung vor der 'fremden Frau' in Prov 7 in ihrem historischen Kontext, in: Luise SCHOTTROFF/Marie-Theres WACKER (Hrsg.), Von der Wurzel getragen. Christlich-feministische Exegese in Auseinandersetzung mit Antijudaismus. Leiden o.a. 1996, 179-198; Channa SAFRAI, Women and Temple. The Status and Role of Women in the Second Temple of Jerusalem (Studia Judaica 12). Berlin 1995; Silvia SCHROER, Die göttliche Weisheit und der nachexilische Monotheismus, in: Marie-Theres WACKER/Erich ZENGER (Hrsg.), Der eine Gott und die Göttin. Die alttestamentliche Rede von Gott im Horizont feministischer Theologie (QD 135). Freiburg i.Br. 1991, 151-182; ID., Die Weisheit hat ihr Haus gebaut. Studien zur Gestalt der Sophia in den biblischen Schriften. Mainz 1996a; ID., Psalm 65 – Zeugnis eines integrativen JHWH-Glaubens?, UF 22 (1991) 285-301; Dorothee SÖLLE (Hrsg.), Für Gerechtigkeit streiten. Theologie im Alltag einer bedrohten Welt, FS für Luise Schottroff. Gütersloh 1994; Christoph UEHLINGER, Die Frau im Efa (Sach 5,5-11). Eine Programmvision von der Abschiebung der Göttin, in: BiKi 49 (1994) 93-103.

2.5 De verdere ontwikkelingen

Léonie J. ARCHER, Her Price is Beyond Rubies. The Jewish Woman in Graeco-Roman Palestine (JSOT Suppl. Ser. 60). Sheffield 1990; Ulrike BAIL, Susanna verläßt Hollywood. Eine feministische Auslegung von Dan 13, in: Ulrike BAIL/Renate JOST, Gott an den Rändern. Sozialgeschichtliche Perspektiven auf die Bibel. FS Willy Schottroff. Gütersloh 1996, 91-98; Klara BUTTING, Die Buchstaben werden sich noch wundern. Innerbiblische Kritik als Wegweisung feministischer Hermeneutik. Berlin 1993; Tal ILAN, Jewish Women in Greco-Roman Palestine (Texte und Studien zum Antiken Judentum 44). Tübingen 1995; Amy-Jill LEVINE (ed.), Women Like This. New Perspectives on Jewish Women in the Greco-Roman World. Atlanta 1991; Luzia SUTTER REHMANN, Geh, frage die Gebärerin. Feministisch befreiungstheologische Untersuchungen zum Gebärmotiv in der Apokalyptik. Gütersloh 1995; Silvia SCHROER, Die göttliche Weisheit und der nachexilische Monotheismus, in:

Marie-Theres WACKER/Erich ZENGER (Hrsg.), Der eine Gott und die Göttin. Die alttestamentliche Rede von Gott im Horizont feministischer Theologie (QD 135). Freiburg i.Br. 1991, 151-182; ID., Die personifizierte Sophia im Buch der Weisheit, in: Walter DIETRICH/Martin A. KLOPFENSTEIN (Hrsg.), Ein Gott allein? JHWH-Verehrung und biblischer Monotheismus im Kontext der israelitischen und altorientalischen Religionsgeschichte (OBO 139). Freiburg (Schweiz)/Göttingen 1994, 543-558; ID., Die Weisheit hat ihr Haus gebaut. Studien zur Gestalt der Sophia in den biblischen Schriften. Mainz 1996; Angela STANDHARTINGER, Das Frauenbild im Judentum der hellenistischen Zeit. Ein Beitrag anhand von Joseph und Asenet (Arbeiten zur Geschichte des antiken Judentums und des Urchristentums 26). Leiden 1995; Angelika STROTMANN, 'Mein Vater bist du!' (Sir 51,10). Zur Bedeutung der Vaterschaft Gottes in kanonischen und nichtkanonischen frühjüdischen Schriften. Frankfurt a.M. 1991.

3.1 Wie is Eva?

Elisabeth GÖSSMANN/Helen SCHÜNGEL-STRAUMANN, art. 'Eva' in WbFTh 90-97 (met literatuurverwijzingen); Carol MEYERS, Discovering Eve. Ancient Israelite Women in Context. New York/Oxford 1988; Helen SCHÜNGEL-STRAUMANN, Die Frau am Anfang. Eva und die Folgen. Freiburg i.Br. 1989; Kerstin ULRICH, Evas Bestimmung. Studien zur Beurteilung von Schwangerschaft und Mutterschaft im Ersten Testament, in: Hedwig JAHNOW u.a., Feministische Hermeneutik und Erstes Testament. Analysen und Interpretationen. Stuttgart 1994, 149-163.

3.2 Het werk van vrouwen

Carol MEYERS, Discovering Eve. Ancient Israelite Women in Context. New York/Oxford 1988; Luise SCHOTTROFF, art. 'Lohnarbeit' in NBL 666 e.v.; Willy SCHOTTROFF, Der Zugriff des Königs auf die Töchter. Zur Fronarbeit von Frauen im alten Israel, in: EvTh 49 (1989) 268-285.

3.3 Brandpunt vrouwelijke seksualiteit

Mary DOUGLAS, Ritual, Tabu und Körpersymbolik. Sozial-anthropologische Studien in Industriegesellschaft und Stammelskultur. Frankfurt a.M. 1986; Monika FANDER, art. 'Reinheit/Unreinheit' in WbFTh 349-351; Renate JOST, Von 'Huren und Heiligen'. Ein sozialgeschichtlicher Beitrag, in: Hedwig JAHNOW u.a., Feministische Hermeneutik und Erstes Testament. Analysen und Interpretationen. Stuttgart 1994, 126-137; Silvia SCHROER/Thomas STAUBLI, Saul, David und Jonatan – eine Dreiecksgeschichte?, in: Bibel und Kirche 51 (1996) 15-22; Hannelis SCHULTE, Beobachtungen zum Begriff der Zonah im Alten Testament, in: ZAW 102 (1992) 225-262; Marie-Theres WACKER, Kosmisches Sakrament oder Verpfändung des Körpers? 'Kultprostitution' im biblischen Israel und im hinduistischen Indien. Religionsgeschichtliche Überlegungen im Interesse feministischer Theologie, in: Renate JOST/Rainer KESSLER/Christoph M. RAISIG (Hrsg.), Auf Israel hören. Sozialgeschichtliche Bibelauslegung. Luzern 1992, 47-84.

3.4 Vrouwen en geweld in het Eerste Testament

Ulrike BAIL, Vernimm, Gott, mein Gebet. Psalm 55 und Gewalt gegen Frauen, in: Hedwig JAHNOW u.a., Feministische Hermeneutik und Erstes Testament. Analysen und Interpretationen. Stuttgart 1994, 67-84; Ulrike BECHMANN, Das Deboralied zwischen Geschichte und Fiktion. Eine exegetische Untersuchung zu Richter 5 (Dissertationen Theol. Reihe dl.33). St. Ottilien 1989; Athalya BRENNER/Fokkelien van DIJK-HEMMES, On Gendering Texts. Female & Male Voices in the Hebrew Bible. Leiden o.a. 1993; Rita BURRICHTER, Die Klage der Leidenden wird stumm gemacht. Eine biblisch-literarische Reflexion zum Thema Vergewaltigung und Zerstörung der Identität, in: Christine SCHAUMBERGER (Hrsg.), Weil wir nicht vergessen wollen. Zu einer Feministischen Theologie im deutschen Kontext. Münster 1987, 11-46; Corine LANOIR/Violeta ROCHA, La mujer sacrificada: reflexiones sobre mujeres y violencia a partir de Jueces 19, in: Xilotl 5/No 10 (1992), 49-62; Ilse MÜLLNER, Tödliche Differenzen. Sexuelle Gewalt als Gewalt gegen Andere in Ri 19, in Luise SCHOTTROFF/Marie-Theres WACKER (Hrsg.), Von der Wurzel getragen. Christlich-feministische Exegese in Auseinandersetzung mit Antijudaismus. Leiden o.a. 1996, 81-100; ID., Macht – Sexualität – Gewalt. Die Geschichte von Tamar und Amnon (2 Sam 13,1-22) im Kontext der 'Thronfolgeerzählung' Davids, ongepubl. dissertatie. Münster 1996a; Judith PLASKOW, Und wieder stehen wir am Sinai. Eine jüdisch-feministische Theologie. Luzern 1992; Silvia SCHROER, 'Zerschlage ihren Stolz durch die Hand einer Frau!', in: Bibel heute 110 (1992) zum Thema Judit, 126 e.v.; ID., Frauen und die Gewaltfrage im Ersten Testament, in: KatBl 119 (1994) 676-686; Silvia SCHROER/Othmar KEEL, Von den schmerzlichen Beziehungen zwischen Christentum, Judentum und kanaanäischer Religion, in: Neue Wege 88 (1994) 71-78; ID., Gepriesen vor allen Frauen. Biblische Heldinnen, in: FAMA 10/4 (1994) 5-7; Elke SEIFERT, Lot und seine Töchter. Eine Hermeneutik des Verdachts, in: Hedwig JAHNOW u.a., Feministische Hermeneutik und Erstes Testament. Analysen und Interpretationen. Stuttgart 1994, 48-66; Phyllis TRIBLE, Gott und Sexualität im Alten Testament. Gütersloh 1993; Marie-Theres WACKER, Mirjam. Kritischer Mut einer Prophetin, in: Karin WALTER (Hrsg.), Zwischen Ohnmacht und Befreiung. Biblische Frauengestalten. Freiburg i.Br. 1988, 44-52.

3.5 Deelname van de Israëlitische vrouwen aan de JHWH-cultus

Ina Johanne BATMARTHA (PETERMANN), Machen Geburt und Monatsblutung die Frau 'unrein'? Zur Revisionsbedürftigkeit eines mißverstandenen Diktums, in: Luise SCHOTTROFF/Marie-Theres WACKER (Hrsg.), Von der Wurzel getragen. Christlich-feministische Exegese in Auseinandersetzung mit Antijudaismus. Leiden o.a. 1996, 43-60; Phyllis BIRD, The Place of Women in the Israelite Cultus, in: Patrick D. MILLER e.a. (ed.), Ancient Israelite Religion. Essays in Honor of Frank Moore Cross. Philadelphia 1987, 397-419; Georg BRAULIK, Die Ablehnung der Göttin Aschera in Israel. War sie erst deuteronomistisch, diente sie der Unterdrückung der Frauen, in: Marie-Theres WACKER/Erich ZENGER (Hrsg.), Der eine Gott und die Göttin. Die alttestamentliche Rede von Gott im Horizont feministischer Theologie (QD 135). Freiburg i.Br. 1991, 106-136; Mary DOUGLAS, Ritual, Tabu und Körpersymbolik. Sozial-anthropologische Studien in Industriegesellschaft und Stammeskultur. Frankfurt a.M. 1986; Monika FANDER, art. 'Reinheit/Unreinheit', in: WbFTh

349-351; Gerburgis FELD, '... wie es eben Frauen ergeht.' (Gen 31,35). Kultur-geschichtliche Überlegungen zum gegenwärtigen Umgang mit der Menstrua-tion der Frau in Gesellschaft und Theologie, in: Luise SCHOTTROFF/Marie-Theres WACKER (Hrsg.), Von der Wurzel getragen. Christlich-feministische Exegese in Auseinandersetzung mit Antijudaismus. Leiden o.a. 1996, 29-42; Erhard S. GERSTENBERGER, Weibliche Spiritualität in Psalmen und Haus-kult, in: Walter DIETRICH/Martin A. KLOPFENSTEIN (Hrsg.), Ein Gott al-lein? JHWH-Verehrung und biblischer Monotheismus im Kontext der israe-litischen und altorientalischen Religionsgeschichte (OBO 139). Freiburg (Schweiz)/Göttingen 1994, 349-363; Hedwig JAHNOW, Das hebräische Lei-chenlied (BZAW 36). Berlin 1923; Renate JOST, Der Fluch der Mutter. Femi-nistisch-sozialgeschichtliche Überlegungen zu Ri 17,1-6, in: Ulrike BAIL/Re-nate JOST, Gott an den Rändern. Sozialgeschichtliche Perspektiven auf die Bibel. FS Willy Schottroff. Gütersloh 1996, 17-23; Channa SAFRAI, Women and Temple. The Status and Role of Women in the Second Temple of Jerusalem (Studia Judaica 12). Berlin 1995; Marie-Theres WACKER/Erich ZENGER (Hrsg.), Der eine Gott und die Göttin. Die alttestamentliche Rede von Gott im Horizont feministischer Theologie (QD 135). Freiburg i.Br. 1991; Ina WIL-LI-PLEIN, Opfer und Kult im alttestamentlichen Israel. Textbefragungen und Zwischenergebnisse (SBS 153). Stuttgart 1993.

3.6 De éne God en de godinnen

Silvia SCHROER, Die Aschera. Kein abgeschlossenes Kapitel, in: Schlangen-brut 12/No 44 (1994) 17-22.

3.6.1 Over feministische monotheïsme-kritiek

Susan ACKERMAN, Under every green tree. Popular religion in sixth-centu-ry Judah. Atlanta 1992; Helgard BALZ-COCHOIS, Inanna. Wesensbild und Kult einer unmütterlichen Göttin (Studien zum Verstehen fremder Religionen dl.4). Gütersloh 1992; Silvia SCHROER, Die Zweiggöttin in Palästina/Israel. Von der Mittelbronze-Zeit bis zu Jesus Sirach, in: Max KÜCHLER/Christoph UEHLINGER (Hrsg.), Jerusalem. Texte – Bilder – Steine (NTOA 6), FS Hildi und Othmar Keel-Leu. Freiburg (Schweiz)/Göttingen 1987, 201-225; ID., Die Göttin auf den Stempelsiegeln aus Palästina/Israel, in: Othmar KEEL/Hildi KEEL-LEU/Silvia SCHROER, Studien zu den Stempelsiegeln aus Palästina dl.II (OBO 88). Freiburg (Schweiz)/Göttingen 1989, 89-207; ID., Psalm 65 – Zeugnis eines integrativen JHWH-Glaubens?, in: UF 22 (1991) 285-301; ID., Die Aschera. Kein abgeschlossenes Kapitel, in: Schlangenbrut 12/No 44 (1994) 17-22; ID., Die Göttin und der Geier, in: ZDPV 111 (1995) 60-80; ID., Der is-raelitische Monotheismus als Synkretismus. Einblicke in die Religionsge-schichte Israels/Palästinas auf der Basis der neueren Forschung, in: Anton PE-TER (Hrsg.), Christlicher Glaube in multireligiöser Gesellschaft. Erfahrungen, Theologische Reflexionen, Missionarische Perspektiven. Immensee 1996, 268-287; ID., Die Weisheit hat ihr Haus gebaut. Studien zur Gestalt der Sophia in den biblischen Schriften. Mainz 1996a; Marie-Theres WACKER/Erich ZEN-GER (Hrsg.), Der eine Gott und die Göttin. Die alttestamentliche Rede von Gott im Horizont feministischer Theologie (QD 135). Freiburg i.Br. 1991, 151-182.

3.6.2 Het beeldverbod en het herwinnen van godsbeelden

Gerlinde BAUMANN, Gottes Geist und Gottes Weisheit. Eine Verknüpfung, in: Hedwig JAHNOW u.a., Feministische Hermeneutik und Erstes Testament. Analysen und Interpretationen. Stuttgart 1994, 138-148; ID., 'Zukunft feministischer Spiritualität' oder 'Werbefigur des Patriarchats'? Die Bedeutung der Weisheitsgestalt in Prov 1-9 für die feministisch-theologische Diskussion, in: Luise SCHOTTROFF/Marie-Theres WACKER (Hrsg.), Von der Wurzel getragen. Christlich-feministische Exegese in Auseinandersetzung mit Antijudaismus. Leiden o.a. 1996, 135-152; ID., 'Wer mich findet, hat Leben gefunden'. Traditionsgeschichtliche und theologische Studien zur Weisheitsgestalt in Proverbien 1-9 (FAT), Tübingen 1996a; Christl MAIER, Die 'fremde Frau' in Proverbien 1-9. Eine exegetische und sozialgeschichtliche Studie (OBO 144), Freiburg (Schweiz)/Göttingen 1995; ID., Im Vorzimmer der Unterwelt. Die Warnung vor der 'fremden Frau' in Prov 7 in ihrem historischen Kontext, in: Luise SCHOTTROFF/Marie-Theres WACKER (Hrsg.), Von der Wurzel getragen. Christlich-feministische Exegese in Auseinandersetzung mit Antijudaismus. Leiden o.a. 1996, 179-198; Silvia SCHROER, In Israel gab es Bilder. Nachrichten von darstellender Kunst im Alten Testament (OBO 74). Freiburg (Schweiz)/Göttingen 1987; ID., Du sollst dir kein Bildnis machen ... oder: Welche Bilder verbietet das Bilderverbot?, in: Gabriele MILLER/Franz W. NIEHL (Hrsg.), Von Batseba – und andere Geschichten. Biblische Texte spannend ausgelegt. München 1996, 29-44; ID., Die Weisheit hat ihr Haus gebaut. Studien zur Gestalt der Sophia in den biblischen Schriften. Mainz 1996a; Helen SCHÜNGEL-STRAUMANN, Rûah bewegt die Welt. Gottes schöpferische Lebenskraft in der Krisenzeit des Exils (SBS 151). Stuttgart 1992; ID., Denn Gott bin ich, und kein Mann. Gottesbilder im Ersten Testament – feministisch betrachtet. Mainz 1996.

3.7.2 De baarmoeder en het medeleven

Literatuur over filosofisch-theologische antropologie: Elisabeth GÖSSMANN, art. 'Anthropologie', in: WbFTh 16-22; Cornelia KLINGER, Was ist und zu welchem Ende betreibt man feministische Philosophie?, in: Lynn BLATTMANN u.a. (Hrsg.), Feministische Perspektiven in der Wissenschaft (Zürcher Hochschulforum deel 21). Zürich 1993 7-22; Ina PRAETORIUS, art. 'Androzentrismus', in: WbFTh 14 e.v.; id., Anthropologie und Frauenbild in der deutschsprachigen protestantischen Ethik seit 1949. Gütersloh 1993.

Over etnologische antropologie: Henrietta L. MOORE, Mensch und Frau sein. Perspektiven einer feministischen Anthropologie. Gütersloh 1990; Donate PAHNKE, Feministische Aspekte einer religionswissenschaftlichen Anthropologie, in: ID. (Hrsg.), Blickwechsel. Frauen in Religion und Wissenschaft. Marburg 1993, 13-41; Gabriele RIPPL (Hrsg.), Unbeschreiblich weiblich. Texte zur feministischen Anthropologie. Frankfurt a.M. 1993.

Over bijbelse antropologie: Thorleif BOMANN, Das hebräische Denken im Vergleich mit dem griechischen. Göttingen 1952, 6 1977; Frank CRÜSEMANN/Christof HARDMEIER/Rainer KESSLER (Hrsg.), Was ist der Mensch? Beiträge zur Anthropologie des Alten Testaments. H.W. Wolff zum 80. Geburtstag. München 1992; Christine FORSTER, Vergänglichkeitsvorstellungen in den Psalmen (werktitel van een diss. aan de evang. faculteit

Zürich); Jutta HAUSMANN, Studien zum Menschenbild der älteren Weisheit (Spr 10ff) (FzAT 7). Tübingen 1995; Othmar KEEL, Jahwe in der Rolle der Muttergottheit, in: Orientierung 53 (1989) 89-92; Helen SCHÜNGEL-STRAUMANN, Gott als Mutter in Hosea 11, in: ThQ 166 (1986) 119-134; ID., Weibliche Dimensionen in mesopotamischen und alttestamentlichen Schöpfungsaussagen und ihre feministische Kritik, in: Marie-Theres WACKER/Erich ZENGER (Hrsg.), Der eine Gott und die Göttin. Die alttestamentliche Rede von Gott im Horizont feministischer Theologie (QD 135). Freiburg i.Br. 1991, 49-81; Phyllis TRIBLE, Gott und Sexualität im Alten Testament. Gütersloh 1993; Hans Walter WOLFF, Anthropologie des Alten Testaments. München 1973, 5 1990.

In verband met ecologische vraagstukken: Evelyn FOX KELLER, Liebe, Macht und Erkenntnis. Männliche oder weibliche Wissenschaft? München/Wien 1986; Catharina HALKES, Das Antlitz der Erde erneuern. Mensch, Kultur, Schöpfung. Gütersloh 1990; Bernd JANOWSKI/Ute NEUMANN-GOR-SOLKE/Uwe GLESSMER (Hrsg.), Gefährten und Feinde des Menschen. Das Tier in der Lebenswelt des alten Israel. Neukirchen-Vluyn 1993; Rosemary RADFORD RUETHER, Gaia & Gott. Eine ökofeministische Theologie der Heilung der Erde. Luzern 1994; Silvia SCHROER, Die Eselin sah den Engel JHWHs. Eine biblische Theologie der Tiere – für Menschen, in: Dorothee SÖLLE (Hrsg.), Für Gerechtigkeit streiten. Theologie im Alltag einer bedrohten Welt. Gütersloh 1994, 83-87; Silvia SCHROER/Thomas STAUBLI, Des Menschen Leib – ein Tempel Gottes (in voorbereiding, gepland voor 1995); Dorothee SÖLLE, Lieben und arbeiten. Eine Theologie der Schöpfung. Stuttgart 1985.

Deel III

Op weg naar een feministische reconstructie van de geschiedenis van het vroege christendom

DOOR LOUISE SCHOTTROFF

1. Het Nieuwe Testament als bron voor vrouwengeschiedenis

In dit hoofdstuk zal ik, vanuit een feministische invalshoek, op zoek gaan naar de geschiedenis van vrouwen in het Nieuwe Testament. Dat ik mij beperk tot het Nieuwe Testament heeft pragmatische redenen, aangezien vanuit feministisch perspectief de canonisering van het Nieuwe Testament als een patriarchale machtsuiting beschouwd moet worden, alhoewel niet-canonieke geschriften historisch en vaak ook theologisch net zo interessant zijn als het Nieuwe Testament. Ik beperk mij echter tot het Nieuwe Testament, en kan voor de niet-canonieke vroeg-christelijke literatuur wijzen op reeds bestaande publicaties of op open onderzoeksvragen. Niet-christelijke bronnen kunnen hier evenmin systematisch besproken worden, ofschoon onderzoek naar deze bronnen voor het project van de vrouwengeschiedenis in het vroege christendom dringend gewenst is. Ik maak slechts gebruik van buiten-nieuwtestamentische bronnen (zowel christelijke als niet-christelijke) voor zover dit met het oog op de doelstelling van dit hoofdstuk zinvol is.

Na enkele methodologische beschouwingen (1.1) zal ik uitvoeriger ingaan op een aantal bijzondere aspecten van de vrouwengeschiedenis die in het Nieuwe Testament zichtbaar worden (vanaf 1.2).

1.1 'Vrouwen zoeken hun geschiedenis'

De zoektocht naar de vrouwengeschiedenis in en achter de geschriften van het vroege christendom dwingt ons ertoe naar het concept voor zo'n geschiedschrijving te vragen.

De traditionele of heersende geschiedschrijving van de geschiedenis van het oerchristendom werkt met een *androcentrisch concept van geschiedschrijving*. Hiervoor geldt wat Gisela Bock in haar belangwekkende artikel uit 1983 (2e druk 1987) over de traditionele androcentrische geschiedkunde in het algemeen opmerkt: 'Vrouwen worden niet eenvoudigweg vergeten, maar de vrouwelijke species wordt als een bijzondere variant van de mannelijke species 'mensheid' opgevat, terwijl de geschiedenis van mannen als algemene geschiedenis wordt gedefinieerd' (27). Dit androcentrische concept van geschiedschrijving maakt aanspraak op universaliteit. Vooral door de recente vrouwenstudies en de feministische geschiedkunde is duidelijk geworden dat deze universaliteit niet alleen onvolledig, maar ook onjuist is (zie Bock 1987). Voor de androcentrische geschiedschrijving van het vroegste christendom betekent dat bijvoorbeeld, dat Priscilla als echtgenote van Aquila weliswaar kort genoemd wordt, maar de geschiedenis van de eerste christelijke vrouwen ook hier niet in het blikveld komt. Vrouwen en kinderen blijven onzichtbaar of zijn aanhangsels van mannen.

De recente feministische geschiedkunde levert fundamentele kritiek op deze androcentrische geschiedkunde. Het is dus niet voldoende om hieraan een additief-compensatoire vrouwengeschiedschrijving toe te voegen, of de vergeten bijdrage van vrouwen aan de algemene geschiedenis te thematiseren. Een beeld van Priscilla als belangrijke vrouw in de mannelijke wereld van de algemene geschiedenis versluiert de geschiedenis van christelijke vrouwen, en laat de universaliteitsclaim van de androcentrische geschiedschrijving onaangevochten. Desondanks kan de feministische geschiedschrijving op werken met zulke concepten teruggrijpen, bijvoorbeeld op de onderzoeken van Harnack over Priscilla. Feministische geschiedschrijving moet het zwijgen van de androcentrische bronnen en hun androcentrische uitleg doorbreken. Carla Ricci noemt dit proces 'exegese van het zwijgen'.

Feministische geschiedkunde eist dat sekse als sociale categorie naast de categorie klasse centraal komt te staan in het historisch onderzoek. 'De historiografische hiërarchie tussen belangrijk – onbelangrijk wordt niet alleen op zijn kop gezet, maar tevens wordt de heersende hiërarchie van sociale waarden en normen van de onderzochte (en de eigen) maatschappij ter discussie gesteld: Er wordt historiografisch en sociaal opnieuw bekeken en beoordeeld wat vrouwen doen, moeten doen, hebben gedaan. In de tweede plaats wordt van de veronderstelling uitgegaan dat seksuele differentiëring evenals seksuele hiërarchie het product is van sociaal-politieke omstandigheden, dat ze noch aan biologische determinatie noch aan andere (existentiële, transcendente) fenomenen buiten historische processen (...) toegeschreven kunnen worden' (Bock, 38). Daarbij is het noodzakelijk om voor iedere historische situatie opnieuw vast te stellen welke vorm van patriarchaat hier zichtbaar wordt. Dat wil zeggen, er mag niet gewerkt worden met algemene, boven-historische concepten van vrouwenonderdrukking, economische uitbuiting, vrouwelijkheid et cetera.

Een omvattend concept van *patriarchaat* dat oog heeft voor de complexe verstrengeling van seksistische onderdrukking van vrouwen, kinderen en ook, zij het op een andere manier, van mannen door economische uitbuiting, militarisme, etnocentrisme en andere machtsinstrumenten is juist binnen de nieuwtestamentische wetenschap met succes toegepast (voor het eerst door Elisabeth Schüssler Fiorenza). Dit concept dwingt ons ertoe concrete relationele situaties te onderzoeken, om zicht te krijgen op dergelijke vervlechtingen. Zo betekent bijvoorbeeld een ongehuwd leven voor vrouwen iets geheel anders dan voor mannen. Voor het merendeel van de vrouwen is een ongehuwd leven, waar ze bijvoorbeeld naar verlangen om aan levensgevaarlijke zwangerschappen en bevallingen te ontsnappen, nauwelijks mogelijk wanneer zij economisch gezien geen deel uitmaken van een solidaire groep van vrouwen of van vrouwen en mannen.

Een dergelijk omvattend concept van patriarchaat dwingt er verder toe de *beperktheid van het eigen waarnemingsperspectief te onderzoeken*. Binnen de Duitse context betekent dat vooral dat we een zeer kritisch oog moeten hebben voor het anti-judaïsme, eurocentrisme en andere vormen van machtsdenken in de geschiedschrijving van het oerchristendom. Daarnaast zullen we de dialoog moeten zoeken met feministische historici uit andere contexten, bijvoorbeeld uit de Latijns-Amerikaanse wereld.

Het is steeds opnieuw zinvol gebleken om 'naar vrouwen te vragen, wier leven en werk niet alleen van de heersende norm afwijkt, maar ook van de realiteit van de meeste vrouwen. Belangrijke voorbeelden zijn vrouwen die van vrouwen houden en prostituees' (Bock, 50). Bij hen worden vormen van *onderdrukking en verzet van vrouwen* het duidelijkst zichtbaar. Vrouwen die zich aan de patriarchale normen aanpassen, wordt het gemakkelijk gemaakt hun onderdrukking niet te onderkennen en verzet als iets onvrouwelijks te zien. Hoe sterker vrouwen de patriarchale normen doorbreken, des te duidelijker worden de waarheid van de onderdrukking en de mogelijkheden van verzet voor henzelf en andere vrouwen zichtbaar. Dit inzicht van de feministische geschiedkunde is theologisch uitermate belangrijk. De theologische voorstelling van rechtvaardigheid in de joodse en vroeg-christelijke traditie oriënteert zich op het leven van de 'laatsten' in het volk, bij wie de gerechtigheid die God wil, moet beginnen (zie slechts Mt. 21,31v.; Lc. 7,36-50).

Werken met een omvattend concept van patriarchaat wil niet zeggen, dat niet telkens de concrete vorm van patriarchaat in een bepaalde historische situatie onderzocht moet worden. Feministische geschiedkunde ziet zichzelf bovendien als een open proces, waarin heel bewust niet met volledig vastgelegde concepten gewerkt wordt. Er zijn verbazingwekkende en vaak ook verrassende ontdekkingen gedaan, waaronder ook de ontdekking dat het patriarchaat (in zijn wisselende verschijningsvormen) zich nooit werkelijk kon doorzetten.

'Binnen de context van een mannelijk-gedomineerde maatschappij (...) vrouwen in het middelpunt plaatsen, betekent (...) niet, dat er nu in plaats van een mangecentreerde wereld een vrouwgecentreerde moet komen: Het gaat niet om een omgekeerde discriminatie (...) het betekent veeleer stommen tot spreken te brengen' (Bernadette Brooten 1985,79). Feministische geschiedkunde moet principieel oog hebben voor alle aspecten van geschiedenis (ook die waarin vrouwen ogenschijnlijk niet voorkomen), en vrouwen in het middelpunt van de geschiedschrijving plaatsen. Alleen zo wordt de weg geëffend voor een 'andere' visie op de *hele* geschiedenis.

De aanspraak van androcentrische geschiedkunde, namelijk universeel, waardevrij en objectief te zijn, wordt door de feministische geschiedkunde beantwoord met wetenschapsfilosofische kritiek. Deze aanspraak verhult de feitelijke partijdigheid ten gunste van patriarchale elites en bepaalde machtsverhoudingen. Vanuit het perspectief van een feministische geschiedkunde is het noodzakelijk om voorafgaande aan welke vorm van historische reconstructie dan ook de eigen invalshoek te onderzoeken en expliciet te maken, met andere woorden om de eigen partijdigheid te herkennen.

De *partijdigheid* van feministische geschiedkunde vloeit voort uit haar binding met de vrouwenbeweging en de strijd om bevrijding in de meest ruime zin. Mijn historische studies ontstaan uit de analyse van eigen ervaringen en die van vele andere vrouwen (over de begrippen ervaring en partijdigheid zie met name Maria Mies). Het bijna groteske onvermogen van patriarchale instituties, zoals de kerken of universiteiten in mijn leefwereld, om zich te veranderen in de richting van een rechtvaardige maatschappij in de Ene wereld, heeft historische wortels. Maar ook het verzet van vrouwen hiertegen heeft historische wortels. Ieder feministisch-historisch onderzoek naar de oorsprong van huidige structuren draagt een bouwsteen bij voor de toekomst van een menswaardig leven.

Ondanks hun verstrekkende aanspraak moeten historische reconstructies vanuit feministisch perspectief beschouwd worden als stukwerk. Juist omdat de meeste bronnen een androcentrische taal en optiek hebben en de belangen van patriarchale heerschappij dienen, is het doel van een omvattende algemene geschiedenis nauwelijks haalbaar. Veel aspecten van de geschiedenis van vrouwen en kinderen zullen in het duister blijven.

'Wie erkent dat historisch onderzoek neerkomt op een reconstructie-activiteit, kiest ook voor een nieuw soort van bescheidenheid: Het voorlopige karakter (...) kan gemakkelijker worden toegegeven en de invloed van persoonlijke (...) belangen (...) is openlijker bespreekbaar' (Brooten, 65).

Ik vat vrouwengeschiedschrijving in de hier geschetste zin van het woord op als *feministische sociale geschiedenis*. Daarmee wil ik zeggen, dat – zoals al aangegeven – in de eerste plaats gevraagd moet worden naar de 'laatsten' van de maatschappij en dat de alledaagse levensvoorwaarden van de vrouwen uit de armste, tevens breedste laag van de bevolking onderzocht moeten worden. Onder sociale geschiedenis versta ik daarbij een omvattend concept dat alle aspecten van het leven onderzoekt, ook de religieuze. Een sociaal-historische geschiedschrijving omvat dus ook de godsdienstgeschiedenis.

1.2 'En ze riep haar vriendinnen bijeen' (Lc. 15,9). Plaatsen van vrouwensolidariteit in het Nieuwe Testament

Het Nieuwe Testament is een uitstekende bron voor vrouwengeschiedenis. Er komen teksten in voor die vrouwen de wet willen voorschrijven, en daardoor indirect en ongewild laten blijken hoe vrouwen leven en willen leven. Daarnaast zijn er teksten die expliciet over vrouwen willen vertellen, al gebeurt dit steeds vanuit een androcentrisch perspectief en in een androcentrische taal. Verder zijn er teksten die ogenschijnlijk niet over vrouwen spreken, maar waaraan met kritische vragen de vrouwengeschiedenis ontlokt kan worden.

In zeer uiteenlopende verbanden wordt in het Nieuwe Testament zichtbaar dat er in het vroege christendom een gemeenschapsleven van vrouwen heeft bestaan. Een leven in afzondering binnen een kerngezin, dat vaak de ervaringen van hedendaagse vrouwen bepaalt, werd in de Oude Wereld waarschijnlijk slechts door zeer weinig vrouwen geleid. Gewoonlijk werkten vrouwen op gemeenschappelijke plaatsen – hetzij in een grotere huishouding, hetzij daarbuiten. Zulke plaatsen van gezamenlijk handwerk van vrouwen worden in Tobit 2,11-14 en bij Origenes (contra Celsum III 55) genoemd (zie hierover ook W. Schottroff over het werk van vrouwen in een harem). In hoeverre er in de woonhuizen een aparte vrouwenruimte bestond, is de vraag. Philo (de special. legibus III 169 e.v.) eist zeer resoluut dat de bewegingsvrijheid van meisjes wordt ingeperkt tot de vrouwenafdeling in huis en die van getrouwde vrouwen tot het hele huis. Of deze vergeleken bij het Eerste Testament nieuwe zede inderdaad algemeen verbreid was, valt te betwijfelen, zeker wanneer men bedenkt dat de meerderheid van de bevolking slechts klein behuisd was. De verbanning van vrouwen uit de openbaarheid, zoals Philo die voor ogen heeft, lijkt in het vroege christendom en in het jodendom in ieder geval niet gebruikelijk te zijn geweest. Net als Philo windt ook de eerste brief aan Timoteüs zich op over vrouwen die zich vrijelijk in de openbaarheid bewegen (1 Tim. 5,13), en zien we individuele vrouwen en groepen vrouwen bij openbare bijeenkomsten, op straat, op markten of op reis gaan, zoals bijvoorbeeld de filosofe Hipparchia (Diogenes Laertius VI 96 e.v.) of de christelijke apostel Thecla (Acta Theclae; Schneemelcher).

Het gemeenschapsleven van vrouwen dat in het Nieuwe Testament zichtbaar wordt, speelt zich af op alle terreinen van het leven: bij het werk (Mt. 24,41 par.), binnen de solidaire gemeenschap van buren (Lc. 15,9), op straat (1 Tim. 5,13; Lc. 8,1-3; Mc. 15,40v. par.), in de joodse (Hand. 16,13) en christelijke (1 Kor. 11,5; 14,34) eredienst. We moeten ervan uitgaan dat het familieleven in een patriarchale familie zich voornamelijk afspeelt binnen de gemeenschap van vrouwen. Met de weg van navolging van Jezus ofwel het leven in gemeenten die Jezus als de Messias vereren, worden deze vrouwengemeenschappen voortgezet en in de traditie van joodse vrouwengemeenschappen ook solidair vormgegeven. Dergelijke solidaire gemeenschapsvormen zijn in de volgende teksten herkenbaar: Vrouwen lezen gezamenlijk de Tora en vieren een joodse eredienst (Hand. 16,13, zie hierover Richter Reimer), zoals ook veel andere joodse vrouwengemeenschappen dat doen. Vrouwen trekken met z'n tweeën door het land als missionarissen van het evangelie van Christus, zoals bijvoorbeeld Tryfena en Tryfosa vermoedelijk deden (Rom. 16,12; D'Angelo). De vrouwen van Damascus, zo vertelt Josephus (bell. jud. II 560 e.v.), praktiseren op een enkele uitzondering na vrijwillig de joodse godsdienst. Als de niet-joodse mannen van de stad de joodse bevolking willen ombrengen, vermoedelijk vooral om hun pro-Romeinse sympathieën te tonen, moeten ze dat geheimhouden voor hun vrouwen. Ook hier blijkt dat er organisatievormen van vrouwen waren die het hen mogelijk maakten onafhankelijk van hun mannen de joodse godsdienst aan te nemen en ook als zelfstandige politieke kracht op te treden. Een dergelijke organisatie van vrouwen waardoor ze openlijk in verzet konden komen, bestond vermoedelijk ook in Antiochië (Syrië) in de tijd van Thecla of de Theclalegenden. De vrouwen die hier openlijk het leven van de christelijke Thecla verdedigen (Acta Theclae 27-28.32.34-35 zie Schneemelcher), zijn op het moment van hun protest nog niet christelijk. Of ze al dan niet joods zijn, is niet bekend.

In 1 Tim. 5,16 en Hand. 9,36-43 wordt duidelijk dat vrouwengroepen zich ook aaneensluiten om financieel zwakkere vrouwen te ondersteunen. Tabita's goede werken en daden van barmhartigheid bestaan er onder meer in dat zij voor een groep weduwen kleding weeft. Deze vrouwen wenen samen bij haar dood (Hand. 9,36). Deze 'weduwen' zijn echter geen *aalmoes*ontvangsters, maar zelfstandige en actieve leden van een christelijke groep, vgl. ook Hand. 6,1 (zie hierover Schüssler Fiorenza). De onlosmakelijke samenhang tussen de solidaire praxis binnen een vrouwengroep en de joodse vroomheidspraxis wordt hier expliciet (Hand. 9,36) duidelijk. 'Tabita is een christelijke vrouw. Zij leeft joods. (...) een joods-christelijke vrouw hoeft haar wortels dus niet te verloochenen' (Ivoni Richter Reimer, 89). In Hand. 13,50 en vermoedelijk ook in 17,4.12 zijn vrouwengroepen actief in de hogere, stedelijke kringen van Pisidië in Antiochië, Tessalonica en Berea. In Hand. 13,50 helpen ze de joodse gemeente Paulus en Barnabas te verdrijven. In Hand. 17,4.12 worden zij aanhangsters van de christelijke boodschap. In al deze drie gevallen gaat het om vrouwen van niet-joodse komaf die de joodse godsdienst praktiseren en gezamenlijk naar de synagoge gaan.

Op basis van dit materiaal kunnen de magere uitspraken van het Nieuwe Testament over de vrouwen uit Galilea die Jezus op zijn weg van Galilea naar Jeruzalem volgden, aangevuld worden.

De Galilese vrouwen, zegt Lc. 8,2, zijn door Jezus of door volgelingen van Jezus (vgl. Lc. 9,2; 10,9) van ziekten of boze geesten verlost. Ze trekken net als de twaalf met Jezus door het land en verkondigen het rijk Gods – zo zal Lc. 8,1.2 gelezen moeten worden. Dit houdt onder meer in dat ze zelf ook zieken genezen, zoals blijkt in Lc. 9,2; 10,9. 'Zij dienden (*diakonein*) hun (andere lezing: hem) naar hun vermogen' (Lc. 8,3). Taalkundig kan dit betekenen dat zij de groep mannen rond Jezus *financieel* ondersteunden, maar ook dat ze hen *naar vermogen, naar hun mogelijkheden* ondersteunden, zoals duidelijk wordt wanneer we een uitgebreider Grieks woordenboek raadplegen over de uitdrukking *ta hyparchonta*. De starre exegetische traditie die meent dat de vrouwen vermogend waren – of dat in ieder geval Lucas hen als vermogend heeft gezien – wil ik ter discussie stellen. Mijn redenen hiervoor zijn: 1. Degenen die de uitdrukking hebben vastgelegd op een financiële betekenis hebben de taalkundig mogelijke betekenis 'naar hun mogelijkheden' nooit in overweging genomen. Hieruit blijkt dat de exegeten vooral geïnteresseerd waren in welgestelde vrouwen in het Nieuwe Testament; een interesse die ook elders zichtbaar wordt (zie voor Hand. vooral Richter Reimer). 2. Wanneer het vermoeden bestaat dat de vrouw van een rentmeester van Herodus, Johanna (Lc. 8,3), afkomstig is uit de welgestelde kringen, dan is daarmee nog niet bewezen dat ook de vele andere vrouwen waarvan gezegd wordt dat zij 'naar hun vermogen dienen', rijk zijn. 3. Zowel de historische realiteit als verhalen in de evangeliën, ook in dat van Lucas, laten duidelijk zien dat de meerderheid van het joodse volk in de eerste eeuw arm was. De uitdrukking moet daarom, net als de beschrijving van het volgen van Jezus door de Galilese vrouwen volgens Mc. (15,41) en Mt. (27,55), gelezen worden tegen de achtergrond van de praxis van het 'dienen' in de groep volgelingen rond Jezus en de christelijke gemeenten: als poging om de sekse-hiërarchische werkverdeling, waarbij alleen vrouwen en slaven verzorgend werk doen, juist te doorbreken (zie slechts Mc. 10,42-45 parr.). Dienen betekent binnen het vroege christendom de dienst van het verkondigen *en* het verzorgen, die door mannen en vrouwen wordt verricht en expliciet en bewust anti-hiërarchisch van opzet is. De uitspraak dat zij hem of hen 'naar hun vermogen' dienden is vergelijkbaar met Mc. 14,8: 'Zij heeft gedaan, wat zij kon'.

Dit ene geval maakt al duidelijk, dat een feministische lezing van het Nieuwe Testament de toegang tot teksten moet bevechten op starre exegetische tradities, die het vroege christendom willen situeren in de welgestelde kringen en als vanzelfsprekend aannemen dat vrouwen met de zorgtaken zijn belast (bijv. de traditionele uitleg van Mc. 15,41 par. tegenover Mc. 10,42-45 parr.).

De Galilese groep vrouwen die Jezus volgt, staat duidelijk in de traditie van joodse vrouwengroepen of joods levende groepen vrouwen (van niet-joodse afkomst), waarvan hierboven sprake was. Dat wil zeggen dat we ervan uit kunnen gaan dat deze Galilese vrouwen een solidaire gemeenschap vormden, en een zelfbewustzijn als vrouw bezaten van waaruit ze openlijk op konden komen voor belangen van vrouwen en eigen ideeën konden ontwikkelen over hoe de christelijke praxis gestalte moest krijgen.

De vrouwengroep uit Galilea en andere, soortgelijke gemeenschappen van vrouwen vormen de historische achtergrond voor de tamelijk ongewone verhalen over vrouwen die in de Jezustraditie worden verteld: over opstandige vrouwen zoals de aan bloedvloeiingen lijdende vrouw, de Syrofenicische of de prostituees, die zowel in de Doperbeweging (Mt. 21,32) als in de Jezusbeweging (zo zullen Mt. 21,31 en Lc. 7,36-50 moeten worden begrepen) te vinden zijn. Daarom staat deze paragraaf hier ook voor het thema 'Jezus en de vrouwen', een thema dat in de feministische theologie zeer belangrijk is (zie hierover echter ook nog 3.1).

Op grond van Lc. 8,2 is Maria Magdalena in de kerkelijke exegetische traditie vaak voor zo'n prostituee gehouden en met de naamloze in Lc. 7,36-50 geïdentificeerd: weliswaar als *ex*-prostituee, die berouw had over haar leven als hoer. De teksten bieden voor deze identificering van Maria Magdalena met een prostituee geen houvast, en al helemaal niet voor de voorstelling van hoeren'berouw' en prostitutie als een *morele* tekortkoming. Ze laten veeleer vrouwen zien die met prostitutie hun brood verdienen, omdat ze alleen op die manier kunnen overleven, en op zoek zijn naar solidaire structuren in de Doper- en Jezusbeweging. De vraag naar de houding van Maria Magdalena en de andere Galilese vrouwen tegenover deze prostituees kan opnieuw gesteld worden. Bestond er in de Jezusbeweging solidariteit tussen prostituees en vrouwen die zich niet prostitueerden en tussen prostituees en vrouwen die in seksuele ascese leefden, zoals die in de christelijke gemeente in Korinte lijkt te hebben bestaan? Deze vraag moet bevestigend beantwoord worden, waarbij vooral de huidige morele diskwalificatie van prostituees overwonnen moet worden, zoals Renate Kirchhoff heeft laten zien. 'Prostituees werden niet als zodanig buiten de maatschappij gesloten, maar hadden dezelfde status als alle anderen uit de onderlaag van de maatschappij, waartoe ongeveer 90% van de totale bevolking behoorde.' 'Morele oordelen over de manier waarop prostituees met hun lichaam omgaan (...) hebben een veel te beperkt perspectief, omdat ze er geen rekening mee houden dat seksuele contacten (in de 1e eeuw n. Chr. veel vaker dan tegenwoordig) deel uitmaakten van het geheel van economische verhoudingen en ook zo ervaren werden' (Kirchhoff, 65 e.v.). We moeten er als vanzelfsprekend van uitgaan dat er in de Jezusbeweging en in alle christelijke gemeenten prostituees aanwezig waren, aangezien de leden van deze groepen op een paar enkelingen na tot de arme meerderheid van de bevolking behoorden, die waarschijnlijk terecht op 99% wordt geschat (zie slechts Alföldy, 124). De voor vrouwen attractieve seksuele ascese (zie 1.3) was voor prostituees alleen haalbaar, wanneer zij in een klein solidair gemeenschapsverband konden leven waarbinnen vrouwen of vrouwen en mannen hen financieel ondersteunden, zodat ze voor hun levensonderhoud niet meer op de prostitutie waren aangewezen.

In deze paragraaf heb ik alle nieuwtestamentische informatie over vrouwengroepen waarover ik beschik bijeengebracht en gebruikt als wederzijdse aanvulling op elkaar, waarbij ik ook teruggegrepen heb op buiten-christelijke en niet-canonieke bronnen. Methodisch wil dit zeggen, dat ik bij dit thema uitga van relatief homogene structuren in het jodendom en het christendom in het Romeinse Rijk. Een dergelijke sociaal-historische homogeniteit in het Romeinse Rijk kan op veel terreinen van het leven, ook van het vrouwenleven, steeds opnieuw worden vastgesteld. Wanneer in de literatuur de 'Romeinse vrouw' tegenover de 'joodse vrouw' wordt geplaatst, dan gaat het meestal om een niet doordachte contrastering van Romeinse vrouwen uit de hogere milieus met joodse (en christelijke) vrouwen uit de maatschappelijke onderlaag. Het enige aspect van vrouwengemeenschappen waarbij ik niet uitga van een homogeniteit, is de rigide beperking van het leven van vrouwen tot een leven in huis, en binnenshuis tot een leven in de vrouwenafdeling. Over de gehele linie bezien, is echter de invloed van de Romeinse machtscultuur op het alledaagse leven op alle terreinen van deze macht een relevante factor. Om deze reden moet er van een structurele homogeniteit worden uitgegaan, wat echter niet wegneemt dat er steeds opnieuw gevraagd moet worden naar culturele bijzonderheden, in dit verband vooral van het joodse leven.

1.3 'Heilig naar lichaam en geest' (1 Kor. 7,34)
Levensvormen van vrouwen in het vroege christendom

Het patriarchale recht en het patriarchale bewustzijn definiëren vrouwen via degenen die over hun seksualiteit beschikken, de vader als heer van zijn maagdelijke dochter, de echtgenoot als heer van zijn vrouw. De weduwe is in dit systeem 'heer'loos en dus vrij (vgl. slechts Rom. 7,2; 1 Kor. 7,39. Over het recht van de Misjna, zie Wegner). De gescheiden vrouw en de ongetrouwde, geëmancipeerde en dus van de patria potestas bevrijde vrouw, zijn eveneens vrij, omdat geen enkele man de beschikkingsbevoegdheid over haar seksualiteit heeft (voor de Misjna zie Wegner; voor het Romeinse recht zie Kaser § 14 III; § 60 IV). Om de vrouwengeschiedenis in het vroege christendom te begrijpen, is het noodzakelijk om naast deze juridische en ideologische kant van patriarchale verhoudingen ook de sociale en economische aspecten te bekijken: Dat er binnen dit systeem geëmancipeerde, ongetrouwde vrouwen zijn, is weliswaar een onmiskenbaar feit, maar als 'normaal' geldt dat vrouwen trouwen – al voor de pubertijd – en, zo snel als fysiek mogelijk is, zonen baren. De sociale druk op vrouwen om zonen te baren is de onderliggende teneur van de bijbelse tradities over onvruchtbare vrouwen. De sociale druk die vrouwen het huwelijk induwt, wordt in de bronnen vooral voelbaar waar vrouwen weigeren te trouwen – een onderliggende teneur in christelijke geschriften uit de apostolische tijd. Materiaal over mogelijke inkomstenbronnen voor autonome vrouwen zal ik in paragraaf 1.4 noemen.

Reeds een vluchtige blik op het Nieuwe Testament maakt duidelijk, dat hierin vrouwen die in de patriarchale zin van het woord 'abnormaal' zijn veel vaker worden genoemd dan getrouwde vrouwen of maagden. De persoonsnamen van vrouwen zijn moeilijk te gebruiken als studiemateriaal, aangezien ze niet alleen de familierelaties weerspiegelen (dochter van ... bijv. in Lc. 2,36), maar ook bekendheid in de gemeenten ('moeder van de zonen van Zebedeüs' Mt. 20,20 in plaats van vrouw van Zebedeüs). Op Maria en Marta na (Lc. 10,38v.; Joh. 11,1) is de naam die aan de naam van de vrouw ter identificatie wordt toegevoegd een mannennaam (man, zoon, vader, broer). Deze identificering via een relatie met een man is in het bijbelse en niet-bijbelse materiaal uit de nieuwtestamentische tijd gangbaar (Köhler; Bauckham, 235 e.v.). Het aantal vrouwen met een roepnaam waaraan geen identificerende verwijzing naar een mannelijk familielid is toegevoegd, is verbazingwekkend groot: Maria Magdalena (o.a. Mc. 15,40), Salome (Mc. 15,40; 16,1), Tabita (Hand. 9,36), Lydia (Hand. 16,14), Maria (Rom. 16,6), Tryfena en Tryfosa (Rom. 16,12), Persis (Rom. 16,12), Chloë (1 Kor. 1,11) Euodia en Syntyche (Fil. 4,2), 'Izebel' (weliswaar geen roepnaam, maar eerder een scheldwoord Op. 2,20), Febe (Rom. 16,1), Apfia (Filem. 2). Naamloze vrouwen die evenmin via een mannelijk familielid geïdentificeerd worden, zijn: de Syrofenicische (Mc. 7,26; kennelijk een alleenstaande moeder), de vrouw die aan bloedvloeiingen lijdt (Mc. 5,25), de kromgebogen vrouw (Lc. 13,11), de 'zondares' (Lc. 7,36); de zalvende vrouw (Mc. 14,3) en de Samaritaanse (Joh. 4,9.18).

Vrouwen die als echtgenote kunnen worden geïdentificeerd (met naam of naamloos) zijn: Elisabeth (Lc. 1,5), Maria (o.a. Lc. 1,27), de vrouw van Petrus (1 Kor. 9,5), Saffira (Hand. 5,1), Priscilla (Hand. 18,2), Junia (Rom. 16,7 – maar eigenlijk staat daar niet dat ze echtgenote is), Julia (Rom. 16,15 – ook bij haar is het niet zeker dat zij echtgenote is), de vrouw van Zebedeüs (zie boven Mt. 20,20). Het aantal vrouwen dat benoemd wordt zonder verwijzing naar een man uit de familie, overstijgt het aantal identificeerbare echtgenotes (20:8). In ieder afzonderlijk geval kan niet met zekerheid worden vastgesteld, dat het bij vrouwen met een naam zonder verwijzing naar een mannelijk familielid altijd om ongetrouwde of gescheiden vrouwen gaat. Het kan hier soms ook om vrouwen gaan waarvan de man geen christen is of om onbekende redenen niet genoemd wordt. Niettemin kunnen we tot een overtuigende slotsom komen: in het vroege christendom spelen vrouwen een belangrijke rol die niet via mannen worden geïdentificeerd, en die in de regel als ongetrouwd of gescheiden moeten worden beschouwd.

Deze conclusie wordt ondersteund door het grote aantal weduwen. Het woord *chera* duidt doorgaans de vrouw van een gestorven man aan, alhoewel het ook in een algemenere zin een benaming voor vrouwen kan zijn die niet binnen een patriarchale machtsverhouding leven. De weduwen duiken individueel of ook als groep op (Hand. 6,1; 9,39.41; zie ook de bepalingen voor weduwen in 1 Kor. 7 en 1 Tim. 5). Daarbij kunnen zonder twijfel een aantal vrouwen worden opgeteld die als 'moeder van...' worden aangeduid. Dit overzicht stelt het idee in de (toen en nu) patriarchaal ingestelde hoofden ter discussie, dat de 'normale vrouw' in het vroege christendom dan wel binnen de maatschappij van die tijd de echtgenote is die binnen het huwelijk verzorgd wordt en kinderen grootbrengt.

Een andere mogelijkheid om deze conclusie te toetsen, biedt Rom. 16. Paulus noemt hier vrouwen vanwege hun werk en betekenis voor gemeenten, niet vanwege hun levensvorm. Het terloopse beeld van levensvormen van vrouwen in vroeg-christelijke gemeenten levert het volgende op: 5 vrouwen zonder relatie met een man, 3 echtgenotes (wanneer ik Junia en Julia meereken) en twee vrouwen die als moeder of zus van een man geïdentificeerd worden, en dus hoogstwaarschijnlijk niet tot de echtgenotes gerekend moeten worden. Ook in 1 Kor. 7 blijkt dat ongehuwde of gescheiden vrouwen en weduwen – gemeten aan de patriarchale norm – een ongewoon grote rol spelen.

Het grote aantal weduwen in het Nieuwe Testament staat feitelijk in geen verhouding tot de maatschappelijke realiteit van die tijd. Weliswaar bestaan er over de levensverwachtingen van vrouwen en mannen slechts 'demografische vermoedens' (Pomeroy, 102 e.v.), maar deze ramen de gemiddelde levensduur van mannen op 45 en die van vrouwen op 36,2 jaar. Bovendien bestaat er een wezenlijk overschot aan mannen. De oorzaken van de getalsmatige verschillen tussen mannen en vrouwen zijn: het doden van vrouwelijke kinderen en het hoge aantal sterfgevallen onder vrouwen door zwangerschappen en bevallingen. Het is veel waarschijnlijker dat mannen in de loop van hun leven meerdere, zeer jonge vrouwen na elkaar huwden – steeds na de dood van hun vrouw –, dan dat een vrouw als weduwe overbleef. De opvallend grote rol van weduwen in het Nieuwe Testament, zowel in aantal als in betekenis, is gezien de maatschappelijke realiteit dus iets uitzonderlijks. 'Weduwe' moet niet automatisch geassocieerd worden met oude vrouw, er worden ook jonge weduwen genoemd (1 Tim. 5,11), en evenmin met passieve hulpbehoevendheid. De weduwen zijn – ook al zijn ze arm – dragende en richtinggevende leden van de gemeenten.

Een andere aanwijzing voor het ongewone beeld van levensvormen in het Nieuwe Testament is de christelijke geschiedenis van de uitleg van het Nieuwe Testament. De interpreten hebben – met het voor hen vanzelfsprekende patriarchale bewustzijn – van de meeste alleenstaande vrouwen in het Nieuwe Testament achteraf echtgenotes of weduwen gemaakt, omdat ze ongetrouwde of gescheiden vrouwen ervoeren als dissonanten in het Nieuwe Testament en de christelijke kerk (bijv. Tabita en Apfia).

De oorzaken van de grote aantrekkingskracht van het vroege christendom op vrouwen, met name ook op vrouwen die niet binnen een huwelijk leven of willen leven, zijn de verkondiging en de praxis van de onthouding en de ontwikkeling van niet-hiërarchische gemeenschapsvormen.

Niet alleen in het hellenistische Korinte wordt de seksuele onthouding gepredikt en gepraktiseerd, maar ook binnen de context van de Jezusbeweging in het Judese Palestina. Dit blijkt vooral uit het feit dat in de gehele synoptische traditie het tweede huwelijk na een echtscheiding wordt afgewezen (Mc. 10,10-12 parr.) en uit de negatieve waardering van seksualiteit en patriarchale familie in delen van de synoptische traditie (Mt. 24,37-44 par.; Mc. 12,18-27 parr. e.a.). Naast seksueel ascetische levensvormen is er echter ook sprake van een integratie van echtparen in de gemeente (zie de hierboven genoemde lijst van echtgenotes), en leeft het ideaal van het hoogste geluk in de innige verbondenheid van een heteroseksueel huwelijk (Mc. 10,1-10 par.). Vandaag de dag moet het ideaal van deze tekst (zie hierover ook 4.5) ook van toepassing worden geacht op homoseksuele relaties en de repressieve uitleg van dit ideaal bekritiseerd worden. Er bestaan geen aanwijzingen dat getrouwde vrouwen tegen autonome vrouwen worden uitgespeeld of omgekeerd, terwijl in Lc. 10, 38-42 de vrouw die kennis wil verwerven, wel wordt uitgespeeld tegen de huisvrouw.

Druk op vrouwen in verband met de levensvorm waarvoor zij kiezen, is in enkele teksten duidelijk bespeurbaar: Paulus spoort gehuwde vrouwen die in onthouding leven ertoe aan van seksuele ascese af te zien, om buitenechtelijke *porneia*, bijvoorbeeld met prostituees, te voorkomen (1 Kor. 7,1-7; hierover Wire). Weduwen die opnieuw willen trouwen, ondervinden tegenwerking (1 Tim. 5,11; tot op zekere hoogte ook 1 Kor. 7,40). Weduwen die niet voor de tweede keer willen trouwen, worden tot een huwelijk geprest (1 Tim. 5,14). Gehuwde christelijke vrouwen die zich van hun niet-christelijke man willen laten scheiden, worden onder druk gezet om het huwelijk in stand te houden. (in 1 Kor. 7,15 door Paulus ter sprake gebracht, hijzelf ziet in dit geval niets in het uitoefenen van druk; zie ook Justinus, 2e Apologie 2). Deze druk op vrouwen om voor een andere levensvorm te kiezen dan zijzelf wensen, getuigt van zeer tegenstrijdige maatschappelijke praktijken en belangen: het belang om vrouwen te onderdrukken en in een streng patriarchaal huwelijk onder te brengen (1 Tim.) en anderzijds de praktijk van de seksuele onthouding, die Paulus als de betere weg ziet, en in vergelijking waarmee het huwelijk een noodoplossing lijkt (1 Kor. 7). Deze innerlijke tegenspraak van de vroegchristelijke praxis, die tegelijk de benarde positie weerspiegelt van vrouwen die zich tegen hun onderdrukking verweren, is onoplosbaar. Er bestaat geen mogelijkheid om een eerst-later-schema te hanteren (met andere woorden eerst de bevrijdende praxis, daarna de onderdrukking), noch om onderdrukking en bevrijding op te splitsen tussen verschillende groepen (bijv. Paulus de onderdrukker versus de bevrijdende praxis van de gemeente van Korinte). Op deze vragen wordt uitvoeriger ingegaan in 2.1 en 2.4.)

Het aantrekkelijke van celibataire levensvormen voor vrouwen wordt in de christelijke teksten uit de apostolische tijd veelvuldig bevestigd. Interessant is in dit verband ook een traktaat van Cyprianus: Hij spreekt in zijn – vrouwvijandige – traktaat 'Over de houding van maagden' (249 n. Chr.) datgene uit wat eerder slechts een vermoeden was. De 'maagden', dat wil zeggen celibatair levende vrouwen, zijn 'de bloem aan de stam van de kerk' (...), het 'meest verheven deel van de gemeente van Christus' (3); zij maken blijkbaar voor een groot deel de aantrekkelijkheid van de kerk uit. De bezorgdheid dat een celibatair leven betekent dat er geen kinderen meer worden geboren, heeft daarbij kennelijk geen rol gespeeld: Er zijn genoeg mensen ('Is dan de hele wereld gevuld en bevolkt, zo castreren degenen die tot een leven in onthouding in staat zijn zich voor het hemelrijk, waar zij als de castraten leven', 23). Vanuit het perspectief van vrouwen heeft deze weg grote voordelen, zoals Cyprianus met een kritische ondertoon constateert: 'jullie hoeven niet bang te zijn voor de droefenissen en verzuchtingen van vrouwen, jullie hoeven geen angst te hebben vanwege het baren van kinderen; jullie hebben ook geen echtgenoot tot heer, maar Christus (...) neemt de plaats en de positie van een man in' (22). In deze tekst wordt verder duidelijk dat de 'maagden' een vrolijk leven leiden en geen, zoals de bisschop het graag zou zien, onopvallend en teruggetrokken leven. Zij gaan naar feesten, naar baden, spreken in het openbaar en dragen mooie kleren. Ze passen volgens Cyprianus absoluut niet in het patriarchale systeem en in de rol die daarbinnen voor een niet-getrouwde vrouw is weggelegd. Hij kan echter niet ontkennen dat ze in seksuele onthouding leven en is zelfs van mening dat voor hen de opstanding reeds begonnen is: 'wat wij eens zullen zijn, daarmee hebben jullie al een begin gemaakt. Jullie bezitten de heerlijkheid van de opstanding al in deze wereld, door de wereld wandelen jullie, zonder echter door haar bevlekt te worden' (22). Paulus drukt het als volgt uit: 'Zowel zij die geen man meer heeft, als de jongedochter, wijdt haar zorgen aan de *kyrios*, om heilig te zijn naar lichaam en geest' (1 Kor. 7,34). De *egkrateia*/celibataire praktijk van vrouwen die bij Paulus en bijna tweehonderd jaar later bij Cyprianus zichtbaar wordt, was niet dualistisch-lichaamsvijandig. Het lichaam werd niet gezien als gevangenis (zoals in dualistische concepties), maar als plaats van heiliging. Deze heiliging werd niet individualistisch opgevat, maar als heiliging van lichamen *in relaties* geleefd. Voorwaarde hiervoor voor vrouwen was dat de patriarchale beschikkingsbevoegdheid over hun seksualiteit, zoals hierboven is geschetst, beëindigd was. Geen enkele man had nog de beschikkingsbevoegdheid over hun lichaam. Zelfs binnen bestaande huwelijken hebben vrouwen ervoor gevochten dat de man niet langer het beschikkingsrecht over hun lichaam zou hebben (1 Kor. 7,4 Wire).

De niet-hiërarchische organisatie van het samenleven in de gemeenten was de tweede reden waarom het vroege christendom voor vrouwen zo aantrekkelijk was. Al deze experimentele gemeenschapsvormen leverden voor vrouwen voordelen en voor mannen nadelen op. Mannen moesten privileges opgeven: bijvoorbeeld het privilege van de vrije man om geen huishoudelijk of verzorgend werk te hoeven verrichten; of het privilege om over een vrouw (of echtgenote) te kunnen beschikken. De organisatie van economische en sociale gerechtigheid op boven-gemeentelijk niveau, binnen de gemeenten en binnen leefgemeenschappen in de gemeenten (hierover boven 1.2) was eveneens meer in het voordeel van vrouwen, aangezien het voor hen veel moeilijker was om te overleven in de wereld van armoede dan voor mannen. Als voorbeelden van teksten waarin solidaire experimenten zichtbaar worden noem ik slechts: Mc. 10,42-45 parr.; Joh. 13; Hand. 2,42-47; 1 Kor. 12. Daarnaast wil ik nog wijzen op het woord *koinonia*/gemeenschap als sleutelwoord voor dergelijke solidaire organisatievormen. Ook de voorstelling van de familia deï (Mc. 3,31-34) en de aanspreekvormen 'broeder' en 'zuster' duiden op niet-hiërarchische verhoudingen, die ook op andere manieren duidelijk worden gemaakt, bijvoorbeeld in Mt. 23,9: 'En gij zult op aarde niemand uw vader noemen ...' Het is historisch volkomen terecht om de gemeenten van het vroege christendom juist als plaats van vrouwen te zien en het – misschien enigszins misleidende – woord 'vrouwenkerk' (zie hierover vooral Schüssler Fiorenza) te gebruiken als aanduiding voor het ideaal dat hier geleefd werd: een gemeenschap van vrouwen en mannen die deze naam werkelijk verdient, omdat ze de heerschappij van mannen over vrouwen en een groot aantal andere patriarchale vanzelfsprekendheden minstens gedeeltelijk heeft doorbroken.

De methodische aanpak in deze paragraaf is gebaseerd op de homogeniteit van recht, ideologie en praxis van de patriarchale beschikking over vrouwen in het Romeinse Rijk en de daaraan onderworpen culturen, zoals de joodse cultuur. Het is zonder meer noodzakelijk om ook te letten op onderlinge verschillen in het recht (bijv. bruidsschat of scheiding) of in de praxis van vrouwenonderdrukking. De grondstructuren zijn niettemin homogeen. Wanneer we gebruik maken van het Nieuwe Testament als bron van vrouwengeschiedenis betekent dit dat we niet volgens de wetenschappelijke traditie te werk mogen gaan. Deze probeert namelijk de afzonderlijke geschriften en fasen van de traditie tegen elkaar af te zetten (Matteüs heeft een andere theologie dan Marcus, Marcus een andere als de pre-marcaanse traditie enzovoort), en scheidt daarmee zaken die historisch met elkaar verbonden zijn. Ook hier zal gelet moeten worden op onderlinge verschillen, waarbij we echter de homogeniteit van de vroeg-christelijke beweging niet uit het oog mogen verliezen.

1.4 'Zij heeft zich veel moeite voor u gegeven' (Rom. 16,6)
Het werk van vrouwen

Het opschrift is een citaat uit Rom. 16, een aanbevelingsbrief en een lijst met groeten van Paulus, waarin hij tien vrouwen en zeventien mannen prijst vanwege hun betekenis en hun werk voor christelijke gemeenten. Daarbij gebruikt hij voor dit werk drie keer het Griekse werkwoord *kopian* voor het werk van vrouwen (Maria vs. 6; Tryfena en Tryfosa vs. 12; Persis vs. 12). Hetzelfde werkwoord gebruikt hij vaak om zijn eigen werk en dat van andere medewerkers Gods te omschrijven. (Deze uitdrukking is afkomstig uit 1 Tess. 3,2.) Het woord *kopian* betekent zwaar werk, zoals het grove grondwerk, en is in het vroege christendom een tijdlang een sleutelwoord geweest voor de manier waarop mensen zichzelf zagen, namelijk als medewerkers Gods. In de post-nieuwtestamentische tijd verdween het woord: Het was 'niet meer passend (...), toen de geestelijkheid tot een hogere stand werd' (Harnack, 7). Dat zowel het woord *kopian*/werken als het woord *diakonein*/dienen christelijke sleutelwoorden zijn, maakt duidelijk hoe bewust hier over hiërarchieën in de wereld van de arbeid werd nagedacht, en hoe bewust de stap werd gezet om alle onderdrukking te omzeilen, doordat allen op de laagste plaats gaan staan (Mc. 10,42-45 parr.). Nu houdt deze stap voor vrouwen iets geheel anders dan in voor mannen. Het werk van de vrouwen uit de lagere klasse is de verzorging van mensen (*diakonein* betekent: wassen, koken, bedienen, water dragen ...). Verder werken ze op het land, zij horen tot de grondwerkers waar het woord *kopian* betrekking op heeft, alhoewel de patriarchale ideologie het werk van vrouwen buitenshuis altijd ontkent heeft. Vrije mannen zullen daarentegen nooit verzorgend werk verrichten, zelfs niet wanneer ze dagloners in de landbouw of grondwerkers zijn. De wereld van de arbeid is sterk hiërarchisch gestructureerd: de 99% van de bevolking die tot de onderlaag behoort en in tamelijke armoede leeft, wordt gevormd door handarbeiders. Handarbeid geeft de klassengrens met de kleine bovenlaag aan. Het verzorgende werk geeft de machtsgrens aan tussen vrouwen of slaven enerzijds en vrije mannen anderzijds. En naast het verzorgende werk van de 'dienst' is grondwerk de onderste trede in de wereld van de arbeid. Het 'dienen' wordt niet betaald, landarbeid als dagloner of pachter wordt uitbetaald (in natura of in geld). Loonarbeid van vrouwen levert amper de helft op van wat mannen met vergelijkbaar werk verdienen. Loonarbeid is gebruikelijk in het leven van vrouwen uit de maatschappelijke onderlaag. Aangezien het slechts een aanvulling op het inkomen oplevert, kunnen vrouwen hiermee echter geen economische onafhankelijkheid verwerven.

Wat heeft Maria (Rom. 16,6), waarover we verder niets weten, behalve dan dat ze veel en hard 'voor u' gewerkt heeft, gedaan? Wat heeft dit werk in de sfeer van verzorging, landarbeid, handarbeid en het werk voor de gemeente voor haar betekend?

Allereerst dit: het feit dat haar werk grondwerk wordt genoemd of het werk van vrouwen dat als dienen wordt omschreven, degradeert vrouwen niet. Alleen voor vrije mannen of voor mannen die geen grondwerk hoeven te verrichten, houden deze woorden een verlies aan prestige in.

Er zijn enkele teksten die ons inzicht geven in vroeg-christelijke arbeidsconflicten:

Hand. 6,1vv.:

De dienst van de Tafel en de dienst van het Woord worden vanwege een conflict gescheiden (waarschijnlijk onder mannen verdeeld).

Lc. 10,38-42:

Het scheiden van verzorgend werk en 'luisteren naar het woord' (= leren) leidt tot een conflict tussen Maria en Marta. (Jezus' oplossing van dit conflict blijft een halve oplossing, aangezien hij en Maria eigenlijk hadden moeten meehelpen bij het verzorgende werk).

1 Tim. 5,13:

Jonge vrouwen leren en bewegen zich in het openbaar en spreken en onderrichten openlijk (vgl. 1 Tim. 2,11vv). De tekst maakt hen uit voor *argai*/lui. Afgaande op de patriarchale ideologie van de tekst (zie 5,14) betekent dit dat zij weigeren huishoudelijk en verzorgend werk te verrichten.

1 Kor.14,34vv.:

Vrouwen spreken in het openbaar in de gemeente en willen in de openbaarheid leren.

Deze conflicten maken de volgende conclusies mogelijk:

Diakonein/dienen was oorspronkelijk een totaalconcept (zie hierover ook onder 3.3) dat verzorgend werk en de dienst van het woord met elkaar moest verbinden. Ook vrije mannen hebben verzorgend werk verricht – en vrije mannen (in dit geval de Jeruzalemse apostelen) hebben na verloop van tijd geweigerd dit verzorgende werk op zich te nemen (vermoedelijk omdat zij vrouwen niet wilden bedienen of niet aan de verkondiging van het Woord wilden laten deelnemen, Hand. 6,1).

Voor vrouwen betekende dit totaalconcept van werk dat ze zich van huishoudelijk werk bevrijdden en in het openbaar leerden en onderrichtten. Dit stuitte op verzet van patriarchale mannen. Lc. 10,38-42 behandelt de scheiding tussen huishoudelijk werk en leren als een probleem dat alleen onder vrouwen bestaat, wat een terugval betekent in vergelijking met Mc. 10,42 parr. Daar wordt het dienen immers zeer uitdrukkelijk tot een zaak van allen gemaakt, op andere plaatsen in het Lucas-evangelie trouwens ook (Lc. 22,26). De conflicten ontstonden met andere woorden doordat vrouwen weigerden huishoudelijk werk te doen en door de noodzaak dat mannen huishoudelijk werk op zich namen, en daarmee in de positie kwamen dat zij vrouwen moesten bedienen.

Wat heeft Maria (Rom. 16,6) dus gedaan? Zij heeft haar huishoudelijk werk met mannen gedeeld en haar overige energie in leren, onderrichten en werk voor de gemeente gestoken. Zij heeft verder – wanneer ze betaald werk kon vinden – voor haar eigen levensonderhoud gewerkt, alhoewel ze vermoedelijk niet genoeg heeft verdiend om zichzelf volledig te kunnen onderhouden. De gemeenschap van de gemeente maakte het haar mogelijk om ook zonder echtgenoot economisch te overleven. 'Zij heeft zich veel moeite voor u gegeven', betekent met andere woorden dat het totaalconcept van werk het haar mogelijk heeft gemaakt de gemeente en haar gemeenschap mee vorm te geven. Niet alleen door koken, maar ook en vooral door te participeren in het leren, het openbare leven en de verantwoordelijkheid voor de gemeenschap. Zij heeft echter zeker ook de ervaring opgedaan dat christelijke mannen haar weer wilden terugdringen in een leven binnenshuis en haar moreel veroordeelden, omdat zij zich door mannen ook wilde laten bedienen en ook een positie opeiste om mannen te onderrichten (1 Tim. 2,12).

De hardheid van het huishoudelijk en verzorgende werk van vrouwen moet gezien worden tegen de achtergrond van de grote armoede van de bevolking. De vrouwen hadden geen vrije keuze, maar waren genoodzaakt dit werk te doen om te kunnen overleven. Zonder solidaire structuren, zowel in economisch opzicht alsook in het verzorgende werk, zouden vrouwen nooit de ruimte hebben kunnen verwerven om te leren en onderrichten. Het woord 'leren', dat in conflicten steeds weer opduikt, maakt duidelijk waarvoor zij in de allereerste plaats hebben gestreden.

Ik heb in deze paragraaf bewust geprobeerd de drie terreinen van werk van vrouwen in hun onderlinge samenhang te bekijken. Dat wil zeggen, ik heb rekening gehouden met het samengaan van verzorgend werk, loonarbeid en werk voor de gemeente. Ten slotte wil ik nog wijzen op enkele bronnen voor nadere informatie over het werk van vrouwen in het vroege christendom, aangezien dit thema in de traditionele bijbelwetenschap niet opduikt – of hoogstens in de vanzelfsprekende veronderstelling vrouw = huisvrouw. De informatie over gemeentewerk/leidinggevende functies van vrouwen is door de feministische exegese zeer toegankelijk gemaakt. Het boek *Zu ihrem Gedächtnis* van Elisabeth Schüssler Fiorenza biedt een uitstekend algemeen overzicht van dit aspect van vrouwenwerk. Voor de werkzaamheden van vrouwen buitenshuis wil ik vooral wijzen op het Misjnatraktaat Kethubot en op het edict van Diocletianus. Ander bronnenmateriaal wordt in recentere studies van vrouwen toegankelijk gemaakt (Kampen, Richter, Reimer, Scheidel, Treggiari e.a.). Over huishoudelijk en betaald werk door vrouwen verwijs ik naar werken van mijzelf. Een studie van Ursula Schachl-Raber (Salzburg) is in voorbereiding.

2. Concepten van de geschiedenis van het vroege christendom – feministisch-theologisch doorgelicht

In de traditionele nieuwtestamentische wetenschap wordt met eigen historische hypothesen gewerkt, die in dit hoofdstuk kritisch bediscussieerd zullen worden. Ik omschrijf hier deze hypothesen of concepten van de geschiedenis van het vroege christendom allereerst met behulp van hun sleutelbegrippen: 'vroeg-katholicisme'; 'uitstel van de parousie'; de coëxistentie van 'ascetisch radicalisme en liefdespatriarchalisme'; 'wetsvrij heiden-christendom'; het concept 'de auteur' van teksten; het concept 'de tegenstanders' van Paulus. In deze concepten vallen anti-judaïsme en seksisme vaak samen. Ik wil in dit hoofdstuk zeker niet beweren, dat exegeten en (ook feministische) exegetes deze concepten altijd allemaal tegelijk en op een onkritische manier gebruiken. Niettemin zijn het algemeen aanvaarde interpretatiemodellen, die zelden kritisch onder de loep worden genomen. Evenmin wil ik in dit hoofdstuk beweren dat de feministische exegese tegenover deze concepten al andere voltooide concepten geplaatst heeft. Het gaat er mij slechts om aan te tonen dat er binnen de feministische exegese over deze thema's discussies aan de gang zijn of op gang moeten worden gebracht.

2.1 Vroeg-katholicisme of strijd binnen het patriarchaat?

In de nieuwtestamentische wetenschap wordt doorgaans gewerkt met het concept van een ontwikkeling die van Jezus tot het 'vroeg-katholicisme' leidt. Ernst Käsemann constateert dat er met dit begrip een 'contraire conceptie van geest, kerk, ambt en traditie' in het Nieuwe Testament bestaat (1964, 239-252): aan de ene kant staan Jezus, Paulus en het paulinische christendom, aan de andere kant met name de twee lucaanse geschriften en de pastorale brieven. De belangrijkste scheidslijn is voor hem de vraag: heeft *iedere* christen deel aan charisma en geest, of staan er tegenover de gemeente bijzondere ambtsdragers? – Ik heb hier de androcentrische terminologie gehandhaafd, want wat het vroeg-katholicisme voor vrouwen inhoudt, is in deze discussie slechts van marginale betekenis. 'Vroeg-katholicisme' wordt in deze discussie overigens niet negatief beoordeeld, maar gezien als een *historisch noodzakelijke* ontwikkeling, die tot één kerk in de wereld heeft geleid (Käsemann 1964, 249). De historische noodzakelijkheid van deze ontwikkeling wordt bijvoorbeeld verklaard door erop te wijzen dat enthousiasme en heresie binnen de eigen gelederen de gemeenten op de gulden middenweg van aanpassing aan de omringende maatschappij dwingt (vaak wordt hier ook het jodendom genoemd). Voor vrouwen betekent dit concept dat zelfs 1 Tim. 2,12-15 wordt gerechtvaardigd – bijvoorbeeld als noodzakelijke stellingname tegenover de gnostische heresie met haar dualistische, vijandige houding tegenover het lichaam en afwijzing van het baren.

In de feministische discussie wordt de apologetische en vrouwvijandige kant van dit concept bekritiseerd (zie in het bijzonder voor kritiek op de rechtvaardiging van de pastorale brieven Schüssler Fiorenza 1988b, 128 e.v., die verschillende modellen van apologetiek uitwerkt en Schottroff, 1994 Hfst. 2, met gedetailleerde analyses). Verder wordt het *eindpunt* van de vroeg-christelijke ontwikkeling in de feministische discussie nu *negatief* beoordeeld, omdat het verbonden is met onderdrukking van vrouwen. Elisabeth Schüssler Fiorenza spreekt in dit verband van een 'proces van patriarchalisering' (bijv. 1988a, 69 e.v.) en geeft een zeer gedetailleerde beschrijving van dit proces. Christa Mulack beschouwt daarentegen Paulus al niet meer als ambivalente figuur, zoals Elisabeth Schüssler Fiorenza dat doet, maar ziet reeds bij hem een anti-jezuanische, vrouwonderdrukkende godsdienst, waarvan ook de evangelisten niet vrij zijn (26 e.v.). De vraag dringt zich op of dit ontwikkelingsmodel in de feministische discussie niet principieel in twijfel moet worden getrokken. Toegespitst werkt het immers met de voorstelling van paradijs en zondeval: in het begin, bij Jezus en in zijn nabijheid, bestond er een 'gemeenschap van gelijkwaardige volgelingen'. Aan het einde was er de 'overwinning' 'van patriarchale onderdrukking' (Schüssler Fiorenza 1988a, 407), maar werd tegelijkertijd *ook* het alternatieve karakter van de christelijke gemeente levendig gehouden door het Marcus- en Johannes-evangelie. Zou een feministische conceptie van de geschiedenis van het oerchristendom niet nog radicaler dan al bij Elisabeth Schüssler Fiorenza het geval is, afstand moeten doen van het concept van een ontwikkeling die van een licht begin naar een donker einde voert? De strijd van vrouwen en mannen tegen vrouwenonderdrukking en onderdrukking door honger en resignatie is al bepalend voor de beginperiode van de Jezusbeweging. Ook in de eigen gelederen en denkbeelden is de heerschappij van het patriarchaat aanwezig, zie slechts de zogenaamde rangordekwestie (Mc. 10,35-45 parr.). Tegenover het model van de ontwikkeling die tot onrechtvaardigheid leidt, moet de voorstelling van de strijd tegen de onrechtvaardigheid worden ingebracht, en daarmee de gelijktijdigheid van bevrijdende praxis en pogingen tot patriarchale onderdrukking.

Lone Fatum bekritiseert het feministische concept van een beginfase van het oerchristendom als plaats van vrouwenbevrijding en de latere zondeval in het patriarchaat vanuit een ander perspectief. Volgens haar kenmerkt het christendom zich van het begin af aan door onderdrukking van vrouwen. De veronderstelling dat er sprake is van vrouwbevrijdende vroeg-christelijke teksten (onder meer Gal. 3,28) en een bevrijdingsgeschiedenis van vrouwen binnen het oerchristendom, beschouwt zij als een vorm van feministische apologetiek die de ogen sluit voor de waarheid van het christelijke patriarchaat. Deze stilzwijgende veronderstelling zou zelfs nog bij een feministische hermeneutiek van de achterdocht de normatieve autoriteit van een bijbelse tekst zijn. Het uitgangspunt van waaruit Lone Fatum feministische exegese als apologetisch bekritiseert, is de aanname van een objectief standpunt in de analyse. Met andere woorden, de wetenschapstheoretische basis van feministische theorie en theologie, die een dergelijke objectiviteit als een illusoire en onjuiste claim van de heersende patriarchale wetenschap beschouwt, wordt door haar niet geaccepteerd (zie boven 1.1). Naast de wetenschapstheoretische kritiek op het concept van Lone Fatum kan haar historisch gezien ook de vraag gesteld worden waarom zo veel vrouwen in het vroege christendom zich zo sterk konden vergissen. De deconstructie van patriarchale teksten moet de geschiedenis van verzet en bevrijding van vrouwen die achter zulke teksten schuil kan gaan, niet onzichtbaar maken. Er zou anders een beeld van het patriarchaat als onoverwinnelijke overmacht gecreëerd worden. Bovendien behoeft het woord 'apologetisch' vanuit mijn perspectief enige nuancering. We moeten ons afvragen wat er binnen de feministische exegese apologetisch wordt verdedigd: een status quo, dat wil zeggen, een theologie en een kerk die vrouwen onderdrukt, of de bevrijdingsgeschiedenis en de hoop van vrouwen? In deze laatste zin van het woord is bijvoorbeeld mijn werk apologetisch.

Zelfs in de eerste brief aan Timoteüs wordt de strijd tegen het patriarchaat zichtbaar, vooral de bevrijdingsstrijd van vrouwen, ook al wordt hier op het niveau van de tekst vooral de stem van de onderdrukkers hoorbaar. Ongewild is deze brief echter een duidelijk document van de bevrijdingsgeschiedenis van vrouwen. Ook in de 2e en 3e eeuw zijn er veel teksten die op tekstueel niveau onderdrukkend zijn – ik noem als bijzonder kras voorbeeld de Syrische Didascalia –, maar ongewild laten blijken dat er een levendige kerk van vrouwen en leken bestond. Een dergelijk concept van strijd binnen het patriarchaat, dat niet meer uitgaat van een ontwikkeling van een goed begin naar een min of meer slecht einde, heeft het nadeel dat er afstand moet worden gedaan van de troostrijke gedachte dat het begin ronduit geslaagd is geweest. Het voordeel van dit concept is echter dat de strijd voor de bevrijding van vrouwen en voor gerechtigheid niet langer vrijwel uitzichtloos lijkt te zijn. Ook kleine oasen van bevrijding zijn en waren het begin van de *basileia tou theou*.

2.2 Ascetisch radicalisme en liefdespatriarchalisme of werken voor gerechtigheid?

Dit sociologische interpretatiemodel gaat ervan uit dat er in het vroege christendom twee maatschappijvormen naast elkaar bestonden: een charismatische groep, die rondtrekt en leeft vanuit een radicaal ethos (het afstand doen van bezit en familie), en gemeenten of ook sympathisanten, die het zogenaamde normale patriarchaal georganiseerde leven leiden. Deze patriarchale organisatie zou op grond van haar christelijkheid liefdevoller omgaan met de patriarchale heerschappij van boven naar beneden dan de haar omringende patriarchale maatschappij, maar stelt de machtsstructuren als zodanig (bijv. mannen heersen over vrouwen) niet ter discussie. Het overleven van de kerk zou slechts mogelijk zijn geweest door het succes van dit liefdespatriarchalisme. Dit sociologische model overlapt in bepaalde opzichten het in 2.1 beschreven model (de democratische gemeentestructuur wordt opgevolgd door het vroeg-katholicisme), vooral ook vanwege zijn androcentrische oriëntatie en zijn legitimatie van patriarchale heerschappij in kerk en maatschappij. Het beheerst de sociale geschiedenis van het vroege christendom in de westerse exegese. In Duitsland en Noord-Amerika wordt dit model vooral bediscussieerd in de versie zoals die door Gerd Theißen is ontwikkeld.

De feministische kritiek op dit model richt zich op de legitimatie van het patriarchaat en op de androcentrische voorstelling van de rondtrekkende radicalen (zie in het bijzonder Elisabeth Schüssler Fiorenza 1988). Binnen de feministische discussie bestaat een controverse over de vraag of ook vrouwen tot de rondtrekkende radicalen hebben behoord. Monika Fander en Amy-Jill Levine nemen het model van Theißen grotendeels over, en gaan ervan uit dat de vrouwen van de rondtrekkende radicalen thuis bleven en het patriarchaal georganiseerde leven van huisvrouw en moeder bleven leiden. Mijn fundamentele bezwaren tegen dit sociologische model van ascetisch radicalisme – liefdespatriarchalisme hangen niet zozeer samen met de vraag of er al dan niet historisch aangetoond kan worden dat er onder de rondtrekkende radicalen ook vrouwen waren (ik denk van wel; zie ook D'Angelo), maar hebben vooral betrekking op de ideeën en levensstijl die aan het ascetisch radicalisme in dit model toegeschreven worden. De levenspraxis en boodschap van deze rondtrekkende radicalen wordt

213

in dit model gezien naar analogie van de antieke filosofie van het cynisme: individuele (jonge) mannen – bij hoge uitzondering misschien ook vrouwen – verlaten het welgestelde (ouderlijk) huis en begeven zich op de weg van een ascetische cultuurkritiek. Hun armoede berust op het afstand doen van bezit. Hun ethos is elitair, niet bedoeld om na te volgen. In de evangeliën komt echter op alle historisch zichtbare niveaus naar voren, ook in de logia, dat de Jezusbeweging en Jezus hun weg omwille van het gehele volk en samen met het volk willen gaan. Jezus levenspraxis wordt door zijn aanhangers nagevolgd – ook de helingen, het exorciseren, de broodvermenigvuldigingen en de boodschap van Gods nabijheid. Het gaat hier niet om een elitair ethos van een zelfbewuste minderheid, maar om de heling en de hoop van een onderdrukt en hongerig volk. De vrouwen die helpen bij het oogsten, bij het werk in het beginnende rijk Gods, krijgen in de eerste plaats nieuwe ruimten en levensmogelijkheden. Waar de strijd tegen honger en ziekten wordt gevoerd, komt de overlevingsstrijd van vrouwen en kinderen centraal te staan. Hier begint het rijk Gods. Vrouwen en kinderen zijn binnen de Jezusbeweging niet als hulpbehoevende objecten aanwezig, maar als geheelde en handelende personen, en dus ook als rondtrekkende profetessen. De evangeliën schetsen geen beeld van vrouwen die thuis de ware strijd om brood en leven voeren, terwijl op straat een elitaire groep grote woorden in de mond neemt om zich vervolgens door de thuiszittende vrouwen ook nog eens te laten verzorgen. Het model ascetisch radicalisme – liefdespatriarchalisme is *ook* in het vaak apart beschouwde deelconcept 'ascetisch radicalisme' androcentrisch *en elitair*. Mijn belangrijkste argumenten tegen dit model zijn gebaseerd op de sociaal-historische situatie van de bevolking in haar geheel en de feministisch-bevrijdingstheologische vraag naar de betekenis die Jezus en zijn volgelingen voor de bevolking hadden.

2.3 Wetsvrij heiden-christendom of optie voor de God van Israël en Jezus, de Messias?

Het concept 'wetsvrij heiden-christendom' bepaalt vrijwel zonder uitzondering de christelijke Paulus-exegese en de christelijke zelfdefinitie tegenover het jodendom. Weliswaar zijn er in christelijke kringen waar een intensieve joods-christelijke dialoog wordt gevoerd, uitzonderingen op deze regel te vinden. Maar de exegetische hulpmiddelen die bij de theologische opleiding en in de theologische praxis gebruikt worden (woordenboeken, commentaren, leerboeken), werken met dit concept. Ik schets het tegenwoordig heersende concept 'wetsvrij heiden-christendom' in grote lijnen: Het paulinische evangelie ontkent dat de wet, vanuit het standpunt van joodse mensen bezien dus de Schrift, een heilsweg kan zijn. Integendeel, de wet leidt tot zonde en de dood voor God, wanneer mensen door het vervullen van de wet heil willen verwerven. Zonder wet, alleen door het geloof in Christus, rechtvaardigt God de gelovige. Paulinische teksten worden met dit concept gelezen en beantwoorden hieraan (zie als voorbeelden Gal. 2,16 en Rom. 3,20.21). De scherpe afwijzing van het besnijden van christenen van 'heidense' (dus niet-joodse) afkomst laat het wetsvrije evangelie in al zijn compromisloze duidelijkheid zien. De christelijke zelfdefinitie ten opzichte en ter onderscheiding van het jodendom is met andere woorden de afwijzing van de besnijdenis van in Christus gelovende, niet-joodse mannen.

Dit starre en in de exegetische traditie alomtegenwoordige concept van het christendom als 'wetsvrij' en 'heiden-christelijk' is op meerdere punten discutabel: 1. Zeggen de teksten van Paulus (en andere nieuwtestamentische teksten of uitspraken van Jezus waarop dit concept zich beroept) inderdaad datgene wat dit concept beweert dat ze zeggen? 2. Wat voor een wetsbegrip wordt hier aan het jodendom toegeschreven? 3. Welke consequenties heeft dit concept voor de identiteit van christelijke vrouwen?

Wat betreft het eerste punt (zie uitvoeriger Schottroff in Schaumberger/Schottroff): Paulus zegt steeds opnieuw heel duidelijk, dat het ook voor degenen die in Jezus Christus geloven absoluut noodzakelijk is om volgens de wet, de Tora, te leven (zie slechts 1 Kor. 7,19; Rom. 3,31; 7,12). Door de staat van zonde waarin de mensheid verkeert, leven mensen – zowel joodse als niet-joodse – feitelijk echter *niet* volgens de Tora (Rom. 1-3). Zijn weeklacht over de afschuwelijke realiteit van de menselijke wereld is vooral in Rom. 3,9-20 ook voor ons nog direct begrijpelijk. God heeft door de dood en verrijzenis van Christus in de wereldwijde macht van de zonde en de dood ingegrepen. Hij spreekt de mensen vrij en bevrijdt hen uit de machtsstructuren van de zonde. Ze zijn bevrijd om te leven naar de wil van God, dat wil zeggen de Tora. Paulus wijst de besnijdenis van niet-joodse mannen af, omdat daarmee volgens hem het handelen van God in Christus zijn heil-scheppende kracht verliest. Zoals met name uit de Galaten-brief blijkt, was het onder de aanhangers van de Messias Jezus een zeer omstreden kwestie of het noodzakelijk was om mannen van niet-joodse afkomst bij hun bekering te besnijden. Ook teksten van Paulus weerspiegelen een levendig discussie*proces* onder christenen over de vraag hoe nu de wil van God, de Tora, in praktijk gebracht moet worden (Rom. 12,2 'opdat gij moogt erkennen wat de wil van God is'). Het is historisch onjuist dat de eerste christenen zich tegen het jodendom zouden hebben afgezet. Ook heiden-christenen beschouwden zichzelf als mensen die joods waren geworden, en ze werden ook binnen de niet-joodse maatschappij als zodanig gezien. Vermoedelijk ligt het moment van scheiding tussen christendom en jodendom na de nederlaag van Bar Kochba.

Wat betreft het tweede punt: Het beeld van joodse vroomheid en levenspraxis dat in het concept 'wetsvrij heiden-christendom' besloten ligt, dicht het jodendom een wettische instelling en hybris tegenover God toe ('zelf heil willen verwerven' door het vervullen van de Tora). Ook Jezus zou in zijn kritiek op de Farizeeën en de Tora al fundamentele kritiek hebben geleverd op het wettische karakter van het jodendom. In Mc. 2,27 zou over het jodendom gezegd worden dat het de wet boven de mens plaatst. Alleen al door hier het Duitse woord 'Gesetz' [vertaler: 'wet'] te gebruiken, ontstaat het beeld van een formalistisch, mensvijandig en verstard joods geloof ('late jodendom'). Door dergelijke insinuaties is de joodse traditie van christelijke zijde voortdurend vertekend waargenomen en verkeerd geïnterpreteerd, zonder dat het joodse protest tegen deze visie op het jodendom binnen de christelijke theologie gehoord werd. Het grote werk van Billerbeck ([Hermann L. Strack] – Billerbeck, Paul, *Kommentar zum Neuen Testament aus Talmud und Midrasj*, München Bd. I 1965 [1926] Bd. II-IV 1961 [1924-1928]) is gebaseerd op een dergelijk christelijk concept van het jodendom als 'wettisch' en werkt – aangezien het nog steeds een belangrijk exegetisch hulpmiddel is – de christelijke discriminatie van de joodse godsdienst in de hand. Het concept 'wetsvrij heiden-christendom' ontneemt ons het zicht op het vroege christendom als deel van de geschiedenis van het joodse volk. Ook de paulinische opvatting dat de besnijdenis van niet-joodse christelijke mannen afgewezen moet worden, moet begrepen worden binnen de context van de toenmalige *joodse* opvattingen over de bekering van niet-joodse mannen tot het jodendom. De besnijdenis werd beschouwd als teken van joods-zijn en als duidelijkste stap naar het joods-worden, maar er bestonden wel degelijk discussies over de vraag of mannen niet ook zonder besnijdenis joods konden worden (Josephus, Antiquitates 20,17 e.v.; Jubileeën 15,25-34; Philo, De Migr. Abraham 89-93). Het is historisch absurd en theologisch zeer kwalijk om Paulus uit de context van het jodendom te lichten. In die tijd bestond er nog geen opvatting van christelijke identiteit *in oppositie tot het jodendom*.

Wat betreft het derde punt: Wanneer de christelijke identiteit tegenover het jodendom bepaald wordt door de afwijzing van de besnijdenis en de wet, dan kunnen we ons afvragen wat dit betekend kan hebben voor vrouwen van joodse of niet-joodse afkomst die zich bij de christelijke gemeenten aansloten. Elisabeth Schüssler Fiorenza ziet in de paulinische visie op de besnijdenis een bevrijdend moment voor joden-christelijke en heiden-christelijke vrouwen: 'Wanneer de belangrijkste initiatierite niet langer de besnijdenis is, maar de doop, dan kunnen vrouwen volwaardige leden van het volk Gods worden met dezelfde rechten en plichten' (262). Judith M. Lieu brengt hiertegen in dat joodse vrouwen binnen het jodendom zonder enige restrictie als volwaardige leden werden beschouwd – en niet als 'onbesnedenen'. Zij merkt verder op dat Paulus in de context van Gal. 3,28 duidelijk laat blijken dat hij het volk Gods als een volk van mannen ziet. Ook bij de negatieve identiteitsbepaling van christen-zijn (geen besnijdenis) gaat het Paulus volgens haar alleen om de mannen. Elisabeth Schüssler Fiorenza en Judith M. Lieu gaan daarbij beiden van de vooronderstelling uit, dat de paulinische uitspraken over de besnijdenis bedoeld zijn om de christelijke identiteit te definiëren ten opzichte van en als tegengesteld aan het jodendom. Deze hypothese wil ik fundamenteel in twijfel trekken. Paulus ziet het godsvolk inderdaad als mannenvolk en wijst de besnijdenis voor mannen van niet-joodse afkomst af (zie slechts Gal.). Hij kent echter nog geen christendom dat in oppositie met het jodendom staat. Hij bepaalt de identiteit van christenen binnen de interne joodse discussie- en levenscontext. Het leven van christelijke vrouwen van niet-joodse en joodse afkomst is tot ver in 2e eeuw onderdeel van de joodse vrouwengeschiedenis. Zij zijn joods en christelijk. De bestudering van de geschiedenis van joodse vrouwen, van vrouwen die zich tot het jodendom bekeerden en van sympathisantes van het jodendom vormt voor christelijke vrouwen een ingang tot de geschiedenis van hun vroeg-christelijke moeders en zusters. Er bestaan reeds grondige studies over de joodse vrouwengeschiedenis, waarop christelijke exegetes van het Nieuwe Testament kunnen teruggrijpen. Ik verwijs naar het werk van Bernadette Brooten, Judith Plaskow, Ross Kraemer, Barbara Geller-Nathanson, en Judith M. Lieu als voorbeelden van dit historisch onderzoek, dat vooral door joodse vrouwen wordt verricht. Voor feministische exegetes is daarbij niet alleen van belang dat zij nota nemen van de wetenschappelijke verrichtingen van hun zusters die de joodse vrouwengeschiedenis bestuderen, maar ook dat de ingesleten christelijke concepten van de geschiedenis van het vroege christendom en de ingesleten theologische opvattingen van christelijke identiteit ter discussie worden gesteld. Het concept 'wetsvrij heiden-christendom' is anti-judaïstisch, vrouwvijandig en historisch twijfelachtig.

De vrouwen die het vroege christendom droegen, waren van joodse en niet-joodse afkomst en hebben, net als Lydia (Hand. 16,13vv.), de joodse godsdienst en levenspraxis vrijwillig aangenomen. Het is absurd dat met het concept heiden-christendom deze vrouwen in de periferie verdwijnen, doordat dit concept de kwestie van de besnijdenis van mannen centraal stelt – nog sterker dan al bij Paulus het geval is.

Hierboven heb ik laten zien (1.4) dat christelijke vrouwen ervoor gestreden hebben om in het openbaar te kunnen leren en te onderrichten. Er kan geen twijfel over bestaan dat de inhoudelijke inzet van deze strijd voor vrouwen de Schrift was, de Tora, de wil van God of de 'wet' (nomos). Vrouwen wilden wetsleraressen zijn – zoals de joodse vrouw over wie Juvenalis vertelt (Sat 6,542 e.v.) – en zij hielden van de sabbat, zoals de vrouwen waarmee Martialis in een epigram de spot drijft. Vrouwen leerden elkaar wat het betekent om te leven volgens de Tora en te geloven in Jezus als de Messias van Israël. In de midrasj bij het boek Ruth (Billerbeck I 25) wordt gezegd dat Noömi Ruth de voorschriften voor proselieten voordroeg: 'Mijn dochter, het past de dochters van Israël niet om naar de theaters en circussen van de heidenen te gaan.' Ruth antwoordde (1,16): 'Waar gij zult heengaan, zal ik heengaan.' Noömi voegt hier nog een reeks van voorschriften voor bekeerde vrouwen aan toe, zonder echter te pretenderen dat deze volledig is. Mij gaat het hier niet om deze voorschriften, maar om wat de tekst impliciet duidelijk maakt, namelijk dat er joodse tradities bestonden op het gebied van onderricht door en aan vrouwen waarop christelijke vrouwen konden teruggrijpen. Dat de tekst in een latere tijd thuishoort dan het vroege christendom, kan in dit geval verwaarloosd worden. Ook de vrouwen- en jodenhater Juvenalis is op de hoogte van zulke onderrichts-tradities – in veel vroeger tijden (Sat 6,524 e.v. zie boven). De weigering om heidense theaters en circussen te bezoeken (zie hierover slechts Schäfke), heeft veel joodse en christelijke vrouwen het leven gekost, aangezien het Romeinse gezag deze weigering zag als een openlijk blijk van ontrouw aan de staat. Noömi's onderricht toont een politiek geëngageerd vrouwenjodendom dat qua levenspraxis nauw verwant is met de vroeg-christelijke vrouwengeschiedenis. Dat christelijke en joodse vrouwen samen joodse rituelen praktiseerden en zich daarmee de woede van de kerkvader Chrysostomos op de hals haalden, is overgeleverd (adv. Judaeos II 3 e.v.; Engelse vertaling Kraemer 1988, nr. 31). Dat christelijke vrouwen er belang bij hadden zich op ideologisch of levens-praktisch niveau af te zetten tegen joodse vrouwen, is bij mijn weten niet overgeleverd. De definitie van christelijke identiteit op ideologisch niveau is vanuit feministisch perspectief uitermate problematisch.

2.4 'De auteur' van een tekst en 'de tegenstanders' van Paulus of gemeenschappelijk gevonden wegen en liederen?

Traditionele wetenschappelijke inleidingen op de Bijbel stellen altijd de vraag: Wie is de auteur van nieuwtestamentische teksten (evangeliën, brieven), waar moet hij geografisch en historisch geplaatst worden? Deze vragen wil ik vanuit een feministisch bevrijdingstheologisch perspectief principieel ter discussie stellen. Het gaat er mij daarbij niet om, afzonderlijke teksten alsnog aan een vrouwelijke auteur toe te kunnen schrijven – zoals Harnack de Hebreeën-brief aan Priscilla toeschreef. Ik ben veeleer van mening dat het concept 'auteur' op een grondige, patriarchaats-kritische manier geanalyseerd moet worden. Toegespitst en enigszins overdreven: De 'auteur', zoals de traditionele inleidingen zich deze voorstellen, is een blanke man, die aan zijn bureau in zijn goedgevulde bibliotheek zit en op gezette tijden door zijn vrouw of (indien katholiek) door zijn huishoudster van een kopje thee wordt voorzien. Ik geef toe, dit is een karikatuur, maar gemakkelijk te verifiëren wanneer we bijvoorbeeld de evangelie-commentaren en inleidingen met hun uitspraken over Matteüs, Marcus, Lucas en Johannes lezen. Een willekeurig voorbeeld: 'Dat de auteur binnen zijn gemeente een functie had, bijvoorbeeld leraar was, is een aannemelijke veronderstelling, maar kan niet worden bewezen. Hij beschikte over een joods gevormd stijlgevoel, een goed gevoel voor het Grieks en een synagogale scholing' (Luz, 76).

De evangeliën hebben, ook volgens de traditionele wetenschappelijke inleidingen, een complexe mondelinge en schriftelijke voorgeschiedenis, zodat alleen al om deze reden het 'auteur'-model bekritiseerd kan worden. Geheel anders ligt de kwestie bij Paulus. Bij de brieven die als echte Paulus-brieven gelden, heeft men een hoogopgeleide auteur in gedachten die met autoriteit in de zin van gezagsuitoefening fundamentele theologische waarheden en actuele standpunten over gemeenteproblemen opschrijft, of zijn 'amanuensis' (Betz over Gal. 6,11) laat opschrijven. Ik ben protestant. Binnen mijn evangelische wetenschapstraditie heeft Paulus onmiskenbaar de karaktertrekken van een Duitse dominee of een Duitse professor. Het Duitse woord 'Amt' (vertaler: 'ambt') als vertaling van *diakonia* (van de apostel) heeft bijvoorbeeld deze connotaties.

Ik wil tegenover deze voorstellingen, waarin het historische onderwerp onbewust gekleurd raakt door het perspectief van de wetenschapper, een tegenmodel plaatsen: De teksten van het Nieuwe Testament zijn niet het product van individuele schrijvers (of schrijfsters). Het zijn de resultaten van een lange gezamenlijke strijd van vrouwen en mannen voor het leven dat God heeft gegeven en dat God wil. De teksten vinden hun oorsprong in de schat van de *koinonia*, in het delen van angst, hoop en brood, het gezamenlijke nadenken over wat de mens in zijn dagelijkse leven te doen staat. Ook Paulus ziet zichzelf niet als een ontwikkelde enkeling, maar als een schakel in een keten van mensen die hem geleerd hebben wat hopen betekent, en die samen met hem, of ook door kritiek op hem en de zijnen het nieuwe leven voor God vormgeven (1 Kor. 15,3; 1 Kor. 1,1 en de genoemde afzenders van de brieven). De ontoereikendheid van het concept van een 'auteur' blijkt heel duidelijk ten aanzien van de brief aan de Kolossenzen, die van Paulus en ook niet van Paulus stamt. De brieven van Paulus staan vol liederen, vol troostrijke en zegenende woorden. Ook grote delen van de brieven van Paulus zijn eerder een liedboek van de armen dan het product van de theologische arbeid van één enkele man.

Ik gebruik hier het begrip 'liedboek van de armen', dat wellicht aanvechtbaar is, maar mij desondanks een passende benaming lijkt voor de *subjecten* die hier aan het woord zijn en voor de taal die zij spreken (taalgenres). In het Lucas-evangelie kom ik niet in aanraking met een hoogopgeleide hellenist die zijn christendom politiek-apologetisch uiteenzet, maar met het spreken, vertellen, troosten en zingen van vrouwen en mannen die helemaal niet zo anders zijn dan degenen in de gemeenten die achter Marcus en Matteüs staan. De profilering van de synoptische evangeliën door onderlinge contrastering, die in het wetenschappelijk onderzoek tot dusver een grote rol speelt, zou opnieuw overdacht moeten worden. Zeer zeker bestaan er verschillen. Wanneer we echter inzien dat alle evangeliën een vergelijkbare eschatologie ('nabijheidsverwachting', zie hierover 2.5) hebben, dan moeten deze verschillen opnieuw beoordeeld worden. Het individuele aandeel van een zogenaamde auteur is gering en zou geminimaliseerd moeten worden, zelfs in het geval van Paulus. Paulus is niet de geniale uitvinder van een theologie, maar een Jezus-aanhanger onder vele anderen, die gezamenlijk theologisch-levenspraktisch spreken.

Teksten die collectief zijn ontstaan, en waarbij dus de vraag naar het auteurschap misplaatst is, plaatsen ons voor nieuwe problemen wat betreft de feministische analyse. Elaine Wainwright heeft in haar feministische analyse van het Matteüs-evangelie laten zien, dat dit evangelie niet het product van één man of van een door mannen gedefinieerde gemeente is. Ook vrouwen hebben aan de evangeliën meegeschreven. De evangeliën bergen vele tegenstrijdigheden in zich, bevatten vrouwentradities, patriarchaats-kritische en patriarchaal vrouwonderdrukkende tradities.

Het concept 'de tegenstanders' van Paulus of 'de tegenstanders' van Jezus wordt eveneens gedicteerd door een gezagshermeneutiek. Aan de ene kant staat de leraar van de waarheid (Jezus of Paulus); aan de andere kant staan 'tegenstanders', die een valse leer verkondigen en allerlei vijandelijke eigenschappen krijgen toebedeeld: huichelachtige Farizeeën, libertijnse Korintiërs, geëmancipeerde vrouwen, judaïsten... Dit concept gaat ervan uit dat Paulus altijd gelijk heeft en dat Jezus de joodse godsdienst de oorlog heeft verklaard. Dit concept is diep geworteld in de geschiedenis van de exegese. Als voorbeeld noem ik hier slechts de genre-aanduiding 'twistgesprek', of de these over de plaats van de gelijkenissen in de apologetiek en polemiek van Jezus tegen de Farizeeën. Ook in de heersende exegese wordt dit concept tegenwoordig kritisch ter discussie gesteld. Men vraagt zich terecht af of de twistgesprekken niet eerder een uitdrukking van de joodse discussie-cultuur zijn, en of Paulus soms ook geen ongelijk heeft.

Vooral het boek van Antoinette Wire over de eerste brief aan de Korintiërs werpt een nieuw, feministisch licht op deze kwestie. Zij toont een levendige en ruziënde gemeente in Korinte, waarbinnen vrouwen rechten hebben bevochten. Dwars door de retoriek van Paulus heen wordt deze gemeente zichtbaar, en wordt bovendien duidelijk wat haar positie voor de christelijke vrouwen betekent. Mijn enige kritiek op dit boek is de Paulus-exegese, met andere woorden de interpretatie van dat wat Paulus zelf *wil* zeggen. De kritiek op het concept 'tegenstanders' van Paulus zou verder uitgewerkt en verbonden moeten worden met een feministisch-kritische exegese van Paulus (zie boven 2.3). Ik pleit kortom voor een nieuwe feministische benadering, niet alleen van de vraag naar de mensen in de gemeente van Korinte, maar ook van de vraag naar wat Paulus nu eigenlijk wilde zeggen. Ook de theologie van Paulus moet opnieuw geschreven worden vanuit een feministisch-bevrijdingstheologisch perspectief (zie hierover met name Tamez).

2.5 Uitstel van de parousie of hoop op de nabijheid van God?

De eschatologie van het vroege christendom wordt in de traditionele nieuwtestamentische wetenschap beschouwd vanuit een lineaire opvatting van tijd: De nabijheidsverwachting van de eerste generatie bleek al snel een vergissing te zijn, het 'uitstel van de parousie' werd een feit, en de eschatologie uiteindelijk een leer over de laatste dingen. In de weergave van de nabijheidsverwachting, dus bijvoorbeeld in uitspraken dat het rijk van God 'nabij' is, wordt deze 'nabijheid' – zonder dat dit gerechtvaardigd wordt – als een moment in de chronisch verlopende tijd opgevat. Men vraagt zich niet af welke voorstelling van tijd en daarmee van God hier tot uitdrukking komt, omdat er als vanzelfsprekend van een lineair tijdsconcept wordt uitgegaan. Dit algemeen aanvaarde concept van nabijheid bepaalt de discussie over de nabijheidsverwachting sinds de ontdekking van de nabijheidsverwachting aan het eind van de 19e eeuw. Het interpretatieconcept van de vroeg-christelijke eschatologie dat in deze tijd ontstond en de hedendaagse westerse exegese bepaalt, brengt de vroeg-christelijke eschatologie terecht in verband met de joodse apocalyptiek uit dezelfde tijd. Daarbij wordt echter de nadruk gelegd op de verschillen: De joodse apocalyptiek zou een andere tijdrekening kennen dan de vroeg-christelijk eschatologie; typisch voor de joodse apocalyptiek zou zijn dat ze de nog resterende tijd berekent. Met name in Rudolf Bultmanns ontmythologiseringsmodel wordt tegenover de joodse apocalyptiek met haar berekeningen en haar mythische wereldbeeld een in het Nieuwe Testament zelf aanwezige existentiële interpretatie van eschatologie geplaatst, waarin dit wereldbeeld alleen nog maar een joodse schil is, die de christelijke eschatologie inhoudelijk niet raakt. Met andere woorden, er wordt hier een onderscheid gemaakt tussen joodse *apocalyptiek* en christelijke *eschatologie*. (Over de kritiek op de traditioneel interpretatie van de eschatologie van het Nieuwe Testament en haar anti-judaïsme, zie Luzia Sutter Rehmann.)

De vanzelfsprekendheid waarmee in wetenschappelijke *interpretatie*concepten van vroeg-christelijke eschatologie nog steeds gebruik wordt gemaakt van een lineaire tijdsopvatting, moet ter discussie worden gesteld. Ze móét ter discussie worden gesteld, omdat lineaire tijdsvoorstellingen de tijdsvoorstellingen van de winnaars in de geschiedenis zijn, die er alleen maar bij gebaat zijn wanneer alles bij het oude blijft. Lineaire tijdsvoorstellingen horen met andere woorden thuis in de heersende, patriarchale bovenlaag van een maatschappij.

Kritische analysen van lineaire tijdsvoorstellingen worden gegeven in de feministische kritiek op de traditionele christelijke theologie (Rosemary Radford Ruether), in de filosofische kritiek op het vooruitgangsdenken (Walter Benjamin) en in recentere onderzoeken over apocalyptiek (Jürgen Ebach, Luise Schottroff en Luzia Sutter Rehmann). De lineaire tijdsvoorstelling die in interpretaties van het vroege christendom steeds opnieuw binnensluipt, kan getypeerd worden aan de hand van een beroemd en bloemrijk citaat van Rosemary Radford Ruether: 'Vliegen (...) zonder einde in een niet verwerkelijkte toekomst.' Dit is eveneens het geval bij een concept van eschatologie als 'nabijheidsverwachting'. Ook in de wetenschappelijke voorstellingen van de nabijheidsverwachting wordt immers de blik gevestigd op de periode tot het einde, die – gerelateerd aan de vlucht in het oneindige – als 'nabij' wordt gekwalificeerd, en vervolgens dus niet anders dan een 'vergissing' kon blijken te zijn. Terwijl voor het interpretatieconcept 'nabijheidsverwachting' tenminste nog houvast in de teksten zelf is te vinden (bijv. Lc. 10,9 par.), ook al moeten de voorstellingen van nabijheid nog nader onderzocht worden, is het interpretatieconcept 'uitstel van de parousie' louter een uitvinding van de wetenschap.

Een nieuwe, feministische visie op vroeg-christelijke eschatologie treffen we aan bij Luzia Sutter Rehmann. Zij laat zien, vooral aan de hand van teksten waarin het baren van vrouwen gethematiseerd wordt, dat de vroeg-christelijke eschatologie de taal van de hoop op de nabijheid Gods spreekt, waarin het baren van vrouwen en van de aarde als verzet tegen de dood wordt begrepen. Een herinterpretatie van de vroeg-christelijke eschatologie levert heel andere tijdsbepalingen op dan die van de lineaire nabijheidsverwachting. De taal van de eschatologie is bepaling van de tijd van het heden (Schottroff). Ze vat het heden op als tijd van angst voor het einde van de zekerheid binnen het patriarchaat (Mt. 24,37-39 par.), als tijd van groeien en rijpen (Mt. 13,33-34 par.) of het waken in de nacht.

Het is vaak verhelderend om de nabijheid Gods die de teksten in het vooruitzicht stellen, te begrijpen als nabijheid tot een goddelijke ruimte en een goddelijke macht. De nabijheid van God geeft vrouwen en mannen kracht, en stelt hen in staat tot een leven binnen solidaire relaties. Vroeg-christelijke eschatologie is vaak verkeerd begrepen, vooral wat betreft haar ethische implicaties. Men sprak van een interim-ethiek, waarmee werd bedoeld dat mensen vanwege de nabijheid van het einde de praktische vormgeving van hun leven als irrelevant beschouwen, het niet nodig vinden nog iets aan hun situatie te veranderen. Deze onjuiste opvatting van eschatologie ging gepaard met een afwijzende houding tegenover de wettische karakter van de joodse oriëntatie op het handelen (zie boven 2.3). Echter, in de teksten van het Nieuwe Testament komt wel degelijk naar voren dat de waakzaamheid van de wachtenden hen tot handelen brengt. De uitzendingsrede (Mt. 10,5-15 par.) maakt bijvoorbeeld in gecomprimeerde vorm het verband tussen de verwachting van het rijk Gods en het handelen duidelijk (zie in het bijzonder Mt. 10,7-8 par.).

Een nieuwe, feministische visie op vroeg-christelijke eschatologie ontstaat dus enerzijds vanuit kritiek op de ideologie van de macht, die de lineaire voorstelling van tijd verabsoluteert. Anderzijds vindt deze haar oorsprong in een feministische spiritualiteit die ontstaat uit de ervaring van de nabijheid Gods.

Dit nieuwe uitgangspunt om vroeg-christelijke eschatologie te interpreteren heeft consequenties voor de uitleg van alle vroeg-christelijke teksten, aangezien de hierin aanwezige eschatologie geen deelaspect, maar de basis van geloof en praxis is.

3. De feministische receptie en bekritisering van nieuwtestamentische theologie

Feministische theologie heeft niet alleen een begin gemaakt met de herschrijving van de geschiedenis van vrouwen in het vroege christendom, maar is ook vanaf het begin inhoudelijk ingegaan op het theologische gedachtegoed van het Nieuwe Testament, op een kritische afwijzende manier of door deze opnieuw te doordenken. Ik noem enkele theologische thema's waarover intensief gediscussieerd is: het kruis als thema van de christologie, het offer, de voorstelling van God, dienen en ambt, seksualiteit en vrouwbeeld, zonde. In dit hoofdstuk kan niet worden ingegaan op de vraag hoe en in hoeverre vroeg-christelijke ideeën zijn opgenomen in systematisch-theologische concepten. Ik beperk mij tot die feministisch-theologische discussies over aspecten van de nieuwtestamentische theologie waarin gebruik wordt gemaakt van exegetische argumenten en *historische* analysen. Ook hier gaat het om een kort overzicht van een open discussieproces, om een eerste indruk van onderzoeken op dit gebied en van de richting waarin dit onderzoek zich beweegt.

3.1 Kruis – offer – godsbeeld – christologie

Voor feministisch-christelijke vrouwen was en is het grote struikelblok in de christelijke theologie de heersende theologie van het kruis en het godsbegrip dat hiermee verbonden is. De voorstelling van een God die zijn zoon offert, wordt als bloeddorstig bekritiseerd. Een Christus die zichzelf opoffert, wordt als vrouwonderdrukkend ervaren, omdat het offer dat van vrouwen wordt verlangd ook nog eens christologisch gerechtvaardigd wordt. Ik wil hier in het bijzonder ingaan op een artikel van Sheila Briggs, aangezien zij deze kritiek direct en in een radicale vorm aan een nieuwtestamentische tekst zelf koppelt (en niet – zoals doorgaans het geval is – aan de interpretatiegeschiedenis van het Nieuwe Testament). Sheila Briggs onderzoekt de Filippenzen-hymne (Fil. 2,6-11) vanuit het perspectief van een zwarte bevrijdingstheologe in de Verenigde Staten. Zij onderscheidt binnen het Nieuwe Testament drie categorieën van teksten: 1. teksten waarin de stemmen van de onderdrukten nog hoorbaar zijn; 2. teksten die uitdrukking geven aan de belangen van de heersende elite binnen de vroege kerk in het proces van overlevering en canonisering van de teksten van het Nieuwe Testament; 3. tweeduidige teksten waarbij het onduidelijk is of ze onderdrukking als een vaststaand gegeven beschouwden of juist bekritiseerden, en het dus onduidelijk is wat hun *uitwerking* was. Fil. 2,6-11 hoort volgens Briggs in deze tweeduidige categorie thuis. In Fil. 2,6-11 wordt volgens haar de slavernij geïdealiseerd. Dit geïdealiseerde beeld van slavernij ontstaat doordat Christus vrijwillig slaaf wordt – voor welke slaaf valt er al iets te kiezen? Dit beeld wordt nog verder geïdealiseerd door de christologische afzwakking van de analogie tussen de slavernij van Christus en die van de mensen. De tekst 'stelt de belangen en opvattingen van de slavenhouder niet ter discussie. Er blijft echter een niet te reduceren spanning bestaan in de voorstelling van een God die tot slaaf wordt' (149). Daarom rekent zij de Christus-hymne tot de tweeduidige teksten.

De feministische kritiek op theolgieën van het kruis wordt door Regula Strobel als volgt samengevat: 'De door de theologie van het kruis overgedragen waarden van deemoedig gehoorzamen tot aan zelfverzaking toe, van dienende en opofferende liefde hebben een stabiliserende uitwerking op de bestaande maatschappelijke machtsverhoudingen en versterken de onderdrukking van vrouwen in een patriarchale maatschappij' (60). Het artikel van Sheila Briggs laat duidelijk zien dat de Filippenzen-hymne – en daarmee de gehele christologie van het vroege christendom – ondanks de afdalende God een repressieve uitwerking heeft. De redenering dat de interpretatie- en receptiegeschiedenis van het Nieuwe Testament repressief is, maar het Nieuwe Testament zelf niet, gaat hier dus niet op.

Ik zie hier open onderzoeksvragen en een dringende behoefte aan nadere discussie. De analyse van Sheila Briggs kan ik niet onderschrijven. Mijn tegenargumenten: 1. Wanneer de tekst een repressieve uitwerking heeft, waarom moest hij in de westerse uitleg dan van zijn scherpte ontdaan worden? Het *slaaf*zijn van Christus en zijn *armoede* worden in deze uitleg als zijn *mens*zijn begrepen. Dit menszijn werd en wordt daarbij juist van z'n concreetheid ontdaan: met reële armoede en slavernij heeft de menswording van Christus niets te maken. 2. Deze teksten stammen uit christelijke gemeenten, die over het algemeen arm waren en waartoe veel slaven en slavinnen behoorden. Een feministische kritiek op deze teksten moet de vraag overwegen of we deze mensen uit woede over het verleden en heden van de kerk niet van iets beroven. Zij hebben bezongen dat een goddelijke boodschapper vrijwillig hun lot heeft gedeeld, en hebben daarmee in het gezicht van hun zuster slavin het gezicht van Christus herkend. 'In de gemeente van Filippi hebben arme en onderdrukte mensen de overwinning van de gekruisigde Christus temidden van de repressieve machten van het Romeinse Rijk bezongen en gevierd. Vrouwen en mannen zonder grote en zichtbare macht weten dat ze betrokken zijn bij een plan dat hun eigen belangen ver overstijgt. Aan dit plan houden zij vast, met dit plan dromen zij' (Marli Lutz, 74).

Ongetwijfeld kan er kritiek worden geleverd op het androcentrische karakter van de Filippenzen-hymne. Niettemin is de tekst een lied van hen die naar brood, leven en gerechtigheid hongeren en zich verenigen in hun strijd om bevrijding. Mijn tegenargumenten zijn dus ontleend aan een kritiek op de gebruikelijk uitleg en een sociaal-historische analyse. Op beide werkterreinen is het onderzoek nog maar net op gang gekomen. Daarnaast zullen ook andere aspecten van het nieuwtestamentische godsbeeld kritisch doorgelicht en opnieuw onderzocht moeten worden, bijvoorbeeld de voorstelling van God als Vader.

Een van de meest radicale uitdagingen voor een feministisch-bevrijdingstheologische en bevrijdingstheologische christologie van het kruis vormen de analysen van Regula Strobel. De hierboven geschetste kritiek op een christologie van het kruis brengt haar ertoe een theologisch verband tussen kruis en heelwording fundamenteel in twijfel te trekken. Het leven en handelen van Jezus 'wordt voor mij tot bevrijding, tot verlossing, omdat ik door anderen (...) stukje bij beetje heb ervaren wat bevrijding als geschenk, vergeving van schuld, een ander die voor mijn rechten opkomt, betekent' (189). Het feit dat Jezus ook in het aanschijn van de dood aan dit handelen heeft vastgehouden, is voor de bevestiging van het geloof evenmin noodzakelijk als de wederopstanding. 'Dat betekent niet dat er geen lijden en geen kruis bestaat (...) Maar als theologisch systeem geloof ik dat kruis en heelwording/verlossing niet meer met elkaar verbonden moeten worden' (189). Ik wil deze kritiek niet met tegenargumenten aanvechten, maar de twee redenen noemen die aan mijn beslissing voor een feministische theologie van het kruis ten grondslag liggen. Geloven houdt voor mij ook in dat ik me emotioneel en historisch verbonden weet met de doden. Zonder de herinnering aan de doden en hun strijd voor gerechtigheid, aan Jezus, aan de doden van de oorlogen waarvan ik getuige was en ben en aan de doden die ik heb liefgehad, kan ik geen heelwording en verlossing ervaren. De andere beweegreden is een tekst uit de joodse martelaarstraditie. Deze heeft mij geleerd Jezus' dood sociaal-historisch te begrijpen als deel van de joodse bevrijdingsgeschiedenis en bevreemdende uitspraken zoals 'gestorven voor onze zonden (1 Kor. 15,3) of 'zoenoffer' (Rom. 3,25) historisch te interpreteren: In het vierde boek Makkabeeën (vermoedelijk ontstaan tussen 35-118 na Chr.) wordt nagedacht over joodse martelaars en martelaressen in het verzet tegen Rome. 'Deze naar Gods wil geheiligden worden geëerd, niet alleen met deze [hemelse] eer, maar ook omdat door hen de vijanden geen macht meer hadden over ons volk, de tiran bestraft en het vaderland gelouterd werd; zijn ze als het ware een schadeloosstelling geworden voor [de door] de zonde [bevlekte ziel] van het volk. Door het bloed van deze vromen en het zoenoffer dat ze met hun dood brachten, heeft de goddelijke voorzienigheid het voorheen in grote nood verkerende Israël gered' (17,20-22; vertaling Adolf Deißmann in Kautzsch). De herinnering aan de martelaars en martelaressen en de bevrijdende macht van hun dood die hier duidelijk is, moet niet verward worden met repressieve interpretaties van de verzoeningsdood van Jezus.

Ook de discussie over een *christologie van de wijsheid* als *alternatief* voor de theologie van het kruis moet in deze context gevoerd worden.

De feministische kritiek op de traditionele theologie van het kruis heeft haar theologisch-positieve keerzijde in de feministische zoektocht naar een spiritualiteit die zowel voor het spreken over God als voor de christologie haar voedingsbodem vindt in de wijsheidstradities. Uitgangspunten voor een wijsheidschristologie zijn met name enkele nieuwtestamentische teksten waarin Christus in verband wordt gebracht met Sofia: Mt. 11,16-19 par.; Mt. 11,25-27 par.; Mt. 11,28-30; Mt. 23,34-39 par.; 1 Kor. 1,24. Aanknopend bij een godsdiensthistorische discussie die in de jaren twintig ontstond, hebben feministisch-christelijke vrouwen Jezus als wijsheid geïnterpreteerd en in deze christologie aanzetten gezien voor de bevrijding van vrouwen (Schüssler Fiorenza, Schroer, Cady/Ronan/Taussig en anderen). De discussie hierover is nog niet ten einde (zie hierover de lijst met open vragen bij Silvia Schroer). Mijn kritische vragen spitsen zich toe op twee punten: 1. Doet Jezus als wijsheid in *oppositie* met Jezus aan het kruis recht aan de *nieuwtestamentische* christologieën van het kruis? Wordt hier niet veeleer een terecht verzet tegen latere repressieve christologieën teruggeprojecteerd in het Nieuwe Testament? 2. Kan een wijsheidstraditie recht doen aan het evangelie van de armen in de Jezustraditie? Wijsheidsboeken zoals Wijsheid van Salomo, Spreuken, of Jezus Sirach leggen andere accenten. Gezien het evangelie van de armen en zijn betekenis voor een jezuanische optie voor vrouwen (ook in de vroeg-christelijke tijd) biedt de profetische traditie, met name Trito-Jesaja, meer aanknopingspunten dan de wijsheidstraditie.

Het thema 'Jezus en vrouwen' heeft in de tamelijk jonge christelijke vrouwenbeweging een centrale rol gespeeld, en is verder van belang voor vrouwen en vrouwengroepen die hun eigen weg als christenen willen ontwikkelen. In de beschrijving van bevrijdende vrouwengeschiedenis vooral uit de vier evangeliën (zie boven 1.2) sluipt – vaak impliciet – christologie binnen. Meestal wordt dit thema op zo'n manier uitgewerkt dat de nadruk op de historische uniciteit van Jezus komt te liggen, wat betekent dat er veel moeite wordt gedaan om Jezus in contrast met het jodendom te brengen. Het thema heeft dus jammer genoeg een hardnekkige anti-judaïstische geschiedenis (over het anti-judaïsme in de feministische exegese, zie onder 3.2). Bovendien zijn pogingen om de historische uniciteit van Jezus aan te tonen theologisch problematisch, aangezien de ware betekenis van zijn uniciteit niet op het juiste niveau wordt behandeld. Deze uniciteit hoort thuis in de sfeer van het geloof in, en gebed tot Jezus Christus en de reflectie hierover; niet in de historische discussie. Vanwege het anti-judaïsme dat met het thema 'Jezus en vrouwen' verbonden is, zou in de christelijke vrouwenbeweging 'vroeg-christelijke vrouwengeschiedenis en Jezus' voortaan bij de joodse vrouwengeschiedenis ondergebracht moeten worden.

3.2 Vrouwbeeld – seksualiteit – zonde

In deze paragraaf zal het niet gaan om vrouwen*geschiedenis*, maar om het *beeld* dat in het vroege christendom van vrouwen geschilderd wordt. Onderzocht moet worden wat dit beeld zegt over de plaats van vrouwen in de maatschappij. Nauw verbonden met het vrouwbeeld is de voorstelling van vrouwelijkheid/mannelijkheid en seksualiteit. Ook het thema zonde moet in dit verband behandeld worden, alhoewel het in het Nieuwe Testament zelf slechts gedeeltelijk met het thema vrouwbeeld/seksualiteit is verbonden. Deze verwevenheid beheerst echter de definitie van 'vrouw'-zijn in de exegetische geschiedenis en theologie van het Nieuwe Testament.

De parthenogenese of de maagdelijke Maria *als tegenbeeld* van de zondige Eva – de mythische belichaming van alle vrouwen – is weliswaar dominant in de geschiedenis van de theologie, maar niet in de beschrijvingen van Maria in de eerste verhalen van het Matteüs- en Lucas-evangelie. Terwijl er in de traditionele godsdiensthistorische discussie over het thema maagdelijke geboorte bij de verklaring van deze teksten doorgaans wordt gewerkt met het motief van de *verwekking van God*, worden de teksten in de feministische discussie vanuit een geheel andere invalshoek benaderd. Jane Schaberg heeft in een belangwekkende studie laten zien dat de 'stammoeders' van Jezus in Mt. 1 zich net als Maria buiten de patriarchale familiestructuur bevinden; er wordt hen onrecht aangedaan, en zij riskeren met hun seksuele activiteit de vernietiging van de maatschappelijke orde. Uit de nieuwtestamentische Marialegenden (Mt. 1; Lc. 1.2) kan volgens Schaberg worden opgemaakt dat de hierin aanwezige voorstelling van de ontvangenis van Maria geen voorstelling van een wonderbaarlijke maagdelijke ontvangenis is, maar een geheel andere: Maria is tijdens haar verlovingstijd verleid of verkracht. 'In Mt. 1 'handelt' God op een radicale wijze, buiten de patriarchale norm, maar midden in de natuurlijke gebeurtenis van de menselijke ontvangenis. Het verhaal van het buitenechtelijke kind Jezus ondersteunt de stelling van Lucas dat Maria de onderdrukten vertegenwoordigde, die bevrijd zijn' (1989, 533).

Aangezien ik hier geen gedetailleerde discussie kan voeren, formuleer ik in het kort mijn eigen these, die de centrale these van Schaberg weliswaar tegenspreekt, maar waarmee ik echter geen afbreuk wil doen aan de betekenis van dit boek voor de feministische exegese. Op het niveau van wat de teksten willen zeggen, zie ik een verhaal van het wonder van een vaderloze geboorte. Geheel in strijd met de voorstelling dat een vrouw alleen door geslachtsgemeenschap met een man zwanger wordt, waarvan ook in de tekst wordt uitgegaan (zie slechts Lc. 1,34), vertelt de Marialegende dat door de scheppende kracht van de *pneuma* (de *rûach*) Maria zonder bevruchting door een man of mannelijke God een kind ter wereld bracht. Gezien de verheerlijking van mannelijke potentie in patriarchale ideologieën en biologische theorieën (ook in de Oude Wereld) heeft de legende van een vaderloze zwangerschap een hoge patriarchaats-kritische lading. Ik stel niet zozeer ter discussie of de *historische* Maria wellicht slachtoffer van seksueel geweld is geweest, maar zie de Maria*legenden* in de eerste plaats als verhalen die willen vertellen over een wonderbaarlijke gebeurtenis, namelijk over een zwangerschap zonder bevruchting.

Terwijl beide interpretaties van de Marialegenden (over de lucaanse legenden, zie ook Brigitte Kahl) dus de vrouwbevrijdende aspecten van deze legenden uitwerken, moet tegelijkertijd geconstateerd worden dat ook deze legenden van een enorme onderdrukking van vrouwen getuigen, zoals bijvoorbeeld de Jozeflegende volgens Matteüs (zie hierover Wainwright).

Hiermee wordt een structuur zichtbaar die kenmerkend is voor het gehele Nieuwe Testament. We treffen hier – net als in andere geschriften van het vroege christendom – teksten aan waarin vrouwen zwaar en openlijk beledigd en onderdrukt worden naast teksten die vrouwen in het middelpunt plaatsen, en hun de weg naar bevrijding wijzen (bijv. de Elisabeth-Maria-legendes in Lc. 1, vgl. ook Joh. 4). Van *expliciete* onderdrukking van vrouwen is vooral sprake in de huistafels, de pastorale brieven (met name 1 Tim. 2,12-16) en Kor. 11.14,33-36. Daarnaast is echter een groot aantal andere teksten *feitelijk* onderdrukkend ten aanzien van vrouwen, zo blijkt uit nadere feministische analysen. Zelfs patriarchaats-kritische teksten zoals Fil. 2,6-11 zijn door hun androcentrische karakter vrouwonderdrukkend. Uitvoeriger onderzoek naar het vrouwbeeld in afzonderlijke geschriften van het Nieuwe Testament is vooral gedaan met betrekking tot het Matteüs-evangelie (Wainwright), het Marcus-evangelie (Fander; Vogt; Danne-mann) en de Handelingen der Apostelen (Richter Reimer). Voor ana-lysen van het vrouwbeeld in een aantal andere nieuwtestamentische geschriften kan op de *The Woman's Bible Commentary* teruggegre-pen worden. Het feministische onderzoek zal zich in de toekomst niet alleen moeten richten op de vrouwbeelden van vroeg-christelijke tek-sten en hun betekenis voor vrouwen, maar zal zeker ook een duidelij-ker inzicht moeten geven in de strijd die aan deze tegenstrijdige struc-tuur ten grondslag ligt (zie hierover boven 2.4).

Het vrouwvijandige vrouwbeeld of de vrouwvijandige parenese van het Nieuwe Testament is een van de aspecten van de vroeg-christelijke traditie waaraan een vrouwspecifiek anti-judaïsme is gekoppeld: De vrouwvijandigheid wordt teruggevoerd op de joodse *wortels* van het Nieuwe Testament. Daarnaast bestaat er een vrouwspecifiek gerecht-vaardigd christelijk anti-judaïsme, dat aan de vrouwbevrijdende passa-ges van het Nieuwe Testament gekoppeld wordt (bijv. afzonderlijke Jezustradities of Gal. 3,28). Hier wordt het vrouwbevrijdende vroege christendom in *contrast* gezien met het vrouwonderdrukkende joden-dom. De belangrijke en levendige discussie over het anti-judaïsme bin-nen de feministische theologie, die absoluut nog niet ten einde is (vgl. deel I van Marie-Theres Wacker, 2.4), heeft zich met name rondom deze vrouwbeelden van het Nieuwe Testament bewogen. Voor een overzicht over deze discussie zie Kellenbach, Siegele-Wenschkewitz, Schaumberger. Er kan geen twijfel over bestaan dat het jodendom vrouwvijandige tradities kent (Plaskow, Küchler), maar het is onmo-gelijk op grond hiervan een christelijk anti-judaïsme te legitimeren.

Ik noem hier slechts die aspecten van het probleem die voor de in-terpretatie van vroeg-christelijke teksten van belang zijn: 1. Aange-zien in de traditionele christelijke exegese van het Nieuwe Testament tot op heden wordt gewerkt met anti-judaïstische vooronderstellin-gen, moet een feministische exegese iedere gedachte die uit de traditio-nele exegese overgenomen wordt, aan een kritische analyse onderwer-pen. Vooral de christelijke wetenschapstraditie moet in dit verband gethematiseerd worden. 'De vrouw' in het jodendom (in het helle-nisme ...) en in het christendom moet met de kritische vragen van een patriarchaats-analyse geconfronteerd worden: Welk beeld van jo-dendom, van vrouwen en van klassenverhoudingen ligt aan dit beeld ten grondslag? De geschiedenis van het anti-judaïsme in de feministi-sche christelijke theologie is het gevolg van het klakkeloos overnemen van het anti-judaïsme uit de zogenaamde erkende traditionele weten-schap. 2. De voorstelling van een christelijk geloof en instituut dat de navelstreng met de joodse moeder heeft doorgesneden en wat betreft leer en verkondiging 'nieuw' zou zijn, is historisch onjuist (zie boven 2.3), ook wat betreft de inhoudelijke bepaling van dit 'nieuwe', en komt bovendien neer op een onderwaardering van de joodse traditie. 3. De opvatting dat het christendom tegenover het jodendom een vrouwbevrijdende werking heeft (bijv. in de gedaante van Jezus), berust op een a-historisch denken over bevrijding van vrouwen en een miskenning van vrouwenonderdrukking in de geschiedenis van het christendom en binnen het huidige christendom.

Naar de vroeg-christelijke voorstellingen van seksualiteit en vrouwelijkheid/mannelijkheid is nog geen uitvoerig onderzoek gedaan. Baanbrekend was en is een artikel van Bernadette Brooten. Zij laat zien dat Paulus in 1 Kor. 11,2-16 om theologische redenen eist dat er een duidelijk onderscheid tussen de seksen wordt gemaakt. 'De grenzen tussen vrouwelijkheid en mannelijkheid mogen niet uitgewist worden, doordat vrouwen korte en mannen lange haren dragen. Maar zelfs wanneer vrouwen lange haren hebben, treedt het onderscheid nog niet voldoende op de voorgrond' (132). Daarom verlangt Paulus dat de vrouwen tijdens de eredienst een sluier dragen. De hiërarchie waarbinnen mannen boven vrouwen zijn geplaatst, *moet* volgens Paulus door vrouwen strikt in acht worden genomen, alhoewel het christelijke leven de autonomie van vrouwen ondersteunt (zie boven 1.3). Vrouwelijkheid moet passief zijn, daarom is de lesbische liefde voor Paulus een omkering (Rom. 1,26v.) en bedreigt de hiërarchie tussen de seksen.

Alhoewel het vroege christendom voor vrouwen seksuele autonomie en onafhankelijkheid van de patriarchale heerschappij binnen de familie mogelijk maakt, is in de teksten (bijv. in Rom. 1,26v.) duidelijk de invloed van de aristotelische, vrouwverachtende definitie van vrouwelijkheid en mannelijkheid herkenbaar: 'Is dus het mannelijke het bewegende en actieve, het vrouwelijke als zodanig het lijdende, zo kan het vrouwelijke aan de zaadvloeistof van het mannetje geen zaadvloeistof toevoegen, maar alleen stof' (Aristoteles, Over het verwekken van schepselen I 20 e.v.; 29a). Daarnaast wordt de opvatting van seksualiteit bepaald door het idee dat seksualiteit een gevaarlijke kracht is, die, wanneer ze niet beteugeld wordt, het leven en heil van mensen kan verwoesten (Mt. 5,28-30; 1 Kor. 7,29vv.). De seksualiteit van mannen is daarbij niet alleen de actieve kracht, maar ook een zeer onbeheersbare kracht. Om deze kracht beheersbaar te maken, moeten echtgenotes volgens Paulus afzien van seksuele onthouding (1 Kor. 7, zie hierover boven 1.3). Judith Plaskow heeft de 'weg naar een nieuwe theologie van de seksualiteit' bewandeld. Van haar kunnen we leren dat seksualiteit tot theologisch thema gemaakt moet worden, zoals dit ook in het jodendom en vroege christendom gebeurde. Verder laat zij zien hoe er in de traditie positieve aanknopingspunten gevonden kunnen worden voor een theologie van de seksualiteit die bevrijd is van de vrouwvijandige erfenis van Aristoteles of iemand als Jean Jacques Rousseau. Ten slotte kunnen we van Judith Plaskow leren seksualiteit te begrijpen als een gave van God in rechtvaardige relaties. Dat wil zeggen, relaties die niet verziekt zijn door scheve machtsverhoudingen tussen de seksen.

In de Romeinse keizertijd werden de toch al zo vrouwvijandige ideeën in veel culturen en godsdiensten nog eens op een bijzondere manier aangescherpt. De mythe van de vrouwelijke oerschuld duikt nu op: door de seksuele activiteit van een mythische vrouw is het kwaad en het lijden in de wereld gekomen (of het nu Eva in het jodendom en christendom is of Sofia in de gnosis). Eva is de verleidbare verleidster, die omgang met satan heeft gehad. Daarom worden vrouwen in het algemeen op basis van hun seksualiteit gedefinieerd, die als zondig, gevaarlijk en destructief wordt beschouwd. Sporen van deze mythe zijn reeds in het Nieuwe Testament te vinden (2 Kor. 11,3; 1 Tim. 2,14-15). In latere tijden verbreidt deze mythologie en vrouwenverachting zich steeds meer, met name ook in het vroege christendom. Eva groeit uit tot de belichaming van de zonde (Pagels; Küchler; Schüngel-Straumann); zonde en seksualiteit worden aan elkaar gelijkgesteld. Deze interpretatio christiana van Genesis 1-3 is op haar beurt van invloed geweest op de interpretatio christiana van het Nieuwe Testament in zijn geheel, vooral als onderhuidse vijandigheid tegenover het lichamelijke en tegenover vrouwen.

Een andere vorm van christelijke vrouwvijandigheid treffen we aan in de interpretatiegeschiedenis van de paulinische leer van de zonde. In de christelijke dogmatiek en uitleg van de brief aan de Romeinen speelt de interpretatie van zonde als menselijke eigenmachtigheid een centrale rol. De zondige mens is de mens die eigenmachtig het heil wil verwerven. De exemplarische zondaar is 'de jood'. Bijvoorbeeld bij Ernst Käsemann of Rudolf Bultmann, wier Paulus-interpretatie ik daarmee echter niet in haar geheel wil aanvechten. De eigenmachtigheid tegenover God is echter in de bijbelse traditie een zaak van de heersers (zie slechts Lc. 1,51), die in feite allemaal hun macht misbruiken. Met de interpretatie van de zonde als een vorm van machtsbetoon van *alle* mensen wordt in deze theologie van de zonde mannelijk dominant gedrag echter veralgemeniseerd en gelegitimeerd. Bovendien wordt de werkelijkheid van vrouwen en hun 'medeplichtigheid' (Thürmer-Rohr) en zelfopoffering (Judith Plaskow) aan het zicht onttrokken, waardoor een werkelijke analyse van de zonde van vrouwen onmogelijk wordt. De medeplichtigheid, de zonde van de vrouw, wordt tot deugd van de christelijke vrouw uitgeroepen. Een andere vrouwonderdrukkende toepassing van de interpretio christiana van de paulinische zondeleer is de verwerping van emancipatie (van vrouwen of bevrijdingsbewegingen in de Tweederde Wereld) als zonde.

Deze in vele opzichten zeer vrouwvijandige interpretatiegeschiedenis van de brief aan de Romeinen (en feitelijk van het hele Nieuwe Testament) over de vraag wat zonde is, vraagt om een duidelijke weerlegging vanuit feministische hoek. Het is echter ook noodzakelijk om opnieuw te vragen wat er in Paulus' brief aan de Romeinen nu werkelijk over zonde gezegd wordt. Ik zie hier bij Paulus een scherpzinnige en bevrijdende analyse van de resignatie en onmacht van de nietige mens, die wel weet wat de wil van God is, maar die zich de praxis van de wil van God heeft laten afnemen (Rom. 7,14vv.). In deze tekst klaagt Paulus over de vervreemding van mensen – vanuit zijn androcentrisch perspectief. Aan de ene kant weten mensen heel duidelijk dat Gods wil, met andere woorden de Tora, voor hen de weg naar het leven is. Maar 'ik doe niet wat ik wens, maar waar ik een afkeer van heb, dat doe ik' (vers 15 vgl. 18,19). Het handelen van de mens is van de wil van God vervreemd. Paulus gebruikt een krachtig beeld. De mens is als een omhulsel waarin de demon zonde huist, die hem als een marionet het verkeerde laat doen (zie met name vers 17.20). Deze analyse van de vervreemding van de mensheid is voor Paulus universeel geldig, terwijl ze in feite gegeven wordt vanuit het perspectief van een volwassen joodse man. Een soortgelijke visie op de menselijke vervreemding komt naar voren in het vierde boek Ezra. Paulus klaagt over de vervreemding, en analyseert daarmee de door de mens zelf teweeggebrachte dood. De basis van deze klacht/analyse is echter de ervaring van bevrijd te zijn: 'Gode zij dank door Jezus Christus, onze Here' (vers 25). Sociaal-historisch gezien spreekt Paulus vanuit het perspectief van de joodse mannen, die zich binnen de machtsstructuur van het Romeinse Rijk als geketende slaven voelen, die volgens de Tora willen leven, maar dat niet kunnen. Ondanks het androcentrisme geeft deze analyse impulsen voor de analyse van de wijze waarop vrouwen, zoals van hen telkens weer verwacht wordt, hun onmacht, hun 'medeplichtigheid' (Thürmer-Rohr) aanvaarden. De feministische analyse van de specifieke manier waarop vrouwen verstrikt zijn in de doodsstructuren van het patriarchaat kan geen vervanging van Paulus zijn. Van hem valt veeleer te leren hoe een verlammende analyse zonder consequenties voor het handelen tot een bevrijdende weeklacht wordt, want zijn analyse maakt deel uit van een proces van bevrijding.

3.3 Dienen en ambt

Een brandpunt van feministisch-theologische exegese was en is de herinterpretatie van nieuwtestamentische teksten die uitspraken doen over vrouwen die in de vroeg-christelijke gemeenten een leidinggevende rol vervulden.

'Andronikus en Junia (...), die onder de *apostoloi* in aanzien zijn' (Rom. 16,7). Bernadette Brooten onderzocht de interpretatiegeschiedenis van deze tekst vanaf de tijd van de vroege kerk en toonde aan dat de naam Junia in de vroege kerk als een vrouwennaam en dat Junia als een vrouwelijke apostel werd opgevat. De these dat het hier om een mannelijke apostel met de naam Junias gaat, duikt voor het eerst op bij Aegidius van Rome (1245-1316) en wint vanaf de Reformatie steeds meer terrein. Welke belangen hierbij een rol spelen is overduidelijk: een vrouwelijke apostel Junia in de vroeg-christelijke tijd zou de bijbelse legitimatie van de hiërarchie van de seksen in de christelijke kerken ondermijnen. Vooral Paulus als apostel belichaamt in de heersende theologie de mannelijke aanspraak op het ambt en op leidinggevende posities, die vrouwen uitsluit. Ik noem enkele van de strategieën in de omgang met Rom. 16,7 die moeten uitsluiten dat Junia een vrouw was: het Griekse accent circumflex op de vierde naamvalsuitgang *Junian* moet duidelijk maken, dat hier de mannennaam Junias gelezen moet worden in plaats van de vrouwennaam Junia. Ook de nieuwste Nestle-uitgave van het Nieuwe Testament (27e druk vanaf 1993) en de nieuwste editie van het nieuwtestamentisch woordenboek van Walter Bauer (6e, 'volledig herziene druk' 1988) plaatsen dit accent, alhoewel de schriftelijke overlevering, in zoverre daarin al accenten voorkomen, en de filologische feiten de mannennaam Junias geenszins rechtvaardigen. Een andere strategie om te voorkomen dat er een vrouwelijke apostel Junia op het toneel verschijnt, is de bewering dat Junia geen apostel, maar de echtgenote van Andronikus was, en in die zin 'beroemd onder de apostelen'.

De Luther-vertaling (herziene versie 1984) spreekt nog van Junias. In de nieuwste Amerikaanse bijbelvertaling (NRSV 1989) staat 'Junia'. De feministische discussie is in Noord-Amerika minder onderdrukt dan in Duitsland. De verkorte versie van het werk van Bernadette Brooten verscheen in 1978 voor het eerst in het Duits. Dit voorbeeld maakt duidelijk welke machts- of beter gezegd heerschappijbelangen er op het terrein van de exegese aan te treffen zijn, en hoe deze ook tegenover oude teksten doorgezet worden. Dit soort machtsbelangen komen steeds opnieuw tot uitdrukking, bijvoorbeeld bij de uitleg en vertaling van *diakonos* en *prostatis* als omschrijving van de functie van Febe in de gemeente (Rom. 16,1v.).

De verklaring van het woord *diakonein* (en stamverwante woorden) is eveneens zeer omstreden (zie boven 1.4). De traditionele exegese maakt een onderscheid tussen de dienst van mannen (= het ambt van mannen; dienst van het woord) en de dienst van vrouwen (= verzorging; huishoudelijk werk). Er was hoogstens een speciale diaconie van vrouwen denkbaar (bijv. het bezoeken van zieke vrouwen).

De feministische exegese heeft zich veelvuldig en intensief beziggehouden met het thema vrouwen in leidinggevende functies, en herinterpretaties ontwikkeld die waarschijnlijk niet meer zo eenvoudig te weerleggen zijn. Vooral het werk van Elisabeth Schüssler Fiorenza is in dit verband baanbrekend.

Ik wil in het kort een aantal uitkomsten van de feministische discussie over dit thema bespreken.

In het vroege christendom wordt met *diakonia* geen 'ambt' in de zin van een hiërarchie van ambten bedoeld. Het is – vanwege de connotaties van het Duitse woord 'Amt' [vertaler: ambt] met machtspositie – onjuist om *diakonia* met ambt te vertalen. Het vroege christendom heeft geprobeerd de sekse-hiërarchische en racistische arbeidsverdeling te overwinnen (zie boven 1.4). Met sekse-hiërarchische arbeidsverdeling bedoel ik de arbeidsverdeling waarbij vrouwen het onbetaalde of slecht betaalde werk krijgen toebedeeld en mannen het beter betaalde en met machtsuitoefening verbonden werk. Met 'racistische' arbeidsverdeling bedoel ik de arbeidsverdeling tussen slaven en vrijen. Ik ben mij ervan bewust dat de vorm van slavernij die de oudheid kende niet was gebaseerd op een 19e en 20e eeuwse rassentheorie. Niettemin vertoont de rechtvaardiging van slavernij en de feitelijke omgang met slaven in die tijd zeer veel overeenkomsten met modern racisme. In de oudheid werd de hiërarchische structuur van de maatschappij openlijk en nadrukkelijk zichtbaar gemaakt in het dagelijks leven (bijv. in de kleding). Op grond van deze hiërarchie zal een vrijgeboren man nooit verzorgend werk voor anderen verrichten. Binnen de huishouding bestaat een duidelijke hiërarchie (van onderaf: slavin, slaaf, ongehuwde vrijgeboren vrouw, gehuwde vrijgeboren vrouw etc.). De vrijgeboren volwassen man/vader is heer over de rest van de huishouding. De doorbreking en afschaffing van deze hiërarchie wordt in de vroeg-christelijke gemeenten steeds weer op weerstanden van buitenaf en van binnenuit (zie slechts de huistafels) bevochten. Conflicten in verband met de opheffing van deze hiërarchie worden bijvoorbeeld in Lc. 10,38-42, in de huistafels en pastorale brieven, in Hand. 6,1vv. en in de 'rangordestrijd' (Mc. 10,35-40 parr.) zichtbaar (zie hierover reeds boven paragraaf 1.4). Ongewild levert bijvoorbeeld de eerste brief aan Timoteüs het duidelijke bewijs dat vrouwen publiekelijk onderricht gaven en andere leidinggevende functies vervulden, ook als leraressen van mannen. De Syrische Didascalia (begin 3e eeuw, Noord-Syrië) is enerzijds – zoals de eerste brief aan Timoteüs – een duidelijk document van vrouwenonderdrukking, maar ook – eveneens zoals de eerste brief aan Timoteüs – een document van een strijdbare vrouwen- en lekenkerk (Duitse tekst Achelis; over de interpretatie hiervan zie Schottroff 1994). De in alle evangeliën aanwezige programmatische teksten over de opheffing van hiërarchieën (Mc. 10,42-45 parr. en Joh. 13) spreken een androcentrische taal, alsof het slechts om de opheffing van de hiërarchieën tussen mannen zou gaan. Uit de context van het vroege christendom blijkt, dat ook de heerschappij van mannen over vrouwen en van vrijen over slaven werd bekritiseerd en in de praktijk veranderd werd. Een logische consequentie daarvan is dat Jezus de mannelijke (en vrouwelijke) volgelingen vraagt om andere volgelingen, zowel mannen als vrouwen, de voeten te wassen. Dat vrouwen de voeten van mannen wasten, was gebruikelijk. Dat vrije mannen vrouwen of slavinnen en slaven de voeten wasten, was een revolutionaire daad. De voetwassing was een maatschappelijke handeling, waarbij de hiërarchische orde uiterst nauwlettend in acht werd genomen (zie slechts citaat uit Jozef en Aseneth onder 4.5).

4. Praxis van de feministische exegese van het Nieuwe Testament

In de feministische exegese van teksten uit het vroege christendom komt een grote verscheidenheid aan tradities samen: de heersende academische bijbelwetenschap, de manier van bijbellezen van bevrijdingsbewegingen uit de Tweederde Wereld, de feministische sociaal-wetenschappelijke discussie, aspecten van psychologische concepten en therapieën, maar vooral de creatieve woede en bezieling van vrouwen die tot het besef kwamen dat de Bijbel werd gebruikt als een instrument om vrouwen te onderdrukken, en die op zoek gingen naar de geschiedenis van hun 'voorzusters' als bron van kracht. In dit hoofdstuk probeer ik deze verschillende tradities die in de feministische bijbellezing samenvloeien nog een keer kort samen te vatten vanuit mijn eigen optiek (vgl. deel I van Marie-Theres Wacker).

4.1 Plaatsen van bijbellezing: Vrouwenbeweging en feministische wetenschap

Binnen de vrij jonge vrouwenbeweging heeft zich, voor zover de christelijke traditie voor haar überhaupt van belang was of is, een autonome manier van bijbellezen ontwikkeld – autonoom in zoverre dat de exegetische wetenschapstraditie en de gangbare kerkelijke bijbeluitleg als vrouwvijandige machtsinstrumenten werden ervaren. De houdingen tegenover het kerkelijk lidmaatschap lopen hierbij sterk uiteen. Voor veel vrouwen is vrouwenbevrijding binnen de christelijke traditie/ kerk een tegenspraak in zichzelf, andere – waartoe ikzelf behoor – zetten zich in voor fundamentele veranderingen binnen de kerken. Over twee dingen zijn de verschillende vrouwengroepen binnen en in de periferie van de kerken het echter eens. Ten eerste, dat het noodzakelijk is een kritische houding te ontwikkelen tegenover vrouwvijandige bijbelse teksten en tegenover de christelijke geschiedenis van vrouwenonderdrukking. Ten tweede, dat er in de Bijbel ook tradities en weerspiegelingen van vrouwengeschiedenis zijn te vinden waarbij hedendaagse vrouwen kunnen aanknopen. Beide aspecten van autonome bijbellezing – of het nu op afstand of in nabijheid van kerkelijke instituties is – worden door vrouwen intensief beoefend en ervaren als een daad van bevrijding. De oude bril van de academische machtswetenschap en de kerkelijke dogmatiek wordt afgezet, en er worden fascinerende ontdekkingen gedaan bij het gezamenlijk lezen van de Bijbel. Helaas is het moeilijk om een goed beeld te krijgen van deze bijbellezing door vrouwen, aangezien deze voornamelijk haar neerslag vindt in vrij droge literatuur. In sommige teksten uit verzamelbundels van gevestigde uitgeverijen is de invloed van deze bijbelstudie echter indirect merkbaar, bijvoorbeeld in de bundel Schmidt/Korenhof/Jost.

De op vrouwen betrokken vrouwen die zich in de periferie van de bijbelwetenschap in Duitstalige landen bevonden en bevinden, proberen de nieuwtestamentische wetenschap (resp. de bijbelwetenschap) op een nieuwe manier te beoefenen. Dit gaat met grote moeilijkheden gepaard. Ik kan hier slechts enkele problemen in de Duitstalige wereld aanstippen, aangezien zich elders, met name in Noord-Amerika, geheel andere ontwikkelingen hebben voorgedaan. Terwijl de feministische wetenschap daar een plaats wist te veroveren binnen de academische wereld, is dit in Duitsland tot dusver onmogelijk gebleken. Meestal is het niet mogelijk om, bijvoorbeeld in het vak Nieuwe Testament, een feministisch-theologische dissertatie te schrijven of zelfs maar een degelijke opleiding feministische theologie te volgen. Vrouwen ervaren een enorme druk om zich aan te passen. Slechts zelden hebben vrouwen een arbeidsplaats van waaruit zij feministisch-theologisch kunnen werken. Het discours tussen de heersende bijbelwetenschap en feministische wetenschap staat nog in de kinderschoenen (zie vooral het boek Hübener/Meesmann). Ondanks deze moeilijkheden bestaat er tegenwoordig een grote kring van Duitstalige academische theologes die een feministische exegese dragen en verder ontwikkelen. Het levendige contact met de 'leken'-vrouwenbeweging is voor deze wetenschapsters meestal een belangrijke bron waaruit zij putten. Aanvankelijke protesten van zogenaamde barrevoetstheologes tegen de ontwikkeling van een feministisch-theologische wetenschap zijn tegenwoordig verstomd, aangezien een dergelijke tweedeling voor de vrouwenbeweging contraproductief is gebleken. Tegenwoordig worden de krachten veeleer gebundeld om feministische theologie te institutionaliseren, onder andere op universitair niveau.

4.2 'Van het leven naar de Bijbel – van de Bijbel naar het leven'

De titel van deze paragraaf is een citaat uit een bevrijdingstheologisch boek van Carlos Mesters. Het is een korte en bondige samenvatting van de methode van bevrijdingstheologische bijbellezing. Het kan eveneens het verband tussen feministische bijbellezing en bevrijdingstheologieën verduidelijken. De vrouwenbeweging was en is nauw verbonden met de vredes-, milieu- en één-wereld-beweging. Deze banden hebben ertoe geleid, dat de stem van vrouwen binnen de oorspronkelijk androcentrische bevrijdingsbewegingen tegenwoordig meer gewicht heeft – niet alleen in de Duitstalige wereld, maar ook in andere landen. Binnen de vrouwenbeweging heeft met name een bepaald model van bijbellezen, dat geënt is op de traditie van bevrijdingstheologische en vrouwenbewogen bijbellezing in Noord-Amerika, sterk ingang gevonden: de vier hermeneutische stappen van Elisabeth Schüssler Fiorenza (zie hierover boven Marie-Theres Wacker in deel I 2.1.5.). Veel vrouwen werken echter ook met een oecumenisch driestappen-model (Schroer 1993). In deze context, waar het gaat om de praxis van de feministische exegese van het Nieuwe Testament, is het echter van belang om er opnieuw op te wijzen, dat ook de wetenschappelijke feministische exegese van het Nieuwe Testament wezenlijk deel uitmaakt van het proces 'van het leven naar de Bijbel – van de Bijbel naar het leven'. De vragen die aan de geschiedenis en de traditie gesteld worden, ontstaan uit de reflectie op ervaringen en strijd van vrouwen, en blijven daarom in een fundamentele spanningsverhouding staan tot een nieuwtestamentische wetenschap die – ten onrechte – impliciet of expliciet aanspraak maakt op neutraliteit en objectiviteit (zie boven 1.1).

4.3 De zogenaamde verschillende toegangen tot de Bijbel

Op congressen en in literatuur wordt vaak gebruik gemaakt van een waarnemingsmodel voor hedendaagse bijbeluitleg dat 'verschillende toegangen' naast elkaar plaatst: feministische uitleg, historische kritiek, sociaal-historische uitleg, materialistische uitleg, bibliodrama, dieptepsychologische uitleg en wat dies meer zij. Dit waarnemingsmodel is problematisch, omdat het verhult dat deze toegangen – nog afgezien van het feit dat ze elkaar overlappen – niet op één en hetzelfde niveau liggen. Dat wordt duidelijk door twee vragen, die hier gesteld moeten worden: 1. Welk doel heeft de bijbeluitleg? 2. Welke geschiedenis moet met een bijbeluitleg geschreven worden – of, op welke geschiedschrijving wordt met een bijbeluitleg teruggegrepen? De historische kritiek bijvoorbeeld, de bijbeluitleg die aan de universiteiten het meest gangbaar is, schrijft een androcentrische geschiedenis die zich onkritisch verhoudt tegenover patriarchale structuren. Deze bewering kan eenvoudig geverifieerd worden, bijvoorbeeld door een analyse van het beeld dat hierin van Paulus wordt gegeven. Maar ook een androcentrische geschiedenis van de 'kleine luiden' beschrijft *niet* de helft van de waarheid, zolang de vrouwen onzichtbaar blijven (zie boven

1.1). Een toegang tot de Bijbel die zelf niet historisch wil werken, moet
– doordacht of niet doordacht – op de reeds bestaande geschiedschrijving teruggrijpen. Indien echter bijvoorbeeld een bibliodramatische
uitleg teruggrijpt op de uitleg van de historische kritiek, dan worden
daarmee onherroepelijk androcentrische elementen en patriarchale
structuren in de uitleg opgenomen. Deze kritische vragen moeten duidelijk maken dat het pluralistische naast elkaar bestaan van toegangen
weliswaar suggereert dat er een openheid bestaat, maar dat hiervan pas
werkelijk sprake kan zijn, wanneer de basisprincipes en doelstellingen
van een geschiedschrijving feministisch ofwel feministisch-bevrijdingstheologisch doordacht zijn. Natuurlijk werkt ook een feministische bevrijdingstheologie historisch-kritisch. Het verschil met de historische kritiek is echter dat ze daarbij vanuit een andere opvatting van
geschiedschrijving en hermeneutiek vertrekt.

4.4 Gereedschap

In deze paragraaf gaat het er mij niet om het historisch onderzoek van
de feministische exegese methodisch toe te lichten; hiervoor kan naar
deel I verwezen worden. Vragen over de methodische aanpak van een
feministische sociale geschiedenis zijn ook door mijzelf al elders behandeld (zie Schottroff, 1994). Hier gaat het er mij om praktische, ambachtelijke ervaringen door te geven.

Voor een feministische exegese is de onophoudelijke stroom van
androcentrische en patriarchale bijbelwetenschappelijke publicaties
van de kant van de gevestigde instituties vaak een, bijna letterlijk, ver-
pletterend en ontmoedigend gegeven. De exegete staat voor een berg
boeken, waarvan ze weet dat ze androcentrisch zijn en die zich nietter-
min als wetenschappelijk presenteren. Vaak wordt de exegete bovendien in een positie gedwongen waarin zij zich binnen deze wetenschap
moet legitimeren, wat met name in Duitsland moeilijk is. Mijn voor-
stel in deze situatie is: hier helpt alleen nog de onttovering. Onttovering betekent – methodisch gesproken – een analyse van het patriarchaat van de heersende bijbelwetenschap. Praktisch gezien is voor deze
onttovering het volgende procédé voldoende: Ik beperk mijn analyse
tot één bijbelvers. Om te beginnen kan het best een bijbelvers genomen worden dat betrekking heeft op vrouwen, dus bijvoorbeeld Joh.
4,18. Vervolgens verzamel ik een willekeurig aantal verklaringen
van dit vers uit wetenschappelijke commentaren, monografieën, artikelen enzovoort, en analyseer deze aan de hand van een of twee feministische vraagstellingen. Bijvoorbeeld, welk beeld van de vrouw komt
in de uitleg naar voren? Wordt er gevraagd naar de leefwereld van

vrouwen, naar hun onderdrukking en hun strijd? Welke thema's worden in de uitleg centraal gesteld?

Een dergelijke analyse kan vrij gemakkelijk worden uitgevoerd, en leidt tot een onttovering en inzicht in de traditionele, geïnstitutionaliseerde bijbeluitleg. Niet alleen wat betreft dit ene vers, want de patronen herhalen zich. Deze aanpak leidt bovendien tot de nieuwsgierige vraag: wat staat er nu werkelijk in de tekst? Staat er in Joh. 4,18 werkelijk dat de Samaritaanse een hoertje is, zoals de exegetische traditie ons wil doen geloven?

Om na de onttovering van de 'groten' eigen historische inzichten te verwerven, kan gebruik worden gemaakt van een aantal vertrouwde hulpmiddelen: een nauwgezette inhoudelijke structurering van de tekst en een bepaling van het genre. Dit laatste echter niet zonder eerst de gangbare genre-aanduidingen onderzocht en eventueel eveneens onttoverd te hebben. Verder is het nuttig de analyse in stappen onder te verdelen: binnen welke literaire, sociaal-historische en godsdiensthistorische context beweeg ik me? Met welk concept van de geschiedenis van het oerchristendom werk ik? (zie boven 2)

Een andere ervaring uit de praktijk is dat er vaak een grote drempelvrees bestaat voor de buiten-bijbelse bronnen die in de wetenschappelijke literatuur – meestal ook nog eens volgens een zeer ondoorzichtig systeem van afkortingen – worden aangehaald. Het werkt gegarandeerd bevrijdend om eens een in het Duits vertaald traktaat van Tertullianus te lezen – bevrijdend, omdat men zich vrijer gaat voelen wanneer men de vijanden kent. De indruk die de 'groten' wekken, namelijk dat buiten-bijbelse bronnen alleen voor zogenaamde ingewijden toegankelijk zijn, is onjuist. Er hoeft alleen het nodige speurwerk verricht te worden om Duitse vertalingen te vinden en, voor zover deze literatuur om een nauwkeurigere verwerking vraagt, ook de originele bronnen. In de literatuurlijst zijn enkele nuttige hulpmiddelen opgenomen die de toegang tot buiten-bijbelse bronnen kunnen ontsluiten (zie onder Deel III: 4.4)

Proefondervindelijk heb ik kunnen vaststellen dat het voor een feministische exegese vruchtbaar kan zijn om, bij wijze van historisch hulpmiddel, de context van het antieke patriarchaat te onderzoeken aan de hand van patriarchale zelfreflecties. Aristoteles (384-322 v. Chr.) en na hem Cicero (106-43 v. Chr.) hebben – zoals alle antieke filosofen die over de economie/de huishouding schrijven – het patriarchaat beschreven als een maatschappelijk systeem en een ideologie. Aangezien Cicero's beschrijving van het patriarchaat betrekking heeft op de maatschappijstructuren ten tijde van de Romeinse wereldheerschappij, kan hieruit ook veel worden opgemaakt over de wereld van

het vroege christendom. Al deze theoretici van het patriarchaat gaan uit van eenzelfde, veelomvattend begrip van patriarchaat, zoals dat hierboven (paragraaf 1.1) geschetst is.
Als hulpmiddel voor de exegese van het Nieuwe Testament wil ik enkele kerngedachten uit deze patriarchale zelfdefinities citeren.

Aristoteles, Over het verwekken van schepselen:

'... is de vrouw een soort impotente man. Want vrouwtje zijn houdt een zekere zwakte in, omdat het niet in staat is uit de laatste voedseltrap zaad te laten rijpen.'
   '... het gebeurt op doordachte wijze: omdat het mannetje vorm en bewegingsbron, en het vrouwtje lichaam en stof afgeeft, wordt het werk tussen mannetjes en vrouwtjes verdeeld, net als bij het stremmen van melk, waar het lichaam de melk vormt terwijl het stremsel de oorsprong van de beweging tot stremmen bevat.'

'... Omdat het mannelijke dus het bewegende en werkende deel, en het vrouwelijke het lijdende deel is, kan het vrouwtje de zaadvloeistof niet bijsturen, maar alleen stof.'

Aristoteles, Politica:

'... Van nature zijn er meerdere soorten heersers en dienaren. Want de vrije heerst op een andere manier over de slaaf dan het mannelijke over het vrouwelijke en de volwassene over het kind. Allen bezitten het vermogen tot regeren, maar op verschillende wijze. De slaaf bezit het bestuurlijke vermogen helemaal niet, het vrouwelijke bezit het wel, maar is niet in staat om beslissingen te nemen, het kind bezit het, maar nog onvolledig.'

Cicero, Over de res publica:

'Men moet zich echter zowel bewust worden van verschillende manieren van heersen als van dienen. Want, zoals men zegt dat de geest over het lichaam heerst, heerst hij ook over de zinnelijke lust, maar met dit verschil: hij heerst over het lichaam als een koning over zijn onderdanen, of als een vader over zijn kinderen. Over de zinnelijke lust echter heerst hij als een heer over zijn slaven, omdat hij ze in bedwang houdt en breekt.'

'Wanneer echter een vrij volk de mannen uitkiest aan wie het zijn lot wil toevertrouwen, ... dan berust het welzijn van de staten beslist altijd op de wijze politieke leiding van de beste mannen, bovendien omdat het een natuurlijk gegeven is, en niet alleen omdat degenen die in moreel en geestelijk opzicht hoogstaand zijn boven de minderwaardigen zijn gesteld, maar ook omdat deze van hun kant de intentie hebben om tot deze hoogstaande personen te behoren.'

Cicero, Over het plichtmatig handelen:

'Omdat de voortplantingsdrift (libido procreandi) een gemeenschappelijk kenmerk van levende wezens is, berust de eerste gemeenschapsvorming in het huwelijk zelf (prima societas in ipso coniugio est), de daaropvolgende in de kinderen, en daarna komt de gemeenschap van een huis (una domus) en de gemeenschap van alle bezit (communia omnia). Dit is echter de oorsprong van de stedelijke gemeenschap en tegelijkertijd de kweekplaats van de gemeenschap.

Columella (Romeinse schrijver in de 1e eeuw n. Chr.) vat de discussie van de antieke economie over het huwelijk als oercel van de staat als volgt samen:

'De Athener Xenofon, Publius Silvinus, schrijft in het boek, dat de titel Oeconomicus draagt, dat de huwelijksband van nature zo is geaard dat men daarmee niet alleen een zeer genoeglijke, maar ook nuttige levensgemeenschap aangaat. Want in de eerste plaats – dat zegt Cicero ook – is de man verbonden met de vrouw opdat mettertijd het menselijk geslacht niet uitsterft, en in de tweede plaats opdat uit deze vereniging ondersteuning en bescherming voor de oude dag voortvloeit. Als dan bovendien het leven en doen en laten van de mensen zich niet meer, zoals bij de wilde dieren in de open wildernis maar thuis onder het dak afspeelt, is het noodzakelijk dat een van beiden door vlijtig te werken buiten onder de vrije hemel verschaft wat men in huis zou kunnen bewaren. Het is dus noodzakelijk om het land te bewerken, te gaan varen, of op een andere manier werkzaam te zijn om een voorraad te verwerven. Zodra men de opbrengst thuis heeft gebracht, zou er nog iemand moeten zijn die zowel de oogst bewaakt alsook de huishoudelijke werkzaamheden verricht. Want veldvruchten en andere opbrengsten van de bodem hebben hebben voorraadschuren nodig, lammetjes en ander jongvee hebben de beschutting van de stal nodig, en wat de dieren verder voortbrengen moet men beslist bewaren en daarbij ook al het andere dat helpt de mensen te verzadigen of ook het leven aangenamer voor hen te maken. Omdat derhalve dit alles wat ik ter sprake heb gebracht behoedzaam werk vereist, en omdat alleen door grote inspanning buitenshuis kan worden verkregen wat vervolgens binnenshuis onder hoede moet worden genomen, is de vrouw volkomen terecht geschapen om de zaken binnenshuis te regelen, de man is echter geschapen om zich naar de markt en in den vreemde te begeven. De godheid heeft hem er ook toe bestemd om in vredestijd en in oorlog, op het land en in krijgsdienst hitte en vorst te verdragen en lasten op zich te nemen; daarentegen heeft de godheid de vrouw al deze vermogens onthouden en haar in plaats hiervan de zorg voor de huiselijke zaken toegewezen. En omdat de godheid dit geslacht heeft voorzien van zorgzame waakzaamheid, heeft zij het angstiger gemaakt dan het mannelijke, want angst doet alerte oplettendheid in hoge mate toenemen. Diegenen echter, die buiten in de vrije natuur zorg dragen voor het voedsel, moeten zich niet zelden verweren tegen het onheil, en daarom heeft zij de man grotere dapperheid geschonken dan de vrouw. Omdat het echter voor beide geslachten even belangrijk is om de opbrengst zorgvuldig te behoeden, heeft zij de vrouw evenveel bezitrecht toegedeeld als de man. Omdat één enkel wezen niet alle doelmatige eigenschappen in zich kan verenigen, heeft zij het verder zo ingericht dat de een de ander nodig heeft, en wat de een mist, is bij de ander doorgaans voorhanden. Dat heeft Xenofon in zijn Oecumenicus en na hem Cicero, die zijn boek in het Latijn heeft vertaald, heel goed uiteengezet. Want bij de Grieken, daarna tot de tijd van onze vaderen, en ook bij de Romeinen is het huishoudelijk werk gewoonlijk een zaak van de vrouw geweest, terwijl het hoofd van de familie, zonder zich ergens om te bekommeren, zich in zekere zin thuis terugtrok om uit te rusten van zijn vermoeienissen buitenshuis. Groot wederzijds respect ging namelijk hand in hand met eendrachtige en nauwgezette inspanning, en de vrouw wedijverde uit alle macht met de man doordat zij ernaar streefde zijn inspanningen door haar werkzaamheden te vergroten en tot een zo groot mogelijk succes te maken. In huis was er geen tweedeling, niets waarvan man of vrouw zouden beweren dat het alleen hem of haar aangaat; veeleer werkten beiden samen op een wijze waarop de activiteiten buitenshuis en de inzet van de huisvrouw elkaar in evenwicht hielden.'

Deze patriarchale ideologie en de patriarchale realiteit waarin zij doorwerkte is in het Nieuwe Testament alomtegenwoordig, of ze nu gerechtvaardigd of bekritiseerd wordt.

Het is voor de feministische exegese van groot belang de feministische discussies samen te brengen binnen één, groter verband: zowel in het leven als in de wetenschap. Er bestaat inmiddels zo'n schat aan feministische en feministisch-theologische werken, zoals ook uit de literatuuropgave van dit boek blijkt, dat er over veel onderwerpen reeds ondersteunende literatuur te vinden is. Voor het Nieuwe Testament kunnen christelijke vrouwen daarbij zeer veel leren van de joods-feministische discussie. Als eerste kennismaking met feministische exegese raad ik daarom een boek van Judith Plaskow aan, dat helemaal niet over het Nieuwe Testament gaat, maar wel de nodige hulpmiddelen aanreikt voor een feministische exegese van nieuwtestamentische teksten. Een werkelijke goudmijn voor joodse vrouwengeschiedenis is de *Talmudische Archäologie* van Samuel Krauss.

Een eerste toegang tot de schat aan Noord-Amerikaanse feministisch-theologische werken biedt de bibliografie van Shelley D. Finson en de door Carol A. Newson en Sharon H. Ringe uitgegeven *Woman's Bible Commentary*.

De rijkdom van de feministische discussies die gevoerd worden in talen die hier maar weinigen beheersen, is moeilijker toegankelijk. Voor de verdere ontwikkeling van feministische exegese binnen de Duitstalige context – of meer in het algemeen binnen de West-Europese context – is de dialoog met feministische exegetes uit de Tweederde Wereld echter onontbeerlijk. Een toegang tot de Latijns-Amerikaanse discussie biedt een speciaal nummer van het tijdschrift 'RIBLA' (Engelse samenvattingen), maar ook Schwantes 1992.

Een brede feministische discussie maakt het mogelijk dat feministische exegetes van elkaar leren en elkaar onderling bekritiseren. Deze onderlinge dialoog laat vaak nog veel te wensen over. Vrouwen bevinden zich dikwijls in een situatie waarin ze het wiel opnieuw moeten uitvinden, omdat er nauwelijks of geen informatie is over het werk dat andere vrouwen reeds verricht hebben. Daarom is de samenwerking binnen vrouwennetwerken (bijv. de European Society of Women in Theological Research) een essentieel onderdeel van het feministisch wetenschappelijk onderzoek.

4.5 Een beproefd exegetisch stappenplan en een voorbeeld van uitleg: 'Hetgeen God samengevoegd heeft (...)' (Mc. 10,2-12)

Allereerst wil ik hier een exegetisch stappenplan of werkschema presenteren dat al vele jaren en binnen verschillende contexten zijn waarde heeft bewezen (vrouwengroepen, vrouwencongressen, exegetisch onderzoek door studenten). Ik zal dit schema niet theoretisch verhelderen, maar aan de hand van een exegetisch voorbeeld aanschouwelijk maken.

Een exegetisch stappenplan:

I Eerste tekstanalyse door
- vaststellen tekstuele basis
- structurering
- vaststellen van bijzonderheden in taalgebruik
- bepaling van het genre

II Cultuur- en godsdiensthistorische situering
(Eerste Testament, na-bijbels jodendom, hellenisme)

III Sociaal-historische analyse met het concept patriarchaatskritiek
van
- details in de tekst
- de algemene situatie van de Jezusbeweging respectievelijk vroeg-
christelijke gemeenten

IV De literaire context

V Plaats van de tekst in de context van de boodschap en praxis van
Jezus en zijn volgelingen in het vroege christendom

Bij parabels
I Eerste tekstanalyse door
- vaststellen tekstuele basis
- structurering
- vaststellen van bijzonderheden in taalgebruik
- bepaling van het genre

II Cultuur- en godsdiensthistorische situering
(Eerste Testament, na-bijbels jodendom, hellenisme)
- verduidelijken van de metaforische traditie waarin de parabel staat
(vooral aandacht schenken aan Eerste Testament en rabbijnse parabels)
- verhelderen van verhouding van het parabel-verhaal en het Rijk
Gods, met andere woorden van de onderlinge verhouding van de twee
niveaus van de parabel

III Sociaal-historische analyse met het concept patriarchaatskritiek
van
- details in de parabel/het beeld
- de algemene situatie van de Jezusbeweging respectievelijk vroeg-
christelijke gemeenten
- verhouding van maatschappelijke realiteit en parabel/beeld

IV De literaire context

V Plaats van de tekst in de context van de boodschap en praxis van Jezus en zijn volgelingen in het vroege christendom

Als voorbeeld van exegese waarmee ik dit model concreet wil maken, heb ik Mc. 10,2-12 gekozen. De inhoudelijke vragen die ik aan deze tekst wil stellen, komen voort uit ervaringen van vrouwen uit mijn directe leefwereld:
– Waar kan ik in de christelijke traditie op zijn minst aanzetten vinden voor een bevrijdende omgang met seksualiteit en relaties tussen mensen? (Of bestaat er op dit punt helemaal geen traditie waarbij ik aansluiting kan vinden?)
– Welke rol speelt Mc. 10,2-12 in de repressieve ideologie van mijn kerkelijke traditie?
Omdat ik er nog niet zo zeker van ben dat de christelijke traditie niet alleen tradities kent die vijandig en onderdrukkend zijn ten aanzien van seksualiteit, pas ik de door Elisabeth Schüssler Fiorenza beschreven hermeneutiek van de achterdocht toe, en wel in een enigszins toegespitste vorm: Ik verdenk de patriarchale theologie ervan dat ze in de christelijke traditie niet alleen vrouwen, kinderen, seksualiteit en andere godsdiensten onderdrukt, maar ook de bijbelse teksten zelf en daarmee de mensen die hierin aan het woord komen.
Judith Plaskow heeft laten zien, dat de joodse traditie over de omgang met seksualiteit sterk bepaald is door het idee dat seksualiteit een enorme bron van energie is en daarom maatschappelijk gecontroleerd moet worden. Deze controle was historisch verbonden met patriarchale heerschappij en hield daarom onderdrukking van vrouwen in. Echter, ook binnen dit 'model van energie/controle' zijn er joodse tradities waarin een feministische visie op seksualiteit steunpunten kan vinden: zo hebben vrouwen volgens deze traditie recht op seksualiteit (de zgn. Ona-wetten, zie Plaskow, 221). Seksualiteit wordt gezien als een geschenk van God en de seksuele relatie (binnen het patriarchale huwelijk) als een plaats van heiliging (ibid. 221 e.v.).
Volgens de feministische opvatting van seksualiteit is seksualiteit meer dan alleen genitale seksualiteit, en heeft ze niet alleen een plaats binnen een wettelijk (dat betekent in de praktijk patriarchaal) huwelijk. De openheid voor verschillende levensvormen is een wezenlijk element van feministische ethiek. Bevrijde seksualiteit is in deze ethiek een scheppende levensenergie binnen menselijke relaties die op wederkerigheid – en niet op ondergeschiktheid – berusten. De scheppende kracht van seksualiteit in menselijke relaties komt op vele manieren tot uitdrukking. Ze kan relaties tussen vrouwen en vrouwen,

vrouwen en mannen, jonge en oude mensen uit de knellende greep van maatschappelijke structuren bevrijden, een relatie zonder onderdrukking scheppen.

Alvorens ik op zoek kan gaan naar de antwoorden op de twee vragen die ik hierboven aan Mc. 10,2-12 heb gesteld, moet ik proberen de tekst historisch te begrijpen. Dit onderzoek naar de historische achtergronden moet ik zo structureren, dat ik op grond hiervan kan beoordelen of de gebruikelijke christelijke uitleg al dan niet klopt. Deze zegt dat de tekst een scheidingsverbod van Jezus uitspreekt en het patriarchale huwelijk vastlegt als norm voor het christelijke leven, uitgezonderd het celibataire leven van de katholieke priesters. Het is mijn ervaring dat de machtsgeoriënteerde exegetische tradities en ethische normen van het christendom langer blijven leven dan het christelijk geloof. In mijn eigen, sterk geseculariseerde, maatschappelijke context, is de traditionele uitleg van Mc. 10,2-12 nog steeds bepalend voor de houding van mensen ten aanzien van relaties, hetzij positief hetzij negatief. Of het patriarchale huwelijk is de norm, of: alles is toegestaan. De omkering van de repressieve christelijke norm in een 'laissez-faire' (in dit verband verwijs ik nog een keer naar Plaskow, ibid.) mag vrouwen misschien, zoals mannen vroeger, de mogelijkheid van overspel hebben gegeven, maar brengt hen over het algemeen opnieuw in een situatie van uitbuiting.

Tegen de achtergrond van deze ervaringen en opvattingen over de liefde en seksualiteit wil ik Mc. 10,2-12 nu historisch analyseren, waarbij ik gebruik maak van het hierboven gepresenteerde exegetische stappenplan.

Het *vaststellen van de tekstuele basis* (eerste stap) is met name voor vers 7 van belang. Er bestaan oude handschriften die hier het citaat uit Gen. 2,24 inkorten. Zij laten: 'en hij zal zijn vrouw aanhangen' weg. Deze inkorting van het citaat kan ogenschijnlijk – zoals tegenwoordig in de traditionele exegese ook graag gedaan wordt – op een moderne manier gelezen worden. De 'mens', die vader en moeder verlaat, kan dan ook een vrouw zijn. *Anthropos*/mens in het citaat uit Gen. 2,24 zou vanwege deze inkorting dan ook niet androcentrisch gelezen moeten worden. In Gen. 2,24, ook in de Griekse versie, is het heel duidelijk dat mens = man. Wanneer Marcus dit androcentrisme in 10,7 bewust zou hebben gecorrigeerd, zoals velen tegenwoordig beweren, dan zouden er voor de exegese van het Marcus-evangelie onvermoede schatten bloot komen te liggen: de 'mens' die door Jezus in de synagoge in Kafarnaüm wordt verlost van een onreine geest (Mc. 1,23) zou een vrouw kunnen zijn – net zoals de 'mens' met de verschrompelde hand (Mc. 3,1). Echter, dezelfde exegeten die in Mc. 10,7 *anthropos* inclusief lezen, lezen deze verhalen over genezingen, zoals trouwens ook het woord *anthropos* in het hele verdere Marcus-evangelie, androcentrisch. Ten aanzien van Mc. 10,7 wordt in deze nieuwe exegetische traditie (ik noem geen afzonderlijke voorbeelden, omdat ze zo algemeen verbreid is) van een schijnbare gelijkheid tussen de seksen uitgegaan, die de eigen patriarchaal-androcentrische houding versluiert. Want een kritiek op het patriarchale huwelijk zoek ik in deze uitleggingen tevergeefs. Mc. 10,7 moet met andere woorden volgens de oudere exegetische traditie en dus androcentrisch gelezen worden. De inkorting van het citaat uit Gen. 2,24 is inhoudelijk niet van belang. De langere versie bevond zich hoe dan ook al in de hoofden van Marcus' tijdgenoten. Een kritische distantie tegenover het androcentrisme kan hier niet worden vastgesteld.

De *structurering* van de tekst (eerste stap): De verzen 2-9 beschrijven een discussie tussen Jezus en een groep Farizeeën. (Dat er ook farizeese vrouwen waren – bijvoorbeeld de moeder van Paulus, Hand. 23,6 – zou sterker tot het exegetische bewustzijn moeten doordringen dan tot dusver het geval is.) De verzen 10-12 zijn halachische leringen van Jezus voor de volgelingen, dat wil zeggen voor de christelijke gemeente. Onderwerp van de discussie en van de halacha is de vraag hoe er met echtscheiding moet worden omgegaan. Binnen dit kader wordt er in vers 6-9 een bepaalde opvatting van seksualiteit en het patriarchale huwelijk verwoord. Traditioneel werden vers 2-9 en vers 10-12 literair-kritisch met verschillende historische niveaus in verband gebracht (bijv. vers 2-9 Jezus; vers 10-12 marcaanse gemeente). Ook al kan een dergelijke literair-kritische operatie verhelderend zijn, toch moet de tekst in de eerste plaats in zijn overgeleverde vorm begrepen worden. Pas daarna kan nagegaan worden of een hypothese over het ontstaan van de tekst iets bijdraagt aan de interpretatie – of dat ze de tekst geweld aandoet.

Bijzonderheden in het taalgebruik (1e stap) vallen vooral op bij de opeenvolging van omschrijvingen van de seksuele en sociale gemeenschap binnen het huwelijk. De in Gen. 2,24 gegeven omschrijving, 'één vlees', wordt op een becommentariërende manier versterkt (vers 8) en als een door God voltrokken vereniging geïnterpreteerd. Deze duidelijke accentuering van het verbonden-zijn van vrouw en man in het huwelijk vormt de basis van de halacha in vers 10-12: huwelijken kunnen ontbonden worden, maar deze verbondenheid blijft na de scheiding voortbestaan. Daarom is een scheiding voor de christelijke gemeente kennelijk niet zo'n groot probleem. Het werkelijke probleem is het tweede huwelijk na een scheiding (zie hieronder).

Bij de bepaling van het *genre* van de tekst (1e stap) wordt vers 2-9 over het algemeen als 'twistgesprek' aangemerkt en vers 2-9 als 'onderrichting van de volgelingen'. In beide genre-aanduidingen bevatten een christologische vooronderstelling: Jezus is de verkondiger van een nieuwe leer, die tegenover het jodendom of de leer van de Farizeeën staat, en als leraar van de kerk is hij de absolute autoriteit. Deze genre-aanduidingen zijn historisch en theologisch twijfelachtig. Historisch gezien is het de vraag of in de tijd dat deze tekst ontstond en werd overgeleverd, totdat hij zijn schriftelijke vorm kreeg, Jezus in oppositie met het jodendom werd gezien (zie hierover boven 2.3), en of zijn leer werd opgevat als een leer die met institutionele macht doorgezet moest worden. Ik houd beide vooronderstellingen voor historisch onjuist. Theologisch gezien moeten er vraagtekens gezet worden bij de constructie van een 'twistgesprek' waarbij de gesprekspartners van Jezus verschijnen als vallenzetters, die Jezus 'in verzoeking wilden brengen. Beide delen van de tekst moeten veeleer begrepen worden tegen de achtergrond van de joodse theologische cultuur: als discussies onder gelijken (doorgaans mannen) met argumenten uit de gemeenschappelijke schrifttraditie. In deze discussies is geen van beide partijen erop uit de ander klein te krijgen. Jezus wordt op de proef gesteld (vers 2) om te beoordelen of hij zijn zaak theologisch kan verdedigen, en niet 'in verzoeking' gebracht om argumenten voor zijn terechtstelling te vinden (ondanks Mc. 3,6 blijkt dit nergens uit de tekst). Jezus' halacha in vers 10-12 wordt zelfs door Paulus (die ook vers 9 als halacha leest) niet als absoluut gezaghebbend opgevat (1 Kor. 7,10-16). Een tweede huwelijk van mannen na een scheiding beschouwt hij niet als een probleem, en een obstakel voor vrouwen om te scheiden (zo weerspiegelt zich bij Paulus de traditie die we uit Mc. 10,9-12 parr. kennen) wordt door hem zelf weggenomen (1 Kor. 7,15). Zowel in de scheidingslogia van de evangeliën alsook in 1 Kor. 7 zien we fragmenten van een levendig halachisch discussieproces, geen autoritatieve en normatieve leer binnen het kader van een institutionele kerk. In vers 2-12 kunnen twee genres onderscheiden worden; het genre van een theologisch discussie in het kader van bijbeluitleg (vers 2-9) en het genre van een halachische leer (vers 10-12).

De *cultuur- en godsdiensthistorische context* (2e stap) waarmee bij de uitleg van Mc. 10,2-12 rekening gehouden moet worden, is enerzijds het bijbelse scheppingsverhaal en de joodse interpretatie hiervan in de 1e eeuw, en anderzijds de joodse halachische discussie en joodse praktijk op het punt van echtscheiding. In weerwil van de nog steeds heersende vooronderstelling dat joodse vrouwen geen recht hadden een scheiding aan te vragen, moeten we er rekening mee houden dat ze dit recht wel degelijk hadden en dat ze er ook daadwerkelijk gebruik van maakten (Brooten; zie recentelijk ook P. Yadin 18 regel 57-59 e.d. Lewis). Cruciaal voor een goed begrip van Mc. 10,2-12 is bovendien een verheldering van de hierin aanwezige voorstelling van verbonden-zijn in het huwelijk. De verzen 10-12 zeggen duidelijk dat een tweede huwelijk na een scheiding (dus wanneer de eerste huwelijkspartner nog leeft), neerkomt op echtbreuk in de zin van de decaloog. De man of de vrouw die een tweede huwelijk aangaat, pleegt daarmee echtbreuk ten opzichte van de eerste huwelijkspartner. De scheiding ontbindt het huwelijk dus slechts ten dele, ze regelt vooral de economische kant van de scheiding. Een dergelijke opvatting over het huwelijk en de scheiding treffen we aan in Deut. 24,1-4 en Papyrus Murabaat 115. In Deut. 24,4 wordt duidelijk dat een vrouw die na een scheiding opnieuw trouwt door dit nieuwe huwelijk onrein wordt voor haar eerste man (en alleen voor hem). De eerste man mag deze vrouw, na de ontbinding van haar tweede huwelijk of de dood van haar tweede man, niet opnieuw huwen. Door de seksuele omgang met de tweede man wordt zij voor de eerste man taboe. Zij zou met iedere andere man een derde huwelijk kunnen sluiten, alleen niet met de eerste man. De seksuele omgang schept dus een band die niet door een scheiding, maar alleen door de seksuele omgang met iemand anders wordt verbroken. Ook hierna blijft deze band echter een bijzonder betekenis houden.

In P. Murabaat 115 (Koffmahn, 127 e.v.) gaat het om 'het zeldzame geval dat twee personen die reeds met elkaar getrouwd zijn geweest, elkaar opnieuw huwen of zich verzoenen' (Koffmahn, 133). 'Ondanks de gebruikelijke uitspraak in de scheidbrieven, dat de vrouw vrij is en de vrouw van iedere andere joodse man kan worden, valt te betwijfelen of de overhandiging van de scheidbrief een absolute ontbinding van het huwelijk betekende' (Koffmahn, 134). De financiële kant van dit huwelijkscontract stemt overeen met de gebruikelijke huwelijkscontracten. De definitie van de relatie (regel 5; 'zich opnieuw te verenigen en dezelfde Salome terug te nemen ...') toont echter aan dat het huwelijk voor de man niet opnieuw begint. De vrouw is in ieder geval in de tussentijd geen nieuw huwelijk aangegaan.

Mc. 10,11 stelt dat dit voortbestaan van de band na een scheiding ook voor de man geldt. Toch kan men zich op zijn minst afvragen, of mannen binnen de joodse en vroeg-christelijke context niet als vanzelfsprekend verscheidene seksuele relaties naast of na elkaar kunnen hebben, zonder dat de ene relatie van invloed is op de andere. Verhoudingen met prostituees worden door Paulus als *porneia* beschouwd, niet als echtbreuk. Zijn afwijzing van deze *porneia* staat tegenover een praktijk die voor mannen in de christelijke gemeente (in Korinte) vanzelfsprekend is. Hij moet hevig argumenteren (1 Kor. 6,12-7,7; zie hierover Wire) om de vanzelfsprekendheid waarmee de christelijke mannen naar prostituees gaan ter discussie te stellen. Door de papyrusrollen uit het Babatha-archief weten we dat Babatha, een joodse vrouw die in de tijd van Bar Kochba op vrij jonge leeftijd omkwam, in een tweede huwelijk (na de dood van haar eerste man) met een gehuwde man was getrouwd (zie Lewis). De polygamie van mannen was in het jodendom van deze tijd echter moreel omstreden (zie Billerbeck, III 650).

Mc. 10,2-12 beweegt zich dus binnen de context van de joodse discussie over huwelijk en echtscheiding. Er wordt hier – net als bijvoorbeeld in Qumran (CD 4,20-5,6) – van uitgegaan dat ook voor mannen de echtelijke relatie exclusief is en de seksuele band na een scheiding blijft voortbestaan.

In een *patriarchaats-kritische sociaal-historische analyse* (3e stap) van Mc. 10,2-12 moet nagegaan worden, wat de maatschappelijke consequenties zijn van de bestaande praxis op het gebied van huwelijk en echtscheiding en van de praxis die de tekst propageert.

De vooral in de oudere exegese wijdverbreide opvatting, dat Jezus zich uitspreekt voor een absoluut scheidingsverbod om vrouwen te beschermen tegen de willekeur van mannen, gaat aan de realiteit van vrouwen voorbij. Vrouwen hechtten grote waarde aan de scheidbrief, omdat deze hun rechten gaf en duidelijkheid schiep in hun financiële situatie. Scheidbrieven dienden ter bescherming van vrouwen. Met de afschaffing ervan zouden vrouwen belangrijke rechten hebben verloren. Nu zegt Mc. 10,2-12 echter helemaal niet dat Jezus een voorstander is van een absoluut scheidingsverbod. In de tekst wordt geen scheidingsverbod verkondigd, maar veeleer de leer dat de aanhangers van Jezus na een scheiding niet opnieuw zouden moeten trouwen, omdat de vroegere seksuele band na een scheiding zijn betekenis blijft houden (ook zonder seksueel contact tussen de vroegere echtgenoten – zo zou hieraan toegevoegd kunnen worden).

Over echtscheiding zegt de tekst dat het een door Mozes en God gesanctioneerde wettelijke regeling is 'met het oog op de hardheid van uw harten' (vers 5). Hier worden de farizeese mannen en vrouwen uit vers 2 aangesproken. Met 'uw' zullen echter met name de mannen worden bedoeld die gebruik maken van de mogelijkheid tot echtscheiding (over hen stellen de Farizeeën in vers 2 vragen). Jezus betwist niet de wettelijke legitimiteit van de scheidingspraxis van mannen. Hij beschouwt deze echter wel als 'hardheid van het hart'.

De wijdverbreide anti-judaïstische interpretatie van deze tekstpassage is volledig in strijd met de tekst. Hierin wordt de scheidingspraxis die door Jezus in de tekst een uiting van 'hardheid van hart' – tegenover God – wordt genoemd, als *joodse* wet of *menselijke* bepaling tegenover de oorspronkelijke scheppingswil van *God* geplaatst. De oorspronkelijke scheppingswil van *God* komt volgens deze interpretatie tot uitdrukking in de christelijke opvatting van het huwelijk en in de *christelijke* huwelijkspraxis. De christelijke veroordeling van echt-scheiding door de aanname van een absoluut scheidingsverbod van Je-zus is dus wezenlijk anti-judaïstisch. Dit anti-judaïstische verklarings-model bepaalt de gehele mij bekende interpretatietraditie van Mc. 10,2-12 parr., ook daar waar uitvoerig wordt ingegaan op de joodse wortels van de ideeën die de tekst verwoordt. Zelfs bij interpreten die het veronderstelde 'scheidingsverbod' van Jezus van zijn scherpte ont-doen met de dogmatische constructie dat Jezus ook rekening moest houden met een 'hardheid van hart' bij de christelijke vrouwen, en zijn scheidingsverbod evenals de bergrede opvatten als een radicale eis van God – blijft het anti-judaïsme aanwezig (God tegen de Tora van Mo-zes).

De tekst spreekt geen scheidingsverbod uit zolang hij gelezen wordt in de context van Mc. 10,10-12. Pas wanneer Mc. 10,9 literair-kritisch geïsoleerd wordt van Mc. 10,10-12, wordt het mogelijk om uit te gaan van een scheidingsverbod. Echter, niet alleen de literaire, maar ook de sociaal-historische context moet serieus genomen worden. Zoals ge-zegd zou een scheidingsverbod – gezien de maatschappelijke praxis van het joodse volk – vrouwvijandig zijn. Ook de vroeg-christelijke scheidingspraxis moet echter bij een analyse van de sociaal-historische context betrokken worden. Een absoluut scheidingsverbod van Jezus speelt noch bij Paulus noch elders in het vroege christendom een rol. In het ergste geval worden vrouwen die willen scheiden op zo'n ma-nier onder druk gezet, dat een feitelijke scheiding bemoeilijkt wordt. (Justinus, 2e Apologie 2; 1 Kor. 7,10v. zouden zo gelezen kunnen wor-den). Tegen vrouwen die willen scheiden wordt echter geen schei-dingsverbod van Jezus ingebracht, maar een moreel argument ('jaloe-zie' zou de oorzaak van de vervreemding zijn) en Gen. 2,23 (1 Clemens 6,3). De Oude Kerk heeft Mc. 10,9 par. niet als een absoluut schei-dingsverbod opgevat, ze heeft scheidingen ook niet verboden en voor mannen vermoedelijk niet eens moeilijker gemaakt.

De christelijke praxis die in Mc. 10,2-12 wordt gepropageerd, is niet het voorkomen van scheidingen, maar het bemoeilijken van een tweede huwelijk terwijl de vroegere partner nog leeft door dit als echt-breuk te beschouwen. Deze praxis (vgl. 1 Kor. 7,10-12 – hier weliswaar slechts voor vrouwen) hangt echter samen met de vroeg-christelijke optie van een ongehuwd leven (zie boven 1.3).

Wanneer Mc. 10,6-9 niet kan worden opgevat als een absoluut scheidingsverbod van Jezus, wat zegt de tekst dan wel?

Deze vraag moet met behulp van de twee volgende stappen beant-woord worden. Zij die uit de doden zijn opgestaan (Mc. 12,25), leiden een ongehuwd leven zegt de *literaire context* (4e stap), en ondersteunt daarmee het ongehuwde leven van gescheiden vrouwen en mannen

(Mc. 10,10-12). Dit betekent echter niet dat gehuwden gebukt moeten gaan onder het oordeel dat het huwelijk slechts de op één na beste optie is (zie Paulus 1 Kor. 7). De Jezustraditie plaatst hun relatie veeleer binnen een groter visioen. Ik wil dit visioen verduidelijken door Mc. 10,6-9 te bezien in de context van de zaligprijzingen, met andere woorden in het grotere *verband van de boodschap en de praxis van Jezus* (5e methodische stap).

Verzadiging en lachen zijn tekenen van het koninkrijk Gods (Lc. 6,21 par.). Binnen de gemeenschap van volgelingen van Jezus kan deze eschatologische vreugde reeds hier en nu worden ervaren door het delen van het brood en de gedeelde verantwoording voor de tranen van de zusters en broeders. De praxis van het ongehuwde leven in het vroege christendom gaat niet gepaard met een algemene veroordeling van seksualiteit en huwelijk. Naast het negatieve oordeel over de seksualiteit van vrouwen (1 Tim. 2,12-16) staat het visioen van Mc. 10,6-9. Hier wordt over het huwelijk gesproken zoals in de zaligprijzingen over verzadigd zijn en lachen: visionair en verwijzend naar de werkelijkheid. De visioenen van de Jezusbeweging zijn aansporingen voor het handelen. Mc. 10,6-9 beschrijft het huwelijk als een niet-hiërarchische, omvattende relatie die van de seksuele relatie tot aan de woongemeenschap reikt. De ouders van de man hebben geen zeggenschap over het jonge echtpaar – dit in tegenstelling tot de patriarchale praxis binnen het gehele Romeinse Rijk (inclusief de joodse maatschappij). Van overheersing door de man is geen sprake – vreemd genoeg, want deze overheersing is binnen het patriarchaat de basis van de gehele maatschappelijke orde (zie boven 4.4). Het huwelijk wordt niet ten behoeve van de voortplanting gesloten. Mc. 10,6-9 spreekt anders over het huwelijk dan latere christelijke en Romeins-hellenistische zedenleren. Ook de plechtige inleiding: 'van het begin der schepping ...' maakt duidelijk dat hier niet normatief, maar visionair wordt gesproken.

Op basis van de joodse opvatting van seksualiteit als scheppingsgave (zie hierboven Plaskow) wordt een visioen geschilderd van het geluk van de volkomen gemeenschap van twee mensen. De duidelijkste inhoudelijke parallel met Mc. 10,6-9 die ik ken, is de taal van de liefde in de joodse bekeringsroman van Jozef en Aseneth, die ongeveer uit dezelfde tijd stamt als het Nieuwe Testament. – Methodisch bezien zoek ik hier nogmaals naar de cultuur- en godsdiensthistorische situering (2e stap), aangezien de beschouwingen over Mc. 10,6-9 in de context van de boodschap en praxis van Jezus (5e stap) een nieuw facet lieten zien. – Nadat zij lange tijd op elkaar hebben moeten wachten ontmoeten de geliefden Aseneth en Jozef elkaar. Aseneth drukt haar liefde uit door – tegen de gewoonte in – de voeten van haar geliefde te wassen.

Eigenlijk was dit de taak van slavinnen of van vrouwen die in de hiërarchie van de huishouding lager stonden dan zij. Haar geliefde probeert haar er daarom van te weerhouden dat zij zijn voeten wast.

'Daarop sprak Aseneth tot hem:
Nee heer!
Want nu bent gij mijn heer,
ik uw dienares.
Waarom zoudt gij voor het wassen van uw voeten een andere
maagd uitzoeken?
Want uw voeten zijn immers mijn voeten
en uw handen mijn handen
en uw ziel mijn ziel
laat geen ander u de voeten wassen.
Zo waste Aseneth hem op haar uitdrukkelijke wens zijn voeten.'

(Jozef en Aseneth 20,4 e.v., vertaling Riessler, zie ook vertaling Burchard en met name Standhartinger, 106 e.v., die aantoont dat er naast de hier geciteerde lange versie ook een korte versie van de tekst bestaat, die een veel zelfbewustere Aseneth laat zien.)

De nederige taal van Aseneth staat op gespannen voet met haar zelfbewuste optreden. In aansluiting op deze scène wordt verteld dat zij zelf – of volgens sommige handschriften op uitnodiging van Jozef – aan Jozefs rechterzijde gaat zitten. Het zitten aan de rechterzijde betekent op de ereplaats zitten en deelhebben aan de macht (zie slechts Mc. 10,37). De tekst zinspeelt op Gen. 2,24 en laat een exegetische traditie van Gen. 2,24 zien waarin ook Mc. 10,6-9 staat. Te denken valt ook aan Hooglied 8,6 als een van de schakels in de keten van deze exegetische traditie:

'Leg mij als een zegel aan uw hart
als een zegel aan uw arm
Want sterk als de dood is de liefde
onverbiddelijk als het rijk van de doden de hartstocht,
haar vlammen zijn vuurvlammen,
een vuurgloed des Heren.'

Al deze teksten bezingen een gemeenschap die de seksuele relatie in zich sluit. Het woord 'seksualiteit' in onze huidige taal verleidt ons echter al tot een onterechte genitalisering van de seksualiteit. Dat de man zijn vrouw zal aanhangen (Gen. 2,24; Mc. 10,7 in sommige handschriften van deze tekst), dat de twee 'één vlees' zullen zijn, wordt in de christelijke exegetische traditie tegenwoordig ten onrechte in een enge zin van het woord opgevat als omschrijving van de geslachtsgemeenschap (zie Kirchhoff over 1 Kor. 6,16). Mc. 10,6-9 spreekt, net als de twee hierboven aangehaalde teksten, van het godsgeschenk van een omvattende gemeenschap van man en vrouw. Deze teksten hebben duidelijk een kritisch oog voor de in hun maatschappelijke context gangbare patriarchale hiërarchisering van de relatie tussen man en vrouw. Ze hebben echter geen kritisch oog voor het feit, dat de inperking van de seksuele relatie (in de omvattende zin) tot de heteroseksuele relatie (of het wettelijk huwelijk) een verlies betekent voor álle mensen, namelijk het verlies van het scheppende en rebelse potentieel van de seksuele kracht binnen andere relatievormen. Op dit punt verstoort de drang tot maatschappelijke controle, dat wat Judith Plaskow 'energie/controle-model' noemt, de waarneming van seksualiteit als een geschenk van God.

Wat betekent dus: '... dat mag de mens niet scheiden'? In de context van Mc. 10,2-12 betekent dit, dat iedere scheiding die tot een nieuw huwelijk leidt en daarmee tot een definitieve beëindiging van de eerste relatie, een relatie stukmaakt die in oorsprong en wezen 'sterk als de dood' had kunnen zijn. De zin betekent niet dat stukgelopen huwelijken onverbrekelijk zijn, dat scheidingen ingaan tegen de wil van God en dat mensen andere mensen op dit punt hun wil mogen opleggen. Op grond van dit visioen van liefde betitelt de Jezus-halacha een tweede huwelijk als echtbreuk. Dit oordeel had in de context van de vroeg-christelijke praxis van het ongehuwde leven een zekere plausibiliteit – juist ook voor vrouwen. Vandaag de dag is dit niet meer het geval. Het is de hoogste tijd dat we het visioen van Mc. 10,6-9 een veel ruimere betekenis geven en van toepassing achten op alle waarachtige en bezielende relaties tussen mensen. Verder acht ik het dringend noodzakelijk deze teksten te bevrijden uit de knellende greep van hun christelijke interpretatie en toepassing als onveranderlijke, normatieve stellingen. De halachische discussie uit die tijd stond open voor andere meningen en oordelen. En ze vond plaats in het bewustzijn dat dergelijke oordelen een beperkte betekenis hebben.

De verhouding van gevallen schepping en ongeschonden schepping wordt in deze tekst ter sprake gebracht doordat 'hardheid van hart' (vers 5) en begin van de schepping (vers 6) in één adem worden genoemd. De traditionele (vooral Lutherse) dogmatiek heeft bij de uitleg van de gevallen schepping de zonde of de hardheid van hart als onveranderbaar geïnterpreteerd: de wereld is slecht, alle mensen zijn echtbrekers en moordenaars. Daarom helpen alleen strenge wetten. Dit is niet de visie van de tekst – net zomin als van de rest van het Nieuwe Testament (ook niet van Paulus). Ondanks de realiteit van verlies en verraad bestaat er gelukte liefde, waarin een glimp van schepping en het Rijk Gods zichtbaar wordt. Het is methodisch en theologisch legitiem om Mc. 10,6-9 niet alleen in verband te brengen met teksten over de gemeenschap in huwelijken, maar ook te lezen in de context van visioenen van de gemeenschap tussen vrouwen en tussen God en de mens: Ruth 1,16 en Hand. 21,3-6.

Literatuur

1. Het Nieuwe testament als bron voor vrouwengeschiedenis

Ruth ALBRECHT, Das Leben der heiligen Makrina auf dem Hintergrund der Thekla-Traditionen. Göttingen 1986; Virginia BURRUS, Chastity as Autonomy. Women in the Stories of Apocryphal Acts. Lewiston/New York/Queenston (Ontario) 1987; Stevan L. DAVIES, The Revolt of the Widows. The Social World of the Apocryphal Acts. Southern Illinois University Press 1980; Anne JENSEN, Gottes selbstbewußte Töchter. Frauenemanzipation im frühen Christentum. Freiburg/Basel/Wien 1992; Ross S. KRAEMER, Bibliography: Women in the Religions of the Graeco-Roman World, in: Religious Studies Review 9 (1983) 127-139; ID., Maenads, Martyrs, Matrons, Monastics. A Sourcebook on Women's Religions in the Greco-Roman World. Philadelphia 1988; ID., Her Share of the Blessings. Women's Religions Among Pagans, Jews and Christians in the Greco-Roman World. New York/Oxford 1992; Bärbel MAYER-SCHÄRTEL, Das Frauenbild des Josephus. Eine sozialgeschichtliche und kulturanthropologische Untersuchung. Stuttgart 1996; Elaine PAGELS, Versuchung durch Erkenntnis. Die gnostischen Evangelien. Frankfurt a.M. 1981; Griet PETERSEN-SZEMERÉDY, Zwischen Weltstadt und Wüste: Römische Asketinnen in der Spätantike. Göttingen 1993; Sarah B. POMEROY, Frauenleben im klassischen Altertum. Stuttgart 1985; Carola REINSBERG, Ehe, Hetärentum und Knabenliebe im antiken Griechenland. München 1989.

1.1 'Vrouwen zoeken hun geschiedenis'

Gisela BOCK, Historische Frauenforschung: Fragestellungen und Perspektiven (1983), in: Karin HAUSEN, l.c. 24-62; Bernadette BROOTEN, Frühchristliche Frauen und ihr kultureller Kontext. Überlegungen zur Methode historischer Rekonstruktion, in: Einwürfe, dl.2 (1985) 62-93; Adolf v. HARNACK, Über die beiden Recensionen der Geschichte der Prisca und des Aquila in Act. Apost. 18,1-12 = Sitzungsberichte der Königlich-Preußischen Akademie der Wiss. zu Berlin, jg. 1900; Karin HAUSEN (Hrsg.), Frauen suchen ihre Geschichte. 2e druk München 1987; Annette KUHN, artikel: Frauengeschichte, in: Anneliese LISSNER u.a. (Hrsg.), Frauenlexikon. Freiburg/ Basel/Wien 1988, 338-346; Ingrid MAISCH, Maria Magdalena. Zwischen Verachtung und Verehrung. Das Bild einer Frau im Spiegel der Jahrhunderte. Freiburg/Basel/Wien 1996; Maria MIES, Methodische Postulate zur Frauenforschung (1978) en: Frauenforschung oder feministische Forschung?, in: beiträge zur feministischen theorie und praxis, nr. 11 (1984) 4e druk 1989, 7-25; 40-60; Carla RICCI, Mary Magdalene and many others. Women who followed Jesus. Translated from the Italian by Paul Burns. Well-Wood and Minneapolis 1994; Elisabeth SCHÜSSLER FIORENZA, Das Schweigen brechen – sichtbar werden, in: Concilium 21 (1985) 387-398.

258

1.2 'En ze riep haar vriendinnen bijeen' (Lc. 15,9).
Plaatsen van vrouwensolidariteit in het Nieuwe Testament

Géza ALFÖLDY, Römische Sozialgeschichte. 3e druk Wiesbaden 1984; Virginia BURRUS, z. boven bij 1; Kathleen E. CORLEY, Private Women – Public Meals. Peabody (Mass.) 1993; Mary Rose D'ANGELO, Women Partners in the New Testament, in: JFSR 6 (1990) 65-86; Renate KIRCHHOFF, Die Sünde gegen den eigenen Leib. Studien zu *porne* und *porneia* in 1 Kor 6,12-20 und dem sozio-kulturellen Kontext der paulinischen Adressaten. Göttingen 1994; Carla RICCI, (z. boven bij 1.1); Ivoni RICHTER REIMER, Frauen in der Apostelgeschichte des Lukas. Eine feministisch-theologische Exegese. Gütersloh 1992; Wilhelm SCHNEEMELCHER (Hrsg.), Neutestamentliche Apokryphen in deutscher Übersetzung, dl.2. Tübingen 1989, 216 e.v.; Luise SCHOTTROFF, Befreiungserfahrungen. Studien zur Sozialgeschichte des Neuen Testaments. München 1990, m.n. 291 e.v.; 310 e.v.; ID., DienerInnen der Heiligen. Der Diakonat der Frauen im Neuen Testament, in: Gerhard K. SCHÄFER/Theodor STROHM (Hrsg.), Diakonie – biblische Grundlagen und Orientierungen. 2e druk Heidelberg 1994, 222-242; Willy SCHOTTROFF, Der Zugriff des Königs auf die Töchter. Zur Fronarbeit von Frauen im alten Israel, in: EvTh 49 (1989) 268-285; Elisabeth SCHÜSSLER FIORENZA, Zu ihrem Gedächtnis ... Eine feministisch-theologische Rekonstruktion der christlichen Ursprünge, uit het Amerikan. vert. door Christine Schaumberger. München 1988.

1.3 'Heilig naar lichaam en geest' (1 Kor. 7,34).
Levensvormen van vrouwen in het vroege christendom

Richard BAUCKHAM, Mary of Clopas (John 19:25), in: George J. BROOKE (ed.), Women in the Biblical Tradition (Studies in Women and Religion vol. 31). Lewiston/Queenston/Lampeter 1992, 231-255; CYPRIANUS, De habitu virginum, Duitse vertaling: Julius BAER, Des heiligen Kirchenvaters Caecilius Cyprianus Traktate ... übersetzt, Bibliothek der Kirchenväter. Kempten/München 1918, 56-32; Mary Rose D'ANGELO, z. boven bij 1.2; Max KASER, Römisches Privatrecht. Ein Studienbuch, 2e druk München/Berlin 1962; Ludwig KÖHLER, Die Personalien des Oktateuchs, in: ZAW 40 (1922) 20-36; Martin LEUTZSCH, Apphia, Schwester!, in: Dorothee SÖLLE (Hrsg.), Für Gerechtigkeit streiten. Theologie im Alltag einer bedrohten Welt. Gütersloh 1994, 76-82; Sarah B. POMEROY, Frauenleben im klassischen Altertum. Stuttgart 1985; Luise SCHOTTROFF 1990, z. boven bij 1.2; ID., Die Samaritanerin am Brunnen (Joh 4), in: Renate JOST/Rainer KESSLER/Christoph M. RAISIG (Hrsg.), Auf Israel hören. Sozialgeschichtliche Bibelauslegung. Luzern 1992, 115-132; Willy SCHOTTROFF, Die Armut der Witwen, in: Marlene CRÜSEMANN/Willy SCHOTTROFF (Hrsg.), Schuld und Schulden. München 1992, 54-89; Elisabeth SCHÜSSLER FIORENZA, But She Said. Feminist Practices of Biblical Interpretation. Boston 1992; Luzia SUTTER REHMANN, 'Und ihr werdet ohne Sorge sein ...'. Gedanken zum Phänomen der Ehefreiheit im frühen Christentum, in: Dorothee SÖLLE (Hrsg.), Für Gerechtigkeit streiten. Theologie im Alltag einer bedrohten Welt. Gütersloh 1994, 88-95; Judith Romney WEGNER, Chattel or Person? The Status of Women in the Mishnah. New York/Oxford (Oxford University Press) 1988; Antoinette Clark WIRE, The Corinthian Women Prophets. A Reconstruction through Paul's Rhetoric. Minneapolis 1990.

1.4 'Zij heeft zich zoveel moeite voor u gegeven' (Rom. 16,6). Het werk van vrouwen

Monika EICHENAUER, Untersuchungen zur Arbeitswelt der Frau in der römischen Antike. Frankfurt a.M. [o.a.] 1988; Rosemarie GÜNTHER, Frauenarbeit – Frauenbindung. Untersuchungen zu unfreien und freigelassenen Frauen in den stadtrömischen Inschriften. München 1987; Adolf von HARNACK, *Kopos (Kopian, Hoi Kopiontes)* im frühchristlichen Sprachgebrauch, in: ZNW 27 (1928) 1-10; Natalie KAMPEN, Roman Working Women in Ostia. Berlin 1981; ID., Römische Straßenhändlerinnen, in: Antike Welt. Zeitschrift für Archäologie und Kulturgeschichte, jg.16 (1985) 23-42; Siegfried LAUFFER (Hrsg.), Diokletians Preisedikt. Berlin 1971; Ivoni RICHTER REIMER, z. boven bij 1.2; Walter SCHEIDEL, Feldarbeit von Frauen in der antiken Landwirtschaft, in: Gymnasium 97 (1990) 405-431; Luise SCHOTTROFF, DienerInnen der Heiligen. z. boven bij 1.2; ID., Lydias ungeduldige Schwestern. Feministische Sozialgeschichte des frühen Christentums. Gütersloh 1994; Susan TREGGIARI, Jobs in the Household of Livia, in: Papers of the British School at Rome, vol XLIII (1975) 48-77.

2.1 Vroeg-katholicisme of strijd binnen het patriarchaat?

Hans ACHELIS/Johs. FLEMMING, Die syrische Didaskalia übersetzt und erklärt. Leipzig 1904; Lone FATUM, Image of God and Glory of Man: Women in the Pauline Congregations, in: Kari E. BØRRESEN (ed.), Image of God and Gender Models in Judaeo-Christian Tradition. Oslo 1991, 56-137; Ernst KÄSEMANN, Exegetische Versuche und Besinnungen, dl.1.2. Göttingen 1960. 1964; Christa MULACK, Jesus der Gesalbte der Frauen. Weiblichkeit als Grundlage christlicher Ethik. Stuttgart 1987; Christine SCHAUMBERGER, Paradies – Exodus – Gerangel. Zu Mustern feministisch-theologischer Patriarchatswahrnehmung und -deutung, in: Reader der Projektbeiträge zur Sommeruniversität 1988 in Kassel. Gesamthochschule/Universität Kassel 1989, 15-35; Luise SCHOTTROFF, 1994, z. boven bij 1.4; Elisabeth SCHÜSSLER FIORENZA, 1988, z. boven bij 1.2; ID., Brot statt Steine. Die Herausforderung einer feministischen Interpretation der Bibel. Freiburg (Schweiz) 1988; Ulrike WAGENER, Die Ordnung des 'Hauses Gottes'. Der Ort von Frauen in der Ekklesiologie und Ethik der Pastoralbriefe. Tübingen 1994.

2.2 Ascetisch radicalisme en liefdespatriarchalisme of werken voor gerechtigheid?

Mary Rose D'ANGELO, z. boven bij 1.2; Monika FANDER, Die Stellung der Frau im Markusevangelium. Unter besonderer Berücksichtigung kultur- und religionsgeschichtlicher Hintergründe. Altenberge 1989; ID., Frauen im Urchristentum am Beispiel Palästinas, in: Jahrbuch für Biblische Theologie 7 (1992) 165-185; Hans-Peter KUHNEN (Hrsg.), Mit Thora und Todesmut. Judäa im Widerstand gegen die Römer von Herodes bis Bar-Kochba. Württembergisches Landesmuseum Stuttgart 1994; Amy-Jill LEVINE, Who's Catering the Q Affair? Feminist Observations on Q Paraenesis, in: Semeia 50 (1990) 145-161; Luise SCHOTTROFF/Wolfgang STEGEMANN, Jesus von Nazareth – Hoffnung der Armen. Stuttgart 1978 [o.a.]; Luise SCHOTTROFF, Wanderprophetinnen. Eine feministische Analyse der Logienquelle, in: EvTh 51 (1991) 332-344; Elisabeth SCHÜSSLER FIORENZA, 1988, z. boven bij

1.2; Gerd THEISSEN, Studien zur Soziologie des Urchristentums. Tübingen 1979.

2.3 Wetsvrij heiden-christendom of optie voor de God van Israël en Jezus, de Messias?

Judith R. BASKIN (ed.), Jewish Women in Historical Perspective. Wayne StUPr 1991; Bernadette BROOTEN, Women Leaders in the Ancient Synagogue. Chico (Calif.): Scholars Press 1982; Shaye J.D. COHEN, Crossing the Boundary and Becoming a Jew, in: Harvard Theological Review 82 (1989) 13-33; ID., The Rabbinic Conversion Ceremony, in: Journal of Jewish Studies, Vol. XLI (1990) 177-203; Barbara H. GELLER-NATHANSON, Toward a Multicultural Ecumenical History of Women in the First Century/ies C.E., in: Elisabeth SCHÜSSLER FIORENZA (ed.), Searching the Scriptures Vol. I: A Feminist Introduction. New York 1993, 272-289; Ross S. KRAEMER, 1988, z. boven bij 1.0; ID., 1992, z. boven bij 1.0; Sally O. LANGFORD, On Being a Religious Woman: Women Proselytes in the Greco-Roman World, in: Peter J. HAAS (ed.), Recovering the Role of Women. Power and Authority in Rabbinic Jewish Society. Atlanta 1992; Amy-Jill LEVINE (ed.), 'Women Like This'. New Perspectives on Jewish Women in the Greco-Roman World. Atlanta 1991; Judith M. LIEU, Circumcision, Women and Salvation, in: New Testament Studies 40 (1994) 358-370; Judith PLASKOW, Und wieder stehen wir am Sinai. Eine jüdisch-feministische Theologie. Luzern 1992; Lilian PORTEFAIX, Sisters Rejoice. Paul's Letter to the Philippians and Luke-Acts as Received by First-Century Philippian Women (Coniectanea Biblica, NT Series 20). Stockholm 1988; Ivoni RICHTER REIMER, z. boven bij 1.2; Werner SCHÄFKE, Frühchristlicher Widerstand, in: ANRW II Principat dl.23,1. Berlin/New York 1979; Christine SCHAUMBERGER/Luise SCHOTTROFF, Schuld und Macht. Studien zu einer feministischen Befreiungstheologie. München 1988; Luise SCHOTTROFF, 'Gesetzesfreies Heidenchristentum' – und die Frauen?, in: Luise SCHOTTROFF/Marie-Theres WACKER (Hrsg.), Von der Wurzel getragen. Christlich-feministische Exegese in Auseinandersetzung mit Antijudaismus. Leiden 1996, 227-245; Elisabeth SCHÜSSLER FIORENZA, z. boven bij 1.2.; Eveline VALTINK, Feministisch-christliche Identität und Antijudaismus, in: Luise SCHOTTROFF/Marie-Theres WACKER (Hrsg.), Von der Wurzel getragen. Christlich-feministische Exegese in Auseinandersetzung mit Antijudaismus. Leiden 1996, 1-26; Marie-Theres WACKER, Den/Dem anderen Raum geben. Feministisch-christliche Identität ohne Antijudaismus, in: Luise SCHOTTROFF/Marie-Theres WACKER (Hrsg.), Von der Wurzel getragen. Christlich-feministische Exegese in Auseinandersetzung mit Antijudaismus. Leiden 1996, 247-269.

2.4 'De auteur' van een tekst en de 'tegenstanders' van Paulus of gemeenschappelijk gevonden wegen en liederen?

Hans D. BETZ, Der Galaterbrief. München 1988; Irene DANNEMANN, Aus dem Rahmen fallen. Frauen im Markusevangelium. Eine feministische Re-Vision. Berlin 1996; Ulrich LUZ, Das Evangelium nach Matthäus I. Zürich/Neukirchen 1985; Elsa TAMEZ, Gegen die Verurteilung zum Tod. Paulus oder die Rechtfertigung durch den Glauben aus der Perspektive der Unterdrückten und Ausgeschlossenen. Luzern 1995; Elaine Mary WAINWRIGHT, Towards a Feminist Critical Reading of the Gospel according to Matthew (= BZNW 60). Berlin/New York 1991; Antoinette Clark WIRE, The Corinthian Women Prophets. A Reconstruction through Paul's Rhetoric. Minneapolis 1990.

2.5 Uitstel van de parousie of hoop op de nabijheid van God?

Walter BENJAMIN, Zentralpark, in: ID., Illuminationen. Ausgewählte Schriften. Frankfurt a.M. 1969; Rudolf BULTMANN, Neues Testament und Mythologie. Das Problem der Entmythologisierung der neutestamentlichen Verkündigung, in: ID., Offenbarung und Heilsgeschehen. München 1941, 27-69; Jürgen EBACH, Apokalypse. Zum Ursprung einer Stimmung, in: Einwürfe, dl. 2. München 1985, 5-61; Rosemary RADFORD RUETHER, Sexismus und die Rede von Gott. Schritte zu einer anderen Theologie. Gütersloh 1985; Luise SCHOTTROFF, 1994, z. boven bij 1.4; Luzia SUTTER REHMANN, z. boven bij 1.3.

3.1 Kruis – offer – godsbeeld – christologie

Mary Rose D'ANGELO, Abba and 'Father': Imperial Theology and the Jesus Traditions, in:. JBL 111, 4 (1992) 611-630; Sheila BRIGGS, Can an Enslaved God Liberate? Hermeneutical Reflections on Phillippians 2: 6-11. in: Semeia 47 (1989) 137-153; Susan CADY/Marian RONAN/Hal TAUSSIG, Sophia. The Future of Feminist Spirituality. New York 1986; Cain Hope FELDER (ed.), Stony the Road We Trod. African American Biblical Interpretation. Minneapolis 1991; Martina S. GNADT, 'Abba isn't Daddy'. Aspekte einer feministisch-befreiungstheologischen Revision des Abba Jesu, in: Luise SCHOTTROFF/Marie-Theres WACKER (Hrsg.), Von der Wurzel getragen. Christlich-feministische Exegese in Auseinandersetzung mit Antijudaismus. Leiden 1996, 115-131; Julie HOPKINS, Feministische Christologie. Wie Frauen heute von Jesus reden können. Mainz 1996; Emil KAUTZSCH, Die Apokryphen und Pseudepigraphen des Alten Testaments (1900), 2 delen. Darmstadt 1975; Hans-Peter KÜHNEN (Hrsg.), Mit Thora und Todesmut. Judäa im Widerstand gegen die Römer von Herodes bis Bar-Kochba. Württembergisches Landesmuseum Stuttgart 1994; Marli LUTZ, Filipenses: A Comunidade ainda canta, in: Frank VELDIN/Regene LAMB/Marli LUTZ, Aspectos Liturgicos nas cartas de Paulo, in: Estudos Biblicos 35 (1992) 68-75; Elisabeth MOLTMANN-WENDEL/Luise SCHOTTROFF/Dorothee SÖLLE, artikel 'Kreuz', in: WBFTh 1991, 225-236; Luise SCHOTTROFF, Wanderprophetinnen. Eine feministische Analyse der Logienquelle, in: EvTh 51 (1991) 332-344; Silvia SCHROER, Jesus Sophia. Erträge der feministischen Forschung zu einer frühchristlichen Deutung der Praxis und des Schicksals Jesus von Nazaret, in: Doris STRAHM/Regula STROBEL (Hrsg.), Vom Verlangen nach Heilwerden. Christologie in feministisch-theologischer Sicht. Fribourg/Luzern 1991, 112-128; Elisabeth SCHÜSSLER FIORENZA, z. boven par. 1.2; ID., Auf den Spuren der Weisheit – Weisheitstheologisches Urgestein, in: Verena WODTKE (Hrsg.), Auf den Spuren der Weisheit. Freiburg/Basel/Wien 1991, 24-40; Dorothee SÖLLE, Gott denken. Einführung in die Theologie. Stuttgart 1990; ID., Warum brauchen wir eine feministische Christologie?, in: EvTh 53 (1993) 86-92; Regula STROBEL, Feministische Kritik an traditionellen Kreuzestheologien, in: Doris STRAHM/Regula STROBEL (Hrsg.), Vom Verlangen nach Heilwerden. Christologie in feministisch-theologischer Sicht. Fribourg/Luzern 1991, 52-64; Angelika STROTMANN, Weisheitschristologie ohne Antijudaismus? Gedanken zu einem bisher vernachlässigten Aspekt in der Diskussion um die Weisheitschristologie im Neuen Testament, in: Luise SCHOTT-ROFF/Marie-Theres WACKER (Hrsg.), Von der Wurzel getragen. Christlich-feministische Exegese in Auseinandersetzung mit Antijudaismus. Leiden 1996, 153-175.

3.2 Vrouwbeeld – seksualiteit – zonde

Bernadette J. BROOTEN, Darum lieferte Gott sie entehrenden Leidenschaften aus. Die weibliche Homoerotik bei Paulus, in: Monika BARZ/Herta LEIST-NER/Ute WILD (Hrsg.), Hättest du gedacht, daß wir so viele sind? Lesbische Frauen in der Kirche. Stuttgart 1987, 113-138; Irene DANNEMANN, Aus dem Rahmen fallen. Eine feministische Re-Vision von Frauen im Markusevangelium. diss. fil. Kassel 1995; Monika FANDER, 1989, z. boven bij 2.2; Tal ILAN, Jewish Women in Greco-Roman Palestine (Texte und Studien zum Antiken Judentum 44). Tübingen 1995; Brigitte KAHL, Armenevangelium und Heidenevangelium. 'Sola scriptura' und die ökumenische Traditionsproblematik im Lichte von Väterkonflikt und Väterkonsens bei Lukas. Berlin 1987; ID., Jairus und die verlorenen Töchter Israels. Sozioliterarische Überlegungen zum Problem der Grenzüberschreitung in Mk 5,21-43, in: Luise SCHOTTROFF/Marie-Theres WACKER (Hrsg.), Von der Wurzel getragen. Christlich-feministische Exegese in Auseinandersetzung mit Antijudaismus. Leiden 1996, 61-78; Katharina v. KELLENBACH, Anti-Judaism in Christian-rooted Feminist Writings: An Analysis of Major U.S. American and West German Feminist Theologians. Thesis./Philadelphia 1990; Max KÜCHLER, Schweigen, Schmuck und Schleier. Drei neutestamentliche Vorschriften zur Verdrängung der Frauen auf dem Hintergrund einer frauenfeindlichen Exegese des Alten Testamentes im antiken Judentum. Freiburg (Schweiz)/Göttingen 1986; Carol A. NEWSOM/Sharon H. RINGE (ed.), The Women's Bible Commentary. London/Louisville 1992; Elaine PAGELS, Versuchung durch Erkenntnis. Die gnostischen Evangelien. Frankfurt a.M.1981; Judith PLAS-KOW, Sex, Sin and Grace. Washington 1980; ID., Und wieder stehen wir am Sinai. Eine jüdisch-feministische Theologie. Luzern 1992; Ivoni RICHTER REIMER, Frauen in der Apostelgeschichte des Lukas. Eine feministisch-theologische Exegese. Gütersloh 1992; Jane SCHABERG, Die Stammütter und die Mutter Jesu, in: Concilium 25 (1989) 528-533; ID., The Illegitimacy of Jesus. A Feminist Theological Interpretation of the Infancy Narratives. San Francisco 1987; Christine SCHAUMBERGER/Luise SCHOTTROFF 1988, z. boven bij 2.3; Christine SCHAUMBERGER (Hrsg.), Weil wir nicht vergessen wollen ... Zu einer Feministischen Theologie im deutschen Kontext, AnFragen 1. Münster 1987; Luise SCHOTTROFF, 1994, z. boven bij 1.4; Helen SCHÜN-GEL-STRAUMANN, Die Frau am Anfang. Eva und die Folgen. Freiburg 1989; Leonore SIEGELE-WENSCHKEWITZ (Hrsg.), Verdrängte Vergangenheit, die uns bedrängt. Feministische Theologie in der Verantwortung für die Geschichte. München 1988; Elsa TAMEZ, Gegen die Verurteilung zum Tod. Paulus oder die Rechtfertigung aus der Perspektive der Unterdrückten und Ausgeschlossenen. Luzern 1995; Christina THÜRMER-ROHR, Vagabundinnen, 2e druk Berlin 1987; Thea VOGT, Angst und Identität im Markusevangelium. Ein textpsychologischer und sozialgeschichtlicher Beitrag. Freiburg (Schweiz)/Göttingen 1993; Elaine Mary WAINWRIGHT, z. boven bij 2.4.

3.3 Dienen en ambt

ACHELIS, Hans, Johs. Flemming, Die syrische Didaskalia übersetzt und erklärt. Leipzig 1904; Bernadette BROOTEN, 'Junia ... hervorragend unter den Aposteln' (Röm. 16,7), in: Elisabeth MOLTMANN-WENDEL (Hrsg.), Frauenbefreiung. Biblische und theologische Argumente. 3e druk München 1982, 148-151; Marlene CRÜSEMANN, Unrettbar frauenfeindlich: Der Kampf um das Wort von Frauen in 1 Kor 14,33b-35 im Spiegel antijudaistischer Elemente der Auslegung, in: Luise SCHOTTROFF/Marie-Theres WACKER (Hrsg.), Von der Wurzel getragen. Christlich-feministische Exegese in Auseinandersetzung mit Antijudaismus. Leiden 1996, 199-223; Ross S. KRAEMER, 1992, z. boven bij 2.3; U.-K. PLISCH, Die Apostelin Junia: Das exegetische Problem in Röm 16.7 im Licht von Nestle-Aland 27 und der sahidischen Überlieferung. NTS 42 (1996) 477-478; Luise SCHOTTROFF, DienerInnen, z. boven bij 1.2; ID., 1994, z. boven bij 1.4; Elisabeth SCHÜSSLER FIORENZA, z. boven bij 1.2; Caroline van der STICHELE, Is Silence Golden? Paul and Women's Speech in Corinth, in: Louvain Studies 20 (1995) 241-253.

4.1 Plaatsen van bijbellezing: vrouwenbeweging en feministische wetenschap

Britta HÜBENER/Hartmut MEESMANN (Hrsg.), Streitfall Feministische Theologie. Düsseldorf 1993; Eva Renate SCHMIDT/Mieke KORENHOF/Renate JOST (Hrsg.), Feministisch gelesen, dl.1.2. Stuttgart 1988.1989.

4.2 'Van het leven naar de Bijbel – van de Bijbel naar het leven'

Regene LAMB/Claudia JANSSEN, Die Herausforderung feministischer Bibelauslegung. Zur Gratwanderung zwischen akademischen Idealen und alltäglicher Erfahrung, in: Junge Kirche 54 (1993) 609-613; Carlos MESTERS, Vom Leben zur Bibel, von der Bibel zum Leben, dl.1.2. Mainz/München 1983; Luise SCHOTTROFF, 1994, z. boven bij 1.4; Silvia SCHROER, Feministische Bibelforschung. Anliegen, Methoden und Inhalte, in: L. BLATTMANN u.a. (Hrsg.), Femininistische Perspektiven in der Wissenschaft, in: Zürcher Hochschulforum dl.21, 1993, 41-52; Dorothee SÖLLE, Wie können wir befreiungstheologisch arbeiten? Ein Vorschlag für einen Prozeß in vier Schritten, in: Junge Kirche 54 (1993) 607-608.

4.4 Gereedschap

Enkele hulpmiddelen die de toegang tot buiten-bijbelse bronnen kunnen ontsluiten:
Voor talmoed en midrasj: Hermann L. STRACK, Günter STEMBERGER, Einleitung in Talmud und Midrasch. 7e druk München 1982; *voor eersttestamentische apocriefen en pseudepigrafen*:. Leonhard ROST, Einleitung in die alttestamentlichen Apokryphen und Pseudepigraphen einschließlich der großen Qumran-Handschriften. Heidelberg 1971; *voor joodse geschriften uit de tijd van de tweede tempel*: Michael E. STONE (ed.), Jewish Writings of the Second Temple Period. Assen/Philadelphia 1984; *voor schrijvers/schrijfsters uit de oudheid*: Paul KROH, Lexikon der antiken Autoren. Stuttgart 1972; *voor nieuwtestamentische apocriefen*: Wilhelm SCHNEEMELCHER (Hrsg.), Neutestamentliche Apokryphen in deutscher Übersetzung, dl.I.II. 5e druk Tübingen 1989; *voor literatuur uit de tijd van de Oude Kerk*:. Berthold ALTANER/

Alfred STUIBER, Patrologie. Freiburg/Basel/ Wien 1978.

Andere gebruikte literatuur in deze paragraaf:
Shelley Davis FINSON, Women and Religion. A Bibliographic Guide to Christian Feminist Liberation Theology. Toronto 1991; Samuel KRAUSS, Talmudische Archäologie, 3 delen., herdr. Hildesheim 1966 (I Leipzig 1919; II Leipzig 1911; III Leipzig 1912); Carol A. NEWSOM/Sharon H. RINGE (ed.), The Women's Bible Commentary. London/Louisville 1992; Judith PLASKOW, Und wieder stehen wir am Sinai. Eine jüdisch-feministische Theologie. Luzern 1992; RIBLA – Revista de Interpretaçao Bíblica Latino-Americana 15, 1993/ 2: 'Por Maos de Mulher'; Luise SCHOTTROFF, 1994, z. boven bij 1.4; Milton SCHWANTES (ed.), Bibliografia Bíblica Latino-Americana, dl.5, 1992, Sao Bernardo do Campo 1993.

4.5 Een beproefd exegetisch stappenplan en een voorbeeld van uitleg: 'Hetgeen God samengevoegd heeft (...)' (Mc. 10,2-12)

Bernadette J. BROOTEN, Konnten Frauen im alten Judentum die Scheidung betreiben? Überlegungen zu Mk 10,11-12 und 1 Kor 7,10-11, in: EvTh 42 (1982) 65-80; ID., Zur Debatte über das Scheidungsrecht der jüdischen Frau, in: EvTh 43 (1983) 466-478; Christoph BURCHARD, Joseph und Aseneth. Gütersloh 1983; Monika FANDER, 1989, z. boven bij 2.2; Renate JOST, Freundin in der Fremde. Rut und Noomi. Stuttgart 1992; Renate KIRCHHOFF, z. boven bij 1.2; Elisabeth KOFFMAHN, Die Doppelurkunden aus der Wüste Juda. Leiden 1968; Napthali LEWIS (ed.), The Documents from the Bar Kochba Period in the Cave of Letters. Greek Papyri. Jerusalem 1989 (over Babatha); Paul RIESSLER, Altjüdisches Schrifttum außerhalb der Bibel (1927), herdr. Darmstadt 1966; Luise SCHOTTROFF, 1994, z. boven bij 1.4 (over het exegetische stappenplan); Elisabeth SCHÜSSLER FIORENZA, z. boven bij 1.2; Angela STANDHARTINGER, Das Frauenbild im Judentum der hellenistischen Zeit. Ein Beitrag anhand von Joseph und Aseneth. Leiden/New York/Berlin 1995; Antoinette Clark WIRE, z. boven bij 2.4.

Register

(samengesteld door Beate Wehn)

I. Auteurs

Tijdschriften en handboeken

II. Bijbelplaatsen en buiten-bijbelse literatuur

Eerste Testament

271

274

Buiten-canonieke Joodse literatuur

Damascusgeschrift
(CD)
4,20-5,6: 252

Joseph en Aseneth
20,4: 255

Josephus
Antiquitates judai-
cae
20,17vv.: 216

De bello judaico
II 560v.: 196

Jubileeën
15,25-34: 216

4 Makkabeeën
17,20-22: 227

Midrasj Rut
1,16: 218

Papyrus Murabaat
115: 251

Philo van Alexandrië
De migr. Abraham
89-93: 216
De special. legibus
III 169vv.: 195

Vroeg-christelijke literatuur

Acta Theclae
27-28: 196
32: 196
34-35: 196

Chrysostomos
Adv. Judaeos
II 3vv.: 218

1 Clemens
6,3: 253

Cyprianus
De habitu virginum
(Over de houding
van maagden):
203, 259
3: 203
22: 204
23: 203

Justinus
2e Apologie
2: 103, 253

Origines
7e Homilie: 72

Contra Celsum
III 55: 195

Syrische Didascalia
algemeen: 212, 236,
260, 264

Literatuur uit de klassieke oudheid

Aristoteles
Over het verwekken
van schepselen
I 20v.; 29a: 231
59v. = 28a: 242
62 = 29 a: 242
63 = 29 a: 242
Politeia
66 = 1260 a: 242

Marcus Tullius Cicero
De re publica (Over
de staat)
I. 51: 242
De officiis (De
plichten)
I. 54: 243

Columella
De re rustica (Over
de landbouw)

XII praef.: 243
Juvenalis
sat 6,542vv.: 218

Diogenes Laertius
VI 96vv.: 196

Martialis
Epigramm
IV,4,7: 218